权威·前沿·原创

皮书系列为
"十二五""十三五""十四五"时期国家重点出版物出版专项规划项目

BLUE BOOK

智库成果出版与传播平台

北京市哲学社会科学研究基地智库报告系列丛书

首都高端智库报告

京津冀蓝皮书
BLUE BOOK OF BEIJING-TIANJIN-HEBEI

京津冀发展报告
（2024）

ANNUAL REPORT ON BEIJING-TIANJIN-HEBEI METROPOLITAN
REGION DEVELOPMENT (2024)

产业高质量协同发展

High-quality Coordinated Development of Industries

组织编写 / 首都经济贸易大学特大城市经济社会发展研究院

叶堂林　王雪莹　江　成　刘　佳　等 / 著

社会科学文献出版社
SOCIAL SCIENCES ACADEMIC PRESS (CHINA)

图书在版编目(CIP)数据

京津冀发展报告.2024：产业高质量协同发展／叶堂林等著. --北京：社会科学文献出版社，2024.6.
（京津冀蓝皮书）. -- ISBN 978-7-5228-3805-2

Ⅰ.F127.2

中国国家版本馆 CIP 数据核字第 2024PN8137 号

京津冀蓝皮书

京津冀发展报告（2024）
——产业高质量协同发展

著　　者／叶堂林　王雪莹　江　成　刘　佳 等

出 版 人／冀祥德
组稿编辑／恽　薇
责任编辑／冯咏梅
责任印制／王京美

出　　版／社会科学文献出版社·经济与管理分社（010）59367226
　　　　　地址：北京市北三环中路甲29号院华龙大厦　邮编：100029
　　　　　网址：www.ssap.com.cn
发　　行／社会科学文献出版社（010）59367028
印　　装／天津千鹤文化传播有限公司
规　　格／开　本：787mm×1092mm　1/16
　　　　　印　张：25　字　数：373千字
版　　次／2024年6月第1版　2024年6月第1次印刷
书　　号／ISBN 978-7-5228-3805-2
定　　价／168.00元

读者服务电话：4008918866

▲ 版权所有 翻印必究

本报告为北京市社会科学基金重点项目"京津冀发展报告（2024）——产业高质量协同发展"（23JCB036）、国家社会科学基金重大项目"数字经济对区域协调发展的影响与对策研究"（23&ZD078）、国家自然科学基金面上项目"多层动态网络视角下城市群创新生态系统演化机理及绩效评价研究"（72373105）、教育部人文社会科学研究专项任务项目"推动京津冀高质量发展研究"（23JD710022）的阶段性成果，同时也是北京市经济社会发展政策研究基地以及首都经济贸易大学特大城市经济社会发展研究院、特大城市经济社会发展研究省部共建协同创新中心的资助成果。

京津冀蓝皮书编委会

祝尔娟　首都经济贸易大学教授、博士生导师，京津冀蓝皮书编委会主任
王文举　首都经济贸易大学党委书记、教授、博士生导师
吴卫星　首都经济贸易大学校长、教授、博士生导师
徐　芳　首都经济贸易大学党委副书记、教授、博士生导师
孟　波　首都经济贸易大学党委副书记
李小牧　首都经济贸易大学副校长、教授
尹志超　首都经济贸易大学副校长、教授、博士生导师
姚林修　首都经济贸易大学副校长
陈彦斌　首都经济贸易大学副校长、教授、博士生导师
李鲲鹏　首都经济贸易大学副校长、教授、博士生导师
毛百战　首都经济贸易大学纪委书记、高级政工师
牛青山　北京市政协原副主席，北京市社会科学界联合会主席
仇保兴　国际欧亚科学院院士，住房和城乡建设部原副部长、教授、博士生导师
杨开忠　国际欧亚科学院院士，中国社会科学院生态文明研究所党委书记、教授、博士生导师
刘伯正　北京市发展和改革委员会党组成员、一级巡视员，北京

	市推进京津冀协同发展领导小组办公室副主任
朱柏成	北京市委研究室主任、研究员
周　浩	北京市发展和改革委员会党组成员、协同办副主任，京津冀协同发展联合工作办公室副主任
白向东	天津市发展和改革委员会副局级干部，京津冀协同发展联合工作办公室副主任
贾乐堂	河北省发展和改革委员会副主任、协同办常务副主任，京津冀协同发展联合工作办公室副主任
刘维友	河北省发展和改革委员会副厅级干部
崔占辉	北京市社会科学界联合会党组成员、副主席、秘书长，北京市哲学社会科学规划办公室副主任
边　建	北京广播电视台党组成员、副总编辑
胡九龙	北京城市副中心管理委员会副主任
柯文进	北京市政协经济委员会原主任、教授、博士生导师
申建军	北京市政协科技委员会原主任、教授
杨仁全	中共北京市海淀区委员会常委、副书记
荣大力	北京市社会科学界联合会党组成员、副主席
李国平	北京大学首都发展研究院院长、教授、博士生导师
孙久文	中国人民大学教授、博士生导师
刘秉镰	南开大学经济与社会发展研究院院长、教授、博士生导师，京津冀协同发展专家咨询委员会委员
方创琳	国际欧亚科学院院士，中国科学院地理科学与资源研究所研究员、博士生导师
武义青	河北经贸大学原副校长、教授
田学斌	河北经贸大学副校长、教授
范合君	首都经济贸易大学科研处处长、教授、博士生导师

姚东旭	首都经济贸易大学财政税务学院教授、博士生导师
刘彦锋	北京市科学技术委员会、中关村科技园区管理委员会北京科技创新研究中心主任
袁振龙	北京市社会科学院首都社会治安综合治理研究所所长、研究员
唐　鑫	北京市社会科学院市情研究所原所长、研究员
陆小成	北京市社会科学院市情研究所所长、研究员
陆　军	北京大学政府管理学院副院长、教授、博士生导师
李兰冰	南开大学经济与社会发展研究院副院长、教授、博士生导师
张　贵	南开大学经济与社会发展研究院教授、博士生导师
沈体雁	北京大学政府管理学院教授、博士生导师
刘智勇	首都经济贸易大学城市经济与公共管理学院副院长、教授、博士生导师
叶振宇	中国社会科学院工业经济研究所工业布局与区域经济研究室主任、研究员
文余源	中国人民大学应用经济学院教授、博士生导师
叶堂林	首都经济贸易大学特大城市经济社会发展研究院执行副院长、教授、博士生导师

主要编撰者简介

叶堂林 经济学博士，首都经济贸易大学特大城市经济社会发展研究院（首都高端智库）执行副院长、特大城市经济社会发展研究省部共建协同创新中心（国家级研究平台）执行副主任，教授、博士生导师，北京市经济社会发展政策研究基地（北京市哲学社会科学重点研究基地）首席专家，国家社科基金重大项目首席专家，"长城学者"特聘教授，京津冀蓝皮书主编。主要研究方向为区域经济、京津冀协同发展等。连续主持2项国家社科基金重大项目，主持国家自然科学基金面上项目、教育部人文社会科学研究专项任务项目、北京市社会科学基金重大项目等省部级以上课题20余项，主持委办局委托及横向课题30余项，出版专著20余部，发表论文120余篇，获"优秀皮书奖"一等奖8次、二等奖2次。25项研究成果获中央领导肯定性批示，19项研究成果获省部级领导肯定性批示，4项研究成果获省部级采纳。先后获评北京市优秀教师、北京市优秀共产党员、首都经济贸易大学优秀中青年骨干教师、北京市属市管高等学校中青年骨干、优秀主讲教师、后备学科带头人、首批经贸学者等。主要社会兼职包括中国区域科学学会常务理事、全国经济地理研究会京津冀协同发展专业委员会主任委员、国家社科基金重大项目评审专家、教育部人文社会科学研究项目评审专家、北京市政府参事室特邀专家、河北省政府参事室特约研究员、中国科学院雄安创新研究院特聘研究员、保定市决策咨询委员会委员、北京市自然科学基金评审专家、北京市科委入库专家等。

摘　要

党的二十大报告指出，高质量发展是全面建设社会主义现代化国家的首要任务。其中，产业高质量发展是实现中国经济社会高质量发展的必然要求和重要支撑。聚焦京津冀，中国式现代化的新征程赋予了京津冀新的战略定位。2023年5月，习近平总书记在第三次京津冀协同发展座谈会上强调指出，要"努力使京津冀成为中国式现代化建设的先行区、示范区"。在此背景下，产业高质量协同发展不仅是京津冀协同发展向纵深推进的关键支撑，更是京津冀打造中国式现代化建设先行区、示范区的重要着力点。

本报告为京津冀三地作者通力合作的智慧成果。首先，从整体层面探讨京津冀产业高质量协同发展的现状及问题；其次，从关键领域、重点行业及赋能方式三个方面对京津冀产业高质量协同发展进行分析；最后，分析北京、天津、河北在京津冀产业高质量协同发展中的地位及发挥的作用。

本报告由2个总报告、8个专题报告、3个区域报告组成，采用文献研究、统计分析、实地调研、实证研究等多种方法，在理论层面明确了产业高质量协同发展的内涵、基本特征、主要目标、关键机制，探讨了京津冀产业高质量协同发展的主要任务和重要着力点；在实践层面分析了京津冀产业高质量协同发展的进展与成效，探讨了当前产业高质量发展面临的主要挑战，并提出相应的对策建议。

报告指出，产业高质量协同发展具有四个基本特征，即协同创新核心引领、要素资源优化配置、生产方式集约高效、增长动能强劲有力。区域产业高质量协同发展的主要目标是以科技创新为核心驱动力，以现代化产业集群为空间支撑，以产业链与创新链深度融合为关键抓手，以现代化产业体系构建为重要落脚点，最终实现区域内产业优化升级与产业经济效益持续提升。京津冀产业高质量协同发展的重要着力点体现在动力、结构、空间及效能四个层面：从动力层面来看，以北京为引领推动协同创新以实现科技创新，京津冀三地自贸试验区联动发展助力制度创新；从结构层面来看，借势北京非首都功能疏解，推动津冀产业优化升级，促进现代化产业体系建设；从空间层面来看，打造世界级先进制造业集群，推动产业集群与产业走廊建设，优化京津冀产业空间布局；从效能层面来看，推动产业链与创新链深度融合，促进北京科技创新成果在津冀落地转化与规模化生产，从整体上提升京津冀产业高质量协同发展效能。

基于对产业高质量协同发展的内涵、基本特征、主要目标、关键机制的分析，结合京津冀发展实际，本报告对比分析了我国东部三大城市群产业高质量发展的情况，对京津冀制造业、服务业、数字产业、创新链、自贸试验区、产业集群、产业走廊高质量发展以及产业链与创新链融合发展的进展与成效进行了深入剖析，并对北京、天津及河北在京津冀产业高质量协同发展中的地位与作用发挥情况进行了探讨。研究发现，一是从整体上来看，京津冀三地产业定位与分工日趋明晰，高质量发展基础不断夯实，"北京研发、津冀制造"模式加速形成。二是从产业集群来看，集群各节点间的关联关系日趋密切，产业集群网络逐步完善。三是从产业走廊来看，廊道发展基础良好，推动产业走廊加快形成。四是从产业链与创新链融合来看，京津冀城市群制造环节与创新环节复杂网络存在明显的中心-外围结构特征。五是从重点产业来看，制造业高端化进程加快推进，"优势互补、错位发展"的分工格局初步形成；现代服务业发展势头强劲，河北廊坊、保定、石家庄等地服务业发展迅速；数字产业发展态势良好，且城市体系规模分布日趋合理。六是京津冀自贸试验区制度创新能力不断提升，协同发展不断取得新突破，为京津冀协同发展注入新动能。同时，京津冀三地也面临诸多亟须解决的难题：一是三地产业发展差距显著，产业整体实力相对偏弱；二是产业集群和产业走廊发育相对不足，难以发挥载体支撑作用；三是制造业创新要素、资本要素呈现明显的集聚特征，且创新能力难以满足产业规模扩张的需求；四是河北服务业发展相对落后，推动制造业优化升级的作用难以有效发挥；五是北京数字产业垄断地位突出，京津冀城市体系中大部分地级市数字产业规模较小，与首位城市北京存在较大差距；六是京津冀三地创新链存在创新差距大、结构不均衡等问题，加之津冀基础研究薄弱、创新生态不够完善，制约了津冀产业转型升级。

为推动京津冀产业高质量协同发展，助力打造中国式现代化建设的先行区、示范区，本报告提出以下政策建议：一是推动产业链与创新链深度融合，提升产业链现代化水平；二是推进重点产业链打造与产业基础再造，夯实产业高质量协同基础；三是发挥重点产业与产业集群的牵引作用，增强产业协作能力；四是深化京津冀三地自贸试验区联动发展，优化区域产业协同发展生态；五是加强区域创新联系，发挥协同创新正外部性。

关键词： 高质量协同发展　产业集群　产业走廊　京津冀

目 录

Ⅰ 总报告

B.1 京津冀产业高质量协同发展研究 ………… 叶堂林　王雪莹 / 001
  一　研究背景与研究意义 …………………………………… / 002
  二　总体思路与研究框架 …………………………………… / 004
  三　理论分析 ………………………………………………… / 007
  四　进展分析与问题探讨 …………………………………… / 011
  五　推动京津冀产业高质量协同发展的对策建议 ………… / 019

B.2 东部三大城市群产业高质量发展研究 ………… 叶堂林　刘哲伟 / 023
  一　研究背景 ………………………………………………… / 024
  二　研究思路与研究方法 …………………………………… / 025
  三　东部三大城市群产业发展品质分析 …………………… / 027
  四　东部三大城市群产业联动网络分析 …………………… / 036
  五　东部三大城市群产业协同集聚态势分析 ……………… / 048
  六　主要结论与对策建议 …………………………………… / 053

Ⅱ 专题报告

B.3 京津冀制造业高质量发展研究 ………………… 叶堂林　刘华桢 / 059

B.4　京津冀服务业高质量发展研究……………………叶堂林　白云凤 / 085
B.5　京津冀数字产业高质量发展研究………………叶堂林　张彦淑 / 110
B.6　京津冀创新链高质量发展研究……………………张　贵　孙建华 / 133
B.7　京津冀自贸试验区高质量发展研究………………叶堂林　严亚雯 / 159
B.8　京津冀产业集群高质量发展研究…………………叶堂林　于欣平 / 180
B.9　京津冀产业走廊高质量发展研究…………………叶堂林　刘　佳 / 207
B.10　京津冀产业链与创新链融合发展研究………江　成　聂丽君 / 230

Ⅲ　区域报告

B.11　北京市在京津冀产业高质量协同发展中的地位与作用研究
　　　　………………………………孙瑜康　霍韶婕　李　萌 / 259
B.12　天津市在京津冀产业高质量协同发展中的地位与作用研究
　　　　………………………………………………王得新　孙　媛 / 292
B.13　河北省在京津冀产业高质量协同发展中的地位与作用研究
　　　　………………………武义青　连璐瑶　任城名　李　涛 / 314

Abstract ………………………………………………………………… / 356
Contents ………………………………………………………………… / 360

皮书数据库阅读使用指南

总报告

B.1
京津冀产业高质量协同发展研究[*]

叶堂林 王雪莹[**]

摘 要： 产业高质量协同发展不仅是京津冀协同发展向纵深推进的关键支撑，而且是京津冀打造中国式现代化建设先行区、示范区的重要着力点。本报告在明确产业高质量协同发展的内涵、基本特征、主要目标及关键机制的基础上，探讨了京津冀产业高质量协同发展的主要任务、重要着力点以及京津冀三地在推动产业高质量协同发展中的角色担当，并分析了京津冀产业高质量协同发展的进展与成效以及存在的主要问题。研究发现，京津冀三地产业定位与分工日趋明晰，高质量发展基础不断

---

[*] 本报告为国家社会科学基金重大项目"数字经济对区域协调发展的影响与对策研究"（23&ZD078）、国家自然科学基金面上项目"多层动态网络视角下城市群创新生态系统演化机理及绩效评价研究"（72373105）、教育部人文社会科学研究专项任务项目"推动京津冀高质量发展研究"（23JD710022）的阶段性成果。

[**] 叶堂林，经济学博士，首都经济贸易大学特大城市经济社会发展研究院（首都高端智库）执行副院长、特大城市经济社会发展研究省部共建协同创新中心（国家级研究平台）执行副主任，教授、博士生导师，研究方向为区域经济、京津冀协同发展等；王雪莹，经济学博士，山东科技大学财经学院讲师，研究方向为产业高质量发展、协同创新。

夯实；北京的辐射带动作用凸显，"北京研发、津冀制造"模式加速形成；产业集群发展态势良好，产业走廊初具形态；重点产业发展质量稳步提升，现代化产业体系加快形成；非首都功能疏解、自贸试验区建设助力产业高质量协同发展成效显著。与此同时，当前京津冀三地还存在以下问题：三地产业发展差距显著，产业整体实力相对较弱；产业集群和产业走廊发育相对不足，难以发挥载体支撑作用；河北重点产业发展较为落后，区域产业不均衡问题凸显；产业链与创新链融合不足，制约津冀产业优化升级；自贸试验区制度创新有待强化，政策体系不完善、不衔接问题亟待解决。基于此，本报告提出以下对策建议：推动产业链与创新链深度融合，提升产业链现代化水平；推进重点产业链打造与产业基础再造，夯实产业高质量协同发展基础；发挥重点产业与产业集群的牵引作用，提升产业协作能力；深化三地自贸试验区联动发展，优化区域产业协同发展生态。

关键词： 高质量协同发展　产业集群　产业走廊　京津冀

一　研究背景与研究意义

（一）综观国际——产业高质量发展是提升国际竞争力、应对国际环境深刻变化的根本保障

当前世界百年未有之大变局加速演进，国际环境错综复杂，国际形势不稳定性不确定性还在加深。加之新冠疫情影响广泛深远，经济全球化遭遇逆流，全球产业链供应链恢复缓慢、核心通胀居高难下等因素导致世界经济整体复苏乏力，全球经济陷入低迷期，单边主义、贸易保护主义抬头，外部需求疲软，国际经济、科技等格局和国际力量对比均发生深刻调整，我国经济发展面临战略机遇和风险挑战并存的复杂形势。高质量发展是以质量和效益

为首要目标的发展，是妥善应对西方大国"脱钩断链"、"去风险化"、防范化解经济金融风险隐患的重要力量。这一时期，我国需要紧抓新一轮科技革命和产业变革深入发展的重要机遇，加快建设现代化经济体系，推动产业高质量发展，持续提升我国产业链供应链韧性和竞争力，增强国内大循环内生动力和可靠性，提升国际循环质量和水平，以应对国际环境带来的冲击，并进一步塑造国际合作和竞争新优势。

（二）审视国内——产业高质量发展是推进中国式现代化的重要内容

产业高质量发展是高质量发展的必然要求和重要支撑，是推进中国式现代化的重要内容。改革开放以来，我国产业体系建设取得了举世瞩目的成就，是全世界唯一拥有联合国产业分类中全部工业门类的国家（黄群慧，2023），产业发展综合实力稳步提升，核心竞争力持续增强，产业高质量发展加速推进。但随着产业发展跨入"深水区"和关键阶段，我国产业体系存在的大而不强、全球竞争力相对不足等问题越发凸显。加快构建现代化产业体系，推动产业高质量发展，不仅能够为推进中国式现代化奠定坚实的物质技术基础，而且有助于扎实推进我国经济高质量发展。

（三）聚焦京津冀——产业高质量协同发展是打造中国式现代化建设先行区、示范区的重要着力点

作为我国经济最活跃、创新实力最强、开放程度最高的地区之一，京津冀是推动我国经济发展的重要引擎和参与国际竞争合作的先导区域，发挥着引领全国高质量发展的重要作用。京津冀协同发展符合我国新时代高质量发展的战略需要，是推进中国式现代化建设的重要途径。自京津冀协同发展战略实施以来，京津冀地区作为我国北方科技创新高地和经济发展引擎的作用明显增强，担负着平衡南北经济发展"压舱石"的重任。北京作为全国科技创新中心和高水平人才高地，创新实力雄厚，津冀两地实体经济特别是制造业根基牢固，京津冀地区通过强化协同创新和产业协作，

推动产业高质量协同发展,能够为打造中国式现代化建设先行区、示范区筑牢坚实基础。

二 总体思路与研究框架

(一)总体思路

本报告主要围绕京津冀"产业高质量协同发展"进行研究。在理论层面,明确产业高质量协同发展的内涵、基本特征、主要目标及关键机制,聚焦京津冀,重点探讨京津冀产业高质量协同发展的主要任务、重要着力点及京津冀三地在推动产业高质量协同发展中的角色担当;在实践层面,重点关注当前京津冀产业高质量协同发展取得的进展与成效,并分析存在的主要问题,提出相应的对策建议。首先,从整体层面探讨京津冀产业高质量协同发展的现状及问题;其次,从重点产业、赋能方式及关键领域三个方面对京津冀产业高质量协同发展进行分析;最后,分析北京、天津及河北在京津冀产业高质量协同发展中的地位与作用。

从重点产业看,涵盖制造业、服务业及数字产业。首先,制造业高质量发展为现代化产业体系构建提供了重要支撑,京津冀制造业高质量发展能够为打造中国式现代化建设先行区、示范区奠定坚实的物质基础;其次,加快构建与现代化产业体系相适应的现代化服务业体系,推动现代服务业同先进制造业深度融合,能够有效推动区域产业高质量发展;最后,数字经济已成为建设现代化产业体系、促进我国产业向全球价值链中高端环节攀升、提升产业全球竞争力的重要支撑。京津冀要打造中国式现代化建设的先行区、示范区,必须推动数字产业高质量发展,打造具有国际竞争力的强大数字产业集群。从赋能方式看,涵盖科技创新赋能与制度变革赋能两种类型。产业高质量协同发展需要科技创新与制度创新"双轮驱动"。科技创新不仅为制造业、服务业及数字产业等重点行业的高质量发展提供基础性、战略性支撑,而且通过发挥创新引领作用，推动战略性新兴产业融合发展，促进产业集群、产业走廊等高质量发展；制度创新则通过破除体制机制壁垒，为区域产业高质量协同发展创造良好的生态。从关键领域看，主要涵盖产业集群、产业走廊、产业链与创新链融合发展。作为产业发展到高级阶段的空间组织形式，产业集群和产业走廊凭借其群体竞争优势和规模效益成为区域产业高质量协同发展的重要空间载体。产业链与创新链深度融合发展能够更大程度地发挥科技创新对产业优化升级的驱动作用，推动区域产业高质量协同发展。

（二）研究框架

本报告由2个总报告、8个专题报告和3个区域报告构成。其中，总报告1主要阐述整体思路与逻辑框架，在理论层面，明确产业高质量协同发展的内涵、基本特征、主要目标及关键机制，分析京津冀产业高质量协同发展的主要任务、重要着力点以及京津冀三地在推动产业高质量协同发展中的角色担当；在实践层面，探讨京津冀产业高质量协同发展的进展与成效以及存在的主要问题。总报告2主要通过对比分析我国东部三大城市群产业高质量发展的情况，明确京津冀产业高质量协同发展存在的不足。专题报告3、4和5主要聚焦重点产业，探讨京津冀制造业、服务业、数字产业高质量发展的现状及存在的主要问题。专题报告6和7主要聚焦创新链高质量发展和自贸试验区高质量发展两个方面，探究科技创新和制度创新两类京津冀产业高质量协同发展赋能方式的发展情况。专题报告8、9和10主要聚焦产业高质量协同发展的关键领域，探讨京津冀产业集群、产业走廊、产业链与创新链融合发展的进展与成效及其在推动产业高质量协同发展中发挥的作用和存在的不足。区域报告11、12和13则在分析京津冀三地产业高质量发展现状及存在问题的基础上，探讨北京、天津及河北在京津冀产业高质量协同发展中的地位与作用。研究框架见图1。

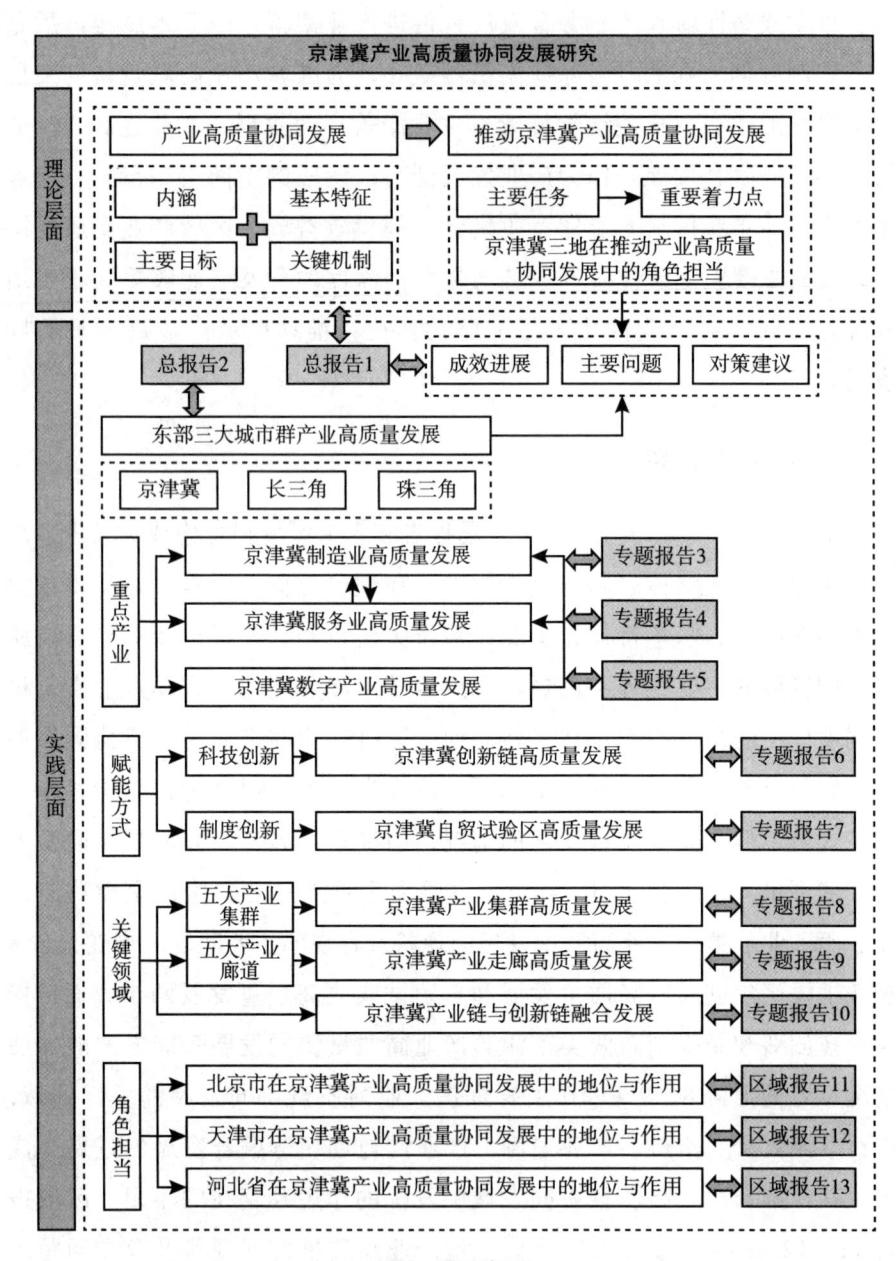

图 1 研究框架

三 理论分析

(一)产业高质量协同发展的内涵与基本特征

通常情况下,"质"是指发展的结构和效益,"量"是指发展的规模和速度,高质量涵盖质的提升和量的增长,二者相辅相成。产业高质量发展可看作高质量发展在产业层面的内涵延伸,强调在遵循新发展理念的基础上,不仅要实现产业的规模扩张,而且要推动产业结构的优化升级,达到产业经济效益最大化的目的。

基于对高质量发展和协同发展内涵与基本特征的分析,本报告将产业高质量协同发展定义为在特定区域内,多数产业主体(或企业)能够通过相互协作,如协同创新催生关键核心技术、深化产业链上下游企业紧密协作等,提升要素资源利用率,推动生产方式向内涵集约转变,通过动力变革、效率变革与质量变革,实现产业经济效益的共同提升。产业高质量协同发展的基本特征可归纳为以下几个方面。①协同创新核心引领。协同创新是产业高质量协同发展的本质属性。科技创新是产业高质量发展的第一原动力,通过协同创新加快新知识和新技术的产生,促进具有自主知识产权的核心技术形成,并实现产业链与创新链的深度融合,推动产业向价值链中高端环节攀升,实现产业发展的动力变革。②要素资源优化配置。任何产业的发展均离不开相关要素的支撑,而资源有限性与需求无限性的矛盾始终存在于经济社会发展过程之中。将区域内有限的要素资源进行合理配置与优化组合,形成规模效应和集聚效应,推动产业发展实现效率变革。③生产方式集约高效。在当前我国劳动力、资本等各类生产要素价格总体较高且要素投入边际收益递减的背景下,以高新技术为支撑,推动产业生产方式集约高效,提高全要素生产率,推进产业发展由"高速"向"高效"跃升,进而推动产业发展的质量变革。④增长动能强劲有力。这是产业高质量发展的根本特征。培育壮大发展新动能是实现高质量发展的重要支撑,产业高质量协同发展同样需

要强劲的增长动能，这是推动产业规模扩张和结构优化的动力源泉（樊茂清、包时鹏，2023）。

（二）产业高质量协同发展的主要目标与关键机制

基于对产业高质量协同发展内涵与基本特征的分析，结合新时代我国高质量发展的目标要求，本报告进一步明确了区域产业高质量协同发展的主要目标：以科技创新为核心驱动力，以现代化产业集群为空间支撑，以产业链与创新链深度融合为关键抓手，以现代化产业体系构建为重要落脚点，最终实现区域内产业优化升级与产业经济效益持续提升。

本报告将区域产业高质量协同发展的关键机制归纳为三条：一是创新驱动机制，通过科技创新与制度创新"双轮驱动"，破除制度壁垒，提高新技术产出与应用水平，推动产品、过程及模式等多维创新进程，助力区域内产业高质量协同发展；二是配置优化机制，通过促进区域内要素资源的自由流动，拓展生产的可能性边界，提高资源的利用率和价值创造水平，并通过学习机制提高要素质量，通过"干中学"和知识溢出效应，推动产业高质量发展；三是降本增效机制，通过提高资源利用效率、运营效率等，有效降低生产及运营成本，推动全要素生产率提升，进而推动产业实现高质量协同发展。

（三）京津冀产业高质量协同发展的主要任务与重要着力点

京津冀产业高质量协同发展既是京津冀协同发展向纵深推进的重要支撑，也是当前发展的一大"短板"。构建现代化产业体系、推动产业高质量发展是中国式现代化建设的重要途径。当前京津冀产业高质量协同发展的主要任务是为努力成为中国式现代化建设的先行区、示范区奠定物质技术基础，夯实京津冀协同发展的根基。京津冀产业发展经历了从各自独立发展到各自推进发展（疏解-1与承接+1）再到联合推进发展（1+1>2）阶段。当前京津冀三地要立足资源禀赋优势，通过协同赋能创新发展、改革破除制度壁垒、优化资源配置与空间布局等，努力将自身打造成为中国式现代化建设的先行区、示范区。基于对产业高质量协同发展内涵与基本特征的分析，结合京津冀发展实际，本报告从动力、结构、空间及效能四个层面探讨京津冀产业高质量协同发展的重要着力点。

一是动力层面，以北京为引领推动协同创新以实现科技创新，京津冀三地自贸试验区联动发展助力制度创新。科技创新是产业高质量协同发展的核心动力，制度创新则为产业高质量协同发展保驾护航。从科技创新层面看，作为全国科技创新中心，北京拥有26所"211"高校、8所"985"高校，1000多所科研院所，国家实验室、大科学装置数量均居全国首位，且拥有"两院"院士911人、"高被引科学家"411人次，蝉联《自然》杂志全球科研城市榜单第一名。[①] 通过借势北京国际科技创新中心与高水平人才高地建设，推动京津冀产业协同创新共同体建设，充分发挥北京中关村国家自主创新示范区的核心引领作用，围绕重点产业和重要领域关键核心技术与共性技术开展联合攻关，为产业高质量协同发展注入关键动能。从制度创新层面看，自贸试验区作为制度创新的新高地，通过在要素流动、贸易投资、产业发展等方面加强制度创新，充分发挥"改革试验田"作用，已逐步成为我国高质量发展的示范者和引领者。京津冀三地自贸试验区可通过联动发展，采取"同事同标""一地创新、三地互认"，为产业高质量协同发展创造良好的制度环境。

二是结构层面，借势北京非首都功能疏解，推动津冀产业优化升级，促进现代化产业体系建设。疏解北京非首都功能是京津冀协同发展的核心要义。北京通过疏解与首都功能定位不一致、不协调的产业以实现"瘦身"，通过"腾笼换鸟"，构建高精尖产业体系，推动自身产业高质量发展；津冀则通过借势北京非首都功能疏解带动自身产业升级，推进产业跨区域交流与合作，加快共建产业园区。以非首都功能疏解为重要突破口，促进三地产业结构优化升级，加快推进京津冀产业高质量协同发展进程。

三是空间层面，打造世界级先进制造业集群，推动产业集群与产业走廊

---

① 杨月涵：《北京人工智能顶尖人才占全国总量的43%左右》，《北京商报》2024年3月19日。

建设，优化京津冀产业空间布局。习近平总书记多次强调京津冀要着力打造世界级先进制造业集群。打造世界级先进制造业集群，是京津冀构建现代化产业体系的必然选择。打造世界级先进制造业集群，不仅能够优化区域产业结构，提升产业链供应链韧性，而且有助于带动区域内其他行业实现资源共享和产业链接，推动区域内产业集群与产业走廊建设，促进京津冀产业高质量协同发展。

四是效能层面，推动产业链与创新链深度融合，促进北京科技创新成果在津冀落地转化与规模化生产，从整体上提升京津冀产业高质量协同发展效能。北京产业存在整体偏"软"、"硬产业"发展相对欠缺等问题，导致科技创新成果难以在京落地，而津冀具备良好的工业发展基础，可以有效弥补这一缺陷。推动京津冀三地产业链与创新链深度融合，能够有效解决产业技术需求与供给不匹配问题，不仅有助于推动京津冀产业高质量转型，而且能够大幅提升产业经济效能。

（四）京津冀三地在推动产业高质量协同发展中的角色担当

推动京津冀产业高质量协同发展，不仅是京津冀协同发展向纵深推进的重要支撑，而且是京津冀三地基于自身功能定位、要素禀赋及发展需求的必然选择。京津冀三地在推动产业高质量协同发展中扮演着不同角色，肩负着各自使命。

北京：新兴产业技术创新策源地、产业人才培养输出高地、现代化服务业集聚地，在推动京津冀产业高质量协同发展中发挥着引领辐射带动作用。作为全国科技创新中心及高水平人才高地，北京要利用自身丰富的创新资源和高教资源，为京津冀产业高质量协同发展提供技术和人才支撑；北京要紧抓"两区"[①]建设的重要机遇，在商务服务、金融服务、科技创新等方面集聚高端服务资源，促进现代服务业发展，充分发挥现代服务业的拉动效应、辐射效应及融合效应，推动京津冀产业高质量协同发展。

---

① "两区"是指国家服务业扩大开放综合示范区和中国（北京）自由贸易试验区。

天津：科技成果孵化转化集聚地、先进制造研发基地、制造业高质量发展示范区，作为打造先进制造业集群的重要支撑地，推动京津冀产业高质量协同发展。首先，自天津滨海-中关村科技园挂牌成立以来，经过多年发展，打造了"类中关村创新创业生态"，形成了"北京研发、天津转化"的发展模式，推动北京科技成果在科技园内集中孵化转化。其次，天津工业积淀深厚，制造业体系完备，区位优势突出，具备打造先进制造业集群的重要基础，且《京津冀协同发展规划纲要》赋予了天津建设全国先进制造研发基地的时代使命。最后，天津是全国唯一的国家现代职业教育改革创新示范区，职业教育一直居全国前列，为先进制造业发展提供了充裕的技术技能人才。这些都有利于打造京津冀先进制造业集群，推动京津冀产业高质量协同发展。

河北：战略性新兴产业承接地、传统产业转型升级示范区、现代化产业体系支撑区，在京津冀产业高质量协同发展中发挥载体支撑作用。京津冀地区缺乏制造业基地，导致北京科技成果难以在周边转化落地，这在很大程度上限制了京津冀产业高质量发展。《京津冀协同发展规划纲要》赋予了河北"全国产业转型升级试验区"的功能定位。河北通过承接北京非首都功能疏解，推动战略性新兴产业发展并促进传统产业转型升级，以支撑京津冀现代化产业体系建设。

京津冀产业高质量协同发展的理论基础、主要任务、角色担当与重要着力点见图2。

四　进展分析与问题探讨

（一）京津冀产业高质量协同发展的进展与成效

1. 产业定位与分工日趋明晰，高质量发展基础不断夯实

一是制度设计日趋完善，配套政策相继出台。自京津冀协同发展战略实施以来，京津冀三地围绕产业发展定位、产业转移承接、产业协同发展等陆续出台了相关政策文件（见表1），并聚焦科技创新、产业疏解承接、

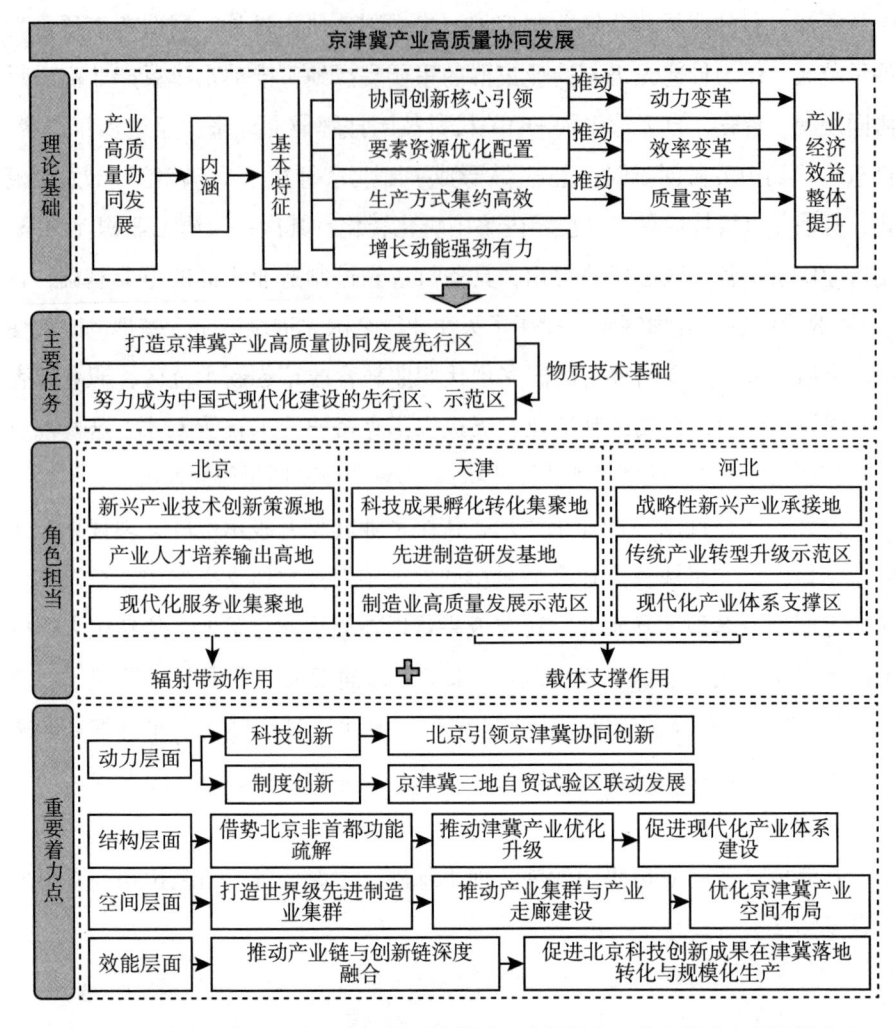

图 2　京津冀产业高质量协同发展的理论基础、主要任务、角色担当与重要着力点

资料来源：笔者绘制。

产业链共建等重点领域签署了一系列合作协议，为产业高质量协同发展提供了制度保障。二是产业分工逐步清晰，协作发展积极推进。根据对京津冀三地工商注册数据的分析可知，当前北京科技研发与商务服务行业优势明显，天津在金融及租赁商务等生产性服务业方面具有优势，河北则主要聚焦生产制造环节。近年来，京津冀三地企业及园区间的合作持续加强，先后组织召开了京津冀产业协同发展招商推介会、京津冀工业园区推介会及多场专题产业转移对接活动,实现了分地域、分行业、分主题的精准对接合作。

表1 2015~2023年京津冀产业协同发展领域的相关政策

年份	政策名称	作用
2015	《京津冀协同发展规划纲要》	明确了京津冀三地产业功能定位
2015	《京津冀协同发展产业转移对接企业税收收入分享办法》	明确了产业跨区域转移的利益分配方案
2016	《京津冀产业转移指南》	引导京津冀三地产业有序转移与承接
2017	《关于加强京津冀产业转移承接重点平台建设的意见》	提出了构建"2+4+N"产业合作格局
2019	《产业链引资战略合作框架协议》	探索京津冀产业链引资合作模式
2019	《进一步加强产业协同发展备忘录》	进一步推动各项产业合作的落实
2023	《京津冀产业协同发展实施方案》	明确了推动京津冀产业协同走向纵深的8个重点任务

资料来源:根据公开资料整理。

2. 北京的辐射带动作用凸显,"北京研发、津冀制造"模式加速形成

一是北京的资本辐射中心地位持续稳固。2014~2023年,北京对津冀的投资额占三地互投总额的比重由60.02%上升至80.33%。2014~2023年,北京对河北制造业的投资额由16.84亿元增加至157.03亿元,占北京对河北总投资额的比重由5.78%上升至14.59%;天津对河北制造业的投资额由6.48亿元增加至76.63亿元,占天津对河北总投资额的比重由13.33%上升至47.19%[①]。这表明河北已成为京津冀地区制造业的主要承接地。二是北京的科技创新中心地位不可撼动,三地联合创新态势良好。以2023年为例,北京新增发明专利授权量为94361件,是天津(9561件)的9.87倍、河北(11523件)的8.19倍[②]。京津冀三地联合创新态势良好,2020年,京津冀

---

① 数据来源于龙信企业大数据平台。
② 数据来源于龙信企业大数据平台。

三地合作专利数量为11611件，是2013年（5252件）的2.21倍。三是北京的创新资源加速辐射至津冀，科技创新成果产业化进程加快推进。2014~2023年，北京流向津冀的技术合同成交额逐年攀升，2023年达到748.7亿元，占流向外省份的比重为15.1%①。2022年，中关村企业在津冀两地设立分支机构超过1万家。②

3. 产业集群发展态势良好，产业走廊初具形态

一是产业集群规模持续扩大，集群创新能力稳步提升。2013~2023年，京津冀五大产业集群③的存续企业数及资本规模持续扩张，各集群累计授权发明专利数年均增长率保持在15%~35%。二是集群各节点间的关联关系日趋密切，产业集群网络逐步完善。京津冀集成电路、电力装备产业集群形成了京津"双中心"空间发展格局，网络安全、生物医药及安全应急装备产业集群则呈现"多中心"空间结构特征。三是廊道发展基础良好，推动产业走廊加快形成。京津冀地区多节点、网格状、全覆盖的综合交通网络已基本形成，加之构成产业走廊的科技园区、产业园发展实力较为突出，京津冀五大产业廊道④均具备良好的发展基础。四是廊道各节点产业联系愈加紧密，产业走廊初具形态。根据京津冀地区产业联系强度，在新一代信息技术产业中，北京和天津的引力值⑤排在首位；在新能源装备产业中，北京和保定、北京和石家庄的产业联系强度增强；在绿色算力和绿色能源产业中，北京和张家口的引力值排名第一，北京和承德的产业联系处于高强度等级。

4. 重点产业发展质量稳步提升，现代化产业体系加快形成

一是制造业高端化进程加快推进，"优势互补、错位发展"的分工格局

---

① 数据来源于京津冀三地统计年鉴。
② 刘朋朋、弓幸民：《同下一盘棋 产业协作愈发紧密》，河北经济网，2024年2月26日，http://epaper.hbjjrb.com/jjrb/202402/26/con143052.html。
③ 五大产业集群是指集成电路产业集群、网络安全产业集群、生物医药产业集群、电力装备产业集群、安全应急装备产业集群。
④ 五大产业廊道是指京津新一代信息技术产业廊道、京保石新能源装备产业廊道、京唐秦机器人产业廊道、京张承绿色算力和绿色能源产业廊道、京雄空天信息产业廊道。
⑤ 引力值通过引力模型计算得出，常被用来衡量城市间的联系强度。

初步形成。京津冀地区制造业发展呈现由劳动密集型、资本密集型向技术密集型转变的特征，这将大幅提升制造业的创新能力和融资能力，推动京津冀制造业向高端化迈进。京津冀制造业的空间布局整体呈现由京津走廊向东部沿海及冀中南腹地扩散的特征，其中劳动密集型制造业已逐渐退出北京，呈现向冀南地区转移的特征；资本密集型制造业临海指向趋势明显，呈现逐渐向环渤海地区扩张的特征；技术密集型制造业呈现环京津协同发展、向冀南地区扩散的特征。二是现代服务业发展势头强劲，河北廊坊、保定、石家庄等地服务业发展迅速。京津冀地区服务业中租赁和商务服务业、科学研究和技术服务业发展势头强劲。在非首都功能疏解的牵引下，京津冀地区的服务业新设企业多向西南方向布局，廊坊、保定、石家庄等地服务业发展迅速，河北服务业发展整体呈现上升趋势。三是数字服务业发展态势良好，且城市体系规模分布日趋合理。2013~2022年，京津冀地区数字经济在营企业注册资本额由29457.86亿元增加至69390.53亿元，年均增长率为9.99%[①]；京津冀地区中小城市数字经济发展规模逐渐扩大，且增速快于大城市（北京和天津），地区间差距逐渐缩小，城市体系规模分布日趋合理。京津冀各地数字产业创新水平呈上升态势，且创新水平的绝对差异有所缩小。

5. 非首都功能疏解、自贸试验区建设助力产业高质量协同发展成效显著

一是非首都功能疏解助力北京现代化产业体系建设。2014~2022年，北京禁止和限制类制造业中企业减少量排在前五的产业分别为纺织服装、服饰业，金属制品业，食品制造业，家具制造业，橡胶和塑料制品业，年均降幅均超过30%；高技术企业由37.42万户增加至85.71万户，其中高技术制造业企业由0.24万户增加至0.28万户，高技术服务业企业由37.18万户增加至85.42万户[①]。2022年，北京战略性新兴产业增加值高达10353.9亿元，占GDP的比重为24.88%[②]。二是京津冀三地自贸试验区协同发展取得新突

[①] 数据来源于龙信企业大数据平台。
[②] 数据来源于《北京统计年鉴2023》。

破,制度创新能力不断提升。京津冀三地自贸试验区联动合作不断加强,在制度创新领域同向发力,已形成深层次、系统性的政策集成创新。京津冀三地定期召开京津冀自贸试验区联席会议,并于2023年签署了《京津冀自贸试验区协同发展行动方案》,这将充分发挥自贸试验区制度创新"试验田"的作用,为打造京津冀产业高质量协同先行区提供制度保障。

(二)当前京津冀产业高质量协同发展存在的主要问题

1. 三地产业发展差距显著,产业整体实力相对较弱

一是三地产业梯度间存在较大落差。当前北京已处于后工业化阶段,而天津和河北则分别处于工业化后期和中期阶段,产业发展阶段间的明显差异引致三地产业梯度间的落差较大,加之产业配套基础薄弱,制约了津冀两地的承接能力,难以满足北京转移企业的发展需求。二是三地创新实力落差进一步拉大了产业发展差距。京津冀地区在创新领域存在巨大的落差,导致三地在生产线更新改造、产品更新换代、新产品研发等方面的水平参差不齐,制约了北京科技成果在津冀落地转化(叶堂林,2023),特别是导致京津冀三地高技术产业发展差距显著。2022年,北京高技术企业存续数量为85.71万家,是天津(15.11万家)的5.67倍、河北(32.35万家)的2.65倍。三是京津冀产业特别是制造业在全国的地位出现下滑趋势,总体辐射带动能力不足。2013~2022年,京津冀地区生产总值占全国的比重由9.33%下降至8.29%,且工业增加值占全国的比重由7.64%下降至6.25%。与此同时,长三角地区生产总值占全国的比重由20.22%上升至23.99%,工业增加值占全国的比重由22.11%上升至25.41%,远高于京津冀地区[①]。

2. 产业集群和产业走廊发育相对不足,难以发挥载体支撑作用

一是产业集群发育整体不足,分散疏解难以形成产业集聚和协作效应。京津冀地区产业主要集中在各类园区、开发区和高新区,且园区间和企业间缺乏实质性联系(叶堂林,2023)。当前津冀两地承接非首都功能

---

① 根据《中国统计年鉴》数据计算得出。

疏解的平台总体太多，有限的产业被分散承接，难以形成产业集聚、联动及协作效应。二是产业集群结构亟须优化，企业梯度建设有待加强。2013~2022年，京津冀五大产业集群内存续企业户数年均增长率均保持在10%以上，但户均资本规模均呈下降趋势，表明集群内小规模企业持续涌入，导致产业集群组织化、集约化程度不高，在一定程度上影响了规模效应和辐射效应的发挥。产业集群内创新实力悬殊，除生物医药和安全应急装备产业集群外，集成电路、网络安全、电力装备产业集群中北京累计发明专利数占比均超过75%，这将影响产业集群的健康稳定发展。三是廊道内各地区间产业规模差距较大，制约产业走廊健康发展。从京津冀五大产业廊道看，北京的产值规模均呈现"一家独大"的特点，表明产业走廊"补弱"进程亟须加快。四是尚未形成完备的制造业体系，导致产业链配套能力较弱。相较于长三角、珠三角地区，京津冀地区缺少完备的制造业体系支撑产业生态系统的运营，旁侧产业、关联产业缺失且配套基础薄弱，特别是关键零部件配套能力不足，制约了北京科技创新成果在津冀落地转化。

3. 河北重点产业发展较为落后，区域产业不均衡问题凸显

一是河北制造业创新要素、资本要素呈现明显的集聚特征，且创新能力难以满足产业规模扩张的需求。京津冀地区推动制造业发展的创新、资本等关键要素呈现向京津等地集聚的特征，空间扩张幅度较小，对周边城市的辐射带动作用不明显。相较于制造业产业规模的持续快速扩张，制造业创新能力的提升速度大幅放缓，这将制约京津冀地区制造业优化升级及市场竞争力提升。二是河北服务业发展相对落后，推动制造业优化升级的作用难以有效发挥。2013~2022年，河北各城市服务业在营企业累计注册资本额虽然增速较快，但规模较小且发展不均衡问题凸显，吸收外地投资增长额仅相当于北京的1/4。河北服务业创新能力严重不足，2013~2022年，河北服务业在营企业累计授权发明专利数增加量不足北京的1/20，这不仅制约了其服务业高质量发展，而且导致其与北京的差距进一步拉大。三是京津冀各城市数字产业规模差异仍较大。北京的垄断地位突出，而河北大部分城市数字产业规模较小。2022年,北京数字产业在营企业累计注册资本额为47013.31亿元,是天津(5431.39亿元)的8.66倍、河北(16945.84亿元)的2.77倍[①]。

4. 产业链与创新链融合不足,制约津冀产业优化升级

一是津冀创新链发展相对较弱,难以赋能产业转型升级。除石家庄、唐山外,河北其他城市创新链发展仍处于初级阶段,京津冀三地创新链存在创新差距大、结构不均衡问题,加之基础研究薄弱、创新生态发展不够完善,制约了津冀产业转型升级。二是技术供给与产业需求间的匹配度有待提升。北京新增授权发明专利数排在前三位的行业分别为科学研究和技术服务业、制造业、软件和信息技术服务业,而河北产业发展规模居前三位的行业分别为制造业、批发和零售业、建筑业。河北对外专利需求集中于专用设备制造业、金属制品、机械和设备修理业,其中超50%来自京津冀区域外。三是创新成果转化专业机构的服务能力有待提升。京津冀地区的科技中介服务机构大多聚集在北京,较少在津冀布局,且北京的科技中介服务机构服务范围辐射全国,对津冀支持力度不足,制约了创新成果在津冀转化。四是河北各城市产业链与创新链融合相对不足。沧州、承德、邯郸等城市制造环节与创新环节之间的协同性不强,产业链与创新链的耦合度较低,耦合协调度长年处于严重失调或极度失调状态。五是科技成果落地难,导致产业发展缺乏核心技术作为支撑。北京高精尖产业从科技研发到落地转化的创新闭环尚未完全打通,由于缺乏高科技或核心技术支撑,天津制造业本土品牌的国际影响力较弱,河北许多产业仍处于中低端环节,京津冀产业高质量发展进程严重受阻。

5. 自贸试验区制度创新有待强化,政策体系不完善、不衔接问题亟待解决

一是京津冀三地自贸试验区联动机制有待强化,联动发展进程有待加快。京津冀三地自贸试验区在对接国际高标准市场规则体系方面尚显不足,政策创新存在滞后性,"试错测压"功能尚未充分发挥;京津冀三地自贸试验区在制度创新领域均有所突破,但尚未形成"一地创新、三地互认""同

[①] 数据来源于龙信企业大数据平台。

事同标"全覆盖的联动态势。二是产业配套政策体系不完善、不衔接。受经济发展等多重因素制约，相较于北京，津冀两地在企业用房、员工住房及子女教育、高端人才引进政策等方面缺乏吸引力，且三地间存在的资质标准异地互认困难、跨地区转移的企业在统计口径上衔接困难等问题尚未有效解决。

五 推动京津冀产业高质量协同发展的对策建议

（一）推动产业链与创新链深度融合，提升产业链现代化水平

一是以京津冀国家技术创新中心建设为重要契机，推动区域科技创新能力体系化发展。充分发挥北京国际科技创新中心的辐射带动作用，统筹津冀科技创新优势力量，共建京津冀国家技术创新中心，提升区域整体科技创新水平，缩小区域内创新实力落差，为创新链赋能产业链发展打好基础。二是强化协同创新，推动京津冀创新链高质量发展。积极探索灵活的创新要素共享模式，推动创新资源共建共享；聚焦战略性新兴产业重点领域共性需求，支持企业联合高校、科研院所共建一批产学研创新实体，对重大装备及关键零部件采取联合攻关、共同研发等模式，以提高区域自给率。三是打造数字化线上服务平台，支持创新资源在线匹配、产业链虚拟整合，赋能产业链与创新链融合发展。四是鼓励校企共建研发中心和产业化基地，加速科技成果落地转化。鼓励龙头企业、高新技术企业与高校、科研院所合作建设研发中心、重点实验室等科技创新平台及产业化基地，加大对重大产业科技项目的资金支持力度，促进企业聚焦核心关键零部件技术攻关及其产业化，提升自主研发能力和产业配套能力。五是以中关村科技园区建设为抓手，提升产业链与创新链对接协作水平。加快"中关村"等优势科技园区面向京津冀布局，打造更多的"类中关村"创新生态系统，加强产业转移承接平台建设和管理，推进曹妃甸协同发展示范区、京津合作示范区等建设，支持北京创新成果到津冀落地转化，大幅提高津冀产业竞争力。

（二）推进重点产业链打造与产业基础再造，夯实产业高质量协同发展基础

一是协同打造重点产业链。加强对网络安全、电力装备、集成电路等重点产业链的针对性政策扶持，支持龙头企业与链主企业在京津冀区域内布局发展，优化产业分工定位，强化区域联动和政策协同，促进上中下游的衔接和大中小企业的融通。二是夯实产业发展基础。深入实施产业基础再造工程，补齐区域产业协同发展在"六基"领域的短板与弱项；合力推进京津冀地区制造业"智改数转网联"工作，促进京津冀现代化产业体系建设与新型信息基础设施的深度融合；通过产业链招商模式实现补链，补齐产业链延伸的关键枢纽型行业，以巩固产业链演进基础。三是试点推行"链长+链主+链创"模式，提升产业链竞争力。以六条重点产业链为试点，探索推行"链长+链主+链创"模式，积极培育发展石家庄、保定、唐山、沧州等区域中心城市和节点城市，加快推动河北产业转型升级，弥补对产业链培育协调力度不足的问题。四是构建布局合理、梯次发展的产业链条。京津冀三地要积极规划并联合落实"五群六链五廊"产业协同发展新图景，完善共建共享机制，推动产业链由政府建链向市场成链转变；遵循"一链一策"原则，制定区域产业链延伸布局和协同配套政策，增强产业在资源配置、专业协作、集群化发展等方面的能力。

（三）发挥重点产业与产业集群的牵引作用，提升产业协作能力

一是统筹规划各地制造业发展重点领域，加强先进制造业和高新技术产业集群建设。作为现代经济的重要组成部分，制造业不仅是我国经济发展的根基所在，而且是科技创新的基本载体和孕育母体。基于制造业发展基础和资源禀赋，明确各地制造业重点领域，避免主导产业定位重叠，形成差异化发展特色。北京要在提高"北京智造"竞争力的同时，保持制造业适度规模，在更新产业禁限目录时，要对产业链的完整性和技术水平进行综合评估，重点考量津冀能否有效补齐产业链。基于现代化首都都市圈"通勤圈"

"功能圈""产业圈"的划分,根据创新能级、北京产业带动范围,打造制造业圈层结构。此外,还可借鉴长三角地区苏州、昆山,以及珠三角地区东莞、佛山的经验,打造以制造业集聚为导向的重点区域。二是加强区域内服务业交流合作,促进津冀服务业高质量发展。现代服务业能够助力企业提质增效,促进制造业转型升级,提升产业链韧性和安全水平。京津冀地区要充分利用北京高端服务业发展优势,以数字创新技术推动资源整合和优势互补,引导津冀现代服务业发展。通过提升现代服务业比重和影响力,推动现代服务业同先进制造业深度融合,培育现代化产业体系,增强京津冀产业发展的核心竞争力。三是推动津冀两地数字经济发展,以数字产业赋能产业高质量协同发展。搭建数字经济创新成果供需对接平台,推动北京数字创新资源对津冀开放共享,助力津冀产业数字化、智能化转型升级。数字产业通过助力实体产业技术创新,加速产品和服务的更新换代,推动产业融合发展,优化产业内部结构。四是加快动力与结构转换进程,推动产业集群与产业走廊发展。从动力转换看,产业集群和产业走廊发展,不仅需要做好资源投入,更要依靠创新要素投入和创新效率提升;从结构转换看,包括企业结构、产业结构和区域结构,通过完善优质中小企业培育体系、实现制造业和服务业高效协同以及各城市节点间产业均衡发展,推动产业集群和产业走廊高质量发展。最终依靠产业集群、产业走廊,推动产业链、供应链体系发展,实现京津冀产业高质量发展。五是重视三地交界区域及临空经济区发展。推动通州与"北三县""房涿涞"等区域的高质量一体化,推动北京高技术企业在交界处津冀一侧布局,科技成果在津冀一侧转化,北京在津冀一侧共建"产业飞地",津冀在北京一侧共建"研发飞地"。充分发挥临空经济区航空物流、科技创新和服务保障等功能,针对区域内重点产业链中缺失或薄弱环节,多措并举,吸引国内外龙头企业或链主企业落地。

(四)深化三地自贸试验区联动发展,优化区域产业协同发展生态

一是推动设立京津冀自贸试验区联动发展先行示范区,推动"一地创新、三地互认""同事同标"进程。可考虑在大兴机场周边设立京津冀自贸

试验区联动发展先行示范区，先行示范区可采用"自贸试验区办公室+公司"运营模式，并实施"要素资源汇聚、创新平台建设、城市应用示范"三大工程。可利用三步法实现政策"一地创新、三地互认"，以提高政策的可行性和服务能力。通过提高政务服务事项目录制定效率和推动政务服务智能化升级，完善"同事同标"机制。二是推动跨部门、跨区域信息交流平台建设。加强对京津冀地区科技创新、产业链发展及产业集群建设等情况的跟踪分析，有效整合各类信息渠道，及时了解政策的执行情况，适时调整和改进政策，确保京津冀产业高质量协同发展的持续推进。三是创建灵活、包容的区域营商环境。探索数字经济、绿色低碳等领域的标准制定和转化应用，搭建科研设备共享、科技创新、企业融资等"一站式"服务平台（叶堂林、刘哲伟，2024）。提升京津冀地区人才和技术资源的利用效率，促进各类要素合理流动和高效集聚。优化政府性产业基金的引导作用，鼓励在区域内设立市场基金，提升产业协同发展软环境竞争力。四是推进公共服务一体化。根据工作进展和实际需要及时调整完善现行政策，探索区域内养老保险、医疗保险等跨区域统一服务和转移接续政策，建设跨区域公共服务合作载体（叶堂林、刘佳，2024），推动优质公共资源向周边地区辐射。

参考文献

樊茂清、包时鹏：《数字经济破解中国产业高质量发展难题的机制与对策》，《江苏行政学院学报》2023年第5期。

黄群慧：《建设完整先进安全的现代化产业体系》，《经济日报》2023年8月8日。

叶堂林：《京津冀产业高质量协同发展中存在的问题及对策》，《北京社会科学》2023年第6期。

叶堂林、刘佳：《京津冀与珠三角产业协同发展比较研究》，《河北学刊》2024年第5期。

叶堂林、刘哲伟：《京津冀与珠三角协同创新比较分析》，《北京社会科学》2024年第2期。

B.2
东部三大城市群产业高质量发展研究*

叶堂林 刘哲伟**

摘　要： 城市群通过集中区域内优势资源，推动城市间形成功能互补的产业体系，协力推进产业高质量发展取得更大突破。本报告以我国东部三大城市群为对象，利用2010年、2022年产业发展数据，从产业发展品质、产业联动网络和产业协同集聚态势等角度总体刻画了城市群产业高质量发展现状。研究发现，三大城市群产业高质量发展路径存在明显差异，京津冀城市群的市场竞争逐步向以中小规模企业为核心转变，北京的企业规模下降明显，长三角城市群的市场竞争则向大中规模企业倾斜，珠三角城市群的市场竞争差异化明显；京津冀城市群企业创新能力整体提升明显，长三角、珠三角城市群中核心城市在提升企业创新能力方面不具有相对优势；京津冀、长三角城市群的产业发展潜力均出现明显分化，珠三角城市群的产业发展潜力整体增强；京津冀城市群内的产业联动能力增强，形成协作较为紧密的产业联动格局，长三角城市群正在形成多个局部产业联动组团，珠三角城市群中的东莞超过广州成为新的产业辐射中心；三大城市群内的协同集聚水平显著提升，产业部门之间的协作愈加紧密，产业发展错配问题明显缓解，但是均存在单一产业部门过度集聚导致的产业发展不匹配等问题。基于此，本报告从打造京津冀双向"产创飞地"、促进产业链条向上下游延伸以及发挥北京

---

* 本报告为国家社会科学基金重大项目"数字经济对区域协调发展的影响与对策研究"（23&ZD078）、国家自然科学基金面上项目"多层动态网络视角下城市群创新生态系统演化机理及绩效评价研究"（72373105）、教育部人文社会科学研究专项任务项目"推动京津冀高质量发展研究"（23JD710022）的阶段性成果。

** 叶堂林，经济学博士，首都经济贸易大学特大城市经济社会发展研究院（首都高端智库）执行副院长、特大城市经济社会发展研究省部共建协同创新中心（国家级研究平台）执行副主任，教授、博士生导师，研究方向为区域经济、京津冀协同发展等；刘哲伟，首都经济贸易大学城市经济与公共管理学院博士研究生，研究方向为区域经济。

国际科技创新中心建设优势赋能区域创新发展等方面提出对策建议。

关键词： 京津冀城市群　长三角城市群　珠三角城市群　产业高质量发展

一　研究背景

（一）城市群是实现产业高质量发展的重要空间平台

城市群的首要优势在于它能够集中区域内的资本、技术和人才资源，不同城市之间可以根据各自的产业特色和竞争优势，形成功能互补的产业体系，一些城市可能专注于高科技和研发活动，而其他城市则可能成为生产和制造的基地，这种分工合作不仅提高了整个城市群的产业效率，而且促进了区域资源的最优配置。此外，城市群内部的紧密联系有助于实现信息的快速流通和知识的广泛传播，城市群内部通常拥有发达的交通网络，人流、物流、资金流、信息流的跨区域流动更为便捷，而信息和知识的流动是技术创新的基础，能够激发企业的创新活动，推动新技术、新产品的快速开发和商业化，区域内的企业能够利用这一优势，加快创新步伐，提升产品和服务的质量，促进产业的集聚与专业化发展。以城市群为平台推进区域产业高质量发展，不仅能够增强区域内产业的协同效应，而且通过规模经济和范围经济的实现，推动产业结构的优化升级，不断提升产业的核心竞争力，为更广泛区域内的经济发展注入新的动力。

（二）推进产业高质量发展是提升城市群发展韧性的关键路径

产业发展是区域发展的实体环节，其结构和质量直接决定了区域经济的竞争力与发展韧性，推进产业高质量发展意味着逐渐提升技术进步、管理优化和资源配置的有效性，这些因素共同作用于提升产业的生产效率和创新能力，有利于通过创新产品和服务开拓更广泛的市场，增强企业的市场适应能力，驱动区域产业不断向价值链高端攀升，增强区域内产业应对市场竞争的能力。当区域产业具备较高的市场适应性和创新能力时,即使面对全球市场的不确定性和经济周期的波动性,也能够维持经济的稳定发展。与此同时,高端产业部门的发展还能够提供更多高质量的就业机会,提高区域内居民收入水平,进一步推动本地消费和生产市场的繁荣发展。此外,城市群内城市之间存在显著的规模借用,还可以不断刺激形成便捷的区域间经济循环体系,提升区域间的经济发展联系程度和辐射带动作用,这不仅可以持续增强区域经济发展的稳定性和可持续性,而且能够为区域经济抵御外部冲击提供坚实的保障,有助于形成一个更加健康和动态的城市群经济体。

(三)推进产业高质量发展是贯彻落实创新发展的必然选择

实现产业高质量发展对城市群创新能力的提升具有深远的影响,一方面,产业高质量发展为城市群创新生态的形成和健康发育提供了有力支撑,通过形成产学研用的交流合作模式,不仅促进了创新思想和技术的交叉融合,推动了科技成果的转化和应用,有利于形成市场导向的创新活动,而且带动了相关产业链的发展,形成了完整的创新链条和技术生态,为创新活动提供了更加广阔的空间和更加有利的条件。另一方面,产业高质量发展推动了产业链的升级和优化,促进了城市群创新能力的提升。随着产业结构的优化和升级,城市群内部的产业链条不断向高端延伸,形成了从科研和开发到生产和市场的完整产业链体系,吸引了更多的人才和资本聚集到城市群内部,形成了人才、技术和资本密集型的创新环境,促进了创新思想和技术的跨界融合,新技术、新产品的不断涌现,推动了科技成果转化,不仅提高了城市群整体的产业效率和竞争力,而且为创新活动提供了更加便利和完善的条件,有力地支撑了城市群贯彻落实创新驱动发展战略。

二 研究思路与研究方法

(一)研究思路

围绕东部三大城市群产业高质量发展这一研究主线,本报告的研究重点

主要包含以下几个部分。一是从产业发展品质来看，产业发展品质是体现产业高质量发展的重要一环，本报告将利用企业平均规模、企业创新能力以及战略性新兴企业占比等指标对比分析城市群间的产业竞争格局、产业创新能力和产业发展潜力。二是从产业联动网络看，城市间的产业联动发展格局是体现城市群产业高质量发展的重要空间维度，本报告将利用复杂网络分析方法，结合考虑城市间产业结构相似性的引力模型，构建城市群内产业联动网络，探究城市群内不同等级城市在产业联动发展中的重要作用，明确产业联动网络的演进趋势。三是从产业协同集聚态势看，产业协同集聚是体现产业间联系强度的关键维度，本报告将测算各城市内制造业与生产性服务业的协同集聚水平，探究城市群内产业高质量发展过程中存在的结构性差异，通过对比分析明确各城市的产业发展路径特征。

（二）研究方法

1. 城市群产业联动网络的构建

本报告借鉴叶连广等（2023）的研究方法，利用改进后的引力模型构建城市群产业联动网络，具体如下所示：

$$R_{ij} = \gamma_{ij}(1 - S_{ij}) \frac{\sqrt{P_i G_i} \times \sqrt{P_j G_j}}{D_{ij}^2}, \gamma_{ij} = \frac{G_i}{G_i + G_j}, S_{ij} = \frac{\sum_k x_{ik} x_{jk}}{\sqrt{\sum_k x_{ik}^2 \sum_k x_{jk}^2}} \quad (1)$$

其中，R_{ij}表示城市群内城市i和城市j之间的产业联动系数，P表示全产业在营企业累计注册资本额，G表示城市GDP，D_{ij}表示选用球面距离测度的城市群内城市i和城市j之间的地理空间距离，γ_{ij}表示权重系数，S_{ij}表示城市间的产业结构相似系数，$1-S_{ij}$表示城市间的产业结构趋异系数，x_{ik}表示城市i中产业k注册资本额的比重。

2. 产业协同集聚水平的测度

本报告借鉴鲍金红和李印（2024）的做法，利用制造业和生产性服务业的相对集聚程度测度城市群内的产业协同集聚水平，具体如下所示：

$$Agg_{coo} = 1 - \frac{|Agg_{manu} - Agg_{ser}|}{Agg_{manu} + Agg_{ser}} \tag{2}$$

其中，Agg_{coo}表示产业协同集聚水平，Agg_{manu}表示制造业集聚水平，Agg_{ser}表示生产性服务业集聚水平，通过计算某地区该产业在全产业中的注册资本额比重得出。

（三）研究对象选取与资料来源

本报告以京津冀、长三角、珠三角城市群为主要研究对象，其中京津冀城市群包含13个城市，长三角城市群包含26个城市，珠三角城市群包含9个城市（见表1）。在产业对象上，本报告重点关注制造业，交通运输、仓储和邮政业，信息传输、软件和信息技术服务业，金融业，租赁和商务服务业，科学研究和技术服务业等生产侧的关键产业部门。本报告所用数据均来自龙信企业大数据平台。

表1 研究对象的具体范围

城市群	包含城市
京津冀城市群	保定、北京、沧州、承德、邯郸、衡水、廊坊、秦皇岛、石家庄、唐山、天津、邢台、张家口
长三角城市群	安庆、常州、池州、滁州、杭州、合肥、湖州、嘉兴、金华、马鞍山、南京、南通、宁波、上海、绍兴、台州、泰州、铜陵、苏州、无锡、芜湖、宣城、盐城、扬州、镇江、舟山
珠三角城市群	东莞、佛山、广州、惠州、江门、深圳、肇庆、中山、珠海

资料来源：根据《京津冀协同发展规划纲要》《长江三角洲城市群发展规划》《粤港澳大湾区发展规划纲要》整理。

三 东部三大城市群产业发展品质分析

（一）基于竞争格局的产业发展活力分析

京津冀城市群多数城市的市场竞争格局向以中小规模企业为核心转

变，企业平均规模稳步下降，市场竞争加剧。从重点城市看，2013~2022年，除保定和张家口外，其他城市的企业平均规模均呈现明显的下降趋势，其中北京的企业平均规模由3155.52万元/户下降至2688.38万元/户，年均降幅达1.76%；天津的企业平均规模由2002.80万元/户下降至1848.17万元/户，年均降幅达0.89%；河北各城市中降幅最明显的是廊坊，由1247.65万元/户下降至672.87万元/户，年均降幅达6.63%，中小微企业发展迅速。保定和张家口的市场竞争格局以大型企业间的竞争为主，其企业平均规模分别由705.80万元/户、657.59万元/户增加至754.11万元/户、782.69万元/户，年均增幅分别为0.74%、1.95%。从城市间看，北京和天津的企业平均规模呈下降趋势，市场竞争逐渐转向以中小企业竞争为主，但其企业平均规模仍远大于其他城市，2022年北京的企业平均规模是天津的1.45倍。2022年，京津冀三地企业平均规模最小的城市为邢台，相较于其他城市，其大型龙头企业相对不足（见图1）。

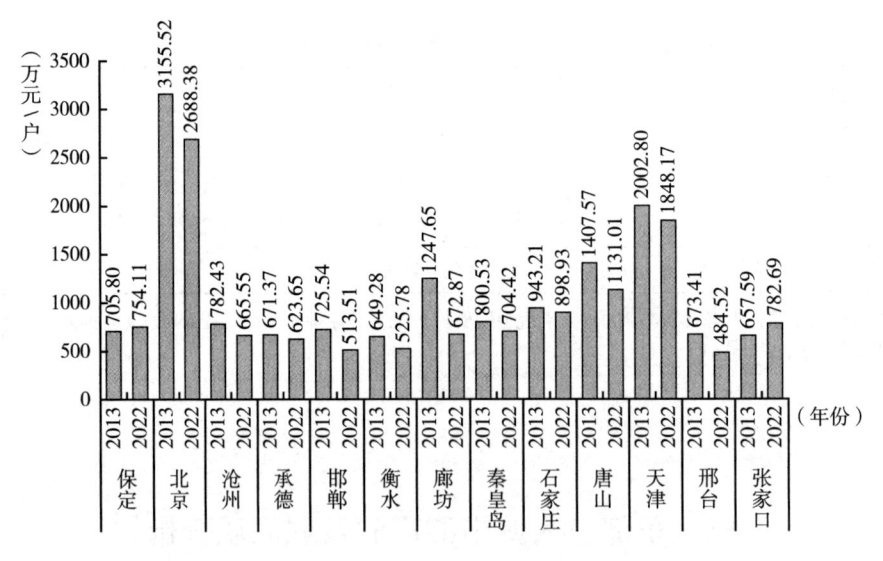

图1 2013年、2022年京津冀城市群各城市企业平均规模

资料来源：龙信企业大数据平台。

长三角城市群多数城市的市场竞争格局向以大中规模企业为核心转变，企业平均规模上升，市场竞争层次提升。从重点城市看，2013~2022年，除南京等5个城市外，其他城市的企业平均规模均呈现上升趋势，其中上海的企业平均规模由1123.01万元/户增加至1175.35万元/户，年均增幅为0.51%；杭州的企业平均规模由1163.04万元/户增加至1368.07万元/户，年均增幅为1.82%。南京、合肥、金华、铜陵、马鞍山的企业平均规模呈现下降趋势。其中，南京由1546.58万元/户下降至1341.69万元/户，年均降幅达1.57%；合肥由1159.60万元/户下降至972.41万元/户，年均降幅达1.94%。从城市间看，2022年，企业平均规模排在前三位的城市依次为舟山、嘉兴、芜湖，分别为2102.63万元/户、1732.50万元/户、1635.19万元/户，上海、杭州、南京、合肥等中心城市分别排在第9位、第5位、第6位、第17位；增幅排在前三位的城市依次为嘉兴、南通、盐城，其年均增幅分别为7.57%、6.89%、6.37%，市场竞争格局逐渐向以大中规模企业为核心转变，市场竞争层次逐渐提升；降幅排在前三位的城市依次为铜陵、合肥、南京，其年均降幅分别为2.98%、1.94%、1.57%，市场竞争格局逐渐向以中小规模企业为核心转变，市场竞争强度提升（见图2）。

珠三角城市群市场竞争格局差异化明显，珠海的企业平均规模达到"双高"水平。从重点城市看，2013~2022年，企业平均规模增长的城市包括深圳、珠海、肇庆、惠州、中山，其余城市则呈现下降的趋势，其中珠海的企业平均规模由1661.77万元/户增加至3443.72万元/户，年均增幅达8.43%；深圳的企业平均规模由950.97万元/户增加至1121.70万元/户，年均增幅达1.85%；广州的企业平均规模由1068.44万元/户下降至971.42万元/户，年均降幅达1.05%。从城市间看，2022年，珠海的企业平均规模最大，远远领先于珠三角城市群内其他城市，而且增速也最快，达到"双高"水平，市场竞争明显向大型龙头企业间的竞争转变；降幅最明显的城市是东莞，企业平均规模由579.26万元/户下降至450.10万元/户，年均降幅达2.76%，市场竞争程度明显提高（见图3）。

图 2 2013年、2022年长三角城市群各城市企业平均规模

资料来源：龙信企业大数据平台。

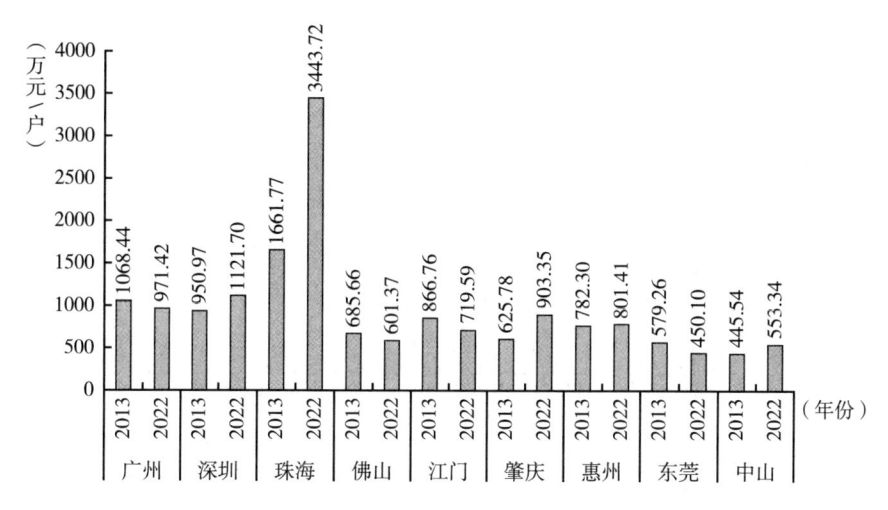

图 3　2013 年、2022 年珠三角城市群各城市企业平均规模

资料来源：龙信企业大数据平台。

（二）基于企业专利的创新能力分析

京津冀城市群各城市的企业创新能力整体提升显著，其中沧州的企业创新能力提升尤为明显，但与其他城市相比依旧存在明显差距。从重点城市看，2013~2022 年，13 个城市的企业平均专利拥有量均实现明显提升，其中北京的企业平均专利拥有量由 0.21 件/户增加至 0.64 件/户，年均增幅为13.18%；天津的企业平均专利拥有量由 0.30 件/户增加至 0.67 件/户，年均增幅为 9.34%；石家庄的企业平均专利拥有量由 0.08 件/户增加至 0.20 件/户，年均增幅为 10.72%。从城市间看，2022 年，北京、天津的企业创新能力明显高于其他城市，呈现"双核"分布格局；企业平均专利拥有量增幅排在前三位的城市依次为沧州、北京、张家口，其中沧州和张家口的年均增幅分别为 15.30% 和 12.98%，产业创新能力提升明显，但是在企业平均专利拥有量的绝对值上与其他城市尚存在一定差距（见图 4）。

长三角城市群各城市的企业创新能力整体提升情况较京津冀城市群更为显著，但是梯队化差异逐渐显现。从重点城市看，2013~2022 年，除芜湖

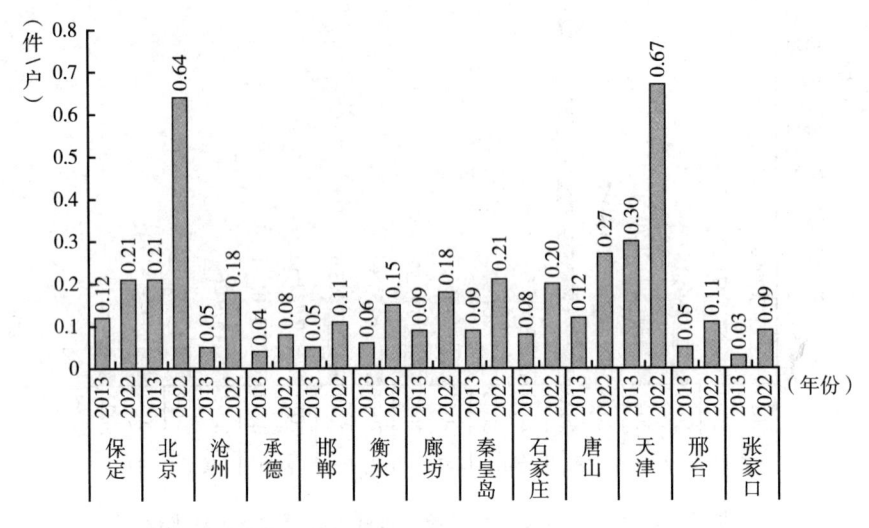

图 4　2013年、2022年京津冀城市群各城市企业平均专利拥有量

资料来源：龙信企业大数据平台。

外，其他城市的企业平均专利拥有量均实现明显提升，其中上海的企业平均专利拥有量由0.22件/户增加至0.38件/户，年均增幅为6.26%；南京的企业平均专利拥有量由0.22件/户增加至0.55件/户，年均增幅为10.72%；杭州的企业平均专利拥有量由0.36件/户增加至0.65件/户，年均增幅为6.79%；合肥的企业平均专利拥有量由0.24件/户增加至0.41件/户，年均增幅为6.13%；芜湖的企业创新能力则出现下降，企业平均专利拥有量由0.83件/户下降至0.77件/户，年均降幅达0.83%，但是其绝对值依然大于多数城市。从城市间看，2022年，企业平均专利拥有量排在前三位的城市依次为嘉兴、常州、湖州和无锡（无锡与湖州并列），其中嘉兴和常州分别为1.07件/户和1.02件/户，湖州和无锡均为0.98件/户，年均增幅分别为12.87%、10.07%、7.30%、7.07%，是长三角城市群企业创新的重要地区；增幅排在前三位的城市依次为盐城、安庆、绍兴，企业平均专利拥有量分别由0.07件/户增加至0.49件/户、由0.06件/户增加至0.21件/户、由0.29件/户增加至0.95件/户，年均增幅分别高达24.14%、14.93%、14.09%，企业创新能力提升明显高于京津冀城市群（见图5）。

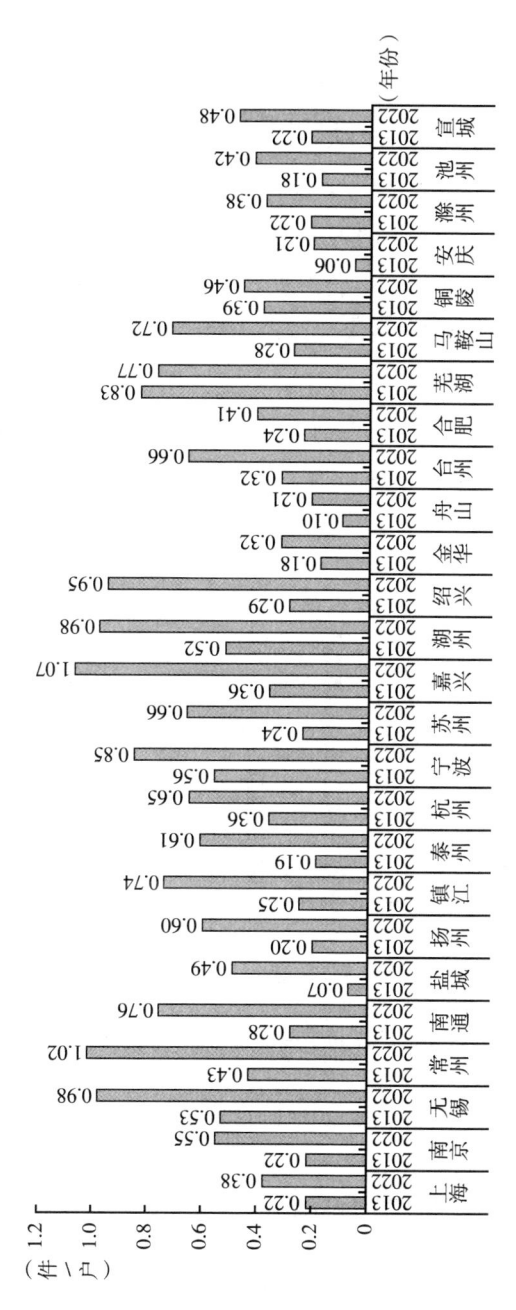

图 5 2013 年、2022 年长三角城市群各城市企业平均专利拥有量

资料来源：龙信企业大数据平台。

珠三角城市群各城市的企业创新能力整体提升显著，广州、深圳等中心城市的企业创新能力提升并不突出。从重点城市看，2013~2022年，所有城市的企业平均专利拥有量均实现明显提升，其中广州的企业平均专利拥有量由0.16件/户增加至0.32件/户，年均增幅为8.01%；深圳的企业平均专利拥有量由0.29件/户增加至0.57件/户，年均增幅为7.80%。从城市间看，2022年，佛山、珠海、中山的企业创新能力明显高于其他城市，企业平均专利拥有量分别为0.89件/户、0.88件/户、0.81件/户，呈现"多中心"分布格局；增幅排在前三位的城市依次为肇庆、佛山、江门，年均增幅分别为16.94%、14.65%、12.67%，产业创新潜力提升明显；广州作为珠三角城市群的中心城市，无论是企业平均专利拥有量的绝对值还是年均增速，排名均靠后，未能发挥带动作用（见图6）。

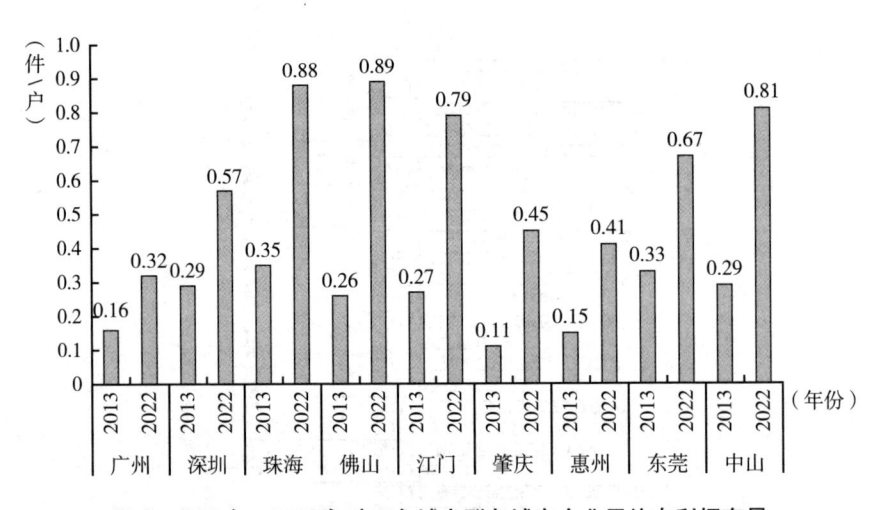

图6 2013年、2022年珠三角城市群各城市企业平均专利拥有量

资料来源：龙信企业大数据平台。

（三）基于新兴产业的发展潜力分析

京津冀城市群战略性新兴产业发展出现结构性分化，但整体发展较为平稳。从重点城市看，2013~2022年，7个城市的战略性新兴产业企业数量占比实现提升，但提升幅度均不明显，而北京则出现明显下降，其中北京的战略性新兴产业企业数量占比由24.11%下降至18.34%，下降了5.77个百分点；天津的战略性新兴产业企业数量占比由32.32%上升至32.46%，上升了0.14个百分点；石家庄的战略性新兴产业企业数量占比由27.41%上升至30.80%，上升了3.39个百分点，城市产业高质量发展潜力较大。从城市间看，2022年，战略性新兴产业企业数量占比排在前三位的城市依次为衡水（39.30%）、沧州（36.98%）、邢台（35.35%），综合创新能力最强的北京在这一指标上并不具备相对优势，占比明显低于其他城市；提升幅度排在前三位的城市依次为邢台（3.40个百分点）、石家庄（3.39个百分点）、衡水（2.50个百分点），城市的产业发展潜力出现结构性分化（见图7）。

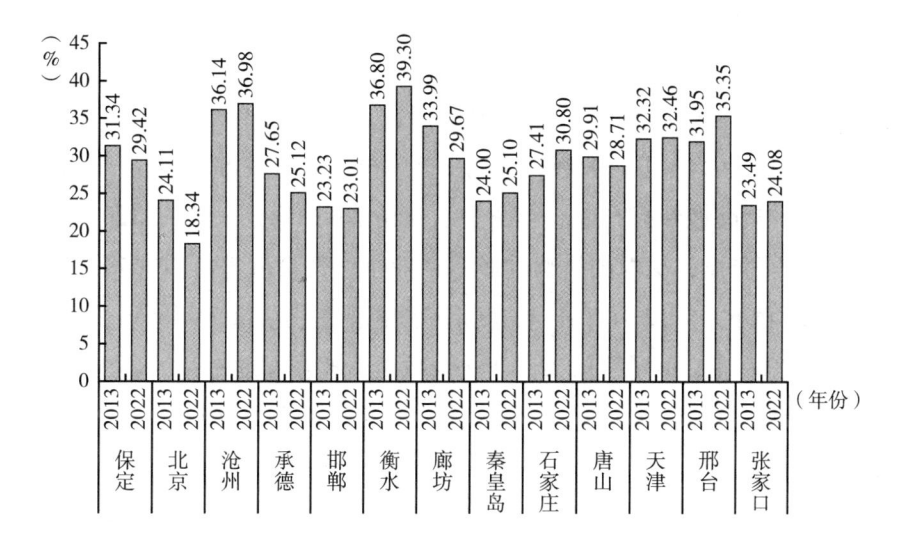

图7 2013年、2022年京津冀城市群各城市战略性新兴产业企业数量占比

资料来源：龙信企业大数据平台。

长三角城市群战略性新兴产业发展出现结构性短板，近半数城市产业发展潜力下降。从重点城市看，2013~2022年，除上海、南京、无锡等12个城市外，其他城市的战略性新兴产业企业数量占比均呈现明显下降，其中上海的战略性新兴产业企业数量占比由16.24%上升至23.99%，上升了7.75

个百分点；南京的战略性新兴产业企业数量占比由7.54%上升至8.04%，上升了0.50个百分点；杭州的战略性新兴产业企业数量占比由28.59%上升至34.08%，上升了5.49个百分点，重点城市的产业高质量发展潜力不断增大。从城市间看，2022年，战略性新兴产业企业数量占比排在前三位的城市依次是苏州、台州、金华，分别为42.22%、41.85%、39.08%，产业高质量发展潜力明显领先于长三角城市群内其他城市，是长三角城市群产业发展潜力的直接汇集地，而上海、杭州、南京、合肥等重点城市分别排在第17位、第6位、第26位、第4位。在战略性新兴产业企业数量占比出现下降的城市中，嘉兴、滁州、泰州等城市的降幅较为明显，尤其是嘉兴，2022年战略性新兴产业企业数量占比为31.83%，处于长三角城市群中游水平，但是下降幅度高达6.58个百分点，产业发展潜力出现明显分化（见图8）。

珠三角城市群各城市产业高质量发展潜力整体呈现明显增长趋势，增长速度领先于京津冀城市群各城市。从重点城市看，2013~2022年，仅江门、东莞的战略性新兴产业企业数量占比出现下降，其他城市均实现显著提升，其中广州的战略性新兴产业企业数量占比由26.37%上升至32.12%，上升了5.75个百分点；深圳的战略性新兴产业企业数量占比由20.51%上升至29.63%，上升了9.12个百分点，城市产业高质量发展潜力不断增长。从城市间看，2022年，战略性新兴产业企业数量占比排在前三位的城市依次为广州、深圳、中山，而企业平均规模最大的珠海仅为19.68%，大中型企业的创新优势并未充分体现；提升幅度较明显的城市依次为深圳（9.12个百分点）、广州（5.75个百分点）、中山（5.59个百分点）等，提升幅度明显大于京津冀城市群各城市（见图9）。

四 东部三大城市群产业联动网络分析

（一）京津冀城市群产业联动网络分析

从城市的产业辐射能力（以加权出度衡量）看，2010~2022年，京津

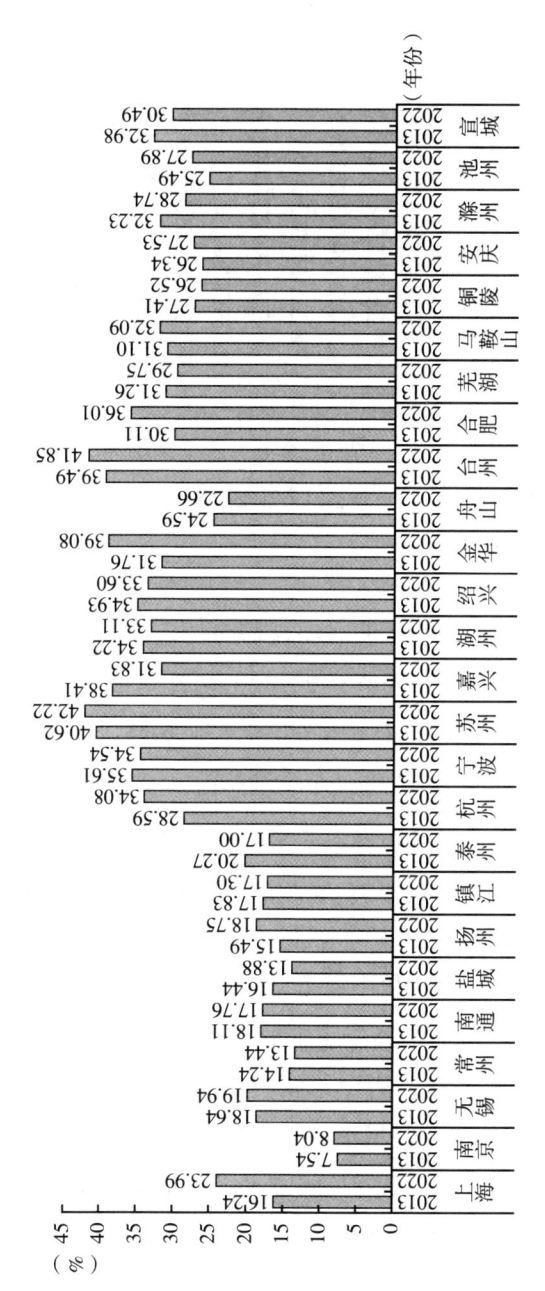

图 8 2013 年、2022 年长三角城市群各城市战略性新兴产业企业数量占比

资料来源：龙信企业大数据平台。

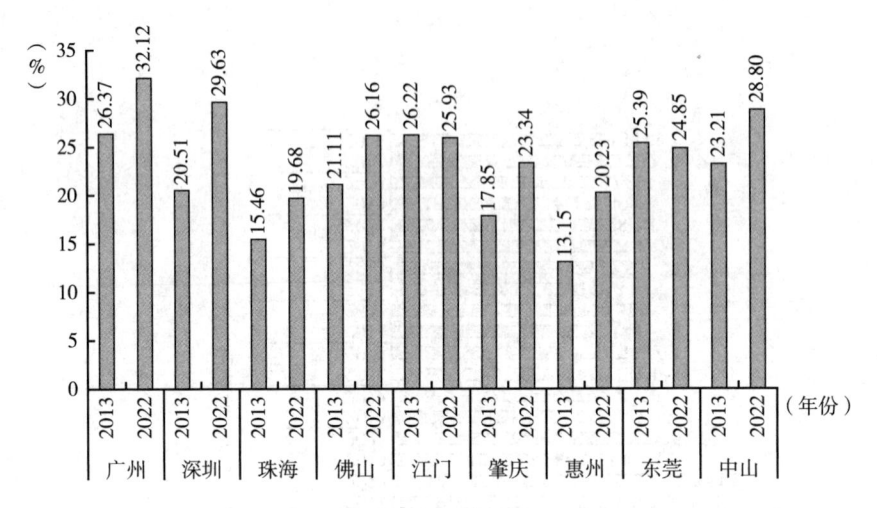

图 9　2013 年、2022 年珠三角城市群各城市战略性新兴产业企业数量占比

资料来源：龙信企业大数据平台。

冀城市群各城市的产业辐射能力均实现明显提升。在京津冀城市群核心城市中，北京的加权出度由15.05上升至23.82，提升了0.58倍；天津的加权出度由9.14上升至15.11，提升了0.65倍（见表2）。可以看出，核心城市对其他城市产业发展的辐射带动作用不断增强。通过观察产业结构相似系数可以看出，北京与天津之间以及北京、天津与其他城市之间的产业结构相似系数总体实现明显提升（见表3）。这意味着，从基于制造业和生产性服务业的产业结构看，京津冀城市群初步形成了"强强"联合的产业联动格局，能够进一步放大核心城市对区域内其他城市的辐射带动作用，形成梯度产业布局。在京津冀城市群腹地城市中，2022年，产业辐射能力排在前三位的城市依次为唐山、廊坊和沧州，其加权出度分别为2.79、1.78和1.43，而作为省会城市的石家庄为1.36，并不具有明显的辐射带动优势；产业辐射能力提升速度排在前三位的城市依次为邢台、沧州和衡水，分别提升了6.00倍、4.50倍和4.40倍，城市之间的产业联系不断增强。

表2　2010年、2022年京津冀城市群产业联动网络节点属性

城市	2010年 加权出度	2010年 加权入度	2010年 中介中心度	2022年 加权出度	2022年 加权入度	2022年 中介中心度
北京	15.05	7.04	39.17	23.82	5.75	16.16
天津	9.14	8.71	5.30	15.11	12.44	16.16
唐山	1.18	3.62	0.00	2.79	8.67	0.00
廊坊	0.65	5.83	0.00	1.78	11.34	0.00
石家庄	0.42	0.12	26.14	1.36	0.63	26.39
保定	0.34	1.81	24.39	0.59	0.08	1.14
沧州	0.26	0.00	0.00	1.43	7.73	23.99
邯郸	0.07	0.04	0.15	0.26	0.15	0.76
邢台	0.05	0.08	0.15	0.35	0.68	5.43
衡水	0.05	0.07	0.15	0.27	0.48	4.67
秦皇岛	0.04	0.00	0.00	0.08	0.00	0.00
张家口	0.03	0.00	0.00	0.06	0.00	0.00
承德	0.03	0.00	0.00	0.05	0.00	0.00

资料来源：根据龙信企业大数据平台数据计算。

表3　2013年、2022年京津冀城市群核心城市与其他城市之间的产业结构相似系数

城市	2013年 北京	2013年 天津	城市	2022年 北京	2022年 天津
北京	—	0.73	北京	—	0.92
天津	0.73	—	天津	0.92	—
保定	0.50	0.72	保定	0.89	0.85
廊坊	0.57	0.61	廊坊	0.80	0.77
石家庄	0.72	0.99	石家庄	0.90	0.91
唐山	0.51	0.79	唐山	0.69	0.76
邯郸	0.50	0.69	邯郸	0.63	0.65
秦皇岛	0.52	0.70	秦皇岛	0.81	0.79
张家口	0.77	0.90	张家口	0.98	0.90
承德	0.67	0.88	承德	0.85	0.87
沧州	0.47	0.66	沧州	0.38	0.45
邢台	0.40	0.71	邢台	0.44	0.53
衡水	0.33	0.56	衡水	0.37	0.46

资料来源：根据龙信企业大数据平台数据计算。

从城市的产业吸收能力（以加权入度衡量）看，2010~2022年，北京对京津冀城市群各城市产业资源的虹吸效应相对减弱，京津冀城市群内各城市产业发展吸收利用其他城市资源的能力实现明显提升。在京津冀城市群核心城市中，北京的加权入度由7.04下降至5.75，对其他城市产业资源的虹吸效应有所缓解，天津的加权入度由8.71上升至12.44，提升了0.43倍，"双核心"的产业发展格局不断深化。在京津冀城市群腹地城市中，2022年，产业吸收能力排在前三位的城市依次为廊坊、唐山和沧州，其加权入度分别为11.34、8.67和7.73，而作为省会城市的石家庄仅为0.63，这说明其产业发展利用其他城市比较优势的能力相对较弱；产业吸收能力提升速度排在前三位的城市依次为邢台、衡水和石家庄，分别提升了7.50倍、5.86倍和4.25倍。另外，沧州的产业吸收能力实现较大程度的提升，2022年其加权入度为7.73，排名较为靠前。整体看，城市之间的产业关联能力和协作程度不断提升。

从城市的产业关键地位（以中介中心度衡量）看，2013~2022年，京津冀城市群关键节点城市在产业联动网络中的作用不断强化，沧州加速成长为新的产业联动关键节点城市。具体来看，除北京、保定外，天津、石家庄、邯郸、邢台、衡水、沧州等在产业联动网络中的中介中心度均实现明显提升，在产业联动网络中的关键地位不断增强，其中提升较明显的是邢台和衡水，分别提升35.20倍和30.13倍。值得一提的是，沧州的中介中心度由2010年的0提升至2022年的23.99，居于前列。北京的中介中心度则由39.17下降至16.16，保定的中介中心度由24.39下降至1.14，在产业联动网络中的重要程度相对下降。通过产业联动网络对比可以看出，京津冀城市群各城市间的产业联系不断增强（见图10、图11）。

（二）长三角城市群产业联动网络分析

从城市的产业辐射能力看，2010~2022年，长三角城市群各城市的产业辐射能力呈现明显的分化态势。在长三角城市群核心城市中，上海的加权出度由11.26下降至10.58；杭州的加权出度由3.91上升至5.09，提升了

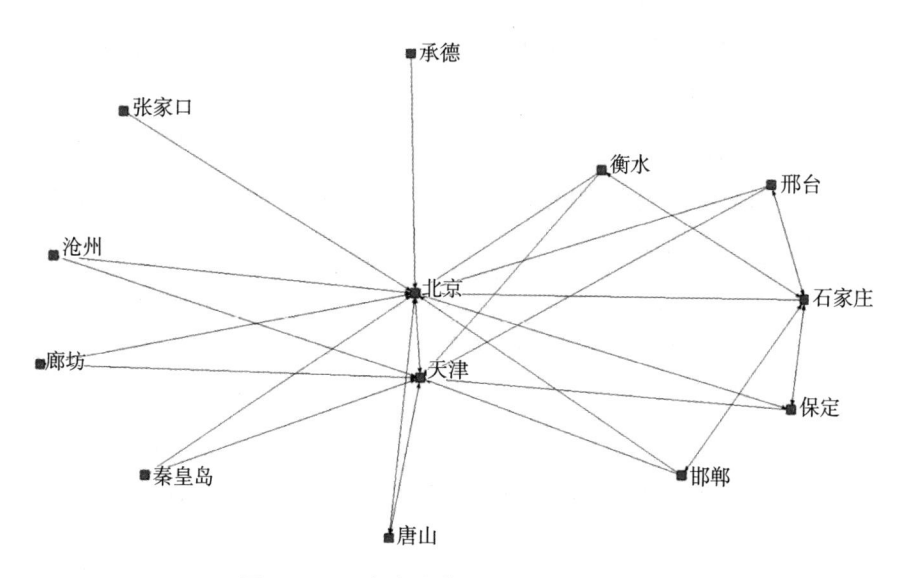

图 10　2013 年京津冀城市群产业联动网络

资料来源：根据龙信企业大数据平台数据计算。

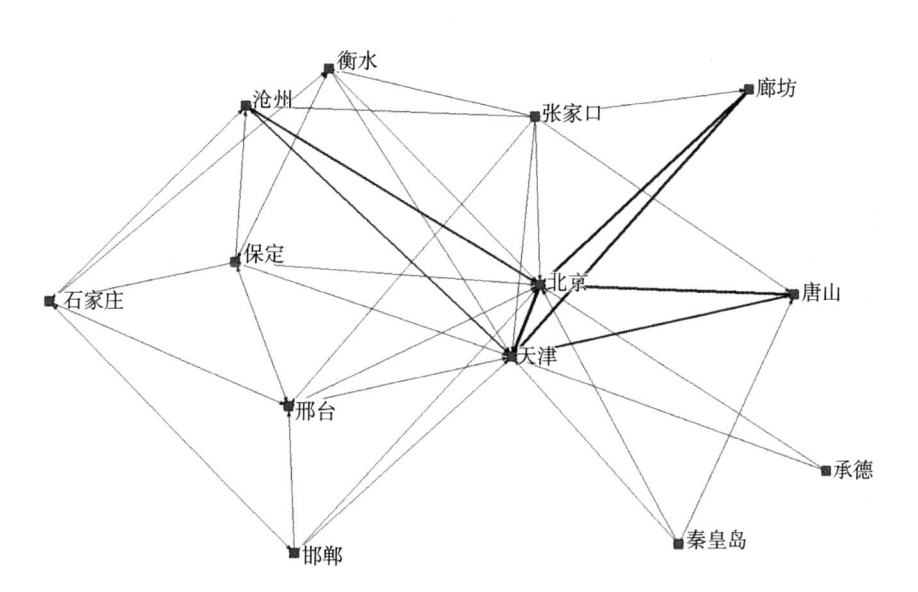

图 11　2022 年京津冀城市群产业联动网络

资料来源：根据龙信企业大数据平台数据计算。

0.30倍；南京的加权出度由1.50上升至2.58，提升了0.72倍；合肥的加权出度由0.49上升至0.68，提升了0.39倍（见表4）。通过观察产业结构相似系数可以看出，上海正在由原来的长三角城市群产业核心辐射中心向局域性辐射中心转变，与部分城市的产业结构相似系数明显下降，长三角城市群正在形成基于不同辐射中心的局部产业联动组团，整体的产业结构异质性逐渐增强，产业特色化发展程度加深（见表5）。在长三角城市群腹地城市中，2022年，产业辐射能力排在前三位的城市依次为苏州、嘉兴和宁波，其加权出度分别为4.33、2.21和1.15；产业辐射能力提升速度排在前三位的城市依次为滁州、宣城和芜湖，分别提升了3.60倍、1.50倍和1.39倍。滁州和宣城的产业辐射能力相对较弱，只有嘉兴实现了产业辐射能力绝对值和增速的"双高"。

表4 2010年、2022年长三角城市群产业联动网络节点属性

城市	2010年			2022年		
	加权出度	加权入度	中介中心度	加权出度	加权入度	中介中心度
上海	11.26	4.20	8.02	10.58	3.42	11.05
苏州	5.60	5.84	3.71	4.33	4.11	1.48
杭州	3.91	2.53	20.40	5.09	2.73	17.89
扬州	1.80	1.82	1.22	0.88	0.88	1.09
无锡	1.73	3.07	3.89	1.13	1.39	7.26
镇江	1.51	1.93	2.54	0.74	1.69	4.42
南京	1.50	0.42	10.70	2.58	0.79	6.28
嘉兴	1.07	4.67	1.04	2.21	8.48	3.48
绍兴	1.03	2.48	0.16	0.89	2.70	0.15
宁波	0.71	1.20	4.13	1.15	1.31	4.30
南通	0.67	2.28	2.69	0.56	1.32	0.89
常州	0.66	0.57	12.84	0.68	0.28	10.96
合肥	0.49	0.26	15.40	0.68	0.15	11.33
泰州	0.46	0.42	5.67	0.27	0.13	2.21
芜湖	0.18	0.22	3.23	0.43	0.74	11.65
湖州	0.18	0.36	8.84	0.33	0.75	6.53
金华	0.14	0.24	6.31	0.13	0.27	5.17
盐城	0.14	0.04	0.82	0.11	0.00	0.00

续表

城市	2010年			2022年		
	加权出度	加权入度	中介中心度	加权出度	加权入度	中介中心度
马鞍山	0.13	0.44	3.73	0.21	1.00	0.85
台州	0.09	0.00	0.00	0.09	0.00	0.00
舟山	0.05	0.14	0.37	0.09	0.36	0.24
滁州	0.05	0.16	3.19	0.23	0.72	0.72
宣城	0.04	0.05	7.02	0.10	0.13	9.17
铜陵	0.03	0.09	8.48	0.04	0.13	5.05
安庆	0.03	0.01	0.14	0.04	0.05	0.64
池州	0.01	0.01	0.14	0.01	0.01	0.05

资料来源：根据龙信企业大数据平台数据计算。

表5　2013年、2022年长三角城市群核心城市与其他城市之间的产业结构相似系数

城市	2013年				城市	2022年			
	上海	南京	杭州	合肥		上海	南京	杭州	合肥
上海	—	0.78	0.89	0.99	上海	—	0.90	0.87	0.95
南京	0.78	—	0.69	0.77	南京	0.90	—	0.90	0.94
无锡	0.76	0.98	0.73	0.76	无锡	0.82	0.94	0.76	0.90
常州	0.80	0.90	0.83	0.83	常州	0.81	0.90	0.76	0.92
苏州	0.81	0.86	0.85	0.85	苏州	0.80	0.89	0.78	0.92
南通	0.67	0.97	0.64	0.69	南通	0.71	0.90	0.72	0.84
盐城	0.78	0.89	0.82	0.82	盐城	0.73	0.90	0.65	0.80
扬州	0.77	0.86	0.83	0.81	扬州	0.59	0.79	0.62	0.75
镇江	0.46	0.90	0.36	0.45	镇江	0.35	0.63	0.33	0.41
泰州	0.53	0.94	0.43	0.52	泰州	0.60	0.82	0.54	0.67
杭州	0.89	0.69	—	0.89	杭州	0.87	0.90	—	0.91
宁波	0.71	0.98	0.65	0.72	宁波	0.70	0.89	0.70	0.82
嘉兴	0.52	0.93	0.43	0.52	嘉兴	0.30	0.58	0.26	0.32
湖州	0.80	0.98	0.85	0.84	湖州	0.76	0.87	0.81	0.92
绍兴	0.55	0.94	0.47	0.55	绍兴	0.47	0.73	0.46	0.56
金华	0.47	0.90	0.36	0.45	金华	0.45	0.72	0.45	0.53
舟山	0.30	0.79	0.14	0.27	舟山	0.26	0.51	0.19	0.24
台州	0.48	0.91	0.38	0.47	台州	0.41	0.68	0.40	0.49
合肥	0.99	0.77	0.89	—	合肥	0.95	0.94	0.91	—
芜湖	0.48	0.89	0.34	0.45	芜湖	0.60	0.62	0.47	0.52

续表

城市	2013年				城市	2022年			
	上海	南京	杭州	合肥		上海	南京	杭州	合肥
马鞍山	0.35	0.82	0.21	0.32	马鞍山	0.30	0.55	0.23	0.29
铜陵	0.31	0.80	0.16	0.28	铜陵	0.20	0.47	0.14	0.18
安庆	0.82	0.91	0.81	0.84	安庆	0.56	0.78	0.57	0.69
滁州	0.74	0.92	0.75	0.77	滁州	0.55	0.69	0.62	0.75
池州	0.77	0.94	0.76	0.79	池州	0.58	0.78	0.59	0.70
宣城	0.31	0.80	0.17	0.28	宣城	0.21	0.48	0.17	0.22

资料来源：根据龙信企业大数据平台数据计算。

从城市的产业吸收能力看，2010~2022年，长三角城市群形成了较为明显的梯度分布格局，上海、苏州、无锡、合肥等经济强市对长三角城市群产业资源的虹吸效应相对减弱，滁州、铜陵等长三角城市群后发城市产业发展吸收利用其他城市资源的能力实现明显提升。在长三角城市群核心城市中，上海的加权入度由4.20下降至3.42，对其他城市产业资源的虹吸效应明显缓解；杭州的加权入度由2.53上升至2.73；南京的加权入度由0.42上升至0.79；合肥的加权入度由0.26下降至0.15，其产业发展独立性有所提升。在长三角城市群腹地城市中，2022年，产业吸收能力排在前三位的城市依次为嘉兴、苏州和绍兴，其加权入度为8.48、4.11和2.70；产业吸收能力提升速度排在前三位的城市依次为安庆、滁州和芜湖，分别提升了4.00倍、3.50倍和2.36倍。可以看出，长三角城市群后发城市之间的产业关联能力和协作程度显著提升。

从城市的产业关键地位看，2013~2022年，长三角城市群部分关键节点城市的影响力和控制力进一步增强，呈现梯度分化格局。具体来看，上海、无锡、镇江、嘉兴、宁波、芜湖、宣城、安庆等城市的中介中心度明显提升，在长三角城市群产业联动网络中的影响力进一步提升，而其他城市的中介中心度则出现不同程度的下降，与上海等城市相比，在网络中的关键地位相对下降，其中提升较明显的是安庆和芜湖，分别提升了3.57倍和2.61倍。可以看出，长三角城市群后发城市的产业影响力正在加速提升，产业联动网络初步呈现组团发展的特征（见图12、图13）。

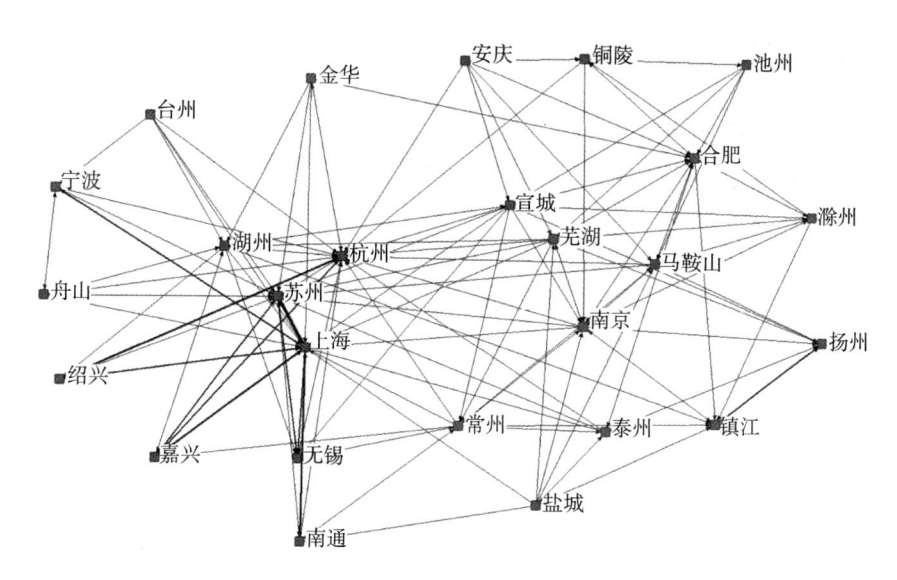

图 12　2013 年长三角城市群产业联动网络

资料来源：根据龙信企业大数据平台数据计算。

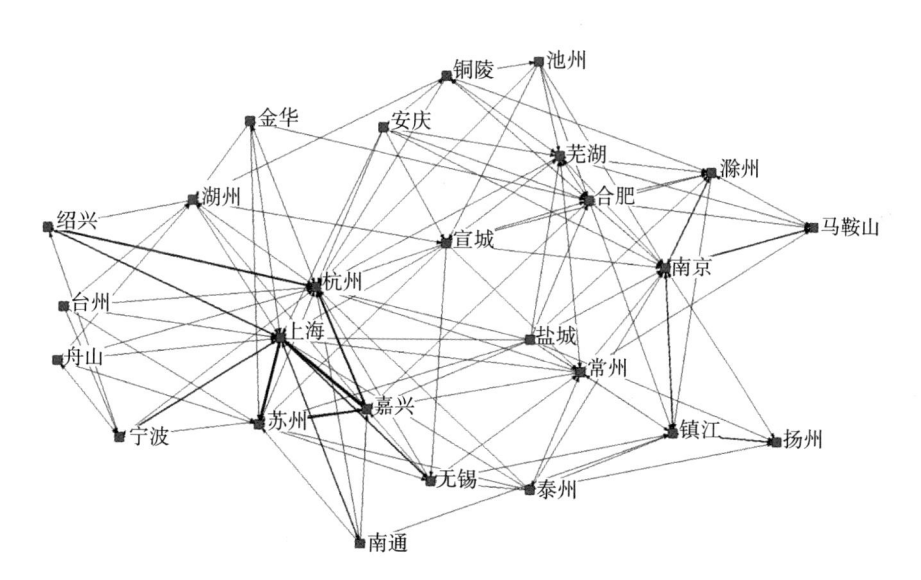

图 13　2022 年长三角城市群产业联动网络

资料来源：根据龙信企业大数据平台数据计算。

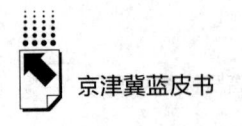

（三）珠三角城市群产业联动网络分析

从城市的产业辐射能力看，2010~2022年，除珠海外，珠三角城市群各城市的产业辐射能力出现不同程度的下降。在珠三角城市群核心城市中，广州的加权出度由7.78下降至5.45，深圳的加权出度由14.63下降至12.50，核心城市对其他城市产业发展的辐射带动作用出现下降态势（见表6）。通过观察产业结构相似系数可以看出，广州与其他腹地城市的产业结构相似系数均实现提升，而深圳则只与肇庆、惠州、东莞、中山的产业结构相似系数实现提升，珠三角城市群"双核心"产业发展格局中的广州和深圳对城市群产业关联的影响路径出现分化，逐渐形成以深圳为局域核心的产业发展组团（见表7）。在珠三角城市群腹地城市中，2022年，产业辐射能力最强的城市为东莞，加权出度为5.64，其他腹地城市的加权出度均未超过1，与东莞存在较大差距，而且东莞的加权出度超过了广州，成为珠三角城市群新的产业辐射中心城市。

表6　2010年、2022年珠三角城市群产业联动网络节点属性

城市	2010年			2022年		
	加权出度	加权入度	中介中心度	加权出度	加权入度	中介中心度
深圳	14.63	5.78	15.77	12.50	6.42	4.76
广州	7.78	3.43	31.85	5.45	1.81	31.25
东莞	6.74	18.25	8.63	5.64	16.00	13.10
佛山	1.47	2.14	23.21	0.77	0.84	21.43
中山	1.21	0.47	2.38	0.59	0.48	0.00
珠海	0.75	1.18	27.38	0.88	0.74	30.06
惠州	0.59	2.13	4.46	0.37	0.00	0.00
江门	0.34	0.18	2.38	0.24	0.17	2.98
肇庆	0.06	0.00	0.00	0.02	0.00	0.00

资料来源：根据龙信企业大数据平台数据计算。

表7 2013年、2022年珠三角城市群核心城市与其他城市之间的产业结构相似系数

城市	2013年 广州	2013年 深圳	城市	2022年 广州	2022年 深圳
广州	—	0.94	广州	—	0.93
深圳	0.94	—	深圳	0.93	—
珠海	0.93	0.96	珠海	0.98	0.87
佛山	0.81	0.85	佛山	0.92	0.84
江门	0.60	0.63	江门	0.68	0.62
肇庆	0.66	0.69	肇庆	0.86	0.77
惠州	0.68	0.70	惠州	0.89	0.79
东莞	0.65	0.68	东莞	0.78	0.69
中山	0.65	0.69	中山	0.81	0.71

资料来源：根据龙信企业大数据平台数据计算。

从城市的产业吸收能力看，2010~2022年，广州对珠三角城市群产业的虹吸效应相对减弱，但深圳的虹吸效应正在强化，其他城市则不同程度地出现弱化趋势。在珠三角城市群核心城市中，广州的加权入度由3.43下降至1.81，对其他城市产业资源的虹吸效应明显缓解，而深圳的加权入度则由5.78上升至6.42，提升了0.11倍，"双核心"的产业发展格局不断深化，且核心城市间的相对地位发生转变。在珠三角城市群腹地城市中，2022年，产业吸收能力最强的城市为东莞，其加权入度高达为16.00，整合利用城市群产业资源的能力远远领先于其他城市；其他腹地城市的加权入度均未超过1，产业吸收能力相对较弱。珠三角城市群内城市间的产业吸收能力整体呈现相对下降趋势，城市间的产业发展异质性逐渐增强，产业多样性逐渐显现。

从城市的产业关键地位看，2013~2022年，珠三角城市群多数关键节点城市的影响力和控制力被削弱，城市间的产业地位差距逐渐缩小。具体来看，只有东莞、珠海、江门的中介中心度实现提升，对产业联动网络的影响力和控制力进一步提升，其他城市的中介中心度均出现下降，其中深圳的中

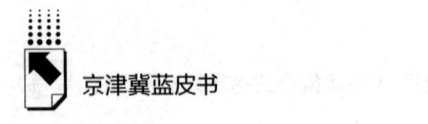

介中心度由15.77下降至4.76；广州的中介中心度由31.85下降至31.25，地位下降速度较缓慢。整体来看，珠海正在加速成长为珠三角城市群产业联动网络中的关键核心城市（见图14、图15）。

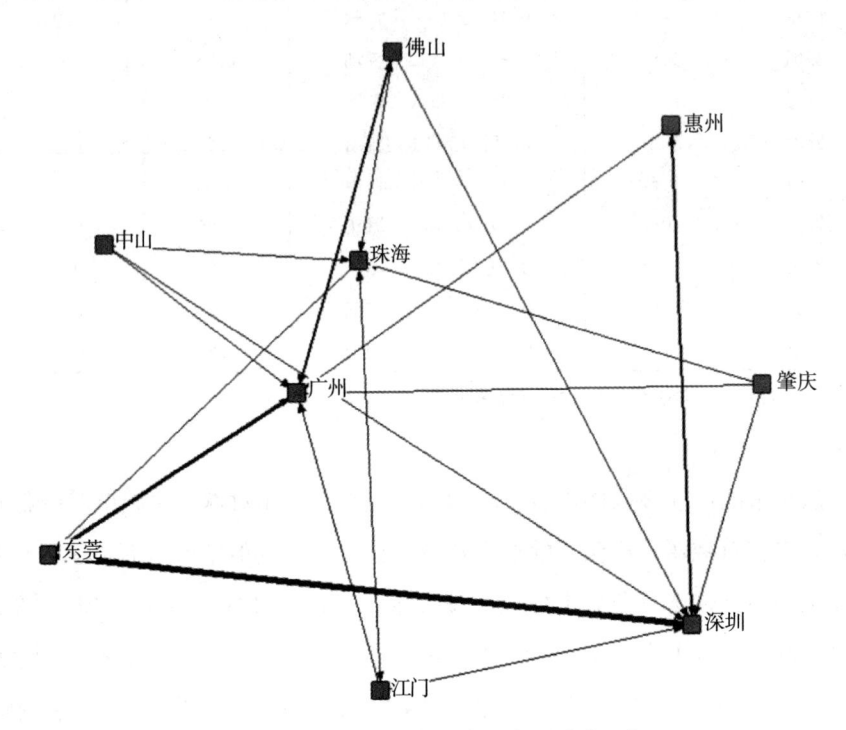

图14 2013年珠三角城市群产业联动网络

资料来源：根据龙信企业大数据平台数据计算。

五 东部三大城市群产业协同集聚态势分析

（一）京津冀城市群制造业与生产性服务业协同集聚态势分析

京津冀城市群制造业与生产性服务业协同集聚水平整体呈上升态势，多数城市的制造业与生产性服务业发展程度较为匹配，产业发展错配问题逐渐缓解。从重点城市看，2013~2022年，除北京、沧州的制造业与生产性服务

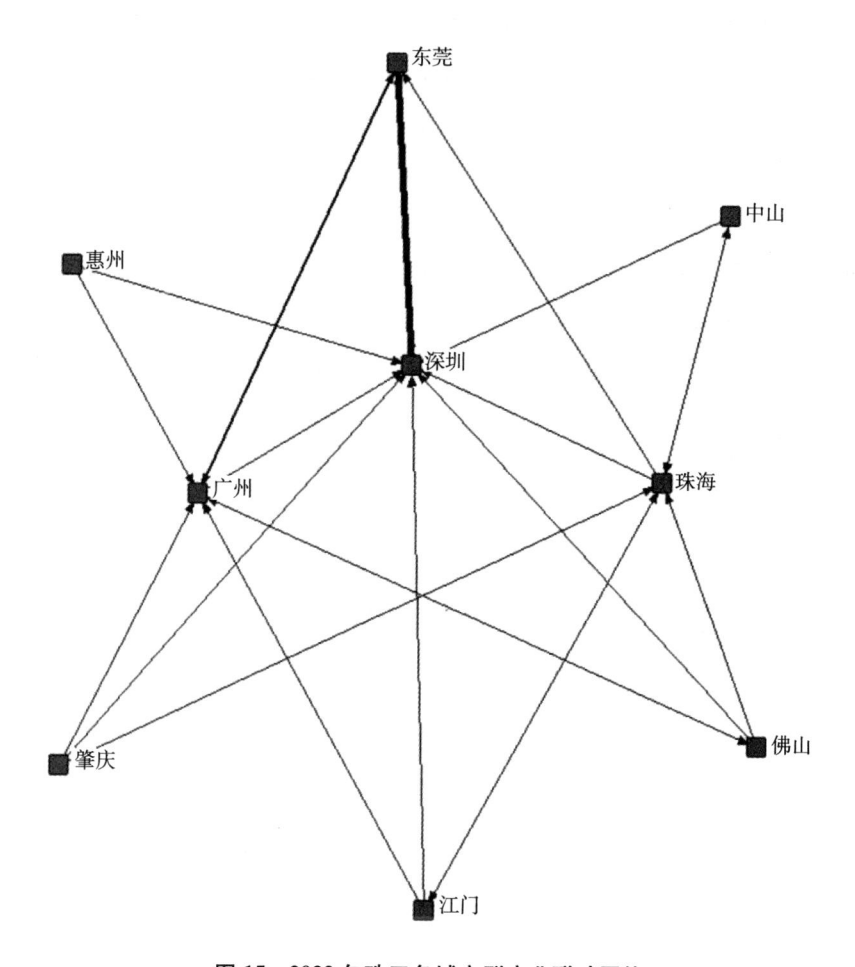

图15　2022年珠三角城市群产业联动网络

资料来源：根据龙信企业大数据平台数据计算。

业协同集聚水平出现下降外，其他城市均呈现较为明显的上升态势，城市内产业之间的协作关系更加紧密。具体来看，北京的制造业与生产性服务业协同集聚水平由0.79下降至0.72，产业间的匹配程度呈现下降的趋势，主要原因在于其制造业在京津冀城市群内的区位熵由0.74下降至0.65，生产性服务业的区位熵由1.12上升至1.14，两个产业部门的发展整体呈现"剪刀差"态势；沧州则与北京相反，其制造业在京津冀城市群内的区位熵由

3.43上升至4.01，生产性服务业的区位熵则由0.43下降至0.30。[①] 在其他重点城市中，天津的制造业与生产性服务业协同集聚水平由0.81上升至0.99，提升0.22倍；石家庄的制造业与生产性服务业协同集聚水平由0.68上升至0.83，提升0.22倍（见表8）。可以看出，天津和石家庄的制造业与生产性服务业协同集聚水平均呈现显著的提升态势，两个产业部门之间的关联愈加紧密。从城市间看，2022年，天津、张家口、石家庄的制造业与生产性服务业协同集聚水平较高，其中张家口两个产业部门的协同集聚水平为0.89，其制造业与生产性服务业发展程度较为匹配，产业发展错位程度相对较低；邢台、衡水等城市的制造业与生产性服务业协同集聚水平虽然同样呈现提升态势，但是整体还处于较低水平，产业发展错配问题较为严重。

表8 2013年、2022年京津冀城市群制造业与生产性服务业协同集聚水平

城市	2013年	2022年
北京	0.79	0.72
天津	0.81	0.99
保定	0.25	0.57
廊坊	0.24	0.45
石家庄	0.68	0.83
唐山	0.30	0.37
邯郸	0.24	0.32
秦皇岛	0.27	0.45
张家口	0.51	0.89
承德	0.40	0.54
沧州	0.23	0.14
邢台	0.19	0.20
衡水	0.10	0.14

资料来源：根据龙信企业大数据平台数据计算。

① 区位熵根据龙信企业大数据平台数据计算。

（二）长三角城市群制造业与生产性服务业协同集聚态势分析

长三角城市群制造业与生产性服务业协同集聚水平整体高于京津冀城市群，但相比京津冀城市群呈现更为明显的分化态势，部分城市存在较为明显的产业部门发展不同步现象。从重点城市看，2013~2022年，除杭州等少数城市外，多数城市的制造业与生产性服务业协同集聚水平呈现提升态势，且宣城、马鞍山等长三角城市群后发城市的提升效果较明显。具体来看，上海的制造业与生产性服务业协同集聚水平由0.24上升至0.25；南京的制造业与生产性服务业协同集聚水平由0.31上升至0.37；合肥的制造业与生产性服务业协同集聚水平由0.29上升至0.35；杭州的制造业与生产性服务业协同集聚水平则由0.25下降至0.24，产业间的匹配程度呈现下降趋势（见表9）。从城市间看，2022年，制造业与生产性服务业协同集聚水平排在前三位的城市依次为台州、泰州、舟山，分别为0.98、0.96、0.91；提升速度排在前三位的城市依次为宣城、舟山、扬州，分别提升了0.98倍、0.90倍、0.70倍。上海、南京、合肥等重点城市虽然实现了产业发展匹配程度的提升，但是从绝对水平来看，相较于其他城市仍然存在较为明显的制造业与生产性服务业协同集聚水平较低的短板。以上海为例，其制造业在长三角城市群内的区位熵由0.98上升至1.21，虽然实现提升，但是从规模总量看并不具有绝对优势；而其生产性服务业的区位熵则由7.11上升至8.38，相对集聚水平的错位导致其协同集聚水平整体较低[①]。

表9　2013年、2022年长三角城市群制造业与生产性服务业协同集聚水平

城市	2013年	2022年
上海	0.24	0.25
南京	0.31	0.37
无锡	0.73	0.70
常州	0.63	0.66

① 区位熵根据龙信企业大数据平台计算。

续表

城市	2013年	2022年
苏州	0.39	0.61
南通	0.79	0.73
盐城	0.51	0.72
扬州	0.50	0.85
镇江	0.58	0.74
泰州	0.89	0.96
杭州	0.25	0.24
宁波	0.67	0.34
嘉兴	0.77	0.89
湖州	0.48	0.40
绍兴	0.82	0.89
金华	0.75	0.78
舟山	0.48	0.91
台州	0.64	0.98
合肥	0.29	0.35
芜湖	0.75	0.69
马鞍山	0.43	0.70
铜陵	0.51	0.69
安庆	0.46	0.56
滁州	0.74	0.62
池州	0.54	0.83
宣城	0.40	0.79

资料来源：根据龙信企业大数据平台数据计算。

（三）珠三角城市群制造业与生产性服务业协同集聚态势分析

珠三角城市群内所有城市的制造业与生产性服务业协同集聚水平均实现显著提升，但是同样存在单一产业部门过度集聚导致的产业发展不匹配等问题，尤其是在广州、深圳等核心城市更为明显。从重点城市看，2013~2022年，所有城市的制造业与生产性服务业协同集聚水平均实现显著提升，产业部门之间的协作愈加紧密，产业发展错配问题明显缓解。具体来看，广州的制造业与生产性服务业协同集聚水平由 0.25 上升至 0.30，提升 0.20 倍；深圳的制造业与生产性服务业协同集聚水平由 0.24 上升至 0.33，提升 0.38 倍（见表 10）。可以看出，广州和深圳的制造业与生产性服务业协同集聚水平均呈现显著的提升态势，且深圳两个产业部门之间的关联程度提升更为明显。从城市间看，2022 年，东莞的制造业与生产性服务业协同集聚水平最高，为 0.81，明显高于珠三角城市群其他城市，其协同集聚水平提升幅度也排在珠三角城市群前列；广州、深圳的制造业与生产性服务业协同集聚水平相对较低，主要原因在于其生产性服务业在珠三角城市群的区位熵远远大于制造业在珠三角城市群的区位熵，这从相对规模上导致产业发展存在不同程度的错配问题。

表 10　2013 年、2022 年珠三角城市群制造业与生产性服务业协同集聚水平

城市	2013 年	2022 年
广州	0.25	0.30
深圳	0.24	0.33
珠海	0.22	0.28
佛山	0.31	0.61
江门	0.21	0.68
肇庆	0.27	0.55
惠州	0.25	0.53
东莞	0.36	0.81
中山	0.29	0.61

资料来源：根据龙信企业大数据平台数据计算。

六　主要结论与对策建议

（一）主要结论

在京津冀城市群，从产业竞争格局看，京津冀城市群多数城市的市场竞

争格局向以中小规模企业为核心转变，企业平均规模稳步下降，市场竞争加剧。北京和天津的企业平均规模呈下降趋势，市场竞争逐渐转向以中小企业竞争为主，但其企业平均规模仍远大于其他城市，2022年北京的企业平均规模是天津的1.45倍，依然具有相对较高的市场竞争层次。从企业创新能力看，京津冀城市群各城市的企业创新能力整体提升显著，其中2022年北京、天津的企业创新能力明显高于其他城市，呈现"双核"分布格局；沧州的企业创新能力提升尤为明显，但与其他城市相比依旧存在明显差距。从产业发展潜力看，京津冀城市群各城市的战略性新兴产业发展出现结构性分化。2013~2022年，7个城市的战略性新兴产业企业数量占比实现提升，而北京的战略性新兴产业企业数量占比则由24.11%下降至18.34%，下降了5.77个百分点，但京津冀城市群整体发展趋势较为平稳。从产业网络结构看，京津冀城市群各城市的产业辐射能力均实现明显提升，北京与天津之间以及北京、天津与其他城市之间的产业结构相似系数总体实现明显提升，这意味着京津冀城市群初步形成了"强强"联合的产业联动格局；北京对京津冀城市群产业资源的虹吸效应相对减弱，京津冀城市群各城市产业发展吸收利用其他城市资源的能力实现明显提升；沧州加速成长为新的产业联动关键节点城市，京津冀城市群各城市间的产业联系不断增强。从产业协同集聚水平看，京津冀城市群制造业与生产性服务业协同集聚水平整体呈上升态势，多数城市的制造业与生产性服务业发展程度较为匹配，产业发展错配问题逐渐缓解。2013~2022年，北京的制造业与生产性服务业协同集聚水平由0.79下降至0.72，产业间的匹配程度呈现下降的趋势，主要原因在于其制造业在京津冀城市群内的区位熵由0.74下降至0.65，生产性服务业的区位熵由1.12上升至1.14，两个产业部门的发展整体呈现"剪刀差"态势。

在长三角城市群，从产业竞争格局看，长三角城市群多数城市的市场竞争格局向以大中规模企业为核心转变，企业平均规模上升，市场竞争层次提升，除南京等5个城市外，其他城市的企业平均规模均呈现上升趋势，2022年上海、杭州、南京、合肥等中心城市的企业平均规模分别排在第9位、第5位、第6位、第17位。从企业创新能力看，长三角城市群各城市的企业创新能力整体提升情况较京津冀城市群更为显著，但是梯队化差异逐渐显现。2013~2022年，上海的企业平均专利拥有量由0.22件/户增加至0.38件/户，年均增幅为6.26%；盐城、安庆等长三角城市群后发城市的企业创新能力提升尤为显著。从产业发展潜力看，长三角城市群战略性新兴产业发展出现结构性短板，除上海、南京、无锡等城市外，约半数城市的产业发展潜力下降，而苏州、台州、金华等城市的产业高质量发展潜力明显领先于长三角城市群内其他城市，成为长三角城市群产业发展潜力的直接汇集地，但产业发展潜力依旧出现明显分化。从产业网络结构看，长三角城市群各城市的产业辐射能力呈现明显的分化态势，其中上海的产业辐射能力呈现下降趋势，上海正在由原来的长三角城市群产业核心辐射中心向局域性辐射中心转变，与部分城市的产业结构相似系数明显下降；长三角城市群形成了较为明显的梯度分布格局，上海、苏州、无锡、合肥等经济强市对长三角城市群产业资源的虹吸效应相对减弱，滁州、铜陵等长三角城市群后发城市产业发展吸收利用其他城市资源的能力实现明显提升；长三角城市群正在形成基于不同辐射中心的局部产业联动组团，整体的产业结构异质性逐渐增强，产业特色化发展程度加深。从产业协同集聚水平看，长三角城市群制造业与生产性服务业协同集聚水平整体高于京津冀城市群，但相比京津冀城市群呈现更为明显的分化态势，部分城市存在较为明显的产业部门发展不同步现象，其中宣城、马鞍山等长三角城市群后发城市的提升效果较明显；上海、南京、合肥等重点城市虽然实现了产业发展匹配程度的提升，但是相对集聚水平的错位导致其协同集聚水平整体较低。

在珠三角城市群，从产业竞争格局看，珠三角城市群市场竞争格局差异化明显，珠海的企业平均规模达到"双高"水平。2013~2022年，企业平均规模增长的城市包括深圳、珠海、肇庆、惠州、中山，其余城市则呈现下降的发展趋势，其中珠海的企业平均规模最大，远远领先于珠三角城市群内其他城市，而且增速也最快，达到"双高"水平，市场竞争明显向大型龙头企业间的竞争转变。从企业创新能力看，珠三角城市群各城市的企业创新能力整体提升显著，但广州、深圳作为中心城市，其企业创新能力提升并不

突出，2022年，广州、深圳的企业平均专利拥有量明显落后于珠海、佛山、中山等城市，而且广州作为珠三角城市群的中心城市，无论是企业平均专利拥有量的绝对值还是年均增速，排名均靠后，未能发挥带动作用。从产业发展潜力看，珠三角城市群各城市产业高质量发展潜力整体呈现明显增长趋势，增长速度领先于京津冀城市群各城市。2022年企业平均规模最大的珠海的战略性新兴产业企业数量占比仅为19.68%，大中型企业的创新优势并未充分体现。从产业网络结构看，广州、深圳作为核心城市对其他城市产业发展的辐射带动作用出现下降态势，且其对城市群产业关联的影响路径出现分化，逐渐形成以深圳为局域核心的产业发展组团；东莞的产业辐射能力超过了广州，成为珠三角城市群新的产业辐射中心城市。从产业协同集聚水平看，珠三角城市群内所有城市的制造业与生产性服务业协同集聚水平均实现显著提升，产业部门之间的协作愈加紧密，产业发展错配问题明显缓解，但是同样存在单一产业部门过度集聚导致的产业发展不匹配等问题，尤其是在广州、深圳等核心城市，其生产性服务业在珠三角城市群的区位熵远远大于制造业在珠三角城市群的区位熵，这从相对规模上导致产业发展存在不同程度的错配问题。

（二）对策建议

一是借鉴长三角、珠三角城市群产业高质量发展经验，探索京津冀城市群"产创飞地"发展路径。借鉴深汕特别合作区、汕尾创新岛、苏州宿迁工业园区等的成功建设和运行经验，布局"研发在京，产业在津冀"的双向飞地。一方面，北京要依靠津冀既有的产业基础，在环京地区建设产业飞地。北京要做好前期考察工作，梳理自身急需发展空间且具有发展前景的产业，初步形成飞地产业调整目录；由地方政府牵头，挖掘拥有充裕土地指标、成熟载体资源、社会保障事务运营能力成熟的环京县城，科学判断通过双方优势互补性的要素投入能够形成比较优势的产业，并将其与目录对比，与"飞出地"政府围绕二者交集产业和领域协商建设产业飞地试点。另一方面，津冀要依靠北京的招商环境和创新要素优势，在京建设反向飞地。津冀通过租赁北京的存量楼宇，有选择地引入具有内生性增长动能且与自身产业具有强关联的创新企业，吸纳先进技术并壮大自身优势产业，以优势产业的局部创新优势充分发挥增长极效应，从而形成对本地化、特色化创新产业集群发展的支撑。同时，可以建立技术创新研发中心，以产业链契合为切入点，以生物医药、新能源、新材料、数字经济、人工智能等战略性新兴产业为重点，利用北京的人才、技术、共享科研设备等创新资源，加强技术攻关，加速科技成果转化，构建"创新研发—成果孵化—产业化落地"的创新创业生态链条。

二是以产业集群建设为抓手，推动产业链向链条"两头"延伸。一方面，要着力打造世界级的生物医药、电力装备等制造业产业集群，通过提供研发资助、税收优惠和市场准入优先等激励措施，支持有潜力成为市场领导者的中小企业成长为隐形冠军，并逐步培育发展一批战略性支柱产业和战略性新兴产业，推动区域优势传统产业转型升级；通过政府与社会资金联合投资，设立专项领域内的科研成果转化专项基金，纾解有技术实力的初创企业的资金困境，并为符合条件的隐形冠军企业提供政策指导，帮助其做好上市准备，增强资本市场的融资能力。另一方面，要进一步推进重点产业链向上下游延伸，如生物医药领域，进一步向上游产业链拓展基因编辑和生物技术领域的研发，支持医药原材料的本土化生产，向下游领域扩展到精准医疗和个性化药物解决方案，以及建立与医疗机构合作的临床试验网络、健康管理服务网络等，提升产业链增值力。

三是以北京国际科技创新中心建设为依托，充分发挥北京科技创新的引领作用，推动津冀产业数字化、智能化转型升级。首先，要推进京津冀实验室体系建设和新型研发机构建设，建立面向特定技术领域和产业应用场景的系统完备、协同发展的实验室样本示范，并配套建设开放式中试转化基地，为推动国际和国内一流的创新组织机构与京津冀深入对接奠定基础。其次，为畅通产教融合渠道，进一步发挥北京的人才培养优势，要积极培育一批能够有效对接高校和新兴产业的应用型教育科技机构，将高校培养的专业型人才训练成业界所需的复合型创新人才。最后，北京应进一步完善科技成果评

估制度体系和转化机制，缓解创新成果大部分"蛙跳式"转移至南方的问题，促进创新成果在津冀就近转化，搭建创新成果供需对接平台，提升其对津冀产业发展的创新支撑力，并助力津冀产业数字化、智能化转型升级。

参考文献

鲍金红、李印：《产业协同集聚与经济高质量发展——基于高新制造业与生产性服务业的实证分析》，《中南民族大学学报》（人文社会科学版）2024年第4期。

叶连广、何雄浪、邓菊秋：《产业联动网络促进区域高质量一体化发展的效应研究——以长江经济带城市群为例》，《经济纵横》2023年第1期。

专题报告

B.3 京津冀制造业高质量发展研究[*]

叶堂林 刘华桢[**]

摘　要： 制造业高质量发展是建设现代化产业体系、促进经济高质量发展的关键引擎。探究京津冀制造业高质量发展状况对加快推动京津冀协同发展、提升区域竞争力具有重要的现实意义。本报告以京津冀13个城市的31个制造业行业为研究对象，采用变异系数法、标准差椭圆法等，从发展规模、创新能力、引资能力三个层面，对京津冀制造业及其细分行业（劳动密集型制造业、资本密集型制造业、技术密集型制造业）高质量发展的时序演变特征和空间演化特征进行分析，揭示京津冀协同发展战略实施以来京津冀制造业发

---

[*] 本报告为国家社会科学基金重大项目"数字经济对区域协调发展的影响与对策研究"（23&ZD078）、国家自然科学基金面上项目"多层动态网络视角下城市群创新生态系统演化机理及绩效评价研究"（72373105）、教育部人文社会科学研究专项任务项目"推动京津冀高质量发展研究"（23JD710022）的阶段性成果。

[**] 叶堂林，经济学博士，首都经济贸易大学特大城市经济社会发展研究院（首都高端智库）执行副院长、特大城市经济社会发展研究省部建协同创新中心（国家级研究平台）执行副主任，教授、博士生导师，研究方向为区域经济、京津冀协同发展等；刘华桢，首都经济贸易大学城市经济与公共管理学院博士研究生，研究方向为区域经济。

展所呈现的新态势。研究发现，京津冀制造业转移有序，"优势互补、错位发展"的制造业分工格局初步形成；京津冀制造业发展日趋高端化，呈现由劳动密集型、资本密集型向技术密集型转变的特点；京津冀制造业创新能力持续提升，但创新发展不均衡现象加剧；京津冀制造业关键要素流动不畅，创新要素、资本要素均呈现明显的集聚特征；京津冀制造业创新能力与产业规模不匹配。在此基础上，本报告提出京津冀制造业高质量发展的对策建议：优化制造业空间布局，推动制造业有序转移和联动升级；加快建设协同发展的制造业创新政策体系，优化创新软环境；推动创新资源共享，加强制造业创新合作；打造制造业高质量发展示范样板，增设"京津雄制造业高质量协同发展引领示范区"。

关键词： 制造业 高质量发展 时序演变 空间演化 京津冀

一 研究背景与研究意义

（一）综观国际——制造业高质量发展是应对新一轮国际产业竞争的必然选择

当今世界百年未有之大变局加速演进，新一轮科技革命和产业变革纵深推进，信息技术与制造业深度融合的新业态、新模式不断涌现，产业链、供应链、价值链加快重构，全球制造业分工格局正在重塑，世界各国致力于在新一轮产业变革中抢占先机，中国制造业发展面临发达国家吸引高端制造"回流"和发展中国家争夺中低端制造转移的"双重挤压"。一方面，发达国家深入实施"再工业化"战略，鼓励"制造业回归"，在核心领域对中国制造业进行全方位遏制；另一方面，发展中国家以更低的劳动力成本主动承接中低端制造业，与中国形成同质竞争。严峻的国际产业发展环境和竞争态势要求中国制造业加快转型升级，以质量变革推动制造业加速朝高端化方向迈进，重塑并加快形成中国制造竞争新优势，在产业竞争中抢占制高点。因此，紧抓全球制造业变革新机遇，全面推进制造业高质量发展并实现对发达国家制造业的超越是应对新一轮国际产业竞争的重要方略。

（二）审视国内——制造业高质量发展是经济高质量发展的重要支撑

党的二十大报告强调，高质量发展是全面建设社会主义现代化国家的首要任务。制造业作为国民经济的"压舱石"，在经济高质量发展过程中具有引领和支撑作用。推动制造业高质量发展不仅有助于加快制造业新旧动能转换，而且能够有效缓解中国经济面临的需求收缩、供给冲击、预期转弱三重压力，为构建现代化经济体系奠定坚实基础，为实现经济高质量发展提供不竭动力。习近平总书记多次强调，"制造业高质量发展是我国经济高质量发展的重中之重""把推动制造业高质量发展作为构建现代化经济体系的重要一环""把实体经济特别是制造业做实做强做优"，为制造业高质量发展指明了方向与目标，坚定了我国制造业继续走高质量发展之路的信念。因此，现阶段推动制造业高质量发展，对建设现代化产业体系、实现中国式现代化、推动经济高质量发展具有重要意义。

（三）聚焦京津冀——制造业高质量发展是"努力使京津冀成为中国式现代化建设的先行区、示范区"的关键所在

2024年正值京津冀协同发展上升为国家战略十周年，京津冀协同发展进入全方位、高质量深入推进阶段。2023年5月，习近平总书记在深入推进京津冀协同发展座谈会上提出，要"努力使京津冀成为中国式现代化建设的先行区、示范区"，赋予了京津冀肩负探索区域高质量发展的重大使命，为新征程上深入推进京津冀协同发展指明了前进方向、提供了行动遵循。制造业作为京津冀地区的传统优势产业，是产业协同发展的重要支撑，推动制造业高质量发展不仅能够激活产业主体发展潜能，而且能够推动技术创新与产业协同发展迈向更高水平，为打造中国式现代化建设的先行区、示范区奠定坚实的物质基础。因此，推动制造业高质量发展，是深入实施京津冀协同发展战

略、将京津冀打造成为先进制造业创新发展增长极的重要抓手，更是"努力使京津冀成为中国式现代化建设的先行区、示范区"的关键。

二 分析框架

（一）研究思路

在京津冀协同迈向中国式现代化新征程的时代背景下，京津冀协同发展、产业转移升级、先进制造业深度融合发展战略对制造业发展质量和产业布局提出了更高要求，推动制造业高质量发展成为面对京津冀产业协同新形势、新任务的客观要求。立足推进现代化制造业体系建设、推动制造业高质量发展，京津冀地区应着重考虑以下因素。一是发展规模。发展规模是制造业高质量发展的重要基础，扩大制造业发展规模有助于完善产业链条、摊薄产业创新升级所需固定成本、实现更高经济效益、提升市场竞争力，从而形成规模经济优势，为京津冀制造业高质量发展奠定稳固根基。二是创新能力。创新是制造业高质量发展的第一驱动力，提升制造业创新能力不仅能够促进技术进步和产品升级，而且能够推动京津冀制造业向价值链高端迈进、有效弥合区域制造业发展差距、重组区域资源，为制造业高质量发展提供不竭动力。三是引资能力。推动制造业高质量发展需要大量资金支持，外地资本是制造业产业链、供应链、创新链体系中不可或缺的重要组成部分，是推动高质量发展的重要力量，提升引资能力能够促进资本要素高效流动、驱动产业研发创新，为制造业高质量发展打造良好生态。四是要素结构。发展技术密集型产业、推动要素结构升级是新发展阶段制造业高质量发展的核心任务，发挥京津冀三地比较优势和区位优势，推动传统制造业从劳动密集型向资本密集型和技术密集型飞跃、优化制造业空间布局有助于京津冀建立均衡、高效、可持续的制造业分工合作体系，从而推动制造业发展能级加速跃升，促进京津冀制造业协同发展。

基于此，本报告主要探究以下内容。第一，从时序演变角度对京津冀制造业发展规模、创新能力及引资能力进行深入分析，观察京津冀制造业发展现状及发展态势，重点研究制造业及其细分行业是否具有实现高质量发展的规模优势、创新优势和引资优势。第二，从空间演化视角分析京津冀制造业发展规模、创新能力和引资能力的区域差异、空间转移趋势，重点研究制造业及其细分行业的空间变化情况，判断京津冀制造业是否实现了合理分工、协调发展。第三，梳理研究结论，对京津冀制造业发展的典型事实与可能存在的问题进行深入剖析，提出促进制造业高质量发展的对策建议。

（二）研究方法

1. 变异系数法

变异系数（Coefficient of Variation，CV）是序列数据标准差与平均数之比，能够有效消除数据间测量尺度和量纲的影响，反映观测数据的相对离散程度。变异系数越大，反映以均数为准的变异程度越高，反之则变异程度越低。本报告采用变异系数法来衡量所研究要素的整体分异程度，计算公式如下：

$$CV = \frac{1}{\bar{Y}} \sqrt{\frac{1}{n} \sum_{i=1}^{n} (Y_i - \bar{Y})^2}$$

其中，CV 表示变异系数，n 为地区总数，Y_i 为城市 i 研究要素的值，$\bar{Y}$ 为平均值。

2. 标准差椭圆法

标准差椭圆（Standard Deviational Ellipse，SDE）法是一种基于地理要素的空间区位和空间结构，通过椭圆面积、中心、方位角、形状指数等参数直观地展示地理要素空间分布和多维特征的方法（白冰等，2021；赵思萌等，2023）。具体而言，椭圆面积可以确定地理要素（包含68%的要素）的相对展布范围，其变化是判断地理要素集中化或离散化发展趋势的重要依据，能够反映地理要素空间聚集格局的演化模式。若椭圆面积收缩，则地理要素集中化聚集发展；若椭圆面积扩张，则地理要素离散化聚集发展；若椭圆面积基本保持不变，则地理要素稳定化增长。中心可以描绘地理要素分布的中心，中心变化轨迹能够刻画地理要素的空间移动趋势。方位角用于表征地理要素

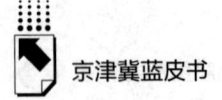

分布的主趋势方向。形状指数即短轴与长轴之比，用于描绘地理要素分布的形态，比值越接近1，说明地理要素分布越径向均匀，方向性越不明显，反之则方向性越明显。其中，长轴用于解释地理要素空间分布的展布性（方向性），即其在主趋势方向上的离散程度；短轴用于描绘地理要素的向心力，其值越小表明向心力越大、离散程度越低，反之则向心力越小、离散程度越高。

本报告采用SDE法定量分析京津冀制造业发展的空间聚集格局演化特征。SDE法相关参数计算公式如下。

加权平均地理中心坐标为：

$$\bar{X} = \frac{\sum_{i=1}^{n} w_i x_i}{\sum_{i=1}^{n} w_i}, \bar{Y} = \frac{\sum_{i=1}^{n} w_i y_i}{\sum_{i=1}^{n} w_i}$$

各城市坐标到加权平均地理中心的偏离为：

$$\tilde{x}_i = x_i - \bar{X}$$
$$\tilde{y}_i = y_i - \bar{Y}$$

方位角为：

$$\tan\theta = \frac{\sum_{i=1}^{n} w_i^2 \tilde{x}_i^2 - \sum_{i=1}^{n} w_i^2 \tilde{y}_i^2 + \sqrt{\left(\sum_{i=1}^{n} w_i^2 \tilde{x}_i^2 - \sum_{i=1}^{n} w_i^2 \tilde{y}_i^2\right)^2 + 4\sum_{i=1}^{n} w_i^4 \tilde{x}_i^2 \tilde{y}_i^2}}{\sum_{i=1}^{n} 2w_i^2 \tilde{x}_i \tilde{y}_i}$$

沿X轴标准差为：

$$\sigma_x = \sqrt{\frac{\sum_{i=1}^{n}(w_i \tilde{x}_i \cos\theta - w_i \tilde{y}_i \sin\theta)^2}{\sum_{i=1}^{n} w_i^2}}$$

沿Y轴标准差为：

$$\sigma_y = \sqrt{\frac{\sum_{i=1}^{n}(w_i \tilde{x}_i \sin\theta - w_i \tilde{y}_i \cos\theta)^2}{\sum_{i=1}^{n} w_i^2}}$$

椭圆面积为：

$$S = \pi\sigma_x\sigma_y$$

其中，(x_i, y_i) 为京津冀 13 个城市中城市 i 的地理坐标，w_i 为权重，θ 为椭圆方位角，是正北方向顺时针旋转到椭圆长轴的角度。本报告所涉及的标准差椭圆参数计算基于 ArcGIS 10.8 软件展开，使用 Albers 投影坐标系①。

（三）研究对象与指标选取

根据《国民经济行业分类》（GB/T 4754—2017），选取京津冀地区 31 个二位数制造业行业作为研究对象，时间跨度为 2013~2022 年。考虑到各细分行业发展水平也会影响京津冀制造业高质量发展的推进程度，本报告借鉴文余源和张博伦（2019）的划分方法，将 31 个二位数制造业行业按要素类型分为劳动密集型、资本密集型及技术密集型三类（见表1）。在指标选取方面，遵循科学性、代表性、可操作性等原则，根据制造业高质量发展的特征及内涵，采用在营企业累计注册资本额（亿元）表征制造业发展规模，采用累计授权发明专利数（件）衡量制造业创新能力，采用累计吸收外地资本额（亿元）衡量制造业引资能力。本报告行业数据均来源于龙信企业大数据平台。

表 1 不同要素密集型制造业分类及行业代码

行业类型	细分行业及代码
劳动密集型制造业	13 农副食品加工业,14 食品制造业,15 酒、饮料和精制茶制造业,16 烟草制品业,17 纺织业,18 纺织服装、服饰业,19 皮革、毛皮、羽毛及其制品和制鞋业,21 家具制造业,23 印刷和记录媒介复制业,24 文教、工美、体育和娱乐用品制造业,29 橡胶和塑料制品业,32 有色金属冶炼和压延加工业,33 金属制品业,41 其他制造业,42 废弃资源综合利用业,43 金属制品、机械和设备修理业

---

① 中央经线 105°E，标准纬线 25°N、47°N。

续表

行业类型	细分行业及代码
资本密集型制造业	20 木材加工和木、竹、藤、棕、草制品业,22 造纸和纸制品业,25 石油、煤炭及其他燃料加工业,26 化学原料和化学制品制造业,28 化学纤维制造业,30 非金属矿物制品业,31 黑色金属冶炼和压延加工业
技术密集型制造业	27 医药制造业,34 通用设备制造业,35 专用设备制造业,36 汽车制造业,37 铁路、船舶、航空航天和其他运输设备制造业,38 电气机械和器材制造业,39 计算机、通信和其他电子设备制造业,40 仪器仪表制造业

资料来源：根据《国民经济行业分类》(GB/T 4754—2017)及相关资料整理。

三 京津冀制造业高质量发展的时序演变特征

（一）京津冀制造业发展规模时序演变特征

京津冀制造业规模稳步扩张，但其在全行业中的规模优势逐渐减弱。从制造业在营企业累计注册资本额来看，2013~2022年，京津冀制造业在营企业累计注册资本额由47937.82亿元增加至73154.06亿元，年均增长率为4.81%，说明京津冀制造业规模逐年扩张，发展基础日益坚实。值得注意的是，在京津冀制造业基础规模稳定增长的同时，其在营企业累计注册资本额占全行业的比重总体呈下降趋势，由2013年的12.82%下降至2022年的8.83%，说明京津冀制造业在全行业中的规模优势正逐渐减弱，亟须以质量变革重塑制造业竞争新优势（见图1）。

北京制造业规模优势有所减弱，天津、河北制造业规模优势日益凸显，地区间规模差异逐渐缩小。从北京、天津、河北制造业在营企业累计注册资本额占京津冀的比重来看，2013~2022年，北京制造业在营企业累计注册资本额占京津冀的比重逐年下降，由55.07%下降至40.87%，说明北京的规模优势逐渐减弱，这也从侧面反映出北京积极推动一般制造业向京外有条件的地区转移，非首都功能疏解成效初显。2013~2022年，天津、河北制造业在营企业累计注册资本额占京津冀的比重总体逐年上升，分别由15.80%、

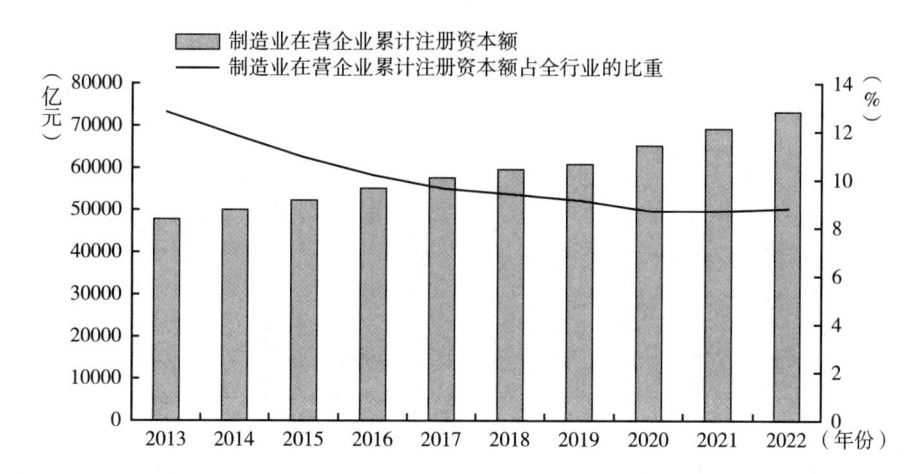

图 1　2013~2022 年京津冀制造业在营企业累计注册资本额及其占全行业的比重

资料来源：龙信企业大数据平台。

29.13%上升至 15.87%、43.26%，在营企业累计注册资本额年均增长率分别为 4.86%、9.52%，均高于北京（1.39%），说明天津、河北制造业规模扩张幅度趋于增大，规模优势逐渐显现。从变异系数来看，2013~2022年，京津冀制造业在营企业累计注册资本额变异系数总体逐渐下降，由0.60 下降至 0.46，说明京津冀制造业在营企业累计注册资本额的离散程度逐渐降低，北京、天津和河北的规模差异逐渐缩小，制造业发展趋于均衡（见图 2）。

河北多个城市的制造业规模增长势头强劲，但城市间两极分化现象较为明显。从在营企业累计注册资本额看，京津冀各城市制造业规模均保持增长趋势，北京、天津的制造业规模稳定领先，河北多个城市的制造业规模增长趋势明显（见图 3）。2013~2022 年，京津冀各城市制造业在营企业累计注册资本额年均增长率排在前三位的城市分别是邢台（12.82%）、沧州（12.65%）和衡水（11.01%），除秦皇岛（4.16%）低于天津（4.86%）外，河北省内其余城市制造业在营企业累计注册资本额年均增长率均远超北京（1.39%）和天津（4.86%），说明河北多个城市制造业规模增长势头强劲，发展动能不断增强，带动河北整体制造业规模不断扩张。虽然河北大部

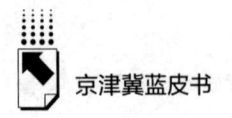

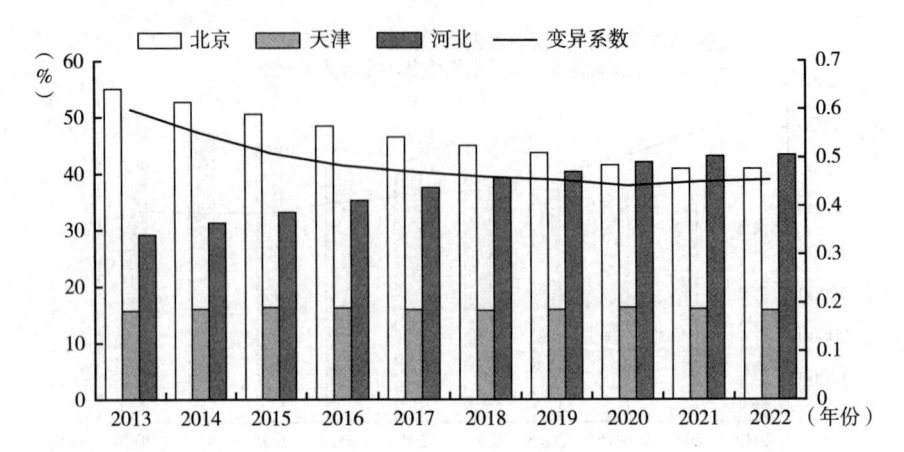

图 2　2013~2022 年京津冀三地制造业在营企业累计注册资本额占京津冀的比重及其变异系数

资料来源：龙信企业大数据平台。

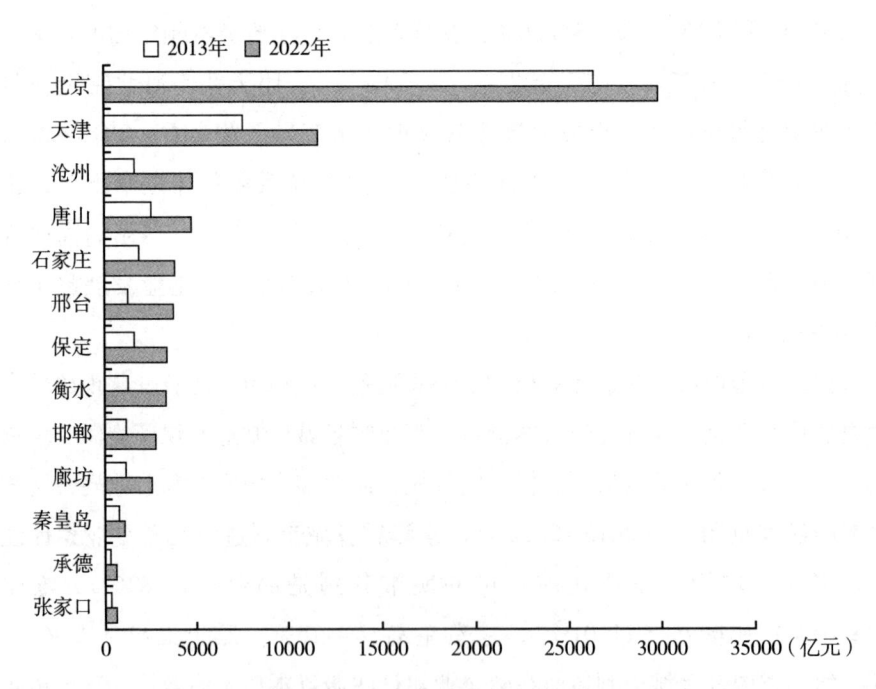

图 3　2013 年、2022 年京津冀各城市制造业在营企业累计注册资本额

资料来源：龙信企业大数据平台。

分城市的制造业规模增长趋势持续向好，但两极分化现象日益明显。2022年，沧州制造业在营企业累计注册资本额（4838.45亿元）是张家口（598.45亿元）的8.08倍，与2013年的5.26倍相比有所扩大，说明地区间制造业规模两极分化日益明显。

京津冀制造业产业结构持续优化升级，逐渐由劳动密集型、资本密集型向技术密集型转变。从三类不同要素密集型制造业在营企业累计注册资本额来看，2013~2022年，技术密集型制造业在营企业累计注册资本额由16206.23亿元增加至27248.40亿元，年均增长率为5.94%，占制造业的比重由33.81%上升至37.25%，说明技术密集型制造业规模增长势头强劲；资本密集型制造业在营企业累计注册资本额由20968.42亿元增加至25678.49亿元，年均增长率仅为2.28%，增长速度最慢，占制造业的比重由43.74%下降至35.10%；劳动密集型制造业在营企业累计注册资本额占制造业的比重始终最小，且从未超过30%（见图4）。由上述数据变化可以看出，劳动密集型制造业和资本密集型制造业对区域制造业发展的贡献程度有所下降，技术密集型制造业对区域制造业发展的影响力不断提升，制造业结构呈现明显的高端化趋势。

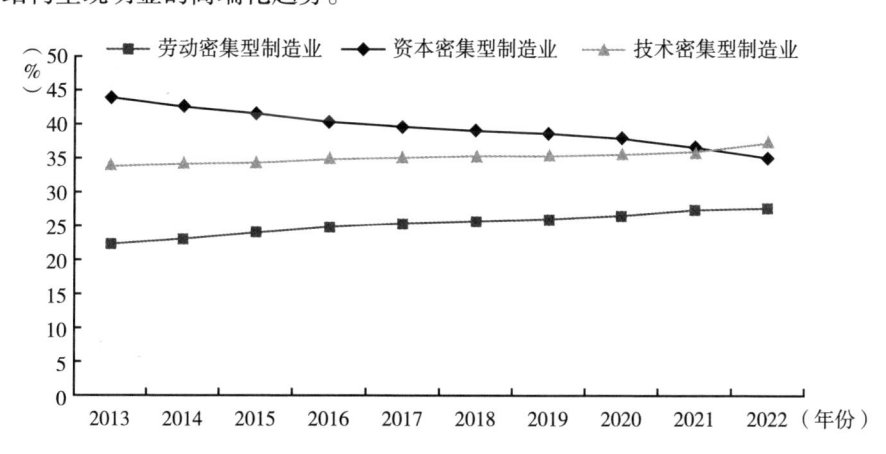

图4 2013~2022年不同要素密集型制造业在营企业累计注册资本额占制造业的比重

资料来源：龙信企业大数据平台。

（二）京津冀制造业创新能力时序演变特征

京津冀制造业创新能力持续增强，但增长速度有所放缓。从累计授权发明专利数来看，2013~2022年，京津冀制造业累计授权发明专利数逐年增加，由26856件增加至144405件，年均增长率为20.55%，说明京津冀制造业创新能力大幅提升，发展动力充沛。从制造业累计授权发明专利数增长率来看，京津冀制造业创新能力提升速度逐步放缓。观测期内，京津冀制造业累计授权发明专利数增长率以2015年为界呈现先上升后下降的变化趋势。具体而言，2014~2015年，京津冀制造业累计授权发明专利数增长率由24.05%上升至30.44%，创新能力实现较大跃升；2015~2022年，京津冀制造业累计授权发明专利数增长率由30.44%急剧下降至15.61%，说明当前京津冀制造业创新能力处于缓慢提升阶段（见图5）。

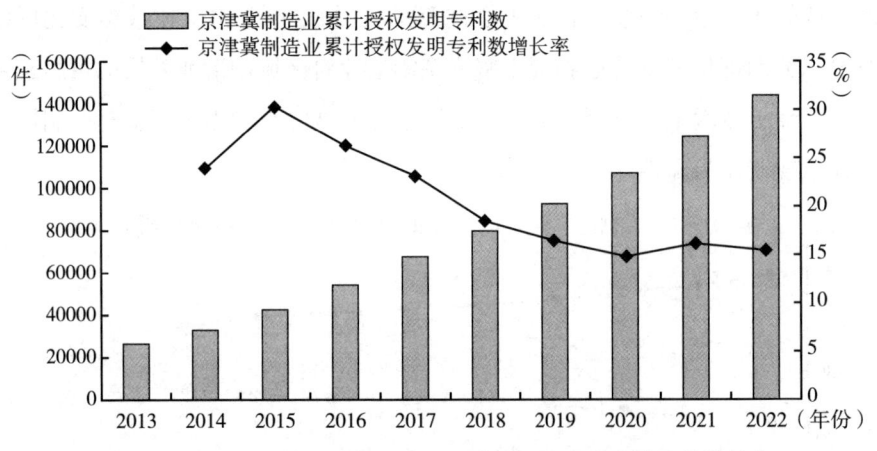

图5　2013~2022年京津冀制造业累计授权发明专利数及其增长率

资料来源：龙信企业大数据平台。

京津冀三地制造业创新能力存在较大梯度差异，且创新发展不均衡现象加剧。从制造业累计授权发明专利数来看，2013~2022年，北京制造业创新能力稳步提升，制造业累计授权发明专利数由17657件增加至105986件，保持在京津冀三地排名第一的领先优势。相比之下，尽管天津、河北制造业累计授权发明专利数有较快增长，但增速仍低于京津冀平均水平，且与北京存在较大差距。以2022年为例，天津、河北制造业累计授权发明专利数分别为15665件、22754件，均低于京津冀平均水平（48135件），北京制造业累计授权发明专利数分别是天津、河北的6.77倍和4.66倍，说明京津冀地区制造业创新能力存在两极分化现象，天津、河北制造业创新能力明显不足，无法有效承接北京创新资源的辐射。从变异系数看，京津冀三地制造业创新差距不断扩大，2013~2022年，京津冀制造业累计授权发明专利数变异系数总体呈上升趋势，由0.86上升至1.04，说明北京、天津和河北制造业累计授权发明专利数的离散程度趋于上升，地区间制造业创新发展不均衡现象加剧，这将在一定程度上拉大三地制造业梯度落差，制约京津冀制造业协同发展（见图6）。

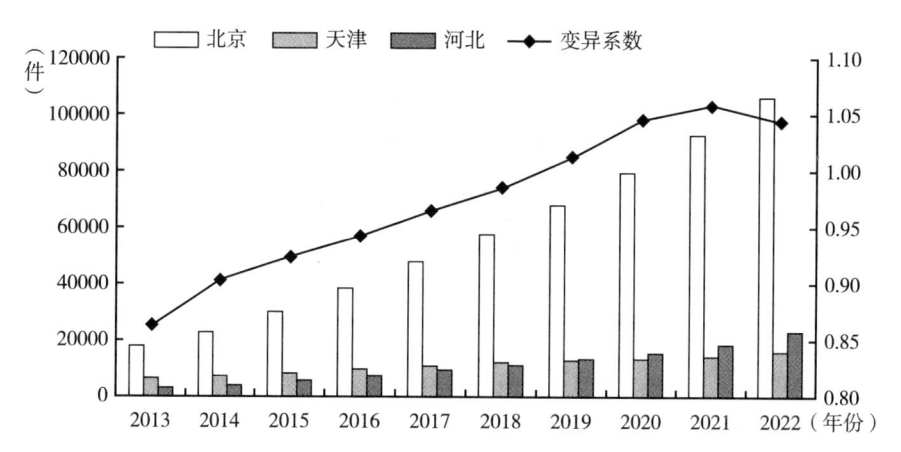

图6 2013~2022年京津冀三地制造业累计授权发明专利数及其变异系数

资料来源：龙信企业大数据平台。

技术密集型制造业创新发展势头日益强劲，劳动密集型制造业、资本密集型制造业创新呈均衡发展态势。从不同要素密集型制造业累计授权发明专利数来看，2013~2022年，技术密集型制造业累计授权发明专利数始终最多，资本密集型制造业次之，劳动密集型制造业最少，且技术密集型制造业累计授权发明专利数年均增长率为21.70%，高于资本密集型制造业（19.71%）和劳动密集型制造业（18.17%），说明技术密集型制造业创新能力最强且提升速度最快，创新发展势头最为强劲（见图7）。从变异系数来看，2013~2022年，技术密集型制造业累计授权发明专利数变异系数总体逐年增大，由2.15增加至2.42，说明技术密集型制造业创新能力差距日益扩大；劳动密集型制造业、资本密集型制造业累计授权发明专利数变异系数总体均呈下降趋势，分别由1.64、3.10下降至1.16、3.07，说明京津冀不同地区间劳动密集型制造业、资本密集型制造业创新能力差距逐渐缩小，呈现均衡发展趋势（见图8）。

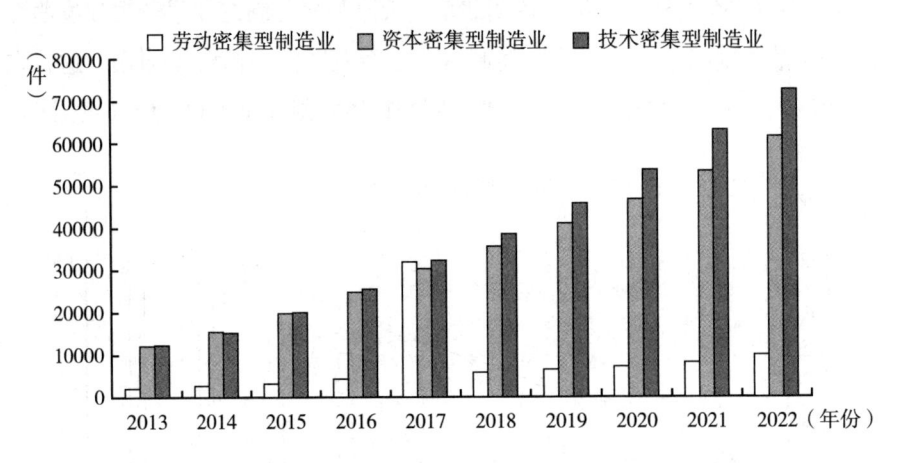

图7　2013~2022年不同要素密集型制造业累计授权发明专利数

资料来源：龙信企业大数据平台。

（三）京津冀制造业引资能力时序演变特征

京津冀制造业引资能力不断增强，总体呈均衡发展态势。从累计吸收外地资本额来看，京津冀制造业引资能力持续增强，2013~2022年，制造业累计吸收外地资本额由3078.81亿元增加至10822.63亿元，年均增长率为14.99%，说明京津冀制造业投资环境良好。从变异系数来看，2013~2022年，京津冀制造业累计吸收外地资本额变异系数由1.40下降至1.19，说明京津冀制造业累计吸收外地资本额与平均值的离散程度变低，地区间引资能力差距逐渐缩小，呈均衡发展态势（见图9）。

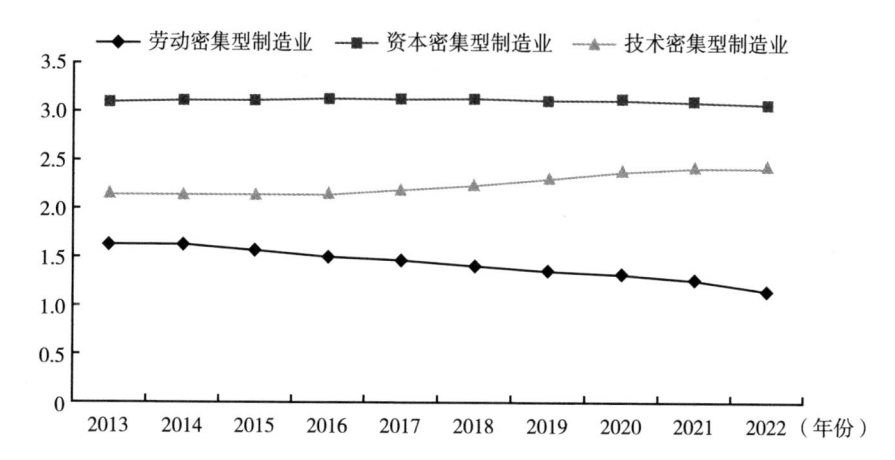

图8 2013~2022年不同要素密集型制造业累计授权发明专利数变异系数

资料来源：龙信企业大数据平台。

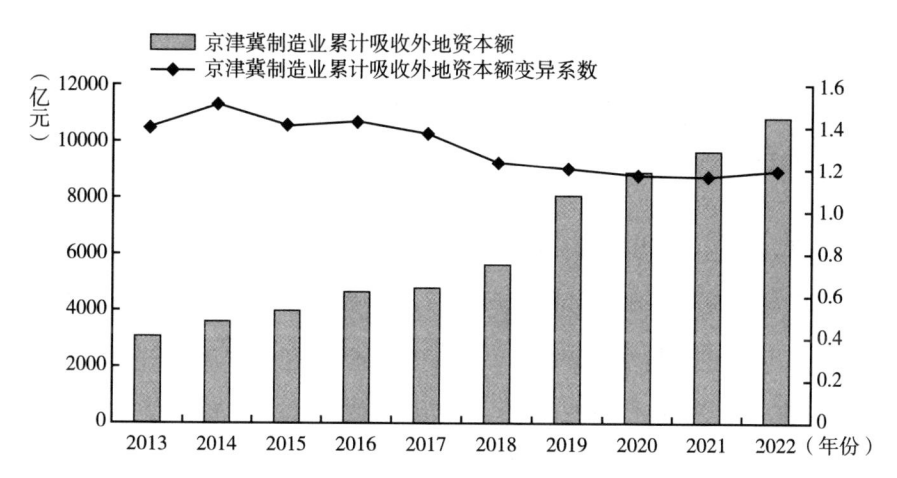

图9 2013~2022年京津冀制造业累计吸收外地资本额及其变异系数

资料来源：龙信企业大数据平台。

天津引资能力明显优于其他地区，京津冀地区引资能力存在两极分化现象。从累计吸收外地资本额来看，天津制造业累计吸收外地资本额始终领先于其他城市，衡水始终位列最后，说明天津引资能力最强，衡水引资能力最弱。此外，京津冀地区制造业引资能力两极分化现象较为明显，

073

2022年天津制造业累计吸收外地资本额（3252.59亿元）是衡水（112.87亿元）的28.82倍，说明京津冀地区引资能力两极分化现象较为明显（见图10）。

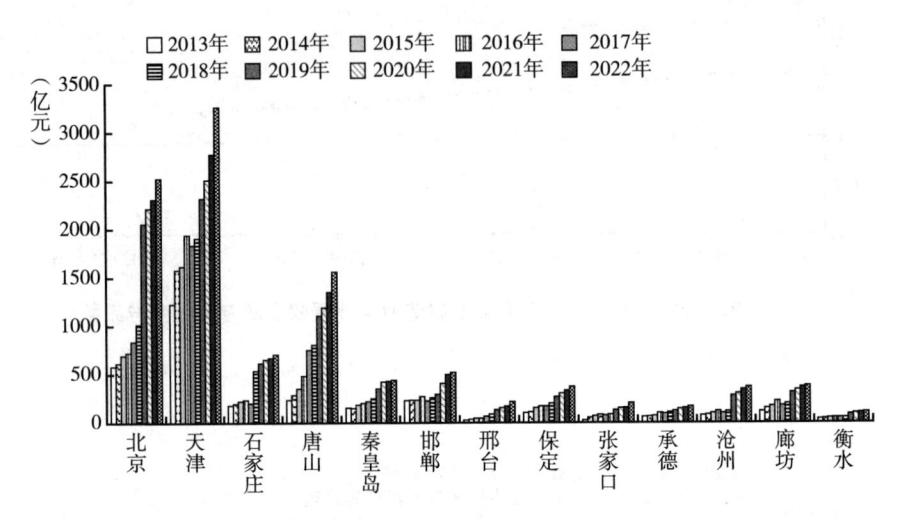

图10 2013~2022年京津冀各城市制造业累计吸收外地资本额

资料来源：龙信企业大数据平台。

京津冀制造业引资结构不断优化，技术密集型制造业引资优势明显，吸收外地资本的主导地位日益突出。从累计吸收外地资本额来看，2013~2022年，技术密集型制造业累计吸收外地资本额由1377.22亿元增加至5234.08亿元，始终位列第一，年均增长率为15.99%，高于资本密集型制造业（14.11%）和劳动密集型制造业（14.15%），说明技术密集型制造业在吸引外地投资方面具有显著优势。此外，总体看，2013~2022年，技术密集型制造业累计吸收外地资本额占制造业的比重呈上升态势，由44.73%上升至48.36%，而劳动密集型制造业、资本密集型制造业累计吸收外地资本额占制造业的比重均不断下降，分别由21.39%、33.88%下降至20.02%、31.61%，说明技术密集型制造业在引资方面占主导地位（见图11）。

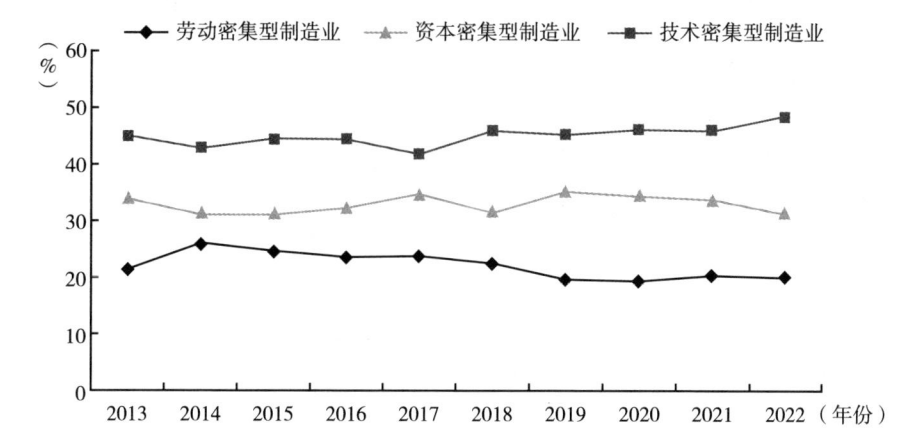

图 11　2013～2022 年不同要素密集型制造业累计吸收外地资本额占制造业的比重

资料来源：龙信企业大数据平台。

四　京津冀制造业高质量发展的空间演化特征

（一）京津冀制造业发展规模空间演化特征

京津冀制造业转移有序，逐渐由中心区域（京津廊）向东部沿海、冀中南腹地转移。从空间分布中心来看，2013～2022 年，京津冀制造业发展规模标准差椭圆中心整体向西南方向移动，且向南移动幅度大于向西移动幅度，由北京（116.49°E，39.59°N）转移至河北廊坊（116.41°E，39.31°N），表明制造业逐渐向石家庄、衡水等位于西南方向的城市集聚。从空间分布范围来看，2013～2022 年，京津冀制造业发展规模标准差椭圆面积明显扩大，由 45877.79km^2 增加至 56725.23km^2，说明该阶段椭圆外部城市制造业规模扩张速度快于椭圆内部城市。从空间分布形状来看，2013～2022 年，京津冀制造业发展规模标准差椭圆长轴与短轴均不断增加，且长轴增量（29.09km）远大于短轴增量（4.33km），说明制造业规模空间分布的方向性日益凸显，东北-西南方向制造业规模增长速度较快（见表 2）。总体来

075

看，2013~2022 年，京津冀制造业规模发生了较为明显的空间格局变动，从京津走廊向东部沿海的唐山、天津以及河北冀中南地区（保定、沧州、石家庄、衡水）扩散，这一空间演化趋势反映出自京津冀协同发展战略实施以来，京津冀制造业的转移与承接工作取得了积极进展，符合《北京市"十四五"时期高精尖产业发展规划》中关于深入实施"疏解整治促提升"专项行动的要求。

表2 2013~2022年京津冀制造业发展规模标准差椭圆参数

年份	中心经纬度	长轴（km）	短轴（km）	方位角（°）	面积（km²）	形状指数
2013	(116.49°E,39.59°N)	161.64	90.35	21.79°	45877.79	0.56
2014	(116.48°E,39.55°N)	167.34	91.08	21.96°	47878.97	0.54
2015	(116.47°E,39.51°N)	171.71	91.90	22.32°	49570.05	0.54
2016	(116.46°E,39.47°N)	175.42	92.77	22.68°	51123.02	0.53
2017	(116.46°E,39.44°N)	178.57	93.80	23.05°	52616.01	0.53
2018	(116.45°E,39.41°N)	181.70	94.46	23.35°	53912.95	0.52
2019	(116.44°E,39.39°N)	183.73	94.72	23.41°	54671.56	0.52
2020	(116.44°E,39.35°N)	187.96	95.17	23.66°	56192.54	0.51
2021	(116.43°E,39.32°N)	189.79	94.95	23.47°	56611.71	0.50
2022	(116.41°E,39.31°N)	190.73	94.68	23.49°	56725.23	0.50

资料来源：结果由 ArcGIS10.8 软件运算。

劳动密集型制造业转移趋势明显，空间格局呈现由中心区域逐渐向冀南部地区转移的特征。从空间分布中心来看，2013~2022 年，京津冀劳动密集型制造业发展规模标准差椭圆中心始终位于河北廊坊，呈现向西南方向移动的趋势，说明西南方向劳动密集型制造业规模扩张速度较快。从空间分布范围来看，2013~2022 年，京津冀劳动密集型制造业发展规模标准差椭圆面积由 53686.04km² 逐步扩大至 60827.57km²，说明劳动密集型制造业规模明显扩大。从空间分布形状来看，2013~2022 年，京津冀劳动密集型制造业发展规模标准差椭圆形状指数由 0.53 下降至 0.48，说明劳动密集型制造业规模空间分布的方向性日益明显（见表3）。总体来看，2013~2022 年，京津冀劳动密集型制造业逐渐从中心区域向河北南部劳动力成本低、劳动力市场规模大的城市（石家庄、邢台、衡水等）转移，从侧面说明京津冀协同发展战略在推动北京一般性制造业疏解和优化区域产业结构方面发挥了显著作用。

表3 2013年、2022年京津冀不同要素类型制造业发展规模标准差椭圆参数

制造业类型	年份	中心经纬度	长轴（km）	短轴（km）	方位角（°）	面积（km²）	形状指数
劳动密集型制造业	2013	(116.46°E,39.32°N)	180.19	94.85	22.88	53686.04	0.53
	2022	(116.32°E,38.97°N)	200.19	96.73	26.96	60827.57	0.48
资本密集型制造业	2013	(116.56°E,39.81°N)	139.97	86.11	21.51	37863.74	0.62
	2022	(116.57°E,39.65°N)	162.52	92.54	22.64	47244.51	0.57
技术密集型制造业	2013	(116.43°E,39.49°N)	165.43	90.76	23.87	47165.71	0.55
	2022	(116.33°E,39.24°N)	194.17	92.88	23.66	56651.33	0.48

资料来源：结果由ArcGIS10.8软件运算。

资本密集型制造业临海指向趋势显著，空间格局呈现逐渐向环渤海地区扩张的特征。从空间分布中心来看，2013~2022年，京津冀资本密集型制造业发展规模标准差椭圆中心总体向东南方向移动，说明位于东南沿海的天津、沧州等城市资本密集型制造业规模发展势头强劲。从空间分布范围来看，2013~2022年，京津冀资本密集型制造业发展规模标准差椭圆面积逐渐扩大，由37863.74km²增加至47244.51km²，说明该阶段椭圆外部城市资本密集型制造业规模增长速度快于椭圆内部城市。从空间分布方位来看，2013~2022年，京津冀资本密集型制造业发展规模标准差椭圆方位角由21.51°增大至22.64°，顺时针旋转幅度较小，说明资本密集型制造业空间分布偏移趋势不明显。从空间分布形状来看，2013~2022年，京津冀资本密集型制造业发展规模标准差椭圆长轴与短轴均呈增加态势，说明资本密集型制造业规模具有明显的扩张特征。总体来看，京津冀资本密集型制造业规模由中心区域向东南部环渤海地区（唐山、沧州等）扩张，说明受天津滨海新区钢铁生产基地建设、首钢搬迁等影响，资本密集型制造业逐渐向具备港口

区位优势和重工业基础的环渤海地区集聚，临海指向趋势日益明显。

技术密集型制造业逐渐由京津廊中心区域向冀中南地区扩散。从空间分布中心来看，2013~2022年，京津冀技术密集型制造业发展规模标准差椭圆中心总体向西南方向移动，逐渐由北京与廊坊边界地区（116.43°E，39.49°N）转移至廊坊（116.33°E，39.24°N），说明技术密集型制造业逐渐向西南方向扩大规模。从空间分布范围来看，2013~2022年，京津冀技术密集型制造业发展规模标准差椭圆面积由47165.71km^{2}增加至56651.33km^2，说明技术密集型制造业对外辐射能力日益增强，规模不断扩张。从空间分布形状来看，2013~2022年，京津冀技术密集型制造业发展规模标准差椭圆形状指数始终小于1且呈下降趋势，说明技术密集型制造业规模分布在径向上日趋不均衡。总体来看，京津冀技术密集型制造业规模由涵盖重要科技园区的京津廊核心区域逐渐向产业配套设施较为完善的冀中南地区（石家庄、衡水等）扩张，说明在中国（河北）自由贸易试验区、北京大兴国际机场临空经济区等重大平台建设背景下，技术密集型制造业的中低端生产环节逐渐向石家庄、衡水等低成本地区转移。

（二）京津冀制造业创新能力空间演化特征

京津冀制造业创新能力持续提升，空间格局呈现向北京集聚的特征。从空间分布中心来看，2013~2022年，京津冀制造业创新能力标准差椭圆中心始终处于北京市内，充分彰显了北京在创新领域的核心地位。从空间分布范围来看，京津冀制造业创新能力标准差椭圆面积经历了两次明显变化：2013~2020年，椭圆面积由27307.31km^{2}缩小至26957.99km^2，表明该阶段分布在椭圆内的主要城市（北京、天津、廊坊）制造业创新组织之间存在正向知识外溢，创新资源较为集聚；2020~2022年，椭圆面积由26957.99km^{2}增加至28583.97km^2，增加幅度较小，说明京津冀制造业创新扩散效应不明显。从空间分布形状来看，2013~2022年，京津冀制造业创新能力标准差椭圆短轴不断缩小，形状指数由0.73下降至0.59，空间分布形状基本呈扁化趋势，制造业创新向北京集聚，强化了北京的创新核心地位，符合其建设高精尖产业体系的目标（见表4）。总体来看，京津冀制造业呈现以北京为创新增长极、辐射带动周边城市创新发展的特征，说明北京作为全国科技创新中心，具有显著的制造业创新优势，能够持续集聚创新资源，带动京津冀制造业创新生态迭代优化。

表4　2013~2022年京津冀制造业创新能力标准差椭圆参数

年份	中心经纬度	长轴（km）	短轴（km）	方位角（°）	面积（km²）	形状指数
2013	(116.57°E,39.81°N)	109.28	79.55	14.16°	27307.31	0.73
2014	(116.54°E,39.83°N)	111.21	77.98	16.11°	27244.37	0.70
2015	(116.52°E,39.83°N)	113.56	77.30	18.74°	27575.33	0.68
2016	(116.5°E,39.84°N)	115.43	76.45	20.05°	27720.46	0.66
2017	(116.48°E,39.84°N)	117.13	75.63	20.65°	27827.08	0.65
2018	(116.48°E,39.85°N)	117.55	75.05	21.08°	27712.99	0.64
2019	(116.47°E,39.86°N)	117.66	74.24	21.45°	27438.47	0.63
2020	(116.46°E,39.87°N)	117.89	72.79	22.02°	26957.99	0.62
2021	(116.45°E,39.87°N)	119.85	72.20	21.97°	27181.63	0.60
2022	(116.45°E,39.86°N)	124.68	72.98	21.86°	28583.97	0.59

资料来源：结果由ArcGIS10.8软件运算。

（三）京津冀制造业引资能力空间演化特征

京津冀制造业引资能力持续增强，空间扩张特征不明显。从空间分布中心来看，2013~2022年，京津冀制造业引资能力标准差椭圆中心主要位于廊坊和天津，但移动轨迹具有不稳定性，共发生三次较为明显的变动：2013~2017年，由廊坊向东北方向移动至天津；2017~2018年，由天津向西南方向移动至廊坊；2018~2022年，在廊坊市内先后向西北、西南、东南、东北方向移动。这说明京津冀制造业融资环境具有较高的敏感性。从空间分布范围来看，2013~2022年，京津冀制造业引资能力标准差椭圆面积逐渐扩大，由58711.52km²增加至61080.87km²，变化幅度较小，说明京津冀制造业引资能力空间扩张特征不明显。从空间分布形状来看，2013~2022年，京津冀制造业引资能力标准差椭圆形状指数总体呈上升趋势，由 0.47 上升至 0.54，说明京津冀制造业引资能力在径向上趋于均衡，长轴由 199.91km 缩小至 189.95km，说明京津冀制造业引资能力在东北－西南方向呈集聚趋势（见表5）。

表5　2013~2022年京津冀制造业引资能力标准差椭圆参数

年份	中心经纬度	长轴（km）	短轴（km）	方位角（°）	面积（km²）	形状指数
2013	(116.76°E,39.24°N)	199.91	93.50	33.81°	58711.52	0.47
2014	(116.81°E,39.26°N)	189.66	93.61	34.36°	55771.51	0.49
2015	(116.81°E,39.29°N)	189.64	96.61	35.55°	57551.09	0.51
2016	(116.86°E,39.29°N)	187.56	95.54	35.82°	56287.89	0.51
2017	(116.96°E,39.37°N)	180.86	96.29	37.79°	54709.21	0.53
2018	(116.79°E,39.31°N)	195.94	96.60	40.09°	59455.60	0.49
2019	(116.78°E,39.39°N)	183.90	101.57	38.55°	58675.36	0.55
2020	(116.77°E,39.37°N)	190.22	102.55	37.31°	61280.24	0.54
2021	(116.77°E,39.34°N)	193.32	101.75	36.59°	61790.39	0.53
2022	(116.79°E,39.35°N)	189.95	102.36	36.65°	61080.87	0.54

资料来源：结果由ArcGIS10.8软件运算。

五　研究结论及对策建议

（一）研究结论

一是京津冀制造业转移有序，"优势互补、错位发展"的制造业分工格局初步形成。在京津冀协同发展战略引领下，京津冀三地密切配合，将制造业转移、对接、协作向纵深推进。一方面，制造业逐渐摆脱中心区域集中的单一格局，由区域增长极（京津）向东部沿海及冀中南腹地扩散，逐步沿区域协调化路径发展。另一方面，不同要素类型制造业转移路径呈现明显的差异化特征。其中，劳动密集型制造业逐渐退出北京，向劳动力供给充足、劳动力工资水平低的冀南地区（石家庄、邢台、衡水等）转移。资本密集型制造业具有显著的市场指向性特征和临海指向趋势，逐渐由京津廊向具有港口优势、市场优势的东部沿海港口城市（唐山、沧州等）转移。技术密集型制造业在空间格局上呈现由京津廊中心区域向冀中南地区扩散的特征，逐渐由京津廊向高技术产业配套完善的河北中心节点及交通枢纽城市（保定、沧州、石家庄、唐山）扩散，处于以京津廊核心区为增长极带动区域制造业高端发展的阶段。随着不同要素类型制造业的有序转移，各细分行业分布与地区区位优势的适配性不断增强，"优势互补、错位发展"的制造业分工格局逐渐形成。

二是京津冀制造业发展日趋高端化，呈现由劳动密集型、资本密集型向技术密集型转变的特点。从要素结构来看，京津冀制造业要素结构不断优化，2013~2022年，技术密集型制造业在营企业累计注册资本额占制造业的比重由33.81%上升至37.25%，规模迅速扩大，主导地位不断增强。从创新能力来看，技术密集型制造业创新能力最强且提升速度最快，累计授权发明专利数始终高于资本密集型制造业和劳动密集型制造业，创新优势显著。从引资能力来看，技术密集型制造业吸收外地资本的主导地位突出，2013~2022年，累计吸收外地资本额年均增长率高于资本密集型制造业和劳动密集型制造业，融资环境最为优越，在吸引外地投资方面具有显著优势。随着技术密集型制造业发展势头日趋强劲，京津冀制造业要素结构不断优化，符合当前京津冀打造世界级先进制造业集群的发展目标。

三是京津冀制造业创新能力持续提升，但创新发展不均衡现象加剧。一方面，京津冀制造业累计授权发明专利数逐年增加，创新增长势头强劲。另一方面，京津冀制造业创新发展不均衡，2022年北京制造业累计授权发明专利数分别是天津、河北的6.77倍和4.66倍，两极分化现象明显。此外，2013~2022年，京津冀制造业累计授权发明专利数变异系数总体呈上升趋势，创新发展不均衡现象日益凸显。

四是京津冀制造业关键要素流动不畅，创新要素、资本要素均呈现明显的集聚特征。京津冀地区推动制造业发展的创新、资本等关键要素均向京津等产业基础较好的地区集聚，空间扩张幅度较小，对周边城市的辐射带动作用不明显。当制造业由集聚区向其他城市转移时，将面临技术和资金的制约，不利于制造业产业转移及高质量协同发展。

五是京津冀制造业创新能力与产业规模不匹配。相较于制造业产业规模的持续快速扩张，创新能力的提升速度大幅放缓，未与产业规模扩张形成协同发展态势，创新主体针对制造业转型升级的研发相对不足，难以满足产业规模扩张的需求，制约了京津冀制造业优化升级及市场竞争力提升。

（二）对策建议

第一，优化制造业空间布局，推动制造业有序转移和联动升级。一方面，加快培育不同要素密集型制造业增长极。以"一盘棋"全局视野科学规划京津冀三地产业分工，依托"2+4+N"等产业合作体系引导产业有序转移、精准承接，打造基于不同定位的区域制造业中心，推动制造业空间由"中心-外围"结构向"多核心网络空间"结构演化。例如，将天津、石家庄、沧州建设为资本密集型制造业发展中心；加快培育环京津的廊坊、保定、唐山等技术密集型制造业节点城市，进一步优化制造业布局，增强区域协同性。另一方面，完善京津冀制造业转移合作机制，加强转出地与承接地发展规划衔接。遵循市场规则和生态保护规则，制定并完善承接地对转移企业资质、纳税情况、产品等的认证体系，确保承接地将转出企业能耗等污染物指标纳入环境容量评估中，保证转出企业的发展与当地环境可持续发展相协调；探索建立跨区域制造业转移、园区合作的成本分担和利益共享机制，逐步推行税收分享和 GDP 分计等制度。

第二，加快建设协同发展的制造业创新政策体系，优化创新软环境。一方面，完善跨区域制造业创新成果转化体制机制。建立科技成果信息发布和共享平台，健全以技术交易市场为核心的技术转移和产业化服务体系，通过制定制造业技术转移相关法规、设立技术转移专项基金、明确收益分配原则，建立制造业技术转移保障机制、激励机制、创新收益共享机制，促进跨区域制造业技术创新和成果转移转化。另一方面，建立创新扩散支持体系，增强北京创新扩散能力和津冀承接能力。北京应把握科技创新中心建设的重要机遇，完善创新扩散服务支持体系，以中关村国家自主创新示范区为高端制造业高地和科技创新辐射源头，将"中关村"等优势科技园区面向京津冀布局，在区域内移植其制造业创新模式及成果，促进辐射客体提高消化吸收再创新能力，带动和引领津冀制造业创新发展，推动制造业产业结构向高技术复杂度和高附加值转变。津冀应借助疏解非首都功能的契机，主动增强与北京的产业联系，积极培育壮大与北京创新优势关联度较高的产业（如计算机、通信和其他电子设备制造业等），提升承接北京制造业创新要素的能力，促进创新研发资源转化为制造业发展优势，通过缩小与北京的技术势差推动制造业高质量协调发展。

第三，推动创新资源共享，加强制造业创新合作。建立制造业科技项目库、成果库、人才库等信息创新资源共享平台，加大对京津冀制造业技术创新中心开发研究的支持力度，定期举办三地制造业创新中心交流会，加快形成以制造业创新中心为核心载体、以资源共享平台为重要支撑的制造业创新生态系统，围绕医药制造业、汽车制造业以及计算机、通信和其他电子设备制造业等技术密集型制造业开展联合技术攻关，通过高精尖关键核心技术的突破促进制造业高端转型升级。

第四，打造制造业高质量发展示范样板，增设"京津雄制造业高质量协同发展引领示范区"。依托雄安新区强大的产业承接能力、先进的智能技术与丰富的场景优势，推动人工智能等新一代信息技术在制造业场景创新发展，打造以北京和天津为制造业研发中心、雄安新区为智能制造基地的制造业协同发展体系，形成"京津研发、雄安智造"发展模式，以智能制造推动制造业转型升级，打造具有影响力的制造业高质量发展领航区，为京津冀制造业联动升级树立示范。

参考文献

白冰、赵作权、张佩：《中国南北区域经济空间融合发展的趋势与布局》，《经济地理》2021年第2期。

文余源、张博伦：《技术关联与巨型城市群产业转移关系研究——来自京津冀证据的分析》，《商业研究》2019年第9期。

赵思萌、赵作权、赵紫威：《中国技术创新的大规模空间集聚与趋势》，《经济地理》2023年第11期。

B.4 京津冀服务业高质量发展研究*

叶堂林 白云凤**

摘　要： 服务业高质量发展是优化区域产业结构、推动区域经济增长、促进区域均衡发展的关键，京津冀作为引领全国高质量发展的三大重要动力源之一，探究其服务业高质量协同对提升区域发展质量、加快区域城市化和现代化进程具有重要意义。本报告从服务业引资能力、发展规模、创新能力、发展潜力等方面入手，探究京津冀服务业发展新态势与行业创新新进展。研究发现，京津冀服务业对区域结构调整的支撑作用逐渐增强，服务业发展规模稳步扩大，但仍然存在门类发展不均衡，特别是租赁和商务服务业、科学研究和技术服务业等生产性服务业发展较快，居民服务、修理和其他服务业等生活性服务业发展较慢，以及要素过度集聚导致城市群内各城市服务业发展差距较大等问题，河北多数城市还不具备通过创新赋能本地服务业发展的基础，需要借助京津辐射创新力量，加速京津冀服务业高质量协同发展。为此，本报告从优化服务业企业营商环境、发挥国际科技创新中心优势、补齐生活性服务业短板等方面提出提升京津冀服务业高质量发展水平的对策建议，以期提高京津冀服务业高质量协同效率，为"努力使京津冀成为中国式现代化建设的先行区、示范区"奠定基础。

---

* 本报告为国家社会科学基金重大项目"数字经济对区域协调发展的影响与对策研究"（23&ZD078）、国家自然科学基金面上项目"多层动态网络视角下城市群创新生态系统演化机理及绩效评价研究"（72373105）、教育部人文社会科学研究专项任务项目"推动京津冀高质量发展研究"（23JD710022）的阶段性成果。

** 叶堂林，经济学博士，首都经济贸易大学特大城市经济社会发展研究院（首都高端智库）执行副院长、特大城市经济社会发展研究省部共建协同创新中心（国家级研究平台）执行副主任，教授、博士生导师，研究方向为区域经济、京津冀协同发展等；白云凤，首都经济贸易大学城市经济与公共管理学院博士研究生，研究方向为区域经济。

关键词： 服务业 高质量发展 时序演变 空间演化 京津冀

一 研究背景

（一）综观国际——服务业高质量发展是顺应全球产业链重塑潮流、提升产业国际竞争力的关键举措

随着国际经济与政治不确定性风险的持续上升，百年未有之大变局和新冠疫情交织叠加，全球产业链重构趋势日益明显，服务业作为支撑和衔接产业链各环节的重要组成部分，在促进国际贸易、优化全球产业链分工布局中的地位日益提升。服务业能够通过提供设计开发、信息技术、物流管理等服务，优化产业链、供应链管理，推动产业升级，促进跨国合作，在提升全球资源配置效率的同时为全球产业链重塑提供新动力和新支持。服务业贯穿产品研发、采购、制造、装配，以及运输、营销、质量控制、品牌管理等全球产业链分工的各个环节，其提供的高附加值服务能够有效提高相关产业的生产效率和管理水平，降低跨区域供应链管理成本。近年来，国际冲击波涛汹涌，国内外城市群竞争愈加激烈，我国开放型经济及产业高质量发展面临诸多新机遇与新挑战。当前京津冀正处于迈向世界级城市群的关键时期，其服务业的高质量发展不仅有助于把握世界科技创新发展趋势、有效利用全球创新资源、培育向全球价值链中高端延伸的竞争新优势，而且能够为加强国家创新体系建设、提升我国产业国际竞争力提供新思路，还能够为推动我国产业发展空间格局优化提供新路径。

（二）审视国内——服务业高质量发展是构建现代化产业体系、加快中国式现代化建设的必由之路

高质量发展是全面建设社会主义现代化国家的首要任务，服务业发展水平是衡量现代经济发达程度的重要标志。党的十九大报告提出，要"支持传统产业优化升级，加快发展现代服务业"。2019年，国家发展改革委、国家市场监督管理总局联合印发的《关于新时代服务业高质量发展的指导意见》明确提出，要加强我国服务业高质量发展的顶层设计，促进服务业高质量发展取得长足进展。党的二十大报告指出，要"构建优质高效的服务业新体系，推动现代服务业同先进制造业、现代农业深度融合"。近年来，我国服务业蓬勃发展，新产业、新业态和新模式不断涌现，不仅促进了服务业内部结构优化和质量提升，在优化经济结构、扩大国内需求、促进居民就业、保障改善民生等方面也发挥了重要作用，为加快现代化产业体系建设、实现中国式现代化奠定了坚实基础。京津冀作为首都所在区域，肩负着带动全国经济效率整体提升、加快打造引领高质量发展第一梯队的重要使命，其服务业的高质量发展能够带动全国服务业创新能力提升，通过优化区域经济结构、增加就业机会，为国内居民提供更为便捷、优质的服务体验，在促进环渤海经济区建设、带动北方腹地发展的同时推动国内市场形成良性循环，加快"双循环"新发展格局建设。

（三）聚焦京津冀——服务业高质量发展是优化区域发展格局、提升居民生活品质的有效途径

服务业事关民生福祉，是城市和区域发展的潜力所在、大势所趋、民心所向。服务业高质量发展已成为城市化进程的重要推动力量，在社会经济发展中发挥着越来越重要的作用，其发展水平直接关系到区域产业结构调整和经济增长质量。近年来，服务业补短板、调结构、保就业、惠民生的作用日益凸显，服务业质量和水平不断提升，不仅能够为城市居民提供包括教育、医疗、金融、旅游、文化等在内的各种优质服务，而且能够在很大程度上放大服务业辐射带动效应，推动区域经济现代化转型，促进经济高质量发展和全面现代化建设目标实现。服务业发展是城市群崛起的重要环节之一，是联系城市群内部各城市的纽带和血脉。京津冀地区作为我国三大城市群之一，是我国环渤海的心脏地带，也是我国北方经济规模最大、最具活力的地区。京津冀协同发展10年来，以高端服务业为代表的新兴产业逐渐成为京津冀

地区经济增长的重要支撑点，推动经济朝着创新驱动和绿色可持续的方向发展。服务业高质量发展能够为企业及城市居民提供优质、便捷、高效、个性化的服务，加强区域内资源优化配置与产业协作，促使京津冀朝更加可持续、宜居的方向发展。

二 分析框架

（一）研究思路

京津冀是以首都为核心的世界级城市群、区域整体协同发展改革引领区、全国创新驱动经济增长新引擎、生态修复环境改善示范区，其服务业高质量协同发展不仅是优化区域三大产业结构的重要举措，而且是满足人民日益增长的美好生活需要的必然选择。服务业成长性高，关联性和带动性强，在区域发展中发挥着重要作用。良好的服务业引资能力有利于提升相关产业的创新能力，促进产业规模扩大；产业规模的扩大能够带动更多的创新资源和人才集聚，提高产业创新能力；产业创新能力的提升则可以进一步推动产业发展潜力的释放，形成良性循环。

基于此，本报告围绕京津冀服务业引资能力、发展规模、创新能力及发展潜力，从时间和空间两个维度探究京津冀服务业高质量协同发展情况。一方面，从时序演变角度，对2013~2022年京津冀服务业发展趋势进行深入分析，观察京津冀各城市服务业发展现状，并对服务业各门类发展变化规律进行剖析，厘清服务业优势产业在京津冀协同发展进程中的实际作用；另一方面，从空间演化角度，基于服务业空间分布中心、分布方位、分布形状及空间范围，探究京津冀服务业发展的集聚与分散态势。最后，梳理前期研究结论，并有针对性地提出促进京津冀服务业高质量发展的可行性建议，为探究京津冀服务业发展现状、助推京津冀服务业高质量协同发展提供决策参考。

（二）研究方法

1. 变异系数法

变异系数（Coefficient of Variation，CV）是序列数据标准差与平均数之比，能够有效消除数据间测量尺度和量纲的影响，反映观测数据的相对离散程度。变异系数越大，反映以均数为准的变异程度越高，反之则变异程度越低。本报告采用变异系数法来衡量所研究要素的整体分异程度，计算公式如下：

$$CV = \frac{1}{\bar{Y}}\sqrt{\frac{1}{n}\sum_{i=1}^{n}(Y_i - \bar{Y})^2}$$

其中，CV 表示变异系数，n 为地区总数，Y_i 为城市 i 研究要素的值，$\bar{Y}$ 为平均值。

2. 标准差椭圆法

标准差椭圆（Standard Deviational Ellipse，SDE）法是一种基于地理要素的空间区位和空间结构，通过椭圆面积、中心、方位角、形状指数等参数直观地展示地理要素空间分布和多维特征的方法（白冰等，2021；赵思萌等，2023）。具体而言，椭圆面积可以确定地理要素（包含68%的要素）的相对展布范围，其变化是判断地理要素集中化或离散化发展趋势的重要依据，能够反映地理要素空间聚集格局的演化模式。若椭圆面积收缩，则地理要素集中化聚集发展；若椭圆面积扩张，则地理要素离散化聚集发展；若椭圆面积基本保持不变，则地理要素稳定化增长。中心可以描绘地理要素分布的中心，中心变化轨迹能够刻画地理要素的空间移动趋势。方位角用于表征地理要素分布的主趋势方向。形状指数即短轴与长轴之比，用于描绘地理要素分布的形态，比值越接近1，说明地理要素分布越径向均匀，方向性越不明显，反之则方向性越明显。其中，长轴用于解释地理要素空间分布的展布性（方向性），即其在主趋势方向上的离散程度；短轴用于描绘地理要素的向心力，其值越小表明向心力越大、离散程度越低，反之则向心力越小、离

散程度越高。

本报告采用SDE法定量分析京津冀服务业发展的空间聚集格局演化特征。SDE法相关参数计算公式如下。

加权平均地理中心坐标为：

$$\overline{X} = \frac{\sum_{i=1}^{n} w_i x_i}{\sum_{i=1}^{n} w_i}, \overline{Y} = \frac{\sum_{i=1}^{n} w_i y_i}{\sum_{i=1}^{n} w_i}$$

各城市坐标到加权平均地理中心的偏离为：

$$\tilde{x}_i = x_i - \overline{X}$$
$$\tilde{y}_i = y_i - \overline{Y}$$

方位角为：

$$\tan\theta = \frac{\sum_{i=1}^{n} w_i^2 \tilde{x}_i^2 - \sum_{i=1}^{n} w_i^2 \tilde{y}_i^2 + \sqrt{\left(\sum_{i=1}^{n} w_i^2 \tilde{x}_i^2 - \sum_{i=1}^{n} w_i^2 \tilde{y}_i^2\right)^2 + 4\sum_{i=1}^{n} w_i^4 \tilde{x}_i^2 \tilde{y}_i^2}}{\sum_{i=1}^{n} 2 w_i^2 \tilde{x}_i \tilde{y}_i}$$

沿X轴标准差为：

$$\sigma_x = \sqrt{\frac{\sum_{i=1}^{n} (w_i \tilde{x}_i \cos\theta - w_i \tilde{y}_i \sin\theta)^2}{\sum_{i=1}^{n} w_i^2}}$$

沿Y轴标准差为：

$$\sigma_y = \sqrt{\frac{\sum_{i=1}^{n} (w_i \tilde{x}_i \sin\theta - w_i \tilde{y}_i \cos\theta)^2}{\sum_{i=1}^{n} w_i^2}}$$

椭圆面积为：

$$S = \pi \sigma_x \sigma_y$$

其中，(x_i, y_i) 为京津冀13个城市中城市 i 的地理坐标，w_i 为权重，θ 为椭圆方位角，是正北方向顺时针旋转到椭圆长轴的角度。本报告所涉及的标准差椭圆参数计算基于 ArcGIS 10.8 软件展开，使用 Albers 投影坐标系①。

（三）数据选取

本报告以 2013~2022 年京津冀城市群服务业发展为研究对象，从时间和空间两个维度对包含北京、天津及河北 11 个地级市在内的 13 个城市的服务业高质量发展情况进行分析。有关服务业范围，主要依据《国民经济行业分类》（GB/T 4754—2017）、《生产性服务业统计分类（2019）》、《生活性服务业统计分类（2019）》，将服务业界定为交通运输、仓储和邮政业，信息传输、软件和信息技术服务业等 6 大门类，并参考喻胜华和傅榕（2020）的做法，结合京津冀服务业实际发展情况，将服务业分为高端生产性服务业、低端生产性服务业和生活性服务业三类（见表1）。本报告所有行业数据均来源于龙信企业大数据平台。

表1　服务业分类及其具体门类和编码

服务业分类	具体门类	编码
高端生产性服务业	信息传输、软件和信息技术服务业	I
	金融业	J
	科学研究和技术服务业	M
低端生产性服务业	交通运输、仓储和邮政业	G
	租赁和商务服务业	L
生活性服务业	居民服务、修理和其他服务业	O

资料来源：根据《国民经济行业分类》（GB/T 4754—2017）、《生产性服务业统计分类（2019）》、《生活性服务业统计分类（2019）》及相关资料整理。

---

① 中央经线 105°E，标准纬线 25°N、47°N。

三 京津冀服务业高质量发展的时序演变特征

（一）京津冀服务业引资能力时序演变特征

京津冀服务业对外地资本的吸引能力不断提高，产业发展环境日益优化。2013~2022年，京津冀服务业累计吸收外地资本额逐年增加，由1.65万亿元增加至10.40万亿元，年均增长率达22.67%[①]。2022年，低端生产性服务业累计吸收外地资本额占京津冀的比重为51.22%，高端生产性服务业为48.38%，生活性服务业为0.40%，说明京津冀低端生产性服务业仍然具有较强的引资能力，高端生产性服务业和生活性服务业发展环境有待进一步优化。从城市发展来看，河北服务业引资能力总体呈现递增态势，但仍与京津两地存在较大差异。2013~2022年，京津冀服务业累计吸收外地资本额变异系数呈现波动式递减状态，表明京津冀三地差距有所缩小，其原因可能是河北各城市在非首都功能转移承接过程中实现了产业发展环境的不断优化，在一定程度上缩小了与京津两地的差距，但从实际数量来看，河北引资环境仍需进一步优化（见图1）。具体而言，在河北各城市中，石家庄、保定、廊坊发展相对较好，但2013~2022年服务业累计吸收外地资本额净增加值分别为2864.11亿元、2795.92亿元、1591.85亿元，相较于京津两地（分别为45804.93亿元、28995.62亿元）而言，河北各城市服务业对外地投资的吸引能力仍处于较低水平（见图2）。

（二）京津冀服务业发展规模时序演变特征

京津冀服务业发展规模呈现持续扩张态势，区域产业结构实现调整和优化。2013~2022年，京津冀服务业在营企业累计注册资本额在波动中递增，由23.54万亿元增加至51.34万亿元，年均增长率达9.04%。其中，低端生

[①] 本报告年均增长率、占比、合计等数据均按原始数据计算。

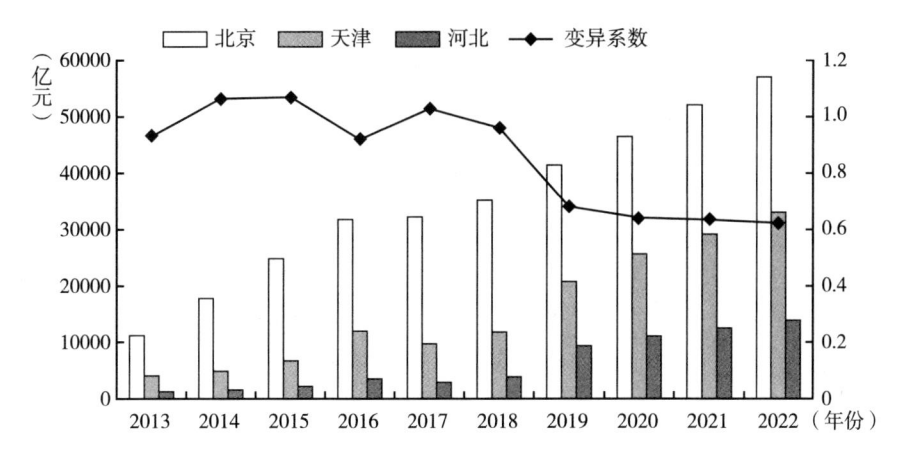

图1　2013~2022年京津冀三地服务业累计吸收外地资本额及其变异系数

资料来源：龙信企业大数据平台。

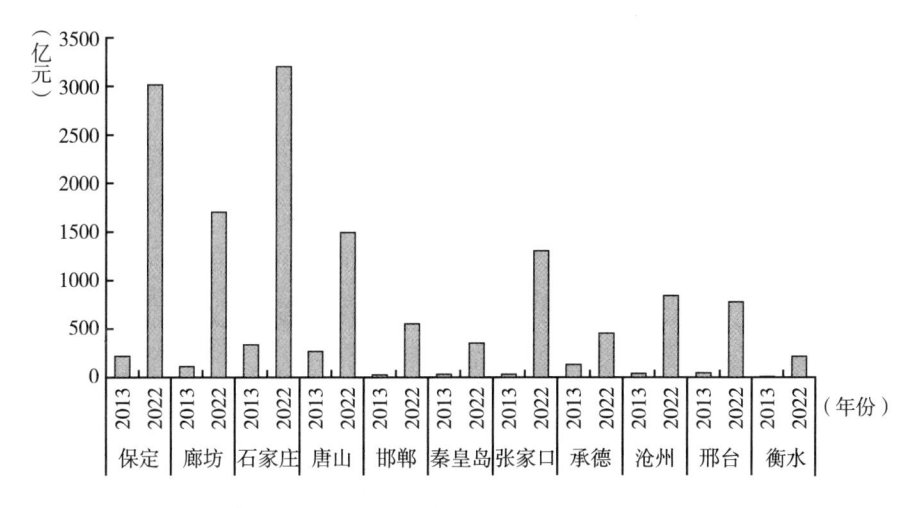

图2　2013年、2022年河北各城市服务业累计吸收外地资本额

资料来源：龙信企业大数据平台。

产性服务业在营企业累计注册资本额占京津冀的比重由2013年的55.40%下降至2022年的50.69%，高端生产性服务业由2013年的44.33%上升至2022年的48.43%，生活性服务业则由2013年的0.26%上升至2022年的

0.88%（见图3）。这说明虽然京津冀服务业产业结构趋于高端化，但当前京津冀服务业发展仍然以低端生产性服务业为主。从城市发展来看，京津冀三地服务业发展规模逐年扩大，但发展不均衡现象明显，特别是北京与河北各城市之间的规模差距较大。2013~2022年，北京服务业在营企业累计注册资本额由19.65万亿元增加至36.85万亿元，虽然年均增长率仅为7.23%（津冀两地分别为14.08%、18.48%），但在京津冀地区内其服务业发展规模仍然居首位，说明北京始终是京津冀现代服务业的集中承载地。河北各城市服务业在营企业累计注册资本额较小但增长速度较快，这也使得京津冀服务业在营企业累计注册资本额变异系数由2013年的1.31下降至2022年的1.00（见图4）。其中，石家庄、保定、唐山的服务业在营企业累计注册资本额相对较大，2022年分别达到2.00万亿元、0.95万亿元、0.77万亿元，保定、廊坊、张家口的服务业在营企业累计注册资本额增长速度较快，年均增长率分别为26.07%、23.72%、22.75%，增长势头强劲（见图5）。

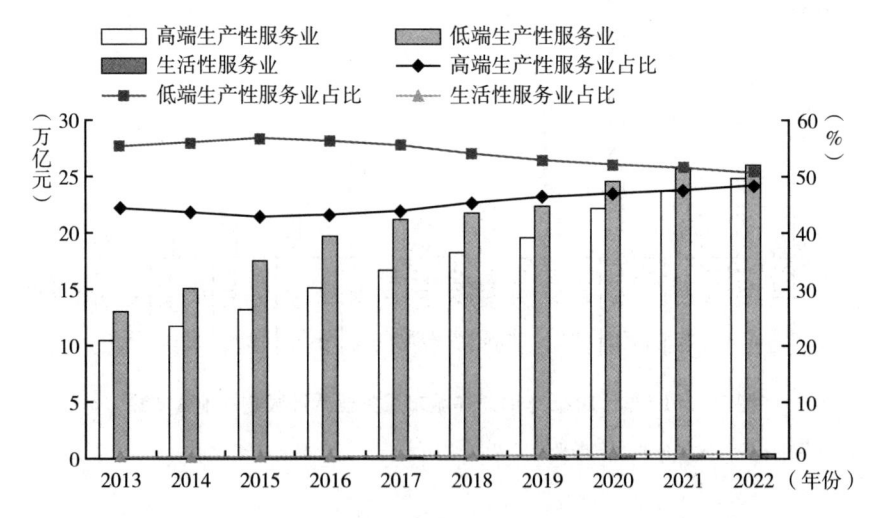

图3　2013~2022年京津冀各类服务业在营企业累计注册资本额及其占比

资料来源：龙信企业大数据平台。

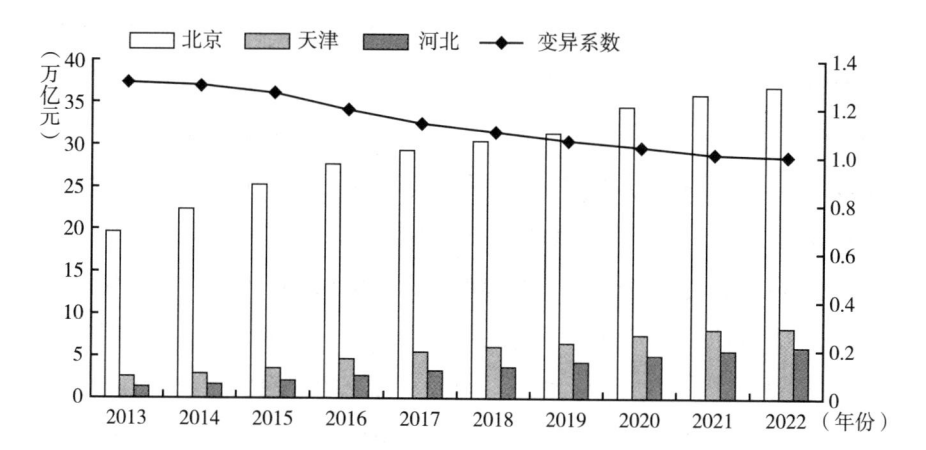

图 4　2013~2022 年京津冀三地服务业在营企业累计注册资本额及其变异系数

资料来源：龙信企业大数据平台。

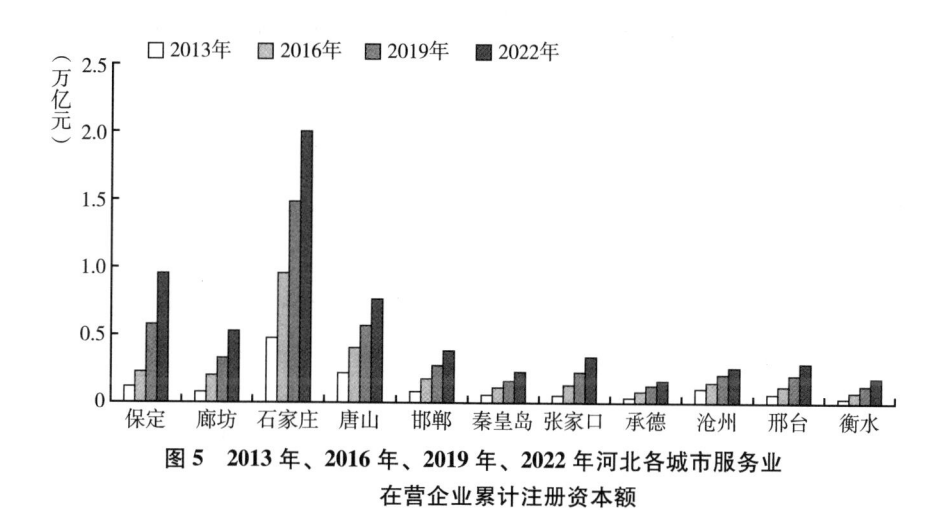

图 5　2013 年、2016 年、2019 年、2022 年河北各城市服务业在营企业累计注册资本额

资料来源：龙信企业大数据平台。

（三）京津冀服务业创新能力时序演变特征

京津冀服务业创新发展稳中有进，产业创新能力稳步提升。2013~2022年，京津冀服务业累计授权发明专利数由 40568 件增加至 310568 件，年均增长率达 25.38%，增长趋势明显。其中，2022 年高端生产性服务业累计授权

095

发明专利数占京津冀的比重达95.82%，为加快推进现代服务业与先进制造业深度融合发展奠定了坚实基础。从城市发展来看，北京的服务业创新能力最强且提升速度最快，石家庄、廊坊、保定等的服务业创新能力在非首都功能承接过程中逐步提高。2013~2022年，京津冀三地服务业累计授权发明专利数在波动中缓慢增加，北京的服务业发展在京津冀地区处于"领头羊"地位，服务业累计授权发明专利数增幅最大，增加24.14万件，津冀两地分别增加1.75万件和1.11万件。从变异系数来看，京津冀三地创新能力之间的差距仍然呈不断扩大态势，说明北京始终是京津冀地区科学技术与创新企业的主要集聚地。但需要指出的是，2013~2022年，河北服务业累计授权发明专利数增长速度最快，年均增长率为29.75%，京津两地分别为25.59%和21.29%（见图6）。2013~2022年，河北各城市服务业累计授权发明专利数明显增多，其中石家庄由514件增加至4285件，居首位；廊坊由182件增加至2704件，居第二位；保定由213件增加至1883件，居第三位（见图7）。

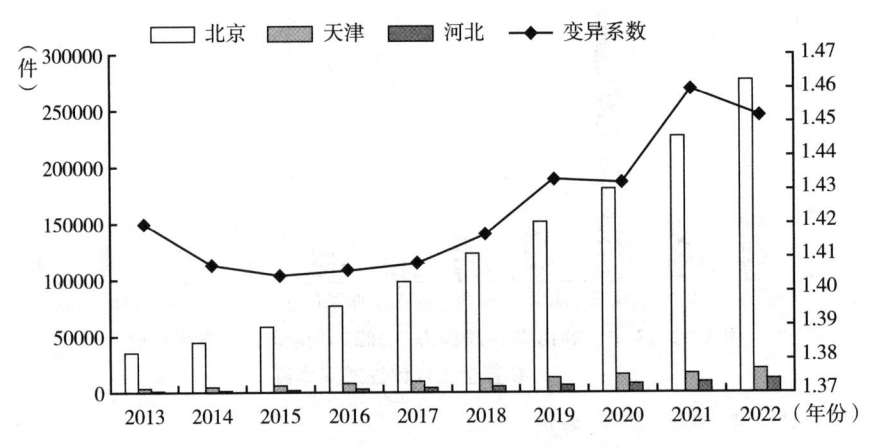

图6 2013~2022年京津冀三地服务业累计授权发明专利数及其变异系数

资料来源：龙信企业大数据平台。

从细分门类来看，高端生产性服务业在区域创新发展方面遥遥领先，区域创新资源配置效率有待进一步提高。2013~2022年，京津冀科学研究和技术服务业累计授权发明专利数最多，由32657件增加至222360件，年均增

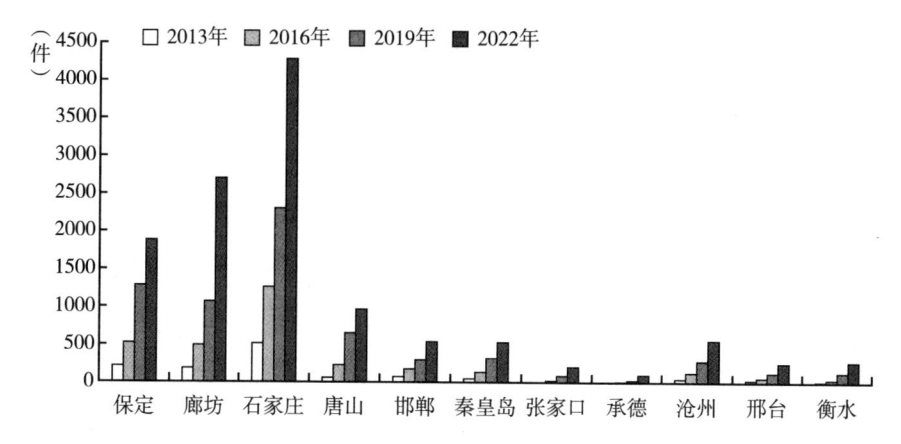

图 7　2013 年、2016 年、2019 年、2022 年河北各城市服务业累计授权发明专利数

资料来源：龙信企业大数据平台。

长率为 23.76%；信息传输、软件和信息技术服务业次之，由 6262 件增加至 71720 件，年均增长率达 31.12%（见图 8）。这说明京津冀服务业中科学技术更多地集中在与技术研发、成果转化、科技服务密切相关的高端生产性服务业中，其促进技术进步、提高生产效率、推动产业升级的作用愈加凸显，符合当前京津冀以现代服务业赋能实体经济提档升级的发展趋势。

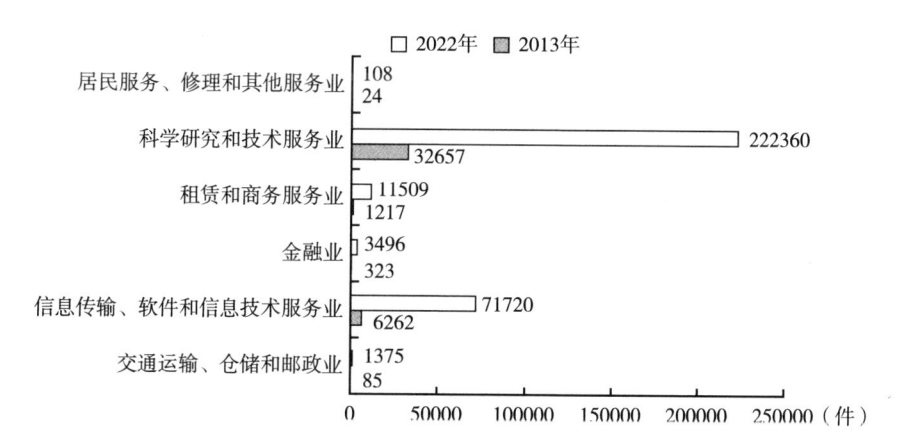

图 8　2013 年、2022 年京津冀服务业各门类累计授权发明专利数

资料来源：龙信企业大数据平台。

（四）京津冀服务业发展潜力时序演变特征

京津冀服务业新设企业数逐年增加但增速放缓，产业发展潜力有待进一步激发。2013~2022年，京津冀新设企业数由10.24万家增加至30.15万家，年均增长率为12.75%。其中，高端生产性服务业、低端生产性服务业、生活性服务业新设企业数占比分别由2013年的50.95%、44.47%、4.58%变化为2022年的62.75%、31.94%、5.31%（见图9）。这说明京津冀服务业发展逐步由低端生产性服务业转向高端生产性服务业和生活性服务业，服务业产业发展格局更加趋向现代化。从城市发展来看，北京服务业发展态势良好，天津服务业发展稳中有进，河北服务业发展潜力得到较大提升。北京服务业新设企业数呈现波动式上升态势，由2013年的61524家增加至2022年的143934家，年均增长率为9.90%，在京津冀服务业发展中居首位。天津服务业新设企业数仅次于北京，由2013年的16442家增加至2022年的45584家，年均增长率为12.00%。河北受非首都功能疏解政策的影响，充分发挥产业转移承接功能，服务业新设企业数呈现逐年增长的态势。特别是保定、廊坊、邯郸等地，虽然2013年服务业新设企业数较低，分别为2949家、1537家、2626家，但2022年新设企业数分别增加至15542家、14680家、11920家（见图10）。

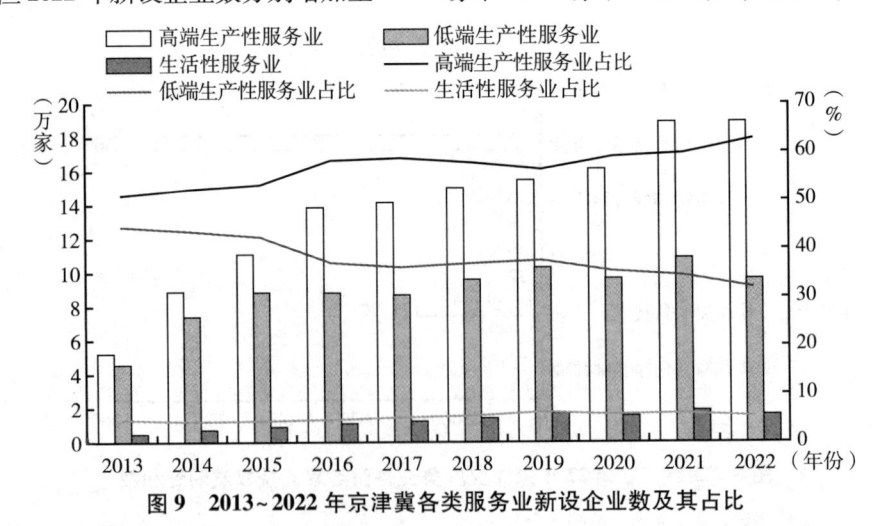

图9　2013~2022年京津冀各类服务业新设企业数及其占比

资料来源：龙信企业大数据平台。

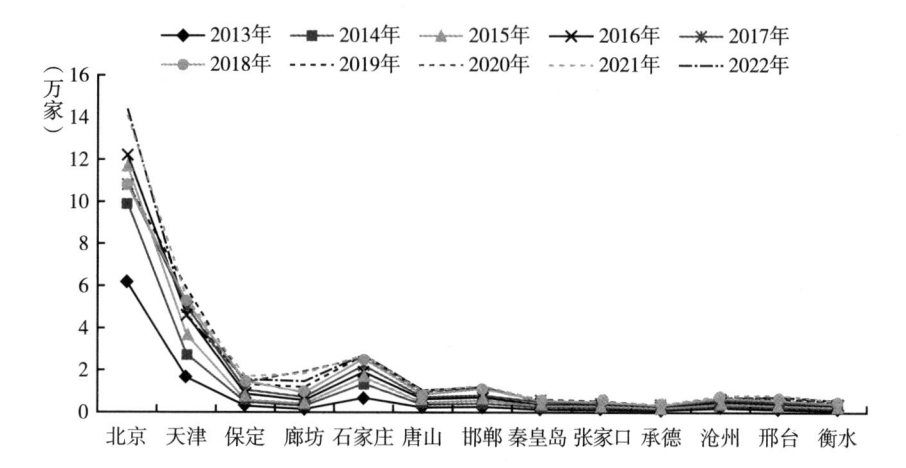

图 10　2013~2022 年京津冀各城市服务业新设企业数

资料来源：龙信企业大数据平台。

四　京津冀服务业高质量发展的空间演化特征

（一）京津冀服务业引资能力空间演化特征

河北服务业发展环境逐步改善，京津冀服务业发展环境在一定程度上呈现协同向好趋势。从空间分布中心来看，2013~2022 年，京津冀服务业引资能力空间分布中心整体呈现向东南方向移动趋势，并且向南移动幅度大于向东移动幅度，椭圆空间分布中心从北京市朝阳区境内移动至北京市通州区境内。从空间分布范围来看，2013~2022 年，京津冀服务业引资能力标准差椭圆面积由 19588.92km^2 增加至 28786.18km^2，说明该阶段椭圆外部城市的服务业发展情况优于椭圆内部城市。2019 年及以后，椭圆空间分布区域范围呈现相对稳定态势，京津冀各城市服务业发展环境同步优化，京津冀服务业协同发展初见成效。从空间分布方位来看，2013~2022 年，京津冀服务业引资能力标准差椭圆方位角由 162.66°缩小至 9.10°，主趋势分布方向呈现逆时针旋转态势，说明西北-东南方向城市，如天津、廊坊、张家口等，服务业发展环境优化速度更快。从空间分布形状来看，2013~2022年，京津冀服务业引资能力标准差椭圆长轴与短轴均呈现增加趋势，分别增加19.01km、14.74km，说明京津冀服务业发展呈现由空间中心向四周扩散的态势。进一步从京津冀服务业引资能力标准差椭圆形状指数来看，由于短轴增速小于长轴增速，且长轴增量明显大于短轴增量，因此短轴与长轴之比出现小幅下降，由2013年的0.8426下降至2022年的0.8304[1]，这说明京津冀服务业引资能力在东北-西南方向有一定扩张，而在西北-东南方向有一定收缩。

（二）京津冀服务业发展规模空间演化特征

京津冀服务业受"国家服务业扩大开放综合示范区"建设影响，其规模呈现以北京为核心的集聚状态，虽有向津冀两地扩散的趋势，但扩散趋势并不明显。从空间分布中心来看，2013~2022年，京津冀服务业发展规模空间分布中心整体呈现向南移动趋势，椭圆空间分布中心始终位于北京市朝阳区境内。从空间分布范围来看，2013~2022年，京津冀服务业发展规模标准差椭圆空间分布区域范围呈现上升态势，椭圆面积由14992.14km^{2}增加至25536.03km^2，说明该阶段椭圆外部，包括天津、廊坊、保定等城市服务业发展速度快于位于椭圆内部的北京。从空间分布方位来看，2013~2022年，京津冀服务业发展规模标准差椭圆方位角由8.86°增大至19.51°，主趋势分布方向呈现顺时针旋转态势，说明京津冀东北-西南方向城市（如承德、唐山、保定等）服务业发展速度较西北-东南方向城市（如天津、廊坊、张家口等）更快。从空间分布形状来看，总体上京津冀服务业发展规模标准差椭圆长轴与短轴均呈现增加趋势，且长轴增量（29.07km）是短轴增量（14.92km）的1.95倍；形状指数呈现下降趋势，由2013年的0.7316下降至2022年的0.6738，这说明京津冀服务业发展规模在西北-东南方向的空间集聚程度较东北-西南方向更高。

---

[1] 2013~2022年京津冀服务业标准差椭圆参数见附表1，下同。

（三）京津冀服务业创新能力空间演化特征

北京作为全国科技创新中心，服务业相关科技创新成果丰富，但向津冀两地扩散的趋势并不明显。从空间分布中心来看，2013~2022年，京津冀服务业创新能力空间分布中心整体呈现向西北方向移动趋势，并且向西移动幅度大于向北移动幅度，椭圆空间分布中心从北京市朝阳区境内移动至北京市昌平区境内，表明京津冀服务业创新动力始终在北京集聚。从空间分布范围来看，2013~2022年，京津冀服务业创新能力标准差椭圆面积总体先升后降，由2013年的9440.63km^{2}增加至2017年的10184.82km^2，后又下降至2022年的9311.76km^2，说明京津冀服务业创新动力虽有一定的向外扩散趋势，但是扩散趋势并不明显。从空间分布方位来看，2013~2022年，京津冀服务业创新能力标准差椭圆方位角由176.19°缩小至7.59°，主趋势分布方向呈现逆时针旋转态势，说明京津冀西北-东南方向城市（如天津、廊坊、张家口等）服务业创新增长速度较东北-西南方向城市（如承德、唐山、保定等）更快。从空间分布形状来看，总体上京津冀服务业创新能力标准差椭圆长轴增加而短轴有一定幅度缩小，形状指数也由此呈现小幅下降态势，由2013年的0.7535下降至2022年的0.7229，这说明京津冀服务业创新能力在东北-西南方向的空间集聚程度有一定下降，而在西北-东南方向的空间集聚程度有一定上升。

（四）京津冀服务业发展潜力空间演化特征

京津冀服务业新设企业逐步向廊坊、保定等地转移，河北服务业发展潜力逐步增大但速度相对较慢。从空间分布中心来看，2013~2022年，京津冀服务业发展潜力空间分布中心整体呈现向西南移动趋势，并且向南移动幅度大于向西移动幅度，廊坊、保定、沧州、石家庄等城市的服务业发展逐年活跃，带动椭圆空间分布中心从北京市境内移动至河北省廊坊市境内。从空间分布范围来看，2013~2022年，京津冀服务业发展潜力标准差椭圆面积由42137.24km^{2}增加至52131.37km^2，说明石家庄、沧州、衡水等位于椭圆边界的城市服务业发展更具潜力。从空间分布方位来看，2013~2022年，京津冀服务业发展潜力标准差椭圆方位角由23.37°增大至25.76°，主趋势分布方向呈现顺时针旋转态势，说明京津冀东北-西南方向城市（如承德、唐山、保定等）服务业发展速度较西北-东南方向城市（如天津、廊坊、张家口等）更快。从空间分布形状来看，总体上京津冀服务业发展潜力标准差椭圆长轴与短轴均呈现增加趋势，但长轴增量（25.85km）是短轴增量（5.37km）的4.81倍，形状指数也由于长轴增量明显大于短轴增量而出现较大幅度下降，由2013年的0.5379下降至2022年的0.4914，这说明京津冀服务业发展潜力在西北-东南方向的空间集聚程度较东北-西南方向更高。

五 主要结论与对策建议

（一）主要结论

一是京津冀生产性服务业发展势头强劲，赋能区域高质量发展有效实现。京津冀服务业依托北京国际科技创新中心建设，在科学研究、技术研发、技术转化和科技服务等方面均呈现高速发展态势，累计吸收外地资本额由2013年的1.65万亿元增加至2022年的10.40万亿元，年均增长率达22.67%。一方面，良好的生产性服务业能够更好地在产业链和价值链上游、中游、下游分别提供市场调研、需求分析、产品设计、科技研发等前期服务，市场营销、质量控制、材料运输、管理咨询等销售服务，以及用户回访、投诉处理、产品保修等售后服务，有效赋能区域产业链建设与高质量发展；另一方面，生产性服务业向农业和工业部门延伸，能够更好地发挥不同行业间技术、知识的互补作用，在促进三次产业联动发展的同时，形成产业链良性发展的长效机制，带动区域经济高质量发展。

二是京津冀服务业发展格局逐步优化，但仍然呈现以低端生产性服务业为主、高端生产性服务业为辅的产业发展格局。2013~2022年，京津冀服务业发展逐步由低端生产性服务业转向高端生产性服务业和生活性服务业，产业结构逐渐走向合理化和高端化。2022年高端生产性服务业累计授权发明专利数占京津冀的比重达95.82%，是京津冀服务业创新能力最强的产业。但无论是从发展规模还是引资能力来看，低端生产性服务业仍然是京津冀服务业发展的支柱产业，2022年低端生产性服务业在营企业累计注册资本额占京津冀的比重为50.69%，累计吸收外地资本额占京津冀的比重为51.22%，在一定程度上降低了京津冀地区现代服务业与先进制造业、现代农业的融合效率。

三是京津冀生活性服务业发展规模小但速度快，发展潜力有待进一步挖掘。为居民提供维修、保养、家庭护理、清洁以及相关辅助性服务的居民服务、修理和其他服务业，由于有效供给不足、便利共享不够、质量标准不高等问题的存在，发展较为缓慢，2022年其在营企业累计注册资本额为0.45万亿元，仅占京津冀服务业总额的0.8%。2013~2022年，京津冀生活性服务业在营企业累计注册资本额年均增长率达24.78%，且随着生活性服务业促消费、惠民生、稳就业的重要作用愈加凸显，推动生活服务扩容提质的新技术、新业态、新模式迅速崛起，生活性服务业已经成为培育经济发展新动能的活跃地带。2013~2022年，京津冀生活性服务业新设企业数由4690家增加至16015家，年均增长率为14.62%，占京津冀的比重由4.58%上升至5.31%，应进一步挖掘其在促进消费结构升级、提升就业吸纳力、增进民生福祉等方面的重要作用。

四是北京服务业创新发展处于"领头羊"地位，但对津冀两地的扩散效应相对不足。京津冀服务业发展规模明显扩大，发展环境逐步优化，但是核心技术及创新企业仍集聚在北京，服务业发展尚未实现高质量均衡。2013~2022年，京津冀服务业在营企业累计注册资本额由23.54万亿元增加至51.34万亿元，年均增长率为9.04%，规模迅速扩大，行业整体活力较强，提质增效成果显著。但经过标准差椭圆法测算，京津冀服务业创新能力空间分布中心始终位于北京市境内，北京服务业创新发展遥遥领先于京津冀其他城市，2022年北京服务业累计授权发明专利数达到276997件，占京津冀的比重为89.19%。由此可见，北京作为新兴产业战略高地，始终是京津

冀地区服务业创新发展的优势地区，但对津冀两地的辐射带动作用有待加强。

五是河北服务业发展基础良好且潜力巨大，但受制于传统产业结构，现代服务业发展优势难以充分发挥。基于空间格局演化分析发现，近年来，受相关疏解政策的影响，京津冀服务业新设企业空间分布中心正在向西南方向迁移，沿线的廊坊、保定、石家庄等城市的服务业得到快速发展，2022年新设企业数分别达到14680家、15542家、27244家，相较于2013年，年均增长率分别为28.50%、20.28%、16.59%，河北服务业发展潜力整体呈现上升趋势。但需要指出的是，受制于河北以钢铁、煤炭、建材等重工业为主的传统产业结构，服务业相关配套不够完善，且大多集中在传统的餐饮、零售、住宿等领域，高端服务业和现代服务业发展相对滞后，特别是信息传输、软件和信息技术服务业，交通运输、仓储和邮政业等现代服务业门类存在基础设施落后、产业标准不完善等问题，2022年这两大门类在营企业累计注册资本额分别为0.43万亿元、0.58万亿元，占河北服务业总额的比重仅为7.09%和9.45%。

（二）对策建议

1."固底板"：优化区域内服务业发展环境，协同联动提升产业融合效率

一是优化区域服务业营商环境，促进服务业发展资源均等化。京津冀三地应联合出台有关优化京津冀服务业投融资环境的政策性文件，从加强产权保护、放宽准入门槛、促进公平竞争、健全信用体系、完善法律法规、加强执法监督、便捷政务服务等方面优化区域服务业发展环境，注重京津冀产业发展环境协同优化，提高区域服务质量和效率，推动服务业向高端化和品质化方向发展。

二是加快产学研用合作平台构建，推进信息、技术共享和资源整合。京津冀应在天津中央商务区、天津金融街、沧州东塑明珠国际商贸城、燕达国际健康城等10家已纳入《京津冀产业合作重点平台目录》（2023年版）服务业平台的基础上，强化租赁和商务服务业、科学研究和技术服务业等优势服

务业的带动作用，创建"京津冀服务业创新发展联盟"，为包括政府、企业、高校等在内的产学研用主体提供技术研发、测试验证、专利申请、对接融合等服务，为实现以技术创新和人才集聚引领服务业高质量发展奠定基础。

2. "锻长板"：加强区域间服务业合作交流，加快新兴技术创新向外扩散

一是加快推进科学技术扩散，加强京津冀服务业对接协作。依托京津冀国家基础创新中心，鼓励企业进行技术创新和模式创新，助推重大产业集成项目、转型升级促进项目以及成果转移对接项目的发布与推介，充分发挥北京作为全国科技创新中心的独特资源优势，加快推进科学技术与科技成果在津冀落地转化，实现资源整合、优势互补，引导新型、现代服务业发展，以数字创新技术赋能京津冀服务业高质量发展。

二是推动现代服务业同先进制造业深度融合，打造"两业融合"共生体系。积极鼓励现代服务业企业为先进制造业提供数字化解决方案，依托"两业融合"试点企业，加快推进新一代信息技术、高端装备、现代物流与制造业、服务业融合，促进现代服务业同先进制造业资源共享、优势互补，推动产业升级和转型，提高整体竞争力和综合效益，在发挥领跑型试点企业优势的同时，带动成长性试点企业快速成长和市场份额提升，注重医药制造与健康服务有机融合、新能源和节能环保与绿色产业融合发展，提高现代服务业比重和影响力，增强区域产业发展核心竞争力。

三是创新区域产业合作模式，加快推进服务业供给侧结构性改革。打造"北京定制+津冀制造"柔性化合作模式，根据客户需求进行定制和研发，完成定制化方案总设计、总集成，同时与津冀两地先进制造业企业达成合作，完成产品定制总承包、总运维，形成"设计—研发—生产—售后"一条龙服务体系，在突出产品服务延伸提质增效的同时，以科技创新满足消费需求迭代升级，逐步开发适应市场需求的新产品和新服务。

3. "补短板"：加强生活性服务业人才培育，提高中高端服务业供给质量

一是加快培养高水平应用型人才，补齐生活性服务业人才短板。逐步完善产教融合、校企一体、校企协同等新兴人才培养模式，联合北京经济技术职业学院、民政职业大学、天津滨海职业学院、天津师范大学高职学院、廊

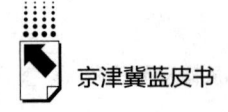

坊燕京职业技术学院等设有相关专业的高校,强化"双元育人"教学,出台"专项人才招生计划""专业技能人才培养方案"等,完善专业对接产业、育人对接企业、学业对接就业,加快餐饮、家政、养老、育幼、护理、康复、美容美发等生活性服务业专业紧缺人才培养,为区域服务业发展培育后备力量。

二是加强现代服务业基础设施建设,提高京津冀服务业供给质量。完善交通、能源、物流等传统基础设施建设,支持现代服务业高效运转。优化京津与河北之间高速铁路、高速公路等基础设施建设,促进生活性服务业区域均等化;加强津冀两地风能、太阳能等清洁能源发电设施建设,引导服务业在区域内合理布局,形成产业链的优化和协同;优化津冀两地大型综合货运枢纽布局,实现物流运输转移与承接。加强通信网络、技术应用、算力基础等新型基础设施建设,强化服务业信息流动和业务协同。充分发挥京津冀协同发展大数据平台和京津冀协同发展数据库数据管理、处理和监管作用,加强通信网络、新技术及算力等基础设施的规划和部署,为京津冀协同发展的政策设计、预测、模拟和评估提供强大的数据支撑。

三是加快出台服务业针对性政策,促进区域服务业发展"短板"变"跳板"。聚焦信息技术、文化旅游、物流商贸、现代金融、数字服务等产业,高标准制定加快现代服务业发展的"实施意见"和"战略规划",一方面,着重推进潜力大、示范引领作用突出的生产性服务业领军企业发展,出台支持平台经济发展的政策措施,推动生产性服务业逐步走向专业化和高端化;另一方面,构建与国际接轨的服务标准体系,争取新一轮服务业扩大开放综合试点,培育一批具有竞争力的生活性服务业优质市场主体和知名品牌,加快推进生活性服务业向高品质、精细化、多样化发展。

参考文献

白冰、赵作权、张佩:《中国南北区域经济空间融合发展的趋势与布局》,《经济地理》2021年第2期。

喻胜华、傅榕:《长三角地区生产性服务业集聚对区域生态效率的影响》,《湖南大学学报》(社会科学版)2020年第2期。

赵思萌、赵作权、赵紫威:《中国技术创新的大规模空间集聚与趋势》,《经济地理》2023年第11期。

附表1 2013~2022年京津冀服务业标准差椭圆参数

指标	年份	中心经纬度	长轴(km)	短轴(km)	方位角(°)	面积(km²)	形状指数
引资能力	2013	(116°37′04.8″,39°53′11.0″)	86.03	72.49	162.66°	19588.92	0.8426
	2014	(116°34′37.2″,39°56′02.8″)	82.87	67.47	166.27°	17564.32	0.8142
	2015	(116°34′48.0″,39°56′07.4″)	82.51	66.92	162.14°	17346.50	0.8111
	2016	(116°36′39.6″,39°52′14.9″)	89.21	73.69	166.53°	20651.49	0.8261
	2017	(116°34′40.8″,39°54′42.1″)	85.38	68.96	167.03°	18495.04	0.8076
	2018	(116°35′42.0″,39°52′52.0″)	89.39	72.45	170.03°	20345.21	0.8106
	2019	(116°35′52.8″,39°46′10.6″)	103.13	86.14	9.86°	27908.58	0.8353
	2020	(116°36′28.8″,39°45′01.1″)	103.41	87.20	10.72°	28328.11	0.8432
	2021	(116°36′43.2″,39°44′39.5″)	104.37	86.92	9.63°	28498.69	0.8328
	2022	(116°36′54.0″,39°44′12.1″)	105.04	87.23	9.10°	28786.18	0.8304
发展规模	2013	(116°28′44.4″,40°00′17.3″)	80.77	59.09	8.86°	14992.14	0.7316
	2014	(116°28′26.4″,39°59′53.9″)	83.77	59.95	11.45°	15777.65	0.7156
	2015	(116°28′40.8″,39°59′04.9″)	86.89	62.19	12.74°	16976.75	0.7158
	2016	(116°29′09.6″,39°57′26.3″)	91.95	65.66	13.30°	18966.59	0.7140
	2017	(116°29′20.4″,39°56′07.1″)	96.01	68.60	13.97°	20689.47	0.7145
	2018	(116°29′27.6″,39°55′13.1″)	98.66	69.98	14.47°	21689.92	0.7093
	2019	(116°28′55.2″,39°53′59.3″)	103.73	71.35	17.59°	23247.86	0.6878
	2020	(116°28′40.8″,39°53′15.0″)	105.96	72.45	18.59°	24115.06	0.6838
	2021	(116°28′44.4″,39°52′28.2″)	108.03	73.67	18.67°	24999.11	0.6819
	2022	(116°28′33.6″,39°52′09.8″)	109.84	74.01	19.51°	25536.03	0.6738

续表

指标	年份	中心经纬度	长轴(km)	短轴(km)	方位角(°)	面积(km²)	形状指数
创新能力	2013	(116°28′01.2″,40°03′17.3″)	63.15	47.59	176.19°	0.7535	9440.63
	2014	(116°28′08.4″,40°02′57.5″)	64.59	48.63	177.03°	0.7529	9867.03
	2015	(116°28′08.4″,40°02′53.5″)	64.97	48.98	177.54°	0.7538	9996.49
	2016	(116°27′54.0″,40°02′54.2″)	65.38	49.57	0.71°	0.7581	10179.76
	2017	(116°27′46.8″,40°02′58.6″)	65.34	49.62	1.90°	0.7594	10184.82
	2018	(116°27′32.4″,40°03′10.1″)	65.24	49.34	4.15°	0.7563	10111.35
	2019	(116°27′18.0″,40°03′35.6″)	63.95	48.35	5.21°	0.7561	9713.97
	2020	(116°27′21.6″,40°03′35.6″)	63.75	48.20	4.35°	0.7561	9652.88
	2021	(116°26′49.2″,40°04′12.0″)	62.51	45.76	6.58°	0.7320	8987.11
	2022	(116°26′49.2″,40°03′57.6″)	64.03	46.29	7.59°	0.7229	9311.76
发展潜力	2013	(116°24′14.4″,39°40′32.9″)	157.91	84.94	23.37°	0.5379	42137.24
	2014	(116°22′40.8″,39°38′58.2″)	161.72	85.76	24.63°	0.5303	43567.16
	2015	(116°23′02.4″,39°37′04.8″)	164.78	87.64	24.51°	0.5319	45365.83
	2016	(116°23′16.8″,39°33′48.2″)	169.20	90.76	24.99°	0.5364	48241.47
	2017	(116°23′02.4″,39°29′05.6″)	177.86	94.74	27.32°	0.5326	52931.99
	2018	(116°20′13.2″,39°24′56.9″)	186.90	95.72	27.57°	0.5121	56199.01
	2019	(116°22′19.2″,39°24′06.5″)	186.28	97.13	28.40°	0.5214	56835.94
	2020	(116°19′33.6″,39°23′08.5″)	187.96	93.83	26.87°	0.4992	55404.51
	2021	(116°19′51.6″,39°26′38.4″)	183.20	92.16	25.88°	0.5031	53034.02
	2022	(116°18′28.8″,39°28′04.4″)	183.76	90.31	25.76°	0.4914	52131.37

资料来源：结果由ArcGIS10.8软件运算。

B.5 京津冀数字产业高质量发展研究[*]

叶堂林 张彦淑[**]

摘　要： 数字经济已成为各国驱动生产力变革、重塑竞争优势的关键力量，也是中国加快形成新质生产力的核心驱动力，因此探究京津冀数字产业高质量发展状况具有重要的现实意义。本报告以京津冀城市群13个城市为研究对象，从数字经济核心产业——数字产业化入手，采用首位度指数、Zipf位序-规模法则和标准差椭圆法，基于时间和空间两个维度，从规模、创新、引资能力三个层面，对京津冀数字产业高质量发展的典型事实进行梳理分析。研究发现，京津冀数字产业规模差异仍然较大，但规模分布日趋合理，规模的空间分布呈显著扩张趋势，但其分布在径向上的不均衡性较为突出；京津冀数字产业创新水平不断提升，但梯度效应仍较为明显，创新发展呈现"先扩张，后集中，再扩张"的空间分布特征，且创新活动主要聚集在北京；京津冀数字产业引资能力逐年提高，区域间差异有所缩小，整体呈现向东南方向移动、空间分散化的趋势，且其分布在径向上日趋均衡。在此基础上，本报告提出促进京津冀数字产业高质量发展的对策建议：充分发挥北京科技创新的引领作用，推动津冀产业数字化、智能化转型升级；发挥三地各自比较优势，共促区域数字产业协同发展；加快推进产业对接协作，提升京津冀数字产业集群的国际竞争力。

---

[*] 本报告为国家社会科学基金重大项目"数字经济对区域协调发展的影响与对策研究"（23&ZD078）、国家自然科学基金面上项目"多层动态网络视角下城市群创新生态系统演化机理及绩效评价研究"（72373105）、教育部人文社会科学研究专项任务项目"推动京津冀高质量发展研究"（23JD710022）的阶段性成果。

[**] 叶堂林，经济学博士，首都经济贸易大学特大城市经济社会发展研究院（首都高端智库）执行副院长、特大城市经济社会发展研究省部共建协同创新中心（国家级研究平台）执行副主任，教授、博士生导师，研究方向为区域经济、京津冀协同发展等；张彦淑，首都经济贸易大学城市经济与公共管理学院博士研究生，研究方向为区域经济。

关键词： 数字产业　高质量发展　标准差椭圆法　位序-规模法则　京津冀

一　研究背景与研究意义

（一）综观国际——数字经济正在成为重塑全球经济结构、改变全球竞争格局的关键力量

当前，世界已进入新的动荡变革期，经济增速放缓，增长动能减弱，不确定、不稳定因素增多。在此背景下，新一轮科技产业革命为各国经济增长注入新动能，数字经济凭借其高创新性、强渗透性和广覆盖性的特点，日益融入经济社会发展各领域、全过程，成为重组全球要素资源、改变全球竞争格局的关键力量以及引领全球产业变革的重要引擎，各国也都竞相制定数字经济发展战略，不断优化政策布局，明晰数字经济政策导向，完善数字经济政策体系，为持续发展数字经济营造良好生态，抢占数字经济发展新高地。例如，2021年，澳大利亚发布首个《数字经济战略》，提出要以现代化数字经济驱动澳大利亚未来的繁荣；2022年，德国出台《数字战略》，旨在进一步提升德国数字化发展能力；英国也于2022年发布新的《英国数字战略》，旨在推动英国数字经济发展更具包容性、竞争力和创新性；2023年，美国白宫发布了新的《国家人工智能研发战略计划》，以维持美国在人工智能领域的全球领先地位。因此，中国只有加快数字经济布局，不断做强做优做大数字经济，才能把握科技革命和产业变革新机遇，掌握竞争和发展的主动权。

（二）审视国内——数字经济是中国加快形成新质生产力的核心驱动力

2024年1月31日，习近平总书记在主持二十届中共中央政治局第十一次集体学习时对新质生产力的概念内涵进行了首次系统论述，指出新质生产

力是创新起主导作用，摆脱传统经济增长方式、生产力发展路径，具有高科技、高效能、高质量特征，符合新发展理念的先进生产力质态，并强调发展新质生产力是推动高质量发展的内在要求和重要着力点，必须继续做好创新这篇大文章，推动新质生产力加快发展。数字经济与新质生产力具有天然契合性。首先，数字经济能够培育大量掌握新技术的新型劳动者，赋能劳动资料智能化升级，促进劳动资料迭代更新，助推产业跨界融合发展，延展劳动对象范围，与新质生产力所要求的"新三要素"不谋而合；其次，数字经济催生出众多新兴产业，与新质生产力的载体是战略性新兴产业、未来产业等新产业完美契合；再次，数字经济有助于加快发展方式绿色转型，助力碳达峰碳中和，与新质生产力就是绿色生产力的实质高度匹配；最后，数字经济具有明显的规模报酬递增特征，与新质生产力内在的高效能、低消耗特性高度相符。因此，数字经济是中国培育新质生产力的一大核心，能够为新质生产力的发展和经济增长注入不竭动力。

（三）聚焦京津冀——数字经济是助力京津冀产业协同发展向纵深迈进的重要抓手

京津冀协同发展战略是新时代谋篇落子的第一个区域协调发展重大国家战略，也是总体战略的重要一环。2024年，正值京津冀协同发展战略实施10周年，10年来三地风雨同舟、踔厉奋发、同频共振，推动京津冀协同发展不断迈上新台阶。2023年5月，习近平总书记在第三次京津冀协同发展座谈会上强调指出，要努力使京津冀成为中国式现代化建设的先行区、示范区，赋予了京津冀新的历史使命和战略定位。京津冀协同发展已然迈入新阶段，需要在更深层次上推进，而产业协同发展作为京津冀协同发展的实体内容和先行领域，亟须率先突破。产业兼容性不足、产业梯度差异较大是制约京津冀产业协同发展的关键因素，而数字经济可为破解这一制约因素开出一剂"药方"。首先，依托数字技术，三地能够更好地"诊脉"产业链痛点、疏通产业链堵点、连通产业链断点，深化三地产业协同联动合作，巩固与延伸产业链；其次，数字产业链具有极强的串联性，能够通过产业链作用带动上下游实体产业全面发展，同时数字经济的高渗透性能够模糊传统的产业边界，促进产业深度融合；最后，京津冀数字产业协同互补大于竞争，京津具有研发优势，河北则具有丰富的创新应用场景和成本优势，有助于三地打造数字产业集群，推动京津冀产业协同向更高层次迈进。因此，数字经济将是赋能三地产业协同联动发展的新风口，对北京加快建设全球数字经济标杆城市，津冀两地加速产业数字化、智能化转型升级等均具有重要意义。

二 研究思路与研究方法

（一）研究思路

数字经济规模是衡量数字产业发展水平的重要指标；创新既是引领发展的第一动力，也是五大新发展理念之一，因此数字产业的创新发展状况是衡量数字产业高质量发展的重要标准；营商环境是企业生存发展的"土壤"，一流的营商环境是最好的"梧桐树"、最大的"吸金石"，也是产业高质量发展的"硬支撑"，而产业的引资能力则是地区营商环境和未来发展潜力的重要表征。基于上述分析，本报告围绕"京津冀数字产业高质量发展"这一主线，研究重点主要包括以下几个方面：一是对所采用的首位度指数、Zipf位序-规模法则、标准差椭圆法等研究方法进行介绍，并对本报告所选取的指标及其衡量方式、数据来源进行说明；二是梳理京津冀数字产业高质量发展的典型事实，基于时间和空间两个维度，从规模、创新、引资三个层面，对京津冀数字产业高质量发展的时空演变趋势、取得的积极进展以及现存问题进行分析；三是依据典型事实分析并结合当前京津冀数字产业高质量发展可能存在的问题，有针对性地提出相应的对策建议。

（二）研究方法

1. 首位度指数和Zipf位序-规模法则

本报告采用首位度指数和Zipf位序-规模法则对京津冀各城市数字经济

规模的分布及其合理性进行分析。首位度指数是研究城市分布的重要模型（邬晓霞等，2016），衡量指标主要包括城市首位度（P_2）、四城市指数（P_4）和十一城市指数（P_{11}）。其中，$P_2=S_1/S_2$，是按数字经济规模排序时首位城市与第二大城市数字经济规模的比值，反映了城市体系中数字经济在首位城市的集中程度；$P_4=S_1/(S_2+S_3+S_4)$，$P_{11}=2S_1/(S_2+S_3+\cdots+S_{11})$，能够更为全面地反映除首位城市之外其他高位序城市的发育状况。Zipf位序-规模法则认为，理想状态下的首位度指数应满足：$P_2=2$、$P_4=1$、$P_{11}=1$。

Zipf位序-规模法则是研究城市规模结构分布的重要模型，该法则认为在城市体系中，城市规模与其位序之间存在相关联系。Zipf系数则是反映城市规模空间分布特征的量化指标，其值可由$S=CR^{-q}$取对数经OLS回归估算得到：

$$\ln S = \ln C - q\ln R \tag{1}$$

其中，S为城市规模实际值，本报告采用数字经济在营企业累计注册资本额来表征；C和R分别为常数项和城市规模在区域城市体系中的排名；q为Zipf系数，是判定城市数字经济规模及位序分布合理性的重要指标。当$q=1$时，区域内的城市规模分布符合位序-规模法则，表明各级城市数字经济规模发展较为均衡，呈现的是位序分布格局。当$q\neq1$时，意味着偏离了Zipf位序-规模法则，其中$q<1$表明区域内的城市规模分布较Zipf位序-规模法则分布更为分散，数字产业较为分散地分布在各等级城市中，高位序的大城市规模不够突出，而中小城市发育较好；$q>1$表明区域内的城市规模分布较Zipf位序-规模法则分布更为集中，数字产业主要集中于大城市，导致高位序的大城市规模很突出，而中小城市发育不足，即首位度较高，城市规模结构趋向于首位分布格局。

2. 标准差椭圆法

标准差椭圆（Standard Deviational Ellipse，SDE）法是一种基于地理要素的空间区位和空间结构，通过椭圆面积、中心、方位角、形状指数等参数直观地展示地理要素空间分布和多维特征的方法（白冰等，2021；赵思萌等，2023）。具体而言，椭圆面积可以确定地理要素（包含68%的要素）的相对展布范围，其变化是判断地理要素集中化或离散化发展趋势的重要依据，能够反映地理要素空间聚集格局的演化模式。若椭圆面积收缩，则地理要素集中化聚集发展；若椭圆面积扩张，则地理要素离散化聚集发展；若椭圆面积基本保持不变，则地理要素稳定化增长。中心可以描绘地理要素分布的中心，中心变化轨迹能够刻画地理要素的空间移动趋势。方位角用于表征地理要素分布的主趋势方向。形状指数即短轴与长轴之比，用于描绘地理要素分布的形态，比值越接近1，说明地理要素分布越径向均匀，方向性越不明显，反之则方向性越明显。其中，长轴用于解释地理要素空间分布的展布性（方向性），即其在主趋势方向上的离散程度；短轴用于描绘地理要素的向心力，其值越小表明向心力越大、离散程度越低，反之则向心力越小、离散程度越高。

本报告采用 SDE 法定量分析京津冀数字产业发展的空间聚集格局演化特征。SDE 法相关参数计算公式如下。

加权平均地理中心坐标为：

$$\bar{X} = \frac{\sum_{i=1}^{n} w_i x_i}{\sum_{i=1}^{n} w_i}, \bar{Y} = \frac{\sum_{i=1}^{n} w_i y_i}{\sum_{i=1}^{n} w_i}$$

各城市坐标到加权平均地理中心的偏离为：

$$\tilde{x}_i = x_i - \bar{X}$$
$$\tilde{y}_i = y_i - \bar{Y}$$

方位角为：

$$\tan\theta = \frac{\sum_{i=1}^{n} w_i^2 \tilde{x}_i^2 - \sum_{i=1}^{n} w_i^2 \tilde{y}_i^2}{\sum_{i=1}^{n} 2w_i^2 \tilde{x}_i \tilde{y}_i} + \frac{\sqrt{\left(\sum_{i=1}^{n} w_i^2 \tilde{x}_i^2 - \sum_{i=1}^{n} w_i^2 \tilde{y}_i^2\right)^2 + 4\sum_{i=1}^{n} w_i^4 \tilde{x}_i^2 \tilde{y}_i^2}}{\sum_{i=1}^{n} 2w_i^2 \tilde{x}_i \tilde{y}_i}$$

沿 X 轴标准差为：

$$\sigma_x = \sqrt{\frac{\sum_{i=1}^{n} (w_i \tilde{x}_i \cos\theta - w_i \tilde{y}_i \sin\theta)^2}{\sum_{i=1}^{n} w_i^2}}$$

沿 Y 轴标准差为：

$$\sigma_y = \sqrt{\frac{\sum_{i=1}^{n}(w_i \tilde{x}_i \sin\theta - w_i \tilde{y}_i \cos\theta)^2}{\sum_{i=1}^{n} w_i^2}}$$

椭圆面积为：

$$S = \pi \sigma_x \sigma_y$$

其中，(x_i, y_i) 为京津冀 13 个城市中城市 i 的地理坐标，w_i 为权重，θ 为椭圆方位角，是正北方向顺时针旋转到椭圆长轴的角度。本报告所涉及的标准差椭圆参数计算基于 ArcGIS 10.8 软件展开，使用 Albers 投影坐标系①。

（三）指标选取与数据来源

数字产业化是数字经济的核心产业，也是数字产业发展的根基和动力源泉。考虑数据的科学性、完整性，本报告以数字经济的核心产业即数字产业化来表征数字产业。依据国家统计局发布的《数字经济及其核心产业统计分类（2021）》，本报告将包括数字产品制造业、数字服务业②2 个大类，计算机制造、通讯及雷达设备制造、数字媒体设备制造、智能设备制造、电子元器件及设备制造、数字产品零售、数字产品租赁、软件开发、信息技术服务、互联网平台、互联网批发零售、互联网金融、数字内容与媒体、信息基础设施建设等 22 个中类，计算机整机制造、通信系统设备制造、影视录放设备制造、可穿戴智能设备制造、集成电路制造、光缆制造、广播影视设备批发、通信设备零售、计算机和辅助设备修理、应用软件开发、互联网搜索服务、物联网技术服务、互联网生产服务平台、互联网零售、金融信息服务、数字广告等 126 个小类的细分产业纳入数字产业化的范畴，并以在营企业累计注册资本额（万元）表征数字产业规模，以累计授权发明专利数（件）反映数字产业创新发展状况，

---

① 中央经线 105°E，标准纬线 25°N、47°N。
② 将数字产品服务业、数字技术应用业、数据要素驱动业合并为数字服务业。

以累计吸收外地资本额（万元）反映数字产业引资能力。所需数据均来源于龙信企业大数据平台，研究所选时间跨度为2013~2022年。

三 京津冀数字产业高质量发展现状分析

本部分基于相关数据，从时间和空间两个维度，从数字产业规模、创新、引资能力三个方面对京津冀数字产业高质量发展现状进行分析，通过展示成效、剖析问题，为后文对策建议的提出提供参考。

（一）京津冀数字产业规模发展现状

1. 京津冀数字产业规模差异仍然较大，但规模分布日趋合理

从首位度指数来看，首位城市（北京）的垄断地位十分突出，但地区间差距逐步缩小（见表1）。2013~2022年，京津冀地区P_2均大于8，远超标准值2，P_4与P_{11}也远大于标准值1，说明北京的垄断地位十分突出。2022年，北京数字产业在营企业累计注册资本额高居第一，为47013.31亿元，是天津（5431.39亿元）的8.66倍、河北（16945.84亿元）的2.77倍。但首位度指数逐年下降，P_2由2013年的12.02下降至2022年的8.66，说明首位城市（北京）与第二大城市（天津）的差距逐渐缩小，北京与天津的数字产业规模差距由2013年的12.02倍缩小至2022年的8.66倍；P_4与P_{11}分别由2013年的6.87、9.03下降至2022年的3.89、4.42，表明京津冀地区数字产业规模呈现趋同趋势。另外，P_{11}始终大于P_4，表明京津冀城市体系中大部分城市的数字产业规模较小，与首位城市的差距仍然较大。

表1 2013~2022年京津冀地区首位度指数

首位度指数	2013年	2014年	2015年	2016年	2017年	2018年	2019年	2020年	2021年	2022年
P_2	12.02	11.70	10.48	9.95	9.70	9.42	8.92	9.51	9.29	8.66
P_4	6.87	6.32	5.59	5.06	4.64	4.41	4.11	4.18	4.10	3.89
P_{11}	9.03	8.38	7.41	6.47	5.72	5.27	4.83	4.88	4.65	4.42

资料来源：笔者计算。

根据2013~2022年京津冀地区13个样本城市的数字产业规模数据，按照式（1）经最小二乘回归得出2013~2022年Zipf系数q值（见表2）。结果表明，Zipf系数q值为1.52~1.95，且通过了1%水平下的显著性检验，同时回归直线的相关系数R^2均在0.94以上，较好地拟合了京津冀数字产业规模分布，即Zipf位序-规模法则能够很好地解释京津冀数字产业规模的分布规律。Zipf系数q值始终大于1，说明京津冀城市体系中数字产业规模分布差异较大，大城市规模突出，而中小城市发育不足，且与大城市的差距较大，整个城市体系中数字产业的集中力大于分散力，但随着时间的推移，Zipf系数q值逐年降低，表明京津冀地区低位序中小城市的数字产业规模逐渐扩大，地区间差距逐渐缩小，城市体系规模分布日趋合理。北京与河北的数字产业规模差距由2013年的6.88倍缩小至2022年的2.77倍。

表2 2013~2022年京津冀数字产业规模分布系数回归结果

年份	Zipf系数q值	t值	p值	R^2	调整后的R^2
2013	1.948	-14.86	0.000	0.953	0.948
2014	1.922	-15.50	0.000	0.956	0.952
2015	1.861	-15.78	0.000	0.958	0.954
2016	1.764	-15.22	0.000	0.955	0.951
2017	1.671	-14.92	0.000	0.953	0.949
2018	1.618	-14.77	0.000	0.952	0.945
2019	1.584	-14.98	0.000	0.953	0.949
2020	1.576	-14.53	0.000	0.951	0.946
2021	1.535	-13.86	0.000	0.946	0.941
2022	1.524	-13.81	0.000	0.946	0.941

资料来源：结果由Stata18软件汇报。

图1展示了2013年、2018年和2022年京津冀数字产业位序-规模曲线动态演进趋势。可以看出，2013年以来，京津冀数字产业位序-规模曲线不断上移，表明京津冀数字产业规模逐年扩大。曲线间的距离随城市位序的增大而缩小，说明京津冀中小城市数字产业规模增速快于大城市，地区间差距逐渐缩小。2013~2022年，保定数字产业在营企业累计注册资本额年均增速

为23.06%，排名第一，远高于北京（7.77%）和天津（11.77%）。曲线的截距逐年增大但增幅越来越小，说明首位城市（北京）的数字产业规模不断扩大但增速有所放缓。

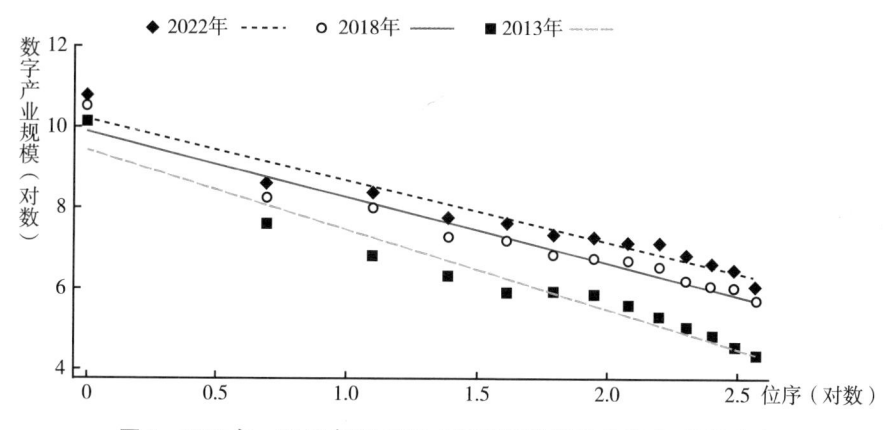

图1　2013年、2018年和2022年京津冀数字产业位序-规模分布

资料来源：采用Stata18软件绘制。

2. 京津冀数字产业规模空间分布显著扩张，但其分布在径向上的不均衡性较为突出

本报告运用ArcGIS 10.8软件的标准差椭圆分析工具，对京津冀数字产业规模的空间分布方向及动态特征进行了考察。总体而言，2013~2022年，京津冀数字产业规模标准差椭圆呈"东北—西南"方向展布，并且面积逐年增大，由2.15万 km^2 增加至3.71万 km^2，增加了1.56万 km^2，说明京津冀数字产业规模在"东北—西南"方向的集聚效应更强且空间分布显著扩张（见表3）。从椭圆中心来看，京津冀数字产业规模标准差椭圆中心呈明显的向西南方向移动的趋势，且向南移动幅度大于向西移动幅度，说明保定、邯郸等位于西南方向的城市数字产业规模增速较快，但中心始终位于北京，表明北京仍是数字产业发展的核心城市。从椭圆方位角来看，京津冀数字产业规模标准差椭圆方位角呈"增大—缩小"的演变趋势，由2013年的18.46°增大至2019年的22.08°，又缩小至2022年的21.92°，样本观测期内整体增加3.46°，表现为椭圆小幅度顺时针旋转，说明东北或西南方向城市规模扩大速度相对较快，使得"东北—西南"的空间展布方向得到进一步强化，如西南方向保定、邯郸的数字产业规模年均增速分别位列第二、第三，达到23.06%、22.44%。从分布形状来看，京津冀数字产业规模标准差椭圆长轴与短轴相差较大，形状指数始终小于1但变化不大，说明京津冀数字产业规模空间分布的方向性较为明显，规模分布在径向上的不均衡性较为突出，但随着时间的推移，分布格局尚未发生根本性改变。具体来看，长轴与短轴均呈逐年增加趋势，分别由2013年的118.47km、57.81km逐年上升至2022年的158.51km、74.54km，表明样本观测期内京津冀数字产业规模呈扩张趋势。

表3 2013年、2016年、2019年和2022年京津冀数字产业规模标准差椭圆参数

年份	中心经纬度	长轴（km）	短轴（km）	方位角（°）	面积（万km²）	形状指数
2013	(116°23′19.3″,39°55′24.3″)	118.47	57.81	18.46	2.15	0.49
2016	(116°21′10.8″,39°50′13.6″)	137.99	65.32	20.94	2.83	0.47
2019	(116°18′43.2″,39°45′09.7″)	154.33	72.01	22.08	3.49	0.47
2022	(116°18′06.1″,39°43′42.5″)	158.51	74.54	21.92	3.71	0.47

资料来源：结果由ArcGIS 10.8软件运算。

（二）京津冀数字产业创新发展现状

1.京津冀数字产业创新发展不平衡问题有所缓解，但两极分化态势凸显

图2展示了样本观测期内京津冀数字产业创新水平分布动态演进趋势。结果表明，2013年以来，京津冀数字产业创新水平分布呈现如下演变特征。从分布位置来看，分布曲线中心及变化区间右移趋势十分明显，说明京津冀各地区数字产业创新水平随时间的推移呈上升态势，2013~2022年，各城市数字产业累计授权发明专利数年均增速均超过了25%。从分布形态来看，分布曲线的主峰高度经历了"明显上升—小幅下降"的演变过程，且曲线宽度有较为明显的收窄趋势，总体由"矮宽峰"演变成"高窄峰"，说明区

域间数字经济创新水平差异有所缩小,地区间数字产业创新发展不平衡问题有所缓解,北京与河北的数字产业累计授权发明专利数差距由2013年的46.45倍缩小至2022年的28.08倍。从分布延展性来看,分布曲线的右拖尾现象明显缓解,分布的延展性有所收敛,表明数字产业创新水平高的城市与创新水平低的城市之间的差距有所缩小。从极化现象来看,曲线形状呈明显的"一主一侧"双峰形态,其中侧峰高度经历了"上升—下降"的变化态势,说明京津冀数字产业创新水平具有明显的梯度效应,虽然河北各城市创新水平不断提升,但区域内两极分化态势凸显。

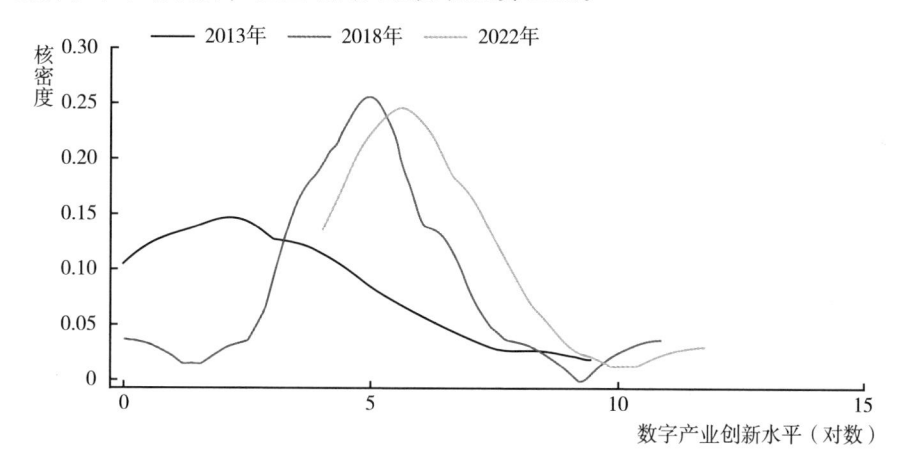

图2 2013年、2018年和2022年京津冀数字产业创新水平核密度

资料来源:采用Stata18软件绘制。

2. 京津冀数字产业创新活动主要聚集在北京,但空间分散化集聚发展态势日益明显

本报告运用标准差椭圆分析工具考察京津冀数字产业创新的空间布局状态及变迁特征。总体而言,2013~2022年,京津冀数字产业创新呈向西南方向移动、空间离散化集聚发展态势(见表4)。具体而言,从椭圆面积来看,京津冀数字产业创新标准差椭圆大致位于北京,说明北京在数字产业创新领域占据绝对优势,且椭圆面积经历了"先增大,后缩小,再增大"的过程,由2013年的5378.99km²增加至2016年的6649.73km²,又缩小至2019年的

6007.39km², 后又增加至2022年的6531.93km², 说明2013~2016年、2019~2022年椭圆外部城市数字产业创新发展速度较椭圆内部城市更快，2016~2019年椭圆内部城市数字产业创新发展速度快于椭圆外部城市，即样本观测期内京津冀数字产业创新呈现"先扩张，后集中，再扩张"的空间分布特征。从椭圆中心来看，京津冀数字产业创新标准差椭圆中心略向西南方向移动，但在样本观测期内，创新发展中心始终位于北京，说明京津冀数字产业创新活动主要在北京聚集。2022年，北京数字产业累计授权发明专利数达33217件，远多于天津（970件）、河北（1516件）。从椭圆方位角来看，京津冀数字产业创新标准差椭圆方位角逐年增大，由2013年的5.46°增大至2022年的16.41°，表现为椭圆小幅度顺时针旋转，说明东北或西南方向城市的创新发展速度相对较快，创新在"东北—西南"方向的集聚效应不断增强，如东北方向承德、秦皇岛两城市的数字产业累计授权发明专利数年均增速分别列第2位和第3位，达到44.52%、37.05%；西南方向衡水、石家庄的年均增速分别列第4位和第5位，达到37.00%、34.17%。从分布形状来看，京津冀数字产业创新标准差椭圆长轴与短轴相差较大，形状指数始终小于1且呈逐年下降趋势，由2013年的0.82下降至2022年的0.67，说明京津冀数字产业创新空间分布的方向性（向"东北—西南"方向展布）日益明显。具体来看，2013~2022年，长轴由45.78km波动上升至55.87km，说明样本观测期内京津冀数字产业创新活动在南—北方向呈扩张趋势；短轴由37.40km波动下降至37.22km，说明京津冀数字产业创新发展的向心力略有增强。

表4 2013年、2016年、2019年和2022年京津冀数字产业创新标准差椭圆参数

年份	中心经纬度	长轴(km)	短轴(km)	方位角(°)	面积(km²)	形状指数
2013	(116°26′13.2″,40°07′10.9″)	45.78	37.40	5.46	5378.99	0.82
2016	(116°25′58.8″,40°06′20.5″)	54.28	39.00	12.19	6649.73	0.72
2019	(116°25′37.2″,40°06′53.3″)	52.96	36.11	13.46	6007.39	0.68
2022	(116°25′15.6″,40°06′36.0″)	55.87	37.22	16.41	6531.93	0.67

资料来源：结果由ArcGIS 10.8软件运算。

3. 京津冀数字服务业和数字产品制造业创新均呈不断扩张趋势,但创新分布在径向上日趋不均衡

本报告同样对京津冀数字产业细分行业,即数字服务业和数字产品制造业创新的空间分布方向及动态特征进行了考察。结果表明,数字服务业和数字产品制造业创新均呈空间离散化集聚发展态势(见表5)。具体而言,从椭圆面积来看,京津冀数字服务业和数字产品制造业创新标准差椭圆面积明显增大,2013~2022年,前者扩大1261.48km^2,后者扩大1027.41km^2,表明两个行业创新发展的空间分散效应显著,呈不断扩张趋势。从椭圆中心来看,京津冀数字服务业创新标准差椭圆中心呈向西南方向移动的趋势,而数字产品制造业创新标准差椭圆中心略向西北方向移动,但两个行业创新标准差椭圆中心均始终位于北京,说明北京在创新方面仍居核心地位。从椭圆方位角来看,京津冀数字服务业创新标准差椭圆方位角逐年增大,由2013年的13.66°增大至2022年的16.06°,表现为椭圆小幅度顺时针旋转,说明位于东北或西南方向的城市创新速度相对较快;而数字产品制造业创新标准差椭圆方位角则大幅缩小,由2013年的168.83°缩小至2022年的17.49°,说明位于西北或东南方向的城市创新速度相对乏力,而位于东北或西南方向的城市创新速度则较快,从而引起椭圆逆时针旋转,同时也使得椭圆展布方向由"西北—东南"转为"东北—西南"。例如,东北方向秦皇岛的数字产品制造业累计授权发明专利数年均增速最快,达到63.39%;承德的年均增速为37.87%,排名第三。而东南方向天津、廊坊的数字产品制造业累计授权发明专利数年均增速分别为17.51%、23.21%,排在第11位和第12位。从分布形状来看,京津冀数字服务业和数字产品制造业创新标准差椭圆长轴与短轴均相差较大,形状指数始终小于1且呈逐年下降趋势,说明两个行业创新空间分布的方向性愈加凸显,创新分布在径向上日趋不均衡,长轴与短轴明显增加,且长轴增量远大于短轴增量,说明样本观测期内两个行业的创新活动在南—北、东—西方向均呈扩张趋势,且南—北方向扩张趋势强于东—西方向。

表5　2013年和2022年京津冀数字服务业与数字产品制造业创新标准差椭圆参数

行业	年份	中心经纬度	长轴（km）	短轴（km）	方位角（°）	面积（km²）	形状指数
数字服务业	2013	(116°26′02.4″,40°07′37.2″)	45.08	36.43	13.66	5159.15	0.81
数字服务业	2022	(116°25′15.6″,40°06′39.6″)	55.58	36.77	16.06	6420.63	0.66
数字产品制造业	2013	(116°26′31.2″,40°06′05.0″)	48.50	38.30	168.83	5835.22	0.79
数字产品制造业	2022	(116°25′12.0″,40°06′24.5″)	56.72	38.51	17.49	6862.63	0.68

资料来源：结果由ArcGIS 10.8软件运算。

（三）京津冀数字产业引资能力发展现状

1. 京津冀数字产业引资能力不断提升，但分散化的区域集聚特征逐步显现

图3展示了样本观测期内京津冀数字产业引资能力分布的动态演进趋势。结果表明，2013年以来，京津冀数字产业引资能力分布呈现如下演变特征。从分布位置来看，分布曲线中心及变化区间不断右移，说明京津冀各地区数字产业引资能力随时间的推移不断提高。2013~2022年，各城市数字产业累计吸收外地资本额年均增速都超过了15%。从分布形态来看，分布曲线的主峰高度明显上升，且曲线宽度有所收窄，总体来看由"矮宽峰"演变成"高窄峰"，说明区域间数字产业引资能力差异有所缩小，地区间数字产业引资能力不平衡问题有所缓解，北京与天津、河北的数字产业累计吸收外地资本额差距分别由2013年的3.01倍、4.76倍缩小至2022年的2.51倍、1.99倍。从分布延展性来看，分布曲线的右拖尾现象明显缓解，分布的延展性有所收敛，表明数字产业引资能力高的城市与引资能力低的城市之间的差距有所缩小，排名首位城市（北京）和排名末位城市（承德）之间的差距由2013年的589.83倍缩小至2022年的88.11倍。从极化现象来看，分布曲线在样本观测期内持续表现为明显的"一主一侧"双峰形态，且侧峰高度有所提升但显著低于主峰高度，说明京津冀数字产业引资能力具有明显的梯度效应，两极分化态势日益凸显，分散化的区域集聚特征逐步显现。

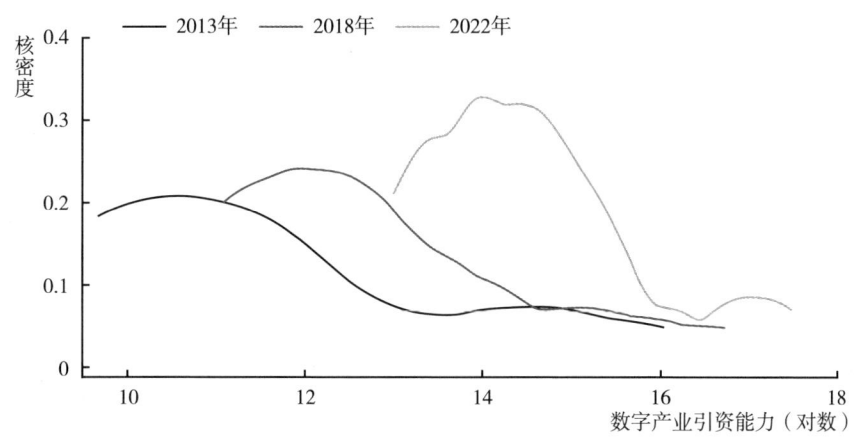

图3　2013年、2018年和2022年京津冀数字产业引资能力核密度

资料来源：采用Stata18软件绘制。

2. 京津冀数字产业引资能力在"东北—西南"方向的集聚效应更强，但其分布在径向上日趋均衡

运用标准差椭圆分析工具考察京津冀数字产业引资能力的空间布局状态及变迁特征，发现京津冀数字产业引资能力在"东北—西南"方向的集聚效应更强，且空间分布显著扩张（见表6）。从椭圆面积来看，京津冀数字产业引资能力标准差椭圆面积逐年增大，2022年（4.34万km²）较2013年（2.81万km²）增加了1.53万km²，说明椭圆外部城市的数字产业引资能力增速快于椭圆内部城市，椭圆外部城市保定、秦皇岛、张家口的数字产业累计吸收外地资本额年均增速位列前三，分别达54.55%、52.84%、52.56%。从椭圆中心来看，样本观测期内京津冀数字产业引资能力中心始终位于北京，且发生了三次较为明显的变动：2013~2018年，京津冀数字产业引资能力中心向东北方向偏移；2018~2021年，由东北转向西南方向；2021~2022年，又朝着东南方向偏移。整体来看，样本观测期内京津冀数字产业引资能力中心主要向东南方向移动，说明东南方向数字产业的引资能力较强，外地资本有向东南方向集聚的趋势。从椭圆方位角来看，京津冀数字产业引资能力标准差椭圆方位角经历了"缩小—增大—缩小"的变化过程，样本观测期内方位角缩小

了0.04°，变化不大，说明引资能力分布的主趋势方向（向"东北—西南"方向展布）尚未改变。从分布形状来看，2013~2022年，京津冀数字产业引资能力标准差椭圆形状指数略有增加，由0.65增加至0.68，形状趋向正圆，说明京津冀数字产业引资能力在径向上更加均衡；长轴与短轴均逐年增加，分别由117.77km、75.98km增加至142.10km、97.26km，说明样本观测期内数字产业引资能力呈现扩张趋势。

表6 2013年、2016年、2019年和2022年京津冀数字产业引资能力标准差椭圆参数

年份	中心经纬度	长轴(km)	短轴(km)	方位角(°)	面积（万km²）	形状指数
2013	(116°27′03.6″,39°46′22.4″)	117.77	75.98	27.21	2.81	0.65
2016	(116°28′15.6″,39°46′22.4″)	128.46	81.88	24.49	3.30	0.64
2019	(116°24′39.6″,39°41′26.2″)	143.02	93.51	29.31	4.20	0.65
2022	(116°27′54.0″,39°41′24.4″)	142.10	97.26	27.17	4.34	0.68

资料来源：结果由ArcGIS 10.8软件运算。

3. 京津冀数字服务业引资能力主要聚集在北京，而数字产品制造业引资能力则逐步向天津聚集

本报告同样对京津冀数字产业细分行业，即数字服务业和数字产品制造业引资能力的空间分布方向及动态特征进行了考察，结果表明，两个行业的引资能力均呈空间离散化聚集发展态势，且数字服务业所吸收的外地资本主要聚集在北京，而数字产品制造业所吸收的外地资本聚集地则由北京迁移至天津，反映出自京津冀协同发展战略实施以来，京津冀制造业的转移与承接工作取得积极进展（见表7）。具体而言，从椭圆面积来看，2022年京津冀数字服务业和数字产品制造业引资能力标准差椭圆面积明显增大，较2013年分别增加了1.54万km²、0.90万km²，表明两个行业引资能力的空间分散效应显著，呈不断扩张趋势。从椭圆中心来看，京津冀数字服务业和数字产品制造业引资能力标准差椭圆中心均表现出向东南方向移动的趋势，但数字服务业引资能力标准差椭圆中心始终位于北京，说明外地资本主要聚集在

北京；而数字产品制造业引资能力标准差椭圆中心则发生了跃迁，由2013年的北京迁移至2022年的天津，说明当前外地资本有向天津聚集的趋势。2022年，天津数字产品制造业累计吸收外地资本额达到580.13亿元，超越北京成为第一。从椭圆方位角来看，京津冀数字服务业和数字产品制造业引资能力标准差椭圆方位角均显著缩小，其中数字服务业引资能力标准差椭圆方位角由2013年的28.76°缩小至2022年的25.71°，椭圆向逆时针方向旋转，说明东北或西南方向城市的引资能力提升相对较快，其中西南方向保定的数字服务业累计吸收外地资本额年均增速最快，达63.58%；东北方向秦皇岛的年均增速也达到了49.16%，排名第三。数字产品制造业引资能力标准差椭圆方位角缩小幅度较大，由2013年的145.63°缩小至2022年的53.52°，说明位于西北或东南方向城市的引资能力提升相对乏力，而位于西南或东北方向城市的引资能力提升速度较快，从而引起椭圆逆时针旋转，同时也使得椭圆展布方向由"西北—东南"转为"东北—西南"。例如，东北方向秦皇岛的数字产品制造业累计吸收外地资本额年均增速最快，达86.33%，西南方向邯郸的年均增速高达77.89%。从分布形状来看，京津冀数字服务业和数字产品制造业引资能力标准差椭圆的形状指数均呈逐年上升趋势，说明椭圆形状向正圆靠近，引资能力的分布在径向上日趋均衡，长轴与短轴明显增加，说明样本观测期内两个行业的引资能力在南—北、东—西方向均呈扩张趋势，且东—西方向扩张趋势强于南—北方向。

表7 2013年和2022年京津冀数字服务业与数字产品制造业引资能力标准差椭圆参数

行业	年份	中心经纬度	长轴（km）	短轴（km）	方位角（°）	面积（万km²）	形状指数
数字服务业	2013	(116°21′25.2″,39°47′33.0″)	128.42	68.91	28.76	2.78	0.54
数字服务业	2022	(116°22′22.8″,39°43′21.0″)	147.47	93.32	25.71	4.32	0.63
数字产品制造业	2013	(116°45′07.2″,39°42′39.6″)	90.79	66.49	145.63	1.90	0.73
数字产品制造业	2022	(116°59′13.2″,39°32′24.0″)	99.97	89.02	53.52	2.80	0.89

资料来源：结果由ArcGIS 10.8软件运算。

四 主要结论与对策建议

（一）主要结论

一是京津冀数字产业规模差异仍然较大，首位城市（北京）的垄断地位十分突出，但规模分布日趋合理。从首位度指数看，2013~2022年，京津冀地区的城市首位度远超标准值2，四城市指数和十一城市指数也远大于标准值1，说明北京的垄断地位十分突出；十一城市指数始终大于四城市指数，表明京津冀城市体系中大部分城市的数字产业规模较小，与首位城市的差距仍然较大。但随着时间的推移，首位度指数均呈逐年下降趋势，说明京津冀地区间数字产业规模日趋收敛。同时，位序-规模曲线系数q值逐年降低，曲线间的距离随城市位序的增大而缩小，表明京津冀地区低位序中小城市的数字产业规模逐渐扩大，且增速快于大城市，地区间差距逐渐缩小，城市体系规模分布日趋合理。

二是京津冀数字产业规模在"东北—西南"方向的集聚效应更强且空间分布显著扩张，但其分布在径向上的不均衡性较为突出。经进行标准差椭圆分析可知，2013~2022年，京津冀数字产业规模标准差椭圆呈"东北—西南"方向展布，并且随时间的推移，这一空间展布方向进一步得到强化（方位角在样本观测期内顺时针旋转3.46°）；京津冀数字产业规模标准差椭圆面积及长轴与短轴均呈逐年增加趋势（面积增加1.56万km^2，长轴与短轴分别增加40.04km、16.73km），说明样本观测期内京津冀数字产业规模的空间分散效应显著，呈不断扩张趋势；京津冀数字产业规模标准差椭圆长轴与短轴相差较大但短轴与长轴之比变动不大，说明规模分布在径向上的不均衡性较为突出，但随着时间的推移，规模分布格局尚未发生根本性改变；京津冀数字产业规模标准差椭圆中心明显向西南方向移动，但始终位于北京，说明北京仍是数字产业发展的核心城市。

三是京津冀数字产业创新水平不断提升，地区间创新发展不平衡问题有所缓解，但梯度效应仍较为明显。京津冀数字产业创新水平核密度图显示，样本观测期内京津冀数字产业创新水平的右移趋势十分明显，且分布曲线总体由"矮宽峰"演变成"高窄峰"，表明京津冀各地区数字产业创新水平随时间的推移呈上升态势，区域间数字产业创新水平差异有所缩小。同时，分布曲线的右拖尾现象明显缓解，表明数字产业创新水平高的城市与创新水平低的城市之间的差距有所缩小。此外，曲线的双峰形态较为突出，说明京津冀数字产业创新水平具有明显的梯度效应，两极分化态势凸显。

四是北京在数字产业创新领域占据绝对优势，但数字产业创新的空间离散化集聚发展态势日益明显，创新空间分布的方向性也愈加凸显。从行业整体来看，在样本观测期内，数字产业创新呈现"先扩张，后集中，再扩张"的空间分布特征；中心略向西南方向移动，但始终位于北京，说明北京在创新方面仍居核心地位；东北方向（承德、秦皇岛）及西南方向（衡水、石家庄）城市的数字产业累计授权发明专利数年均增速较快，使得椭圆方位角增加10.95°；创新空间分布的方向性日益明显（形状指数下降0.15），创新活动在南—北方向扩张趋势明显（长轴增加10.09km），在东—西方向的向心力略有增强（短轴缩短0.18km）。分行业来看，数字服务业和数字产品制造业创新的空间分散效应显著，均呈不断扩张趋势，且南—北方向扩张趋势强于东—西方向（长轴分别增加10.50km、8.22km，短轴分别增加0.34km、0.21km）；东北或西南方向两个行业的累计授权发明专利数年均增速较快，使得数字服务业创新标准差椭圆的空间展布方向进一步得到强化，而数字产品制造业创新标准差椭圆的空间展布方向则由"西北—东南"转为"东北—西南"；两个椭圆的形状指数逐年下降，表明两个行业创新空间分布的方向性愈加凸显，创新分布在径向上日趋不均衡。

五是京津冀数字产业引资能力不断提升，且区域间差异有所缩小，但分散化的区域集聚特征逐步显现。京津冀数字产业引资能力的分布动态演进趋势显示，2013年以来，分布曲线中心及变化区间不断右移，分布形态总体由"矮宽峰"演变成"高窄峰"，说明京津冀各地区数字产业引资能力随时间的推移不断提高，且地区间数字产业引资能力不平衡问题有所缓解。同时，分布的延展性

有所收敛，表明数字产业引资能力高的城市与引资能力低的城市之间的差距有所缩小。此外，分布曲线在样本观测期内持续表现为明显的"一主一侧"双峰形态，说明京津冀数字产业引资能力的两极分化态势日益凸显，分散化的区域集聚特征逐步显现。

六是京津冀数字产业引资能力整体呈现向东南方向移动、空间分散化的趋势，且其分布在径向上日趋均衡。从行业整体来看，2013~2022年，京津冀数字产业引资能力标准差椭圆呈"东北—西南"方向展布，并且面积逐年增大（增加1.53万km^2），长轴与短轴均不断增加（分别增加24.33km、21.28km），说明京津冀数字产业引资能力在"东北—西南"方向的集聚效应更强，且空间分布显著扩张；椭圆中心发生了三次较为明显的变动，但整体朝东南方向移动，说明外地资本呈向东南方向集中的趋势；椭圆方位角变化不大，引资能力分布的主趋势方向尚未改变，但椭圆的形状指数略有增加，形状趋向正圆，说明京津冀数字产业引资能力在径向上更加均衡。分行业来看，数字服务业和数字产品制造业的引资能力均呈空间离散化集聚发展态势，说明椭圆外部城市两个行业引资能力的提升速度快于椭圆内部城市；两个椭圆的中心均表现出向东南方向移动的趋势，但数字服务业的引资能力主要聚集在北京，而数字产品制造业的引资能力则逐步向天津聚集；两个椭圆的方位角均显著缩小，其中数字产品制造业椭圆的方位角缩小幅度尤其显著，引起椭圆展布方向由"西北—东南"转为"东北—西南"；两个椭圆的形状指数呈逐年上升趋势，椭圆形状日趋向正圆靠近，引资能力的分布在径向上也日益均衡。

（二）对策建议

第一，充分发挥北京科技创新的引领作用，推动津冀产业数字化、智能化转型升级。北京是我国科技创新的重要策源地，汇集了丰富的数字经济科技创新资源，其数字产业领域的科技创新能力一直处于京津冀核心地位，因此要充分发挥自身的辐射带动作用，助力津冀产业数字化、智能化转型升级。一方面，北京应进一步完善科技成果评估制度体系和转化机制，缓解创新成果大部分"蛙跳式"转移至南方的问题，促进创新成果在津冀就近转化，搭建数字经济创新成果供需对接平台，提升其对津冀数字经济发展的创新支撑力，助力津冀产业数字化、智能化转型升级；另一方面，加快数字经济创新资源开放共享，持续加大北京的科技创新平台对津冀的开放共用共享力度，不断促进京津冀关键科技项目、成果、人才、专家等数据库的共建共享，推动北京数字经济企业和相关人才与津冀开展交流合作，为津冀数字产业发展"输血"。此外，津冀也应加快产业结构调整步伐，着重培育发展北京创新成果较为集中和领先的数字产业。同时，强化社会保险、教育、医疗、住房等软环境支撑，吸引并留住数字技术方面的人才，提升自身的"造血"功能。

第二，发挥三地各自比较优势，共促区域数字产业协同发展。北京应依托"两区"建设，加快建设全球数字经济标杆城市，持续提升北京国际大数据交易所能级，推动建立供需高效匹配的多层次数据交易市场，充分激活数据要素潜能，挖掘数据资产价值，打造成为国内外数据要素配置枢纽高地。天津应立足全国先进制造研发基地和北方国际航运核心区的功能定位，以高端、绿色、智能制造为引领方向，建设一批智能制造工厂和数字化车间，同时依托人工智能等新一代信息技术加快建设"天津智港"，进一步推动港口经济能级跃升，打造成为京津冀地区第2个数字经济核心城市。河北应依托雄安新区数字经济创新发展试验区建设，加速数字经济创新资源向雄安新区集聚，以此带动河北数字经济发展。此外，还应加快补齐数字基础设施短板，筑牢区域数字经济协同发展的根基，并主动对接京津，加快京津数字经济创新成果在河北落地转化，促进传统产业的提质焕新，助力京津冀数字产业高质量发展。

第三，加快推进产业对接协作，提升京津冀数字产业集群的国际竞争力。首先，三地应加强数字产业关键共性技术协同创新，支持和引导清华大学、中国科学院、南开大学、天津大学等知名院校、科研院所以及具备条件的研发机构、实验室、企业联合开展关键共性技术攻关，共同攻克"卡脖子"关键核心技术，如人工智能产业中的算法、AI芯片等领域，突破产

技术瓶颈，形成更高层次的产业协同创新格局。其次，以自贸试验区建设为依托，推动三地数字贸易联动发展。共同探索建立数据标准化统一体系，规范数据类型与授权使用方式，实现三地数据互联、互认、互通；拓展推进京津冀数字贸易港建设，进一步推动数据要素开放流动，深化区域合作；共促数据安全有序跨境流动，努力将京津冀打造成数据自由跨境流动的发展高地。再次，推动北京部分数字经济产业疏解落地到雄安新区，加强中关村与雄安新区在数字产业领域的交流合作，助力雄安新区打造新一代数字产业集群。最后，依托"微中心"①发展集成电路、智能终端、人工智能等重点数字产业，深耕数字产业细分领域，延伸北京数字产业集群发展空间，做优培强京津冀数字产业集群。

参考文献

白冰、赵作权、张佩：《中国南北区域经济空间融合发展的趋势与布局》，《经济地理》2021年第2期。

邬晓霞、朱春筱、高见：《京津冀地区城市体系规模结构的测度与评价——基于2006—2012年数据》，《河北经贸大学学报》2016年第3期。

赵思萌、赵作权、赵紫威：《中国技术创新的大规模空间集聚与趋势》，《经济地理》2023年第11期。

---

① 现有或新规划布局的小城市、经济功能区、特色小镇等。

B.6 京津冀创新链高质量发展研究

张 贵 孙建华*

摘 要： 本报告基于创新链高质量发展内涵，以及知识创新、技术创新和产品创新构建创新链高质量发展评价指标体系，运用熵权法、收敛机制检验模型分析京津冀创新链高质量发展水平和收敛情况。研究发现，京津冀区域和城市层面创新链高质量发展指数波动上升；京津冀地区创新链高质量发展不存在 σ 收敛，但存在绝对 β 收敛和条件 β 收敛。通过总结京津冀创新链高质量发展的现状及趋势，分析制约创新链高质量发展的主要问题，本报告提出以下政策建议：加快京津冀创新资源共建共享，促进要素合理有序流动；加强区域创新联系，发挥协同创新正外部性；建立长效合作机制，促进"五链"深度融合。

关键词： 创新链 高质量发展 熵权法 收敛分析 京津冀

京津冀协同发展经过十年建设取得了显著成效。当今世界正在经历百年未有之大变局，逆全球化趋势与政治环境变化交织，坚持科技创新在现代化建设全局中的中心地位，是立足现阶段国内外环境、形成新发展格局、打造国际竞争优势的重要战略选择。京津冀地区作为创新发展的先行区，汇聚了大量创新资源。《京津冀协同发展规划纲要》将北京、天津、河北分别定位为"科技创新中心""先进制造研发基地""产业转型升级试验区"，明确

---

* 张贵，经济学博士，南开大学经济与社会发展研究院教授、博士生导师，京津冀协同发展研究院秘书长，研究方向为京津冀区域经济、创新生态；孙建华，南开大学经济学院博士研究生，研究方向为区域经济。

了三地在建设区域创新网络中的核心功能与属性。新时期,创新在经济社会发展中的作用进一步凸显,未来需继续"以推进京津冀协同发展为战略牵引","深入推进区域一体化和京津同城化发展体制机制创新"。随着创新范式的变革,企业之间的竞争已转化为整个创新链之间的博弈（代明等,2009）。全球价值链创新理论表明,创新链是支撑产业链、供应链发展的重要因素（中共中央党史和文献研究院,2022）,一个地区的价值链攀升过程表现为产业链和创新链的螺旋式推进（张其仔、许明,2020）。创新链高质量发展作为创新驱动发展战略的重要内容,以知识生产为基础,以创新链各参与主体价值增值为目标,已成为推动京津冀区域发展新质生产力、提升区域创新竞争力、实现京津冀协同发展的必然要求。2024年2月,习近平总书记走访天津时指出,要注意加强天津与北京的科技创新协同和产业体系融合,围绕推动京津冀协同发展走深走实,深入推进区域一体化和京津同城化发展体制机制创新,唱好京津"双城记",有效贯通区域创新链、产业链、供应链、资金链、人才链（杜尚泽等,2024）。出于推动京津冀创新链高质量发展和贯通创新链、产业链、供应链、资金链、人才链"五链"的现实需要,对创新链高质量发展水平进行科学评价十分必要。基于此,本报告立足京津冀创新发展现状,深入分析创新链高质量发展的机理,结合2012~2022年京津冀三地创新链相关数据,科学测度京津冀创新链发展水平,并分析其水平收敛情况,以期进一步推动京津冀创新链高质量发展,形成"五链"互融互通、互动互促、协同共赢的新格局。

一 创新与创新链概念界定及机理分析

（一）概念界定

"创新"最早由熊彼特提出,是指各类要素的重新组合。各国实践表明,创新作为经济发展的重要驱动力,缓解了以往依赖物质资源禀赋对资源环境造成严重压力的经济发展问题。创新驱动发展战略的深入实施与知识经济的迅速发展，对创新活动的研判分析提出了更高的要求，需要在整体性视角下探讨创新链全过程（寇明婷等，2024）。国外学者 Hansen 和 Birkinshaw（2007）首次提出创新价值链的概念，将创新链分为创意的产生、创意的转换和创意的传播，解释了创新过程的内在联系。我国学者对创新链的研究相对较晚，以研发投入的基础研究、应用研究与试验发展三个阶段为基础，余泳泽和刘大勇（2013）从创新链视角将我国区域创新过程分为知识创新、科研创新和产品创新三个阶段。结合国内创新活动的特征事实，相关研究对创新链的内涵做出了更为具体的解释：创新链是由创新活动构成的链条，是以市场为导向，以企业需求为基础，多创新主体基于共同利益，围绕知识的产生、研究开发、规模化生产和商业化全过程而形成的链条结构模式（林敏，2018）。通过对现有关于创新链研究的文本分析，丁雪等（2020）指出，创新链是多个创新主体参与者相互链接并经历多个阶段产生价值的一体化创新活动过程或结构。尽管不同研究对创新链的定义各不相同，关注点也各有差异，但国内外学者基本达成共识，普遍认为基础科学研究是创新链的起点，知识创新活动是创新链的核心，均强调多主体互动与价值增值活动。在一定程度上，知识的产生是创新活动进行的基础，知识的传播增值是创新链高质量发展的推动力。本报告借鉴以往研究将区域创新链划分为知识创新、技术创新和产品创新三个阶段，认为创新链是指上述三个创新阶段联系互动，最终实现创新成果涌现的价值增值载体。

除了对创新链概念的廓清外，部分研究就创新链的形成动因与其经济效益展开讨论。其中，关于创新链的形成动因主要强调为了达到获取知识、降低交易费用、提高竞争力和产生新产品等目的，各创新主体聚集在一起紧密合作（代明等，2009）。随着创新链概念内涵等研究的深入，创新链的研究重心逐渐转向创新链经济效益以及创新链与产业链、人才链融合发展等问题。陈钊和初运运（2023）从产业链升级视角，借助无人机行业识别和度量上游关联产业，为紧扣产业链、供应链部署创新链提供研究例证。陈强远等（2024）讨论了创新集群对企业空间布局的影响，揭示了创新集群对企业有明显的向心力，指出推动产业链与创新链深度融合的战略选择。

（二）创新链高质量发展机理

随着创新的发展，创新价值链上不同环节之间的互动联系日益频繁。尽管在不同创新阶段创新主体、创新资源、创新要素、创新产出有所不同，但知识增值贯穿整个创新链的始终，因此知识的生产、传递、转移、吸收利用等过程成为影响区域创新链高质量发展的重要因素。以知识溢出为代表的创新溢出是区域创新链高质量发展的重要驱动力，这一溢出效应具体指创新活动在创新链不同环节之间的外溢，体现出创新要素在不同创新环节的相互影响。区域创新链高质量发展机制见图1。

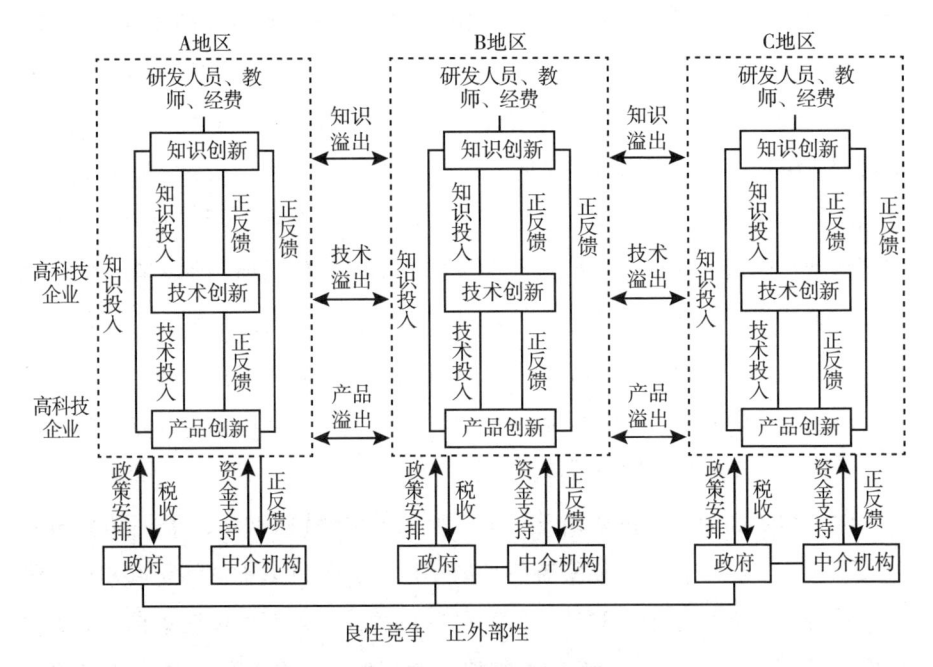

图1 区域创新链高质量发展机制

资料来源：笔者绘制。

对创新链不同创新阶段的纵向分析表明，知识创新阶段的创新主体主要是高校和科研机构，创新投入要素体现为在高校和科研机构从事知识生产活动的个体与为此提供支持的经费投入。在政府政策支撑与市场信息引导下，知识生产能力逐渐转化为现实生产力。知识创新阶段为整个创新链提供知识储备，这一阶段的创新产出即知识作为创新链下一阶段技术创新阶段的重要投入要素参与技术创新活动。技术创新阶段的创新主体主要是高科技企业，除了知识创新阶段产生的知识，高科技企业从业人员、研发投入也是生产技术的重要资源。知识创新和技术创新阶段生产的知识、技术以及相关研发人员、资金组成产品创新阶段的创新资源共同参与新产品生产，新产品走向市场进行商业化运作。不同创新阶段的创新资源投入与产出存在跨创新链的溢出效应（赵增耀等，2015），即知识创新阶段的投入要素在促进知识生产的同时也刺激了技术的生产，这是由于知识生产劳动者，主要是高校教师和科研机构研发人员通过人际沟通交流，使自身人力资本发挥正的外部性，带动技术创新与产品创新阶段创新能力的提升。同时，技术创新与产品创新阶段的知识投入也对彼此产生知识外溢效应，知识创新阶段产出的知识进入技术创新阶段，知识本身发生了集成和扩散，通过创新链不同创新阶段联通，知识实现了最大程度的优化、增值。知识生产创造、知识投入、知识收入贯穿整个创新链始终（叶伟巍等，2014），不断发生循环累积，最终推动区域创新链发展质量的提升。创新链三个阶段都受到创新环境的影响，单个区域内创新活动涉及的创新环境分为内部环境和外部环境。其中，内部环境是指与各个创新阶段相关的政策环境、硬件条件等。例如，良好的营商环境、政府对创新活动的大力支持、浓厚的创新文化、合理的资金结构等因素均可以促进不同创新阶段的发展。在整个创新链内，政府和中介机构发挥了举足轻重的作用。高校、企业、科研机构等不同创新主体的利益诉求可能并不一致，而在同一个创新体系内要想实现创新链高质量发展就需要政府提供制度安排，致力于创造良好的政策环境来保证不同创新主体参与推动创新链高质量发展的积极性与主动性，使其发挥各自优势，整合互补性资源。另外，知识增值过程中明晰产权至关重要，这就要求政府做好知识产权保护工作以保障知识生产的正常进行。以金融机构为代表的中介机构为不同创新阶段提供了资金支撑，中介机构为创新合作提供了良好的平台，有利于降低各个创新阶段的交易成本与道德风险。知识增值除了促进创新链高质量发展外，同样对政府和中介机构产生了正反馈效应。知识增值的创新发展能够给地方政府带来大额税收收入，降低失业率，促进经济可持续发展，提高政府执政水平。知识增值同样能够对中介机构产生正反馈，有利于中介机构尤其是科技中介机构的发展及其服务能力、服务效率的提升。由此，创新链不同阶段之间、创新链与外界环境之间的良性互动成为推动区域创新链高质量发展的重要力量。

二 京津冀创新链发展基础分析

（一）发展措施

自京津冀协同发展战略实施以来，京津冀三地立足自身功能定位，牢牢抓住创新驱动增长的机遇，高度重视科技创新工作，探索解决河北承接京津产业转移承载能力不足、区域创新链发展不充分等问题，提出了一系列推进创新发展的措施。2018年，河北省出台《河北省科技创新三年行动计划（2018—2020年）》，就河北省2018~2020年的科技创新工作进行总体部署安排；研究制定《河北省技术转移体系建设实施方案》，系统布局全省技术转移体系。2020年，天津市印发《天津市科技创新三年行动计划（2020—2022年）》，指明到2022年天津市在科技创新方面应达到的目标与重点任务，进一步加快全市科技创新发展。2021年，北京市印发《北京市"十四五"时期国际科技创新中心建设规划》，强调畅通国内国际双循环，保障创新链、产业链、供应链安全稳定，实现碳达峰、碳中和目标，比以往任何时候都更加需要科学技术解决方案，更加需要增强创新这个第一动力[1]。同时，指明聚焦"三链"融合，北京应着重发力的产业方向。进入新发展阶段，京津冀三地应更加积极地探索创新链高质量发展的有效路径。聚焦京津冀三地创新价值共创，三地共同签署《京津冀系统推进全面创新改革试验

---

[1] 《北京市"十四五"时期国际科技创新中心建设规划》，北京市发展和改革委员会网站，2021年11月24日，https://fgw.beijing.gov.cn/fgwzwgk/zcgk/ghjhwb/wnjh/202205/t20220517_2712021.htm。

方案》《共同推动京津冀国际科技合作框架协议》等文件，旨在整合区域创新资源，加快构建协同创新共同体。

（二）发展基础

2023年国家统计局公布的数据显示，京津冀三地GDP合计为10.444万亿元，占全国GDP的8.29%，为创新链高质量发展打下了坚实的经济基础。自京津冀协同发展战略实施以来，三地逐步打破要素流动壁垒，积极促进产业协同，全方位拓展合作的广度与深度。根据北京大学首都发展研究院发布的《京津冀协同创新指数（2022）》，2013~2020年京津冀协同创新指数从100增长到417.27，年均增速达22.64%，其中2018~2020年保持高速增长，京津冀协同发展潜力巨大，给区域创新链高质量发展带来了机遇。

区域科技创新投入增加。京津冀作为重要的创新要素集聚区，创新投入处于全国领先水平，北京集聚的大量创新资源和人才资源，为京津冀创新链高质量发展提供了重要的禀赋基础。2022年，京津冀三地R&D经费支出占各自GDP的7.58%、3.77%、2.08%，在全国位居前列；三地R&D人员数分别达到54.67万人、16.08万人、25.78万人（见图2），新产品研发经费支出分别为435.98亿元、103.62亿元、78.78亿元（见图3），创新投入规模显著增长。同时，京津冀交通一体化取得了巨大成就，交通的连接成为促进创新要素流动的重要因素。

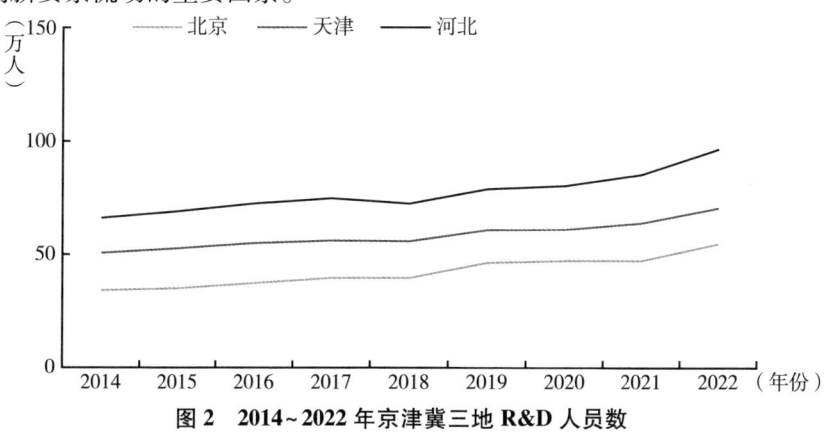

图2 2014~2022年京津冀三地R&D人员数

资料来源：EPS数据库。

图 3　2014~2022 年京津冀三地新产品研发经费支出

资料来源：EPS 数据库。

创新主体合作形式逐渐多样化。随着创新活动的复杂化和网络化，追求协同效应的创新链高质量发展逐渐深化。京津冀各城市之间开展了广泛的校际合作、校企合作，积极共建科技园区，为各级各类创新主体沟通互动提供了基础，通过密切的创新联系产生了创新成果外溢与创新文化共鸣，给创新链高质量发展带来了驱动力。2013~2022 年，京津冀三地科研合作大大加强，根据国家知识产权局公布的专利数据，三地合作发表论文总数由 3085 篇增加至 6871 篇，合作专利数由 4755 件增加至 11611 件；产业对接不断深化，2021 年京津转入河北的企业总数为 5616 家。

创新环境显著优化。自京津冀协同发展战略实施以来，三地依托各自产业比较优势，推动战略合作，津冀两地积极承接北京疏解转移企业，京企陆续在津冀设立分支机构，京津冀国家技术创新中心成立，有效拓展了产业合作的宽度与广度。与此同时，三地政府为争取有利于各自创新链环节的创新资源展开良性竞争。创新环境得到显著改善，2013~2020 年，京津冀创新环境指数由 1.98 增加至 103.82。[1]

---

[1] 北京大学首都发展研究院：《京津冀协同创新指数（2022）》，2023 年 2 月。

三 京津冀创新链高质量发展指数

本报告基于创新链高质量发展的内涵，提出京津冀区域创新链高质量发展指数体系构建思路，以期丰富关于区域创新链测度的研究。京津冀区域创新链高质量发展指数体系见表1。

表1 京津冀区域创新链高质量发展指数体系

一级指标	二级指标	三级指标	熵权
知识创新	知识创新投入	高等学校数（所）	0.055
		高校专任教师数（人）	0.057
		科研、技术服务和地质勘查业从业人员数（万人）	0.115
		政府教育支出（亿元）	0.057
	知识创新产出	三种专利申请量（件）	0.122
	知识创新环境	人均拥有图书馆藏书量（册）	0.036
		人力资本水平（%）	0.025
技术创新	技术创新投入	规模以上工业企业数量（家）	0.029
		政府科学技术支出（亿元）	0.119
	技术创新产出	第二产业增加值占GDP比重（%）	0.007
		规模以上工业企业利润总额（万元）	0.054
	技术创新环境	建成区绿化覆盖率（%）	0.017
		外商直接投资额（亿美元）	0.076
产品创新	产品创新投入	三种专利授权量（件）	0.091
		商标注册数量得分	0.004
	产品创新产出	规模以上工业企业产品销售收入（亿元）	0.048
	产品创新环境	互联网宽带接入用户数（万户）	0.029
		社会消费品零售总额（亿元）	0.058

资料来源：根据《中国城市统计年鉴》、《中国科技统计年鉴》以及京津冀各城市《国民经济和社会发展统计公报》整理。

（一）数据说明

本报告基于创新链，设计知识创新、技术创新、产品创新3个一级指标，分别表示三个创新阶段的创新能力，创新能力的提升是创新链高质量发展的基础。每个一级指标下设计与该创新阶段相关的投入、产出、环境3个二级指标。在知识创新阶段，全面系统测度某地的知识创新水平需要综合考虑知识创新阶段的要素投入、知识产出、创新环境等因素，因此该一级指标下的二级指标需要综合反映这三个方面的内容。选择高等学校数，高校专任教师数，科研、技术服务和地质勘查业从业人员数，政府教育支出作为知识创新阶段对创新投入的近似表征，选择三种专利申请量数据刻画知识创新阶段的知识产出量，选择人均拥有图书馆藏书量和人力资本水平反映知识创新阶段的创新环境质量。在技术创新阶段，选取规模以上工业企业数量和政府科学技术支出代表技术创新的投入要素，选取第二产业增加值占GDP比重和规模以上工业企业利润总额衡量技术创新产出，选取建成区绿化覆盖率和外商直接投资额代表技术创新阶段的创新环境质量。在产品创新阶段，选取三种专利授权量和商标注册数量得分作为产品创新的投入要素，其中专利授权表现为知识创新和技术创新阶段的创新成果，选取规模以上工业企业产品销售收入作为对产品创新阶段创新产出的近似衡量，同时选取互联网宽带接入用户数表示市场规模，用社会消费品零售总额表征居民消费水平。综上，刻画创新链三个阶段的创新绩效时考虑了各自的投入、产出与环境质量要素，综合体现了京津冀区域内创新链各创新阶段的创新水平。

本报告涉及的年份跨度为2012~2022年，研究对象为京津冀及其区域内的13个城市。表1所用数据大部分来自《中国城市统计年鉴》、《中国科技统计年鉴》以及京津冀各城市《国民经济和社会发展统计公报》。用普通本专科学历及以上人口数占全市常住人口的比重测度各地人力资本水平，商标注册数量得分数据来源于《中国区域创新创业指数（IRIEC）》[①]。由于

---

① 北京大学企业大数据研究中心：《中国区域创新创业指数（IRIEC）》，2022年2月。

IRIEC 中数据只更新到 2020 年，商标注册数量得分利用移动平均方法补齐。对于剩余部分的缺失数据，使用平均增长率方法补齐。

（二）测算方法

在指标体系相关研究中，用以确定各项指标权重的方法主要包括熵权法、专家打分法、变异系数法等，其中专家打分法主观性较强，不能满足客观评价的要求；熵权法和变异系数法则可以满足评价的客观性要求。与变异系数法相比，熵权法可以更好地体现指标包含的经济含义，在指数研究中被广泛应用，因此本报告选取熵权法来确定各指标权重。其原理是利用信息熵特性计算指标权重，首先标准化处理各项指标：

$$a_{ij} = \frac{A_{ij} - \min A_{ij}}{\max A_{ij} - \min A_{ij}} \tag{1}$$

其中，a_{ij} 为 i 地区第 j 个指标标准化之后的结果，A_{ij} 为 i 地区第 j 个指标标准化之前的数值。下面计算各个指标的熵值（H_j）：

$$H_j = -e \sum_{1}^{n} b_{ij} \ln b_{ij} \tag{2}$$

其中，$e = 1/\ln n$；$b_{ij} = a_{ij} / \sum_{1}^{n} a_{ij}$，表示第 j 项指标下第 i 个评价对象的特征比重；n 为区域内城市数量，对于京津冀区域而言，$n = 13$。接下来计算指标熵权（w_{ij}）：

$$w_{ij} = \frac{1 - H_j}{m - \sum_{1}^{n} H_j} \tag{3}$$

其中，m 表示指标数量。表 1 中列出了指标熵权数值，将每个指标标准化后的值根据计算得到的权重加权得到相应的二级指标数据和城市层面的创新链高质量发展指数。为了增强最终结果的可视化效果，将得到的各项得分扩大 100 倍进行分析。

（三）结果分析

1. 京津冀区域创新链高质量发展结果

将京津冀区域层面的数据代入模型计算，得到京津冀区域创新链高质量发展指数（见表2）。

表2 2012~2022年京津冀区域创新链高质量发展指数

年份	知识创新指数	技术创新指数	产品创新指数	综合指数
2012	2.44	11.41	1.50	15.35
2013	6.33	12.26	4.22	22.80
2014	8.42	22.59	7.70	38.71
2015	16.42	22.59	9.48	48.50
2016	11.84	14.17	11.84	37.84
2017	16.73	21.30	11.94	49.96
2018	20.01	9.73	14.15	43.90
2019	22.57	9.12	16.20	47.89
2020	27.14	13.13	19.18	59.46
2021	28.70	26.55	25.08	80.33
2022	31.37	17.73	25.39	74.49

资料来源：笔者测算。

创新链高质量发展取得了显著进步。总体来看，京津冀区域创新链高质量发展综合指数由2012年的15.35上升至2022年的74.49，呈现波动上升趋势。京津冀三地积极贯彻落实创新驱动发展战略，加大知识创新、技术创新和产品创新阶段的创新投入，有力地推动创新链三个阶段的创新绩效提升。分析创新链三个阶段的创新指数可以发现，2012~2022年，知识创新指数、技术创新指数和产品创新指数仅在个别年份下降，整体呈现上升趋势。其中，知识创新指数由2012年的2.44上升至2022年的31.37，样本研究期间知识创新行为成效显著，为创新链高质量发展奠定了坚实基础。技术创新指数由2012年的11.41上升至2022年的17.73，与知识创新指数及产品创新指数相比，技术创新指数波动更加明显，表明在创新链中新技术的开发与应用面临更多不确定性因素。创新链高质量发展是各个创新阶段环环相扣、共创价值的过程，进一步促进区域创新链发展需着力稳定技术创新指数，聚焦新技术的研发应用。产品创新指数由2012年的1.50上升至2022年的25.39，取得了实质性进展，表明产品创新过程可以很好地利用知识创新与技术创新阶段的创新产出进行新产品研发生产，未来应保持产品创新优势赋能创新链高质量发展。

综合分析三个创新阶段，2017年及以前知识创新指数低于技术创新指数，2017年以后知识创新指数高于技术创新指数和产品创新指数。基础研究是创新链的起点，是推进技术创新与产品创新的基础。随着创新驱动发展战略的深入实施，京津冀将政策重点从技术创新转向以知识创新为代表的基础研究，重视开展生命科学、物理等基础学科研究，2022年京津冀区域基础研究投入达5227837.6万元，基础研究投入占R&D经费支出的比重由2016年的10.37%上升至2022年的12.27%。

2. 京津冀各城市创新链高质量发展结果

本部分分析京津冀城市层面的创新链高质量发展结果，包括各城市创新链高质量发展指数、知识创新指数、技术创新指数和产品创新指数测算结果。

各城市创新链高质量发展进展显著。2012~2022年，京津冀区域13个城市创新链高质量发展指数均有不同程度的上升。其中，北京和天津的创新链高质量发展指数显著高于河北各城市，区域内各城市创新链高质量发展水平存在较大差距。北京的创新链高质量发展指数由2012年的51.23上升至2022年的90.25，涨幅为76.17%，在区域内处于绝对领先位置（见表3）。北京作为全国科技创新中心，创新资源大量聚集，创新要素配置能力强，政府积极主动营造有利的创新环境，有利于创新链各环节的有效衔接，促进各阶段创新产出。天津的创新链高质量发展指数总体呈现先上升后下降再上升的趋势。河北各城市的创新链高质量发展指数在2012~2022年尽管有所上升，但涨幅不明显，且与京津两地相比依旧存在较大差距。为了更好地提升创新链高质量发展水平，河北需借助京津冀协同发展的有利契机，坚持创新驱动，合理配置创新资源，找准自身发展优势，不断提升创新链发展质量。

表3 2012~2022年京津冀各城市创新链高质量发展指数

城市	2012年	2013年	2014年	2015年	2016年	2017年	2018年	2019年	2020年	2021年	2022年
北京	51.23	55.65	60.81	64.38	67.88	74.60	78.70	80.03	78.07	88.82	90.25
天津	33.85	35.27	38.00	40.14	36.89	33.79	32.30	32.71	32.88	37.02	35.54
石家庄	13.60	13.95	14.89	15.70	16.45	16.73	15.69	15.75	16.78	17.67	17.72
唐山	7.83	7.89	8.24	7.58	8.31	9.05	10.07	10.68	11.66	12.72	12.40
邯郸	4.94	4.82	5.04	5.14	5.44	5.82	5.97	6.17	6.87	7.30	7.25
张家口	2.26	1.75	2.60	2.87	2.34	2.80	3.10	3.16	3.57	3.74	3.81
保定	6.16	7.31	7.68	7.76	8.59	8.15	9.09	8.83	9.29	10.17	10.22
沧州	4.28	4.59	5.16	5.27	6.08	6.07	6.05	6.18	6.93	7.67	7.62
秦皇岛	5.30	6.13	5.77	7.19	5.78	6.02	6.34	5.19	5.30	5.87	5.62
邢台	2.93	3.13	3.47	3.31	3.78	4.25	4.53	4.82	5.06	5.59	5.73
廊坊	5.75	5.49	5.68	7.00	6.89	6.65	7.20	7.58	7.75	8.64	8.52
承德	2.37	2.33	2.60	2.59	2.90	2.69	2.93	2.98	3.34	3.48	3.47
衡水	1.75	2.01	2.36	2.68	2.46	2.70	2.65	2.63	2.98	3.37	3.32

资料来源：笔者测算。

各城市知识创新水平显著提升，城市间差异显著。表4测算结果表明，2012~2022年，除个别数据波动外，京津冀各城市知识创新指数逐年增长，表明城市层面的知识创新水平逐年提升。对某一年进行横向分析可以发现，北京、天津和石家庄的知识创新在区域内处于领先水平。北京除了集聚大量创新要素外，各类保障措施充分，公共服务体系健全，社会保障体系完善，为知识创新提供了良好的发展环境，促进知识源源不断产出。天津的知识创新指数有一定提升，但涨幅并不明显，且与北京相比存在较大差距。2020年，河北高新技术企业数量达到9014家，扩展了知识生产的来源。石家庄和保定在知识创新方面处于省内领先位置，其余城市的知识创新与之相比差距依旧较大。为了提升河北乃至京津冀整体的知识创新水平，需进一步巩固京津冀协同创新成果，致力于缩小区域内部知识创新差距，注重知识创新发展的协调性。

表4 2012~2022年京津冀各城市知识创新指数

城市	2012年	2013年	2014年	2015年	2016年	2017年	2018年	2019年	2020年	2021年	2022年
北京	28.91	31.40	33.15	34.62	37.65	37.47	41.56	41.39	38.69	41.91	44.34
天津	11.88	13.37	13.94	14.54	15.08	14.39	14.47	14.61	14.05	15.15	15.34
石家庄	7.61	7.65	7.76	7.97	8.23	8.46	8.86	9.04	9.30	9.62	9.72
唐山	2.13	1.98	2.02	2.09	2.37	2.57	2.84	3.35	3.91	4.33	4.14
邯郸	1.11	1.05	1.12	1.20	1.24	1.30	1.40	1.49	1.74	1.82	1.84
张家口	1.13	0.54	1.16	1.35	0.78	1.39	1.47	1.59	1.84	1.82	1.92
保定	2.74	3.52	3.31	3.82	3.93	3.58	4.14	4.37	4.23	4.51	4.65
沧州	0.99	0.95	1.28	1.18	1.64	1.68	1.89	2.08	2.36	2.50	2.62
秦皇岛	3.55	4.32	3.97	5.67	4.05	4.08	4.11	2.91	2.84	3.13	2.99
邢台	0.67	0.82	0.75	0.87	0.91	1.01	1.08	1.17	1.29	1.46	1.48
廊坊	2.80	2.46	2.51	3.74	3.38	3.38	3.60	3.78	3.66	4.07	4.14
承德	1.04	0.88	1.07	1.08	1.19	1.24	1.38	1.56	1.69	1.68	1.76
衡水	0.16	0.14	0.27	0.35	0.30	0.40	0.39	0.55	0.61	0.68	0.71

资料来源：笔者测算。

技术创新在城市间的差异显著。北京和天津的技术创新指数依旧在区域内遥遥领先，河北各城市的技术创新指数略低，这可能源于不同城市技术创新要素投入与环境供给质量的差异。2021年，北京的科研经费支出是天津的4.32倍、河北的5.48倍，物质和人力资源等的积累有力地保障了技术创新。2012~2022年，北京的技术创新指数由12.12上升至24.86，涨幅为105.11%，无论是基数还是增长率在京津冀区域中均位于前列（见表5）。河北各城市的技术创新指数相较于知识创新指数差别不显著。然而不同于知识创新指数，样本研究期间有部分城市出现技术创新指数下降的现象，如天津、石家庄、张家口、秦皇岛、廊坊和承德，技术创新指数的提高依赖于技术创新投入、技术创新产出与技术创新环境的共同提升，各地需将发展重点聚焦于提升技术创新效率上。对于天津，其创新资金较充足，创新资源较丰富，要牢牢把握创新是新的要素组合这一本质，合理调整创新资源配置。对于河北，受创新资源总量的限制，需注重塑造创新型产业新优势，破除制约技术创新水平提升的障碍。

表5　2012~2022年京津冀各城市技术创新指数

城市	2012年	2013年	2014年	2015年	2016年	2017年	2018年	2019年	2020年	2021年	2022年
北京	12.12	13.07	15.21	16.55	16.38	22.30	20.90	20.39	19.92	24.30	24.86
天津	14.80	13.80	15.27	16.24	12.43	10.35	8.56	8.71	8.82	9.86	7.31
石家庄	3.25	3.37	3.79	4.05	4.14	4.17	2.79	3.01	3.19	3.28	3.22
唐山	3.02	3.03	3.18	2.53	2.69	3.13	3.42	3.40	3.47	3.94	3.70
邯郸	2.32	2.26	2.38	2.25	2.32	2.39	2.30	2.32	2.52	2.78	2.58
张家口	1.01	1.08	1.20	1.16	1.09	0.78	0.81	0.75	0.83	0.82	0.72
保定	2.01	2.19	2.49	2.01	2.35	2.31	2.30	2.02	2.19	2.60	2.37
沧州	2.13	2.32	2.38	2.42	2.52	2.45	2.07	2.00	2.25	2.58	2.33
秦皇岛	1.35	1.37	1.32	0.89	0.95	1.07	1.20	1.25	1.32	1.49	1.27
邢台	1.51	1.51	1.78	1.32	1.55	1.86	1.84	1.99	1.89	2.06	2.08
廊坊	2.10	2.09	2.05	2.06	2.17	1.99	1.96	1.96	2.02	2.24	2.06
承德	1.14	1.21	1.23	1.17	1.24	1.01	0.93	0.77	0.96	1.02	0.87
衡水	1.30	1.52	1.58	1.68	1.42	1.46	1.32	1.14	1.30	1.43	1.30

资料来源：笔者测算。

各城市产品创新指数显著提升。2012~2022年，京津冀各城市的产品创新指数均有所上升，其中张家口、承德、衡水、秦皇岛的技术创新指数上升幅度较大，分别达到883.33%、342.11%、336.67%、237.50%（见表6）。尽管与技术创新指数相比，产品创新指数基数较小，但样本研究期间各城市均取得了显著的产品创新进步，京津冀三地高技术产业新产品销售收入由2014年的4015亿元增加至2022年的5001亿元。北京和天津的产品创新指数高于河北各城市，然而增长率低于河北各城市，与京津相比，河北各城市表现出更大的产品创新潜力。河北省内石家庄、唐山和保定的产品创新水平相对较高，这与这些地区的经济禀赋基础优势相关。

表6　2012~2022年京津冀各城市产品创新指数

城市	2012年	2013年	2014年	2015年	2016年	2017年	2018年	2019年	2020年	2021年	2022年
北京	10.19	11.17	12.45	13.21	13.85	14.83	16.24	18.24	19.46	22.61	21.05
天津	7.17	8.10	8.80	9.36	9.39	9.05	9.27	9.40	10.01	12.01	12.89
石家庄	2.74	2.93	3.33	3.68	4.08	4.10	4.04	3.70	4.29	4.77	4.79
唐山	2.68	2.89	3.04	2.96	3.25	3.35	3.81	3.93	4.28	4.45	4.56
邯郸	1.51	1.50	1.54	1.70	1.89	2.13	2.27	2.36	2.60	2.70	2.83
张家口	0.12	0.14	0.24	0.36	0.47	0.63	0.82	0.82	0.90	1.09	1.18
保定	1.41	1.60	1.89	1.94	2.31	2.26	2.65	2.44	2.87	3.06	3.19
沧州	1.15	1.33	1.50	1.67	1.92	1.95	2.09	2.10	2.32	2.60	2.67
秦皇岛	0.40	0.45	0.48	0.63	0.78	0.87	1.03	1.02	1.13	1.25	1.35
邢台	0.75	0.80	0.94	1.11	1.32	1.39	1.61	1.65	1.88	2.07	2.17
廊坊	0.86	0.94	1.11	1.19	1.34	1.27	1.65	1.84	2.07	2.33	2.33
承德	0.19	0.25	0.30	0.35	0.46	0.44	0.62	0.65	0.69	0.78	0.84
衡水	0.30	0.35	0.51	0.64	0.74	0.83	0.93	0.93	1.06	1.25	1.31

资料来源：笔者测算。

四　京津冀创新链高质量发展收敛机制分析

（一）京津冀创新链高质量发展的σ收敛

利用σ系数检验京津冀创新链高质量发展水平变化趋势，σ系数反映了城市层面创新链高质量发展指数偏离均值的幅度，σ的测度使用变异系数法，计算公式为：

$$CV = \sqrt{\frac{\sum_{i=1}^{n}(Q_i - Q_0)^2}{n-1}} / Q_0 \quad (4)$$

其中，CV为某年的变异系数；n为城市数量，京津冀区域为13；Q_i是第i个城市创新链高质量发展指数；Q_0表示某年13个城市创新链高质量发展指数Q_i的均值。变异系数的大小反映了京津冀创新链高质量发展水平的变化差异，CV的变化趋势反映了京津冀创新链高质量发展是否存在 σ 收敛。若 CV 呈现逐年增大的趋势，则不存在 σ 收敛；若 CV 呈现逐年减小的趋势，则存在 σ 收敛。图4绘制了2012~2022年京津冀创新链高质量发展变异系数。

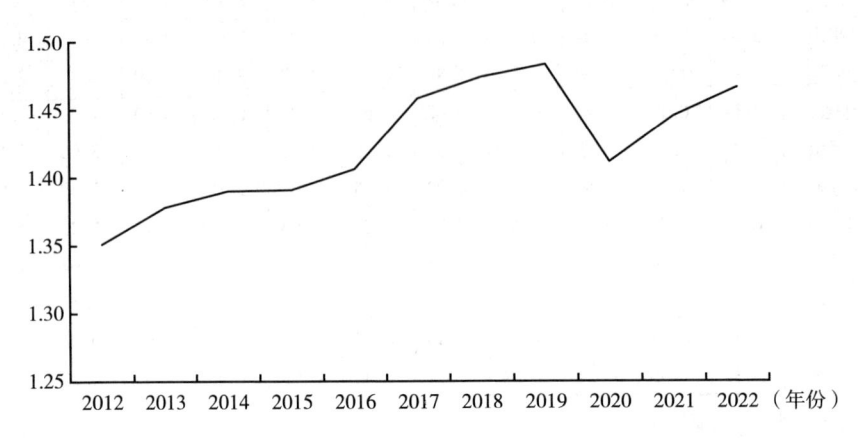

图4 2012~2022年京津冀创新链高质量发展变异系数

资料来源：笔者绘制。

由图4可知，2012~2022年，京津冀创新链高质量发展变异系数呈现波动上升的态势，这表明京津冀创新链高质量发展不存在 σ 收敛特征。2019年之前，变异系数总体呈上升态势，表明这段时间内京津冀创新链高质量发展表现出发散特征。变异系数在2019年达到峰值，为1.483，此时创新链高质量发展水平差距达到最大。2020年，变异系数短暂下降，创新链高质量发展尽管存在收敛特征，但不显著。2021~2022年，变异系数进一步上升，创新链高质量发展依旧呈现发散特征。总体而言，样本研究期间京津冀创新链高质量发展不存在 σ 收敛。

（二）京津冀创新链高质量发展的 β 收敛检验

β 收敛用于检验经济变量发展的趋同趋势，分为绝对 β 收敛与条件 β 收敛，分别用于检验不同个体的经济变量发展速度是否会随着时间的推移逐渐趋同,以及同一个体的经济变量是否会收敛于自身稳定状态的水平。在本报告中,绝对 β 收敛用于检验京津冀创新链高质量发展指数较低的城市是否会随着时间的推移与其他城市的创新链高质量发展指数逐渐趋同;条件 β 收敛用于检验在城市发展条件不同的前提下,各自创新链高质量发展指数是否会收敛到自身的相对稳定状态。

1. 模型设定

为使用 β 收敛方法检验京津冀创新链高质量发展水平的收敛特征,设定如下两个计量模型:

$$d(\ln y_{it}) = \alpha + \beta \ln(y_{i,t-1}) + \varepsilon_{it} \tag{5}$$

$$d(\ln y_{it}) = \alpha + \beta \ln(y_{i,t-1}) + X_{it} + \varepsilon_{it} \tag{6}$$

2. 数据说明

式(5)和式(6)分别用于绝对 β 收敛检验和条件 β 收敛检验。其中,$\ln y_{it}$ 表示京津冀区域第 i 个城市第 t 年的创新链高质量发展指数对数值,$d(\ln y_{it})$ 表示第 i 个城市第 t 年创新链高质量发展指数对数值的一阶差分项,ε_{it} 表示随机误差项,X_{it} 表示一系列控制变量。为检验京津冀各城市创新链高质量发展的条件 β 收敛特征,选取如下控制变量:城市规模(siz),用各地户籍人口数取对数来表示;居民生活水平(liv),用各地职工平均工资数取对数来表示;社会福利水平(soc),用城镇职工养老保险参保率来表示。

3. 实证结果

表7列示了京津冀创新链高质量发展绝对 β 收敛与条件 β 收敛的计算结果。

表7 京津冀创新链高质量发展的 β 收敛检验结果

变量	绝对 β 收敛	条件 β 收敛
β	-0.171*** (-3.65)	-0.440*** (-5.45)
siz		-0.779 (-0.87)

续表

变量	绝对 β 收敛	条件 β 收敛
liv		0.501***
		(3.01)
soc		0.022
		(0.09)
常数项	0.390***	3.835
	(4.08)	(0.66)
R^2	0.103	0.217
N	130	130

注：*、**、***分别表示在10%、5%、1%的水平下显著，括号内为t值。
资料来源：笔者测算。

在绝对 β 收敛方面，京津冀区域城市层面 β 收敛系数在1%的水平下显著为负，表明创新链高质量发展有绝对 β 收敛趋势，即区域内创新链高质量发展水平较低的城市有更快的发展速度和更大的发展潜力，随着时间的推移，京津冀区域13个城市的创新链高质量发展指数将达到同样的稳态水平。在条件 β 收敛方面，京津冀区域城市层面 β 收敛系数为-0.440，且在1%的水平下显著，表明京津冀区域创新链高质量发展存在条件 β 收敛。在控制变量方面，居民生活水平的系数显著为正，说明合理提高居民生活水平尤其是收入水平有利于缩小京津冀区域城市层面创新链高质量发展水平之间的差距。在城市规模、居民生活水平和社会福利水平等发展条件不同的前提下，各城市创新链高质量发展水平会随着时间的推移逐渐收敛到各自的稳态水平。

五　京津冀创新链高质量发展存在的主要问题

（一）京津冀三地创新能力差距大，结构不均衡

从京津冀区域内部来看，尽管2012~2022年区域创新链高质量发展指数不断提升，但是京津冀区域各城市创新链高质量发展存在巨大差异。无论

是创新链高质量发展指数，还是创新链知识创新、技术创新和产品创新三个阶段，北京都处于绝对领先位置，天津次之，河北各城市则相对落后。总体而言，北京作为区域乃至全国科技创新中心，创新链发展已经相对成熟，天津的创新链发展处于成长阶段，河北除石家庄和唐山外，其余各城市的创新发展水平仍处于初级阶段。从京津冀各城市的创新产出来看，2017~2021年，北京的专利授权量由106948件增加至198778件，年均增长率为16.97%，在区域内遥遥领先，北京各年份的专利授权量超过河北各城市的专利授权量总和，京津冀各城市创新实力悬殊（见表8）。创新效率方面，2013~2021年，京津冀区域纯技术有效率城市数量波动变化，但北京和天津的效率值基本为1（叶堂林等，2023），远高于河北各城市。因此，在创新产出基数与创新效率方面，京津冀各城市间均存在巨大差距，区域创新格局不均衡。同时，受资源禀赋和地方行政政策的影响，京津冀三地科技创新型企业在资质认证、产品质量和知识产权互认互通、高科技人才流动等方面依旧存在诸多障碍，成为制约区域创新链创新要素共通共享、创新链高质量发展的重要因素。

表8　2017~2021年京津冀各城市专利授权量

单位：件

城市	2017年	2018年	2019年	2020年	2021年
北京	106948	123496	131716	162824	198778
天津	41675	54680	57799	75434	97910
石家庄	7501	11450	13847	20498	26780
唐山	3677	5308	7102	11357	13873
邯郸	2435	3910	4053	6758	8476
张家口	985	1346	1606	2543	3685
保定	5506	8102	8130	13123	17894
沧州	3041	4898	4973	9096	11085
秦皇岛	3021	2884	3178	4386	5102
邢台	2828	4603	4664	7678	9721
廊坊	3494	5547	5941	9908	13882
承德	774	1257	1299	2151	3022
衡水	2086	2587	3018	4694	6513

资料来源：EPS数据库。

（二）以知识创新为基础的基础研究薄弱

区域创新链的高质量发展，需要创新链各环节有效衔接、平衡发展。基础研究作为知识生产的起点，对创新链高质量发展至关重要。创新链基础研究薄弱会导致区域产业发展缺乏关键核心技术，难以获得竞争优势，不利于产业链、供应链、创新链高质量发展。根据前文的研究结果，尽管2012~2022年京津冀区域知识创新指数总体呈上升态势，且自2018年起超过技术创新指数，知识创新发展逐年向好，然而与创新高地长三角区域相比，知识创新并不存在优势。由表9可知，与京津冀区域相比，长三角区域总体更加注重基础研究。北京的基础研究支出占R&D经费支出的比重为16.6%，高于长三角区域三省一市，而天津和河北的占比分别为4.4%和3.2%，远低于上海的9.1%和安徽的9.0%。与长三角区域的横向对比发现，京津冀区域尤其是天津和河北仍存在继续提升R&D经费支出中基础研究投入所占比重的空间。应用研究/基础研究反映了各地R&D经费支出在应用研究和基础研究中的结构，京津冀三地的这一比值显著高于长三角区域三省一市，这表明两区域在研发经费投入方面的侧重点有所不同。为了进一步增加创新链知识储备，实现全链条知识增值与价值增值，京津冀区域需适当增加基础研究支出，加大对关键核心技术的研发力度，改善基础研究劣势。

表9　2022年京津冀与长三角R&D经费支出结构比较

区域	地区	基础研究	应用研究	试验发展	应用研究/基础研究	试验发展/基础研究
京津冀	北京	0.166	0.257	0.577	1.553	3.488
	天津	0.044	0.135	0.822	3.087	18.831
	河北	0.032	0.090	0.878	2.799	27.291
长三角	上海	0.091	0.102	0.807	1.115	8.858
	江苏	0.041	0.051	0.907	1.237	21.917
	浙江	0.046	0.070	0.884	1.545	19.375
	安徽	0.090	0.084	0.826	0.933	9.183

注：应用研究/基础研究、试验发展/基础研究数值按原始数据计算。
资料来源：EPS数据库。

（三）创新生态发展不够完善

创新链能否高质量发展取决于各个创新阶段之间是否可以有效衔接，以及与其相适应的创新环境、创新生态是否完善。知识创新阶段生产的知识得以有效率地传递到技术创新和产品创新阶段，需要"黏合剂"即各种中介组织的作用。科技中介服务机构通过在科技成果转化市场提供完整的技术交易、知识等科研成果商业转化通道服务创新链条。近年来，京津冀成立了相对比较完善的技术转移中心、科技成果转化交易市场，在一定程度上激活了京津冀区域技术交易市场。截至2020年，京津冀三地共成立了90余个不同类型的产业技术创新战略联盟，为三地产业链与创新链融合、促进区域创新链高质量发展提供了重要纽带。然而，京津冀三地尚未形成区域创新驱动合力，北京的技术合同成交额输出到津冀两地的比例低，津冀两地承接北京输出技术合同成交额的比重仅分别为0.7%和3.6%。现阶段京津冀三地创新分工格局清晰，但缺乏有效率的成果转化机制，导致北京的技术创新成果往往"孔雀东南飞"，津冀两地难以在京津冀协同中享受北京创新的正外部性。截至2022年，国家技术转移示范机构法人机构共385家，其中京津冀区域71家、长三角区域102家；创新型产业集群共193个，其中京津冀区域16个、长三角区域37个。与长三角区域相比，京津冀区域存在科技成果转化服务相对欠缺、创新型产业集群整体规模较小等现实问题，成为制约创新链高质量发展，有效贯通区域创新链、产业链、供应链、资金链、人才链的重要因素。

六 主要结论与政策建议

（一）主要结论

本报告从以往关于创新链的研究中提炼出创新链定义，即将区域创新链划分为知识创新、技术创新和产品创新阶段三个阶段，认为创新链是指上述

三个创新阶段联系互动，最终实现创新成果涌现的价值增值载体。进一步分析创新链高质量发展的内在机理，基于京津冀区域13个城市的面板数据，构建区域创新链高质量发展指数体系，使用熵权法测度京津冀区域及其城市层面的创新链高质量发展指数，并对京津冀创新链高质量发展收敛机制进行检验，研究结论主要如下。

第一，京津冀创新链高质量发展指数逐年波动上升，创新链高质量发展取得了显著进步。京津冀区域层面的创新链高质量发展综合指数由2012年的15.35上升至2022年的74.49，区域创新投入增加，有力地推动了创新链三阶段创新绩效的提升。第二，京津冀城市层面创新链高质量发展指数波动上升，各地知识创新、技术创新和产品创新取得进展，但城市间差异显著。第三，京津冀创新链高质量发展的收敛机制检验表明，创新链高质量发展差距逐步扩大，总体而言不存在 σ 收敛，但存在显著的绝对 β 收敛趋势。第四，京津冀创新链高质量发展依旧存在三地创新能力差距大、结构不均衡、以知识创新为基础的基础研究薄弱、创新生态发展不够完善等问题。

（二）促进京津冀创新链高质量发展的政策建议

1. 加快京津冀创新资源共建共享，促进要素合理有序流动

从创新要素角度，打破区域间要素市场的割裂，加快集聚区域创新资源共建共享，赋能创新链、产业链、供应链、资金链、人才链"五链"融合。首先，积极探索政府合作新模式，破除阻碍要素自由流动的体制机制壁垒，为区域创新链高质量发展提供良好的制度基础与政策环境。同时，完善创新要素在京津冀区域的共享机制，推动各类创新要素在同区域不同领域及不同区域内合理高效配置。设置灵活的创新要素共享模式，建立创新资源共享平台，实现资源共建共享。缓解北京对创新资源的单向吸附现象，促进虹吸向扩散转变。津冀两地在承接北京疏解的创新要素过程中，需做到有序承接，注重区域生产要素的互补性，避免同质化竞争对区域创新链高质量发展造成的不良影响。有效整合京津冀区域的高端人才资源、科技创新人才资源，促

进创新关键要素之间相互流动，形成多维度的叠加效应，构建要素高效协同的创新格局。

2.加强区域创新联系，发挥协同创新正外部性

鼓励区域间形成基于创新的企业间网络结构，通过空间联动促进京津冀区域创新合作。进一步发挥北京科技核心对天津、河北的辐射带动作用，拓展京津冀创新链高质量发展的广度与深度。设立政府主导，统筹创新主体、中介机构、研究机构、企业等区域各创新要素的创新链高质量发展利益协调机构，围绕创新链高质量发展的利益诉求、利益共享、利益补偿进行体制机制创新，解决区域内创新链高质量发展过程涉及的利益分配问题，调动创新主体的积极性。借助大数据、人工智能等新一代信息技术，三地合力共建跨区域技术创新联盟，推动京津冀区域科技成果转化。推进京津冀高校、科研院所、企业加强合作，推动基础研究成果、创新产品等由北京高效率地向津冀两地转移，避免创新成果"孔雀东南飞"，最大限度地发挥创新链高质量发展的正外部性。

3.建立长效合作机制，促进"五链"深度融合

立足三地要素禀赋和创新愿景，完善京津冀区域创新链、产业链、供应链、资金链、人才链"五链"融合机制。重视城市间竞争合作机制，加强区域沟通交流。处理好竞争与合作的关系，形成"竞合共生"的关系。区域内三地竞争是前提，在知识创新、技术创新和产品创新领域鼓励充分竞争，促进创新成果产出；合作是机遇，通过区域合作，各类创新要素得到充分整合。北京应发挥好区域"引领者"的作用；天津应主动加强与北京的科技合作对接；河北应加强创新投入，积极承接京津两地的科技创新成果，努力推动京津创新成果在河北落地，积极主动对接，夯实成果转化基础，着力缩小与京津两地创新链高质量发展的差距。三地应聚焦新科技、新产业，合作组建新联盟、新平台。遵循"以园构链、以链建园"的思路，以共建园区为发力点，积极推进北京非首都功能疏解，全面拓展三地合作的广度和深度。

参考文献

陈强远、殷赏、程芸倩、孙久文：《围绕创新链布局产业链：基于中关村科技园周边新企业进入的分析》，《中国工业经济》2024年第1期。

陈钊、初运运：《新兴企业进入与产业链升级：来自中国无人机行业的证据》，《世界经济》2023年第2期。

代明、梁意敏、戴毅：《创新链解构研究》，《科技进步与对策》2009年第3期。

丁雪、杨忠、徐森：《创新链概念的核心属性与边界———项提升概念清晰度的文本分析》，《南京大学学报》（哲学·人文科学·社会科学）2020年第3期。

杜尚泽、陈伟光、张晓松、朱基钗：《老百姓的事情是最重要的事情》，《人民日报》2024年2月4日，第1版。

寇明婷、杨一帆、张超：《全创新链视角下企业创新政策生态系统：理论与评估框架》，《科学学与科学技术管理》2024年第1期。

林敏：《知识转移、创新链和创新政策研究》，经济科学出版社，2018。

叶堂林、王雪莹、刘哲伟等：《京津冀发展报告（2023）》，社会科学文献出版社，2023。

叶伟巍、梅亮、李文、王翠霞、张国平：《协同创新的动态机制与激励政策——基于复杂系统理论视角》，《管理世界》2014年第6期。

余泳泽、刘大勇：《我国区域创新效率的空间外溢效应与价值链外溢效应——创新价值链视角下的多维空间面板模型研究》，《管理世界》2013年第7期。

张其仔、许明：《中国参与全球价值链与创新链、产业链的协同升级》，《改革》2020年第6期。

赵增耀、章小波、沈能：《区域协同创新效率的多维溢出效应》，《中国工业经济》2015第1期。

中共中央党史和文献研究院：《习近平关于社会主义精神文明建设论述摘编》，中央文献出版社，2022。

Hansen, M. T. and Birkinshaw, J., "The Innovation Value Chain", *Harvard Business Review*, 2007, 85 (6).

B.7 京津冀自贸试验区高质量发展研究*

叶堂林 严亚雯**

摘　要： 京津冀自由贸易试验区（以下简称自贸试验区）合作是京津冀协同发展进入全方位、高质量深入推进阶段的必要举措，作为对外开放和自由贸易的"高地"与"试验田"，京津冀自贸试验区应坚持以制度创新为核心，持续探索实践经验，实现"制度先行"赋能京津冀协同发展。本报告以京津冀城市群13个城市为研究对象，对京津冀自贸试验区发展现状进行分析，同时利用倾向得分匹配－双重差分模型（PSM-DID）评估京津冀自贸试验区对高质量发展的影响及效应。结果表明，京津冀自贸试验区制度创新能力逐渐提升，协同发展不断取得新突破，为京津冀协同注入新动能；自贸试验区的设立有助于提升城市高质量发展水平。在此基础上，本报告提出促进京津冀自贸试验区高质量发展的对策建议：多措并举加强三地自贸试验区联动机制建设；完善产业联动发展机制；多路并进提升三地自贸试验区贸易便利化水平；加强知识产权司法协作，推进知识产权金融创新。

关键词： 自贸试验区　高质量发展　PSM-DID　京津冀

---

* 本报告为国家社会科学基金重大项目"数字经济对区域协调发展的影响与对策研究"（23&ZD078）、国家自然科学基金面上项目"多层动态网络视角下城市群创新生态系统演化机理及绩效评价研究"（72373105）、教育部人文社会科学研究专项任务项目"推动京津冀高质量发展研究"（23JD710022）的阶段性成果。

** 叶堂林，经济学博士，首都经济贸易大学特大城市经济社会发展研究院（首都高端智库）执行副院长、特大城市经济社会发展研究省部共建协同创新中心（国家级研究平台）执行副主任，教授、博士生导师，研究方向为区域经济、京津冀协同发展等；严亚雯，首都经济贸易大学财政税务学院博士研究生，研究方向为财税理论与政策。

一 研究背景

当前,世界正处于百年未有之大变局中,这一变局涵盖了国际经济格局的深刻调整、全球供应链的重构以及新兴技术和产业的崛起。在此背景下,我国对外开放之路更显迫切,要参与全球贸易并在国际贸易体系中发挥更加积极的作用,推动高标准国际经贸规则的制定和改进,在这一历史使命下,我国的自由贸易试验区(以下简称自贸试验区)扮演着关键的角色。

(一)京津冀协同发展阶段转变需要探索更深层次的制度创新

京津冀协同发展已进入全方位、高质量深入推进阶段。非首都功能疏解取得积极进展,产业、交通、生态等重点领域取得显著成效,雄安新区已由规划和大规模建设阶段进入大规模建设和大规模承载并重的阶段,城市副中心建设已初具雏形,进入大规模承接阶段,现代化首都都市圈已进入规划和实施阶段,京津冀城市群骨架基本完善。但随着协同实践的深化,协同发展已步入"深水区",京津冀协同在产业发展、空间布局和增长动力上的深度约束逐步显露,需创新产业发展领域的利益共享机制、交通建设领域的成本共担机制以及生态环境建设领域基于市场规则的双向补偿机制等。面对新的发展阶段,亟须通过制度创新推进更深层次的改革,强化改革创新成果的集成应用和系统推进,赋能京津冀实现高质量协同发展的新突破。

(二)三地自贸试验区协同发展是推动京津冀协同发展的关键之一

自贸试验区作为区域发展的重大战略功能平台之一,是制度创新的"试验田",能够有效推动区域产业高水平协同和功能高水平互补。京津冀三地自贸试验区在设立之初便已明确各自定位,在发展过程中始终坚持以制度创新为核心,深化首创性、集成化、差别化改革,对标高标准国际经贸规则,构建要素跨境自由流动制度政策体系并取得了较好的成效。京津冀自贸试验区协同发展是自贸试验区步入改革开放"深水区"过程中的积极探索,也是顺应深层次制度创新需求的自然产物。可以说，三地自贸试验区协同发展是在改革开放的"试验田"上针对高质量建设自贸试验区的新尝试，也是推动京津冀协同发展的关键之一。因此，京津冀自贸试验区应同向发力推动协同发展，通过制度创新最终使京津冀协同发展成为利益共享、成本分摊、风险共担的利益共同体。

二 京津冀自贸试验区发展现状

（一）京津冀自贸试验区制度创新能力不断提升

自贸试验区作为制度创新的前沿阵地，是对接引领国际规则的"试验田"，其核心职责不仅是对外开放和促进贸易，更重要的是在制度设计、管理模式、政策制定等方面进行创新，加快转变政府职能和行政体制改革，构建与各国合作发展的新平台，实现货物、资金、人才、信息技术的自由流动，形成可复制、可推广的经验，服务全国的开放和创新发展。

1. 北京和天津自贸试验区制度创新潜力已显现，逐渐呈现赶超上海自贸试验区的趋势

京津冀三地自贸试验区自设立以来，坚持以制度创新为核心，形成了一大批制度创新成果，制度创新能力持续提升。根据2020~2021年和2022~2023年《中国自由贸易试验区制度创新指数》，2020~2021年北京和天津自贸试验区就已排在全国54个片区的前10位（北京、天津分别排在第10位、第7位），2023年表现依旧突出（北京、天津分别排在第6位、第5位），得分和排名仍有进步，呈现明显上升势头。北京自贸试验区虽然设立时间较晚（2020年9月），但其在制度创新方面的优势相当明显。北京自贸试验区自设立以来始终以制度创新为核心，加快打造京津冀协同发展的高水平对外开放平台，对标国际先进规则，努力建设辐射带动作用突出的高质量自贸试验区。不同于其他自贸试验区的集中开发、独立区域管理模式，北京自贸试验区没有行政区域限制，横跨海淀、昌平、朝阳、通州以及大兴等各行政区域，各片区根据自身区位优势和功能定位发展，避免了局限在特定区域的弊端，因此北京自贸试验区在设立之初就站在了制度创新的前列。天津自贸试验区是北方第一个自贸试验区，自2015年4月设立以来，不断发挥改革创新"试验田"作用，累计实施了581项制度创新措施，其中118项分五批次在天津复制推广，38项向全国复制推广①，创新显示度较强，得分相较于排在第4位的上海临港新片区仅低1.92分，已有赶超趋势②。2019年8月，河北自贸试验区正式揭牌，其定位是打造制度创新新高地、建设改革开放"试验田"。其中，雄安片区依托其高点定位以及京津冀协同发展的推动作用逐渐实现要素资源集聚、优质政策资源叠加，为制度创新提供了较大的优势，其排名也是逐年上升（由2020~2021年的第42位上升至2022~2023年的第34位③）。未来，京津冀三地自贸试验区制度创新将以"质量、效率、动能"全方位提升为准则，加速三地自贸试验区的制度创新经验交流和成果运用，打造联动改革、联动开放、联动创新的发展高地。

2. 京津冀自贸试验区制度创新分维度情况

在贸易便利化方面，天津自贸试验区在全国54个片区中居第5位，北京自贸试验区居第8位。在中美贸易摩擦引发的国际贸易保护主义抬头以及全球经济体系不确定的大环境下，北京和天津自贸试验区保持强劲的韧性，依据自身资源禀赋及发展的重点领域，由点到面形成贸易便利化集成创新④。在投资自由化方面，北京自贸试验区表现可圈可点（居第5位）。2022年8月，北京发布了《中国（北京）自由贸易试验区投资自由便利专项提

---

① 《天津举行"天津自贸试验区创新推动高水平对外开放"新闻发布会》，国务院新闻办公室网站，2023年4月28日，http：//www.scio.gov.cn/xwfb/dfxwfb/gssfbh/tj_13827/202307/t20230724_741417.html。
② 《"2022—2023年度中国自由贸易试验区制度创新指数"正式揭晓》，中山大学自贸区综合研究院网站，2023年7月24日，https：//iftzr.sysu.edu.cn/node/18024。
③ 2020~2021年和2022~2023年《中国自由贸易试验区制度创新指数》。
④ 北京自贸试验区依托特殊监管优势，深入开展现代服务业发展模式创新，从提升通关效率，到监管模式创新，再到知识产权保护和交易，多级联动共同促进服务贸易的发展；天津自贸试验区围绕冷链产业的加工、交易和供应链三个环节进行制度创新，分别推动加工贸易模式创新、冻品保税展示交易创新以及可信仓单质押融资试点。

升方案》，从市场准入、企业经营许可、土地配置自主权等多个方面聚焦本地产业链提质增效，形成特色化的投资服务政策。在金融改革创新方面，天津自贸试验区自揭牌成立以来，累计推出135个金融创新案例[①]，包括推出全国首笔跨境人民币保理业务、发行全国首单乡村振兴ABN产品、探索"FT账户分公司"模式等，充分体现了天津自贸试验区金融改革创新持续服务实体经济的鲜明特征和示范引领作用（天津排在第6位）。在政府职能转变方面，2022~2023年北京、天津自贸试验区的排名相较于上一年均有所提升（北京和天津的排名分别上升了1位、3位），这与自贸试验区设立以来不断在政府职能转变方面进行创新探索是相符合的。2023年，天津在证照联办、网络货运"一企一证"政务服务新模式等方面共推广11项制度创新案例[②]。北京自贸试验区探索"下沉服务+同城通办"模式，试行企业开办服务进驻自贸试验区内银行网点和社区。在法治化环境方面，天津居第4位[③]，主要得益于其对自贸试验区立法创新实践的重视。2022年9月，天津市第十七届人民代表大会通过了《中国（天津）自由贸易试验区条例》的修订，从地方性法规层面明确了天津自贸试验区创新发展局的职能和定位，为今后更好地推动制度创新、产业发展提供法治保障，为自贸试验区高质量发展提供持续动力。

（二）自贸试验区协同发展不断取得新突破，为京津冀协同注入新动能

1. 京津冀联合签署了《京津冀自贸试验区协同发展行动方案》，自贸试验区之间的联动合作不断加强

京津冀三地通过开放联动，将制度创新纽带融入京津冀协同发展大

[①] 《2022年第二批自贸试验区金融创新案例》，中国（天津）自由贸易试验区网站，2023年4月21日，https://www.china-tjftz.gov.cn/contents/16150/549845.html。
[②] 《关于做好中国（天津）自由贸易试验区2023年改革试点经验复制推广工作的通知》（津自贸办〔2023〕3号）。
[③] 京津冀自贸试验区制度创新分维度数据均来自《中国自由贸易试验区制度创新指数》，中山大学自贸区综合研究院网站，https://iftzr.sysu.edu.cn/achievements/02。

局,营造更加便利自由的贸易投资环境。在政府服务协同方面,京津冀创新体制机制,完善协同发展政策体系,促进营商环境和政务服务一体化发展,努力成为中国式现代化建设的先行区、示范区。2023年12月25日,雄安新区召开了第二届京津冀自贸试验区联席会议,三地联合签署了《京津冀自贸试验区协同发展行动方案》,方案的重点是实施包括贸易投资自由化便利化协同提升行动、港口协同发展互联互通行动在内的共16条具体举措。该方案将推进三地自贸试验区进一步合作联动,在重点区域和项目等方面实现突破,催生更多制度创新机制,充分发挥自贸试验区制度创新"试验田"的作用,为京津冀打造中国式现代化建设的先行区、示范区贡献更多力量。

2. 京津冀自贸试验区形成了深层次且系统性的政策集成创新

2023年京津冀联席会议发布了北京、天津以及河北自贸试验区协同制度创新的18个案例(见表1)。同时,京津冀三地同向发力制度创新,形成了纵向贯通、横向联动的体制机制。首先,京津冀建立了自贸试验区联席会议机制,并通过成立京津冀自贸试验区智库联盟、举办自贸试验区智库联盟论坛、成立合作协调工作小组等机制创新推进区域发展政策协同;其次,京津冀三地共同建立"同事同标"工作机制,联合印发《推动京津冀自贸试验区内政务服务"同事同标"工作方案》,不断开展政务服务"同事项名称、同申请标准、同申报材料、同办理时限和审批结果互认"工作,推动实现政务服务区域通办、标准互认和采信、检验检测结果互认和采信;再次,创新多元化产业对接合作机制;最后,通过国际贸易单一窗口建设推动京津自贸试验区联动、建立三地自贸试验区联合授信机制等。

表1 2023年京津冀联席会议发布的18个自贸试验区协同制度创新案例

自贸试验区	制度创新案例
北京自贸试验区	跨区域税收协同共建新格局、京津冀代谢性疾病基本公共服务标准化模式、推动京津冀重点产业协同发展、自贸试验区政务服务"同事同标"、"智能+云服务"打造京津冀区域通办新模式、京津冀燃料电池汽车联动实践新举措

续表

自贸试验区	制度创新案例
天津自贸试验区	加强知识产权保护"一站式"服务深构"京津冀"协同保护大格局、以审判现代化服务京津冀高质量发展、未经联网核查的进口医疗器械风险防控京津冀协同新模式、率先建立绿色租赁评价机制服务京津冀绿色低碳产业发展、深化京津冀"放管服"改革打造高效便捷的数字营商环境服务体系、打造京津冀新型离岸贸易等新兴贸易业态服务中心
河北自贸试验区	京津冀知识产权"三协同""三维"保护体系、京津冀国际海铁联运"一单到底"模式创新、京津搬迁企业认证服务"三全"新举措、承接北京非首都功能疏解"全周期"服务创新、跨区域市政公共资源供应兼容模式、跨省市土地征收联动协商机制

资料来源：《5大行动16条措施推进三地自贸试验区协同发展　京津冀携手打造贸易大通道》，北京市人民政府网站，2023年12月26日，https：//www.beijing.gov.cn/ywdt/gzdt/202312/t20231226_3510201.html。

三　研究设计

（一）模型设定

自贸试验区设立的定位是为国家试制度、为地区谋发展。因此，本报告从政策评估的视角出发，将京津冀自贸试验区的设立作为一项准自然实验，对自贸试验区设立的制度创新效应进行定量分析，借助Beck等（2010）的多期双重差分法（DID），评估京津冀自贸试验区对高质量发展的影响及效应。

基本模型设定如下：

$$HQD_{it} = \alpha_0 + \alpha_1 FTZ_{it} + \alpha_2 X_{it} + \lambda_i + \mu_t + \varepsilon_{it} \tag{1}$$

其中，HQD代表城市高质量发展指数，i、t分别代表城市和年份；FTZ代表自贸试验区设立的虚拟变量，是地区虚拟变量与时间虚拟变量的交互项；X_{it}为控制变量的集合；λ_i为地区固定效应，μ_t为时间固定效应，ε_{it}为随机误差项。

（二）反事实框架

自选择偏误（Self Selection Bias）问题是考察自贸试验区设立对高质量发展的影响需要考虑的核心问题之一，即实验组和控制组的选择是随机的，但从自贸试验区的设立背景、目标以及意义来看，其设立并不随机，受到政治、经济、发展需要等多方面因素的影响。此外，使用 DID 法时计量模型可能存在遗漏变量和内生性的问题。鉴于此，本报告将建立反事实框架并运用倾向得分匹配法（Propensity Score Matching，PSM）测度自贸试验区对京津冀高质量发展影响的净效应，以此实现实验组与控制组协变量的平衡分布，应对直接拆分样本等非随机因素造成的抽样波动和估计偏误，并有效处理内生性问题，进而增强结果的可信度。首先，借鉴经典的反事实分析框架，设置虚拟变量 $D_i=\{0,1\}$ 表示地区 i 是否设立自贸试验区。对于地区 i，未来高质量发展 y_i 存在两种状态：y_{1i} 表示设立自贸试验区的高质量发展情况；y_{0i} 表示未设立自贸试验区的高质量发展情况。其次，运用 Logit 模型计算地区 i 设立自贸试验区的倾向得分值。再次，根据倾向得分值选择匹配方法并检验平衡性。为确保获取结果相似或一致，本报告选择三种主流的匹配方法：k 近邻匹配、卡尺匹配（经过测算，卡尺的范围设定为 0.66）、卡尺内的 k 近邻匹配。最后，计算平均处理效应。本报告研究设立自贸试验区对京津冀高质量发展的促进作用，聚焦设立自贸试验区的高质量发展变化，因此选择实验组的平均处理效应（Average Treatment Effects for the Treated，ATT）进行分析，其表达式为：

$$\widehat{ATT} = \frac{1}{N_1}\sum_{i:D_i=1}(y_i - \widehat{y_{0i}}) \tag{2}$$

其中，N_1 表示实验组城市的数量，即设立自贸试验区的城市数量；$\sum_{i:D_i=1}$ 表示仅对设立自贸试验区的城市的汇总，y_i 表示城市 i 的高质量发展情况，$\widehat{y_{0i}}$ 表示反事实值。为确保样本数据的匹配质量，绘制核密度函数图检验匹配后的效果（见图 1）。可以看出，倾向得分具有较大范围的重叠且多数观察值在共同支撑域内，表明匹配效果良好。

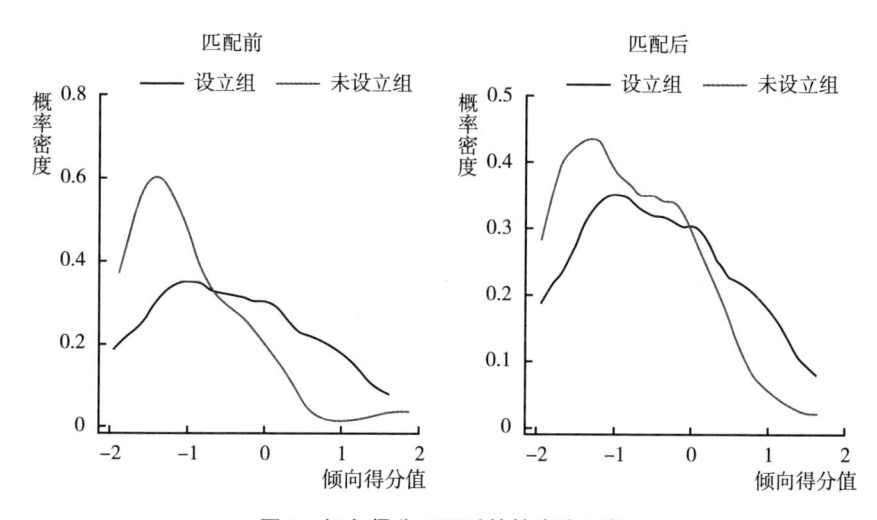

图1 倾向得分匹配后的核密度函数

资料来源：采用Stata18软件绘制。

本报告测算了设立自贸试验区对京津冀高质量发展的平均处理效应，估计结果见表2。三种不同方法匹配后的平均处理效应大体一致，表明样本数据具有良好的稳健性。

表2 倾向得分匹配的平均处理效应

匹配方法	平均处理效应	标准误	t检验值
k近邻匹配	0.163***	0.034	4.37
卡尺匹配	0.142***	0.024	4.78
卡尺内的k近邻匹配	0.142***	0.029	4.78

注：***、**、*分别表示估计结果在1%、5%、10%的水平下显著，下同。
资料来源：结果由Stata18软件汇报。

（三）变量与数据说明

根据数据的可得性，本报告选择2013~2022年京津冀13个城市的年度数据为研究样本，城市高质量发展指数数据来源于龙信企业大数据平台，其他原始数据均来源于《中国城市统计年鉴》、《中国城市建设统计年鉴》、各省份《国民经济和社会发展统计公报》。表3报告了倾向得分匹配后总样本主要变量的描述性统计结果。

表3 主要变量的描述性统计

变量	样本量	均值	标准差	最小值	最大值
fe	85	0.676	0.142	0.426	1.038
urba	85	0.554	0.064	0.437	0.711
pgdp	85	4.207	1.078	2.103	7.376
FTZ	85	0.341	0.477	0.000	1.000
lnHDQ	85	3.936	0.152	3.550	4.171
lnstru	85	0.120	0.342	−0.545	0.751
fdi	85	−0.219	0.663	−1.187	1.923

资料来源：结果由Stata18软件汇报。

被解释变量。被解释变量为城市高质量发展指数（HDQ），数据来源于龙信企业大数据平台。

核心解释变量。①自贸试验区虚拟变量（FTZ）。FTZ为双重差分项，代表自贸试验区设立的虚拟变量，是地区虚拟变量与时间虚拟变量的交互项。②地区虚拟变量。若该城市设立自贸试验区则赋值为1，否则赋值为0。③时间虚拟变量。天津于2015年设立自贸试验区，因此将2015年及以后赋值为1，否则赋值为0；河北与北京同理。

控制变量。为尽可能减少遗漏变量造成的偏误，本报告借鉴现有研究结论（王军等，2023；叶修群，2018；王爱俭、方云龙等，2021），在核心解释变量的基础上从城市层面控制影响高质量发展的其他重要因素。选取的控制变量包括外商直接投资（fdi）、金融效率（fe）、城镇化率（urba）、产业结构（lnstru）、经济规模水平（pgdp）[1]。

---

[1] 金融效率（fe），以城市年末金融机构贷款占年末金融机构存款的比重来表示；城镇化率（urba），以城市年末常住人口占城市总人口的比重来表示；产业结构（lnstru），以第三产业增加值与第二产业增加值之比的自然对数来表示；经济规模水平（pgdp），以城市对应人均GDP来表示。

（四）实证结果分析

由表4可知，无论是单独对设立自贸试验区和城市高质量发展进行回归分析，还是逐步加入控制变量进行回归分析，核心解释变量与控制变量的系数及显著性变动不大。自贸试验区虚拟变量（FTZ）的估计系数在1%的水平下显著为正，说明在确保其他影响因素不变时，设立自贸试验区的政策效应每提升1个单位，促进自贸试验区设立将引致城市高质量发展上升0.191个单位，说明设立自贸试验区有助于城市高质量发展。进一步分析控制变量的系数可知，外商直接投资（fdi）、城镇化率（urba）的系数显著为正，说明外商直接投资、城镇化率的提高可有效促进地区高质量发展。这意味着我国在实现高质量发展的过程中，外商直接投资依旧发挥着重要作用，而城镇化率的提高可以通过集聚生产要素、提高创新效率以及扩大消费需求来有效促进城市高质量发展。

表4 自贸试验区设立与城市高质量发展的估计结果

变量	（1）	（2）	（3）	（4）	（5）	（6）
FTZ	0.205***	0.191***	0.174***	0.174***	0.191***	0.191***
	(13.05)	(13.32)	(12.61)	(12.61)	(14.78)	(14.91)
fe	-0.202***	-0.279***	-0.328***	-0.328***	-0.255***	-0.257***
	(-3.63)	(-5.05)	(-6.30)	(-6.30)	(-5.17)	(-5.24)
lnstru		0.132***	0.025	0.025	-0.011	-0.011
		(3.49)	(0.56)	(0.56)	(-0.27)	(-0.27)
urba			0.815***	0.815***	0.533***	0.652***
			(3.90)	(3.90)	(2.70)	(3.06)
fdi					0.049***	0.051***
					(4.36)	(4.48)
pgdp						-0.010
						(-1.42)
常数项	3.786***	3.883***	3.492***	3.492***	3.582***	3.559***
	(102.28)	(85.76)	(32.13)	(32.13)	(36.09)	(35.63)
年份固定效应	YES	YES	YES	YES	YES	YES
地区固定效应	YES	YES	YES	YES	YES	YES
N	85	85	85	85	85	85

注：括号内为z统计值。
资料来源：结果由Stata18软件汇报。

由上述结果可知，京津冀自贸试验区的设立能够有效促进城市高质量发展。自贸试验区建设的核心是制度创新，制度创新是推动自贸试验区协同发展的内生动力，京津冀三地自贸试验区协同发展是一种"制度型开放"的全新阶段，目前已走上从政策优惠转向体制规范的轨道。为更好地发挥京津冀自贸试验区制度创新"试验田"的作用，推动整个区域向更高质量、更可持续的发展阶段迈进，需要探讨目前京津冀自贸试验区协同在制度创新方面存在的主要问题并给出相应的对策建议。

四 主要问题

由于京津冀三地自贸试验区设立时间不一致，且经济发展程度存在差异，跨区域联动能够在更大范围内实现统筹发展和制度创新，同时能够加速不同自贸试验区的制度创新经验交流和成果运用。目前，京津冀三地自贸试验区在制度创新和协同发展方面已取得较好成效，但仍然存在一些制约因素及难点问题。

（一）联动机制有待强化

一是"一地创新、三地互认"亟待突破。京津冀三地管理体制和制度创新主要围绕自身产业的发展来推进，三地自贸试验区在制度创新领域有不同的突破。就金融创新而言，天津实现了"数字人民币+贷款发放+保理业务"供应链金融场景；北京推出了碳资产回购融资、碳资产质押贷款融资等融资产品，为京津冀地区绿色项目提供了绿色低成本融资。但北京和天津的创新应用仅局限在本地，由于政策衔接不畅，创新成果无法在其他两个自贸试验区实现，尚未达到"三地互认、三地互通"的效果。

二是自贸试验区建设的"试错测压"功能尚未充分发挥[①]。三地自贸试

[①] 通过在特定区域内进行政策试点和创新性改革，允许政府和相关部门尝试新政策、新制度，以了解其效果和存在的潜在问题，从而指导更广泛的政策决策。

验区制度创新目标都是通过"试验""试错测压"等方式对接国际高标准市场规则体系，而对接国际高标准经贸规则又是自贸试验区建设的本质要求，需主动学习国际上先进自贸园区的经验做法，形成高开放水平、具有国际竞争力的规则体系。京津冀自贸试验区在对接高标准规则方面存在不足，在政策创新等方面也存在一定的滞后性，"试错测压"功能还未充分发挥。

三是"同事同标"协同机制尚不完善。首先，政务服务跨省通办模式还存在完善的空间。具体表现为政务服务"同事同标"全覆盖尚未实现。目前可实现三地"同事同标"的事项多集中在税务、市场监管等方面，商务、知识产权、交通、人力资源和社会保障等方面还有所欠缺；三地自贸试验区企业政务服务"同事同标"仍存在实施范围不一致的问题，如目前关于自贸试验区限制进出口技术的许可事项，实施范围仅局限在北京和天津，不包括河北，未实现三地统一；三地"同事同标"进展不一致，就专利申请文件受理的代办这一事项而言，实施范围虽然包含京津冀三地，但无论是网上办理还是办事指南指引，都仅限于天津和北京，并不包括河北。其次，政务服务"同事同标"网上办理有待加强。一方面，目前三地自贸试验区推出了179项政务服务"同事同标"事项①，但政务服务线上平台只能查询到140项②，其中还有多项服务无法实现网上办理，如商标受理事项的咨询、查询出入境记录等。另一方面，政务服务线上平台的便利程度还有很大的提升空间，政务服务涉及的部门可能是交通、药监、税务或者知识产权部门，目前网上办理系统未将所有事项进行分类，可能会造成一定的不便。

（二）产业联动发展机制有待健全

一是三地高端产业联动机制尚不健全。一方面，高端产业跨区域协同联动不足。河北正定片区、大兴机场片区以及北京自贸试验区三个片区均有生

---

① 《京津冀自由贸易试验区内"同事同标"政务服务事项目录（179项）》，北京市人民政府网站，https：//banshi.beijing.gov.cn/pubtask/jjjzymy.html？locationCode=110000000000。
② 《"同事同标"事项可网上办理清单》，北京市政务服务网，https：//banshi.beijing.gov.cn/zxzx/construction.html。

物医药产业的功能定位，但未明确发展生物医药产业的哪几个环节，在一定程度上阻碍了高效分工、错位发展、有序竞争、相互融合产业联盟的建立。同时，三地自贸试验区均将新一代信息技术、高端服务业等定位为重点发展的高端产业，且都倾向于做高端研发，未形成良好的错位发展合作机制。另一方面，产业链与创新链融合不足。北京自贸试验区科技创新片区汇集了丰富的科技创新资源，拥有较强的科技创新能力，但北京自贸试验区产业发展空间有限，创新成果应用场景不足，导致一些与研发创新相匹配的科技成果及其制造难以在北京自贸试验区落地转化和发展；津冀自贸试验区制造业较为发达，有非常丰富的创新成果应用场景，但其创新能力相对不足，产业资金和金融资本对北京研发成果进入产业化阶段的支撑力较弱，制约了北京自贸试验区的科技创新成果在津冀落地转化，从而导致借力北京科技创新服务津冀自贸试验区的产业发展效应发挥不充分。

二是三地自贸试验区协同创新体制机制尚不健全。一方面，科技创新平台作用发挥不足。自贸试验区内虽已推动建立相关科技成果转化平台和有关境外合作的服务平台，但服务于自贸试验区优势产业的协同创新平台较少且作用发挥不足。以生物医药产业为例，北京和河北都建立了相关科技服务平台，如北京的全新医药公共服务平台、河北的生物医药协同创新联合实验室，但平台在运行过程中大多服务于本地医药产业，联动三地生物医药协同创新的能力不足，使得创新企业无法在自贸试验区内更好地实现创新信息交流和资源获取共享，在一定程度上阻碍了自贸试验区核心共性技术的研发和推广以及覆盖生物医药产业全链条服务体系的构建，不利于区域协同创新和产业协作。另一方面，科技成果协同转化相对不足。自贸试验区现有的科技创新合作机制是由京津冀三地政府共同构建的，产学研组织以及中介机构等主体的市场化诉求无法得到充分体现，阻碍了区域间协同创新与科技成果转化。

（三）贸易便利化改革仍需深化

一是海关协同机制尚不完善，通关效率有待提高。一方面，海关通关流程有待优化，按照通关流程规定，所有通关手续必须等实货到达以后才可办理，而海关通常会采取先缴税后放行的方式来保障税金及时缴纳，这样就会导致实际操作中，特别是税金支付核查过程中形成"橄榄型"业务量分布，使得报关业务集中堵塞，影响通关效率。另一方面，海关协同监管能力不足。由于违法行为发现地海关与违法行为发生地海关衔接不够紧密，企业对海关审查相关文件也不够了解，可能会出现河北企业到北京或天津处理业务纠纷的情况，海关监管成本由此增加。

二是金融交易联网平台尚不完善，金融协调机制有待健全。虽然京津冀三地中国人民银行已与工信部门、商业银行联合推出了区域性金融协同产品，加快了三地自贸试验区金融一体化的进程，但在金融信息共享服务平台建设方面仍存在不足，与"一体两翼"[1]的长三角一体化金融服务平台相比，京津冀自贸试验区在三地跨区域联合征信服务、金融服务及科技服务等方面的融合度还不够高，难以将金融资源的优势拓展到整个自贸试验区建设中。

（四）缺乏完备的知识产权保护协调联动机制

一是知识产权"三合一"司法办案机制不完善。知识产权的私权属性决定了民事、行政、刑事交叉案件大量存在，但知识产权刑事案件的级别管辖低于民事案件，存在级别管辖不匹配的问题[2]，三地自贸试验区的司法机关和执法部门在知识产权保护领域的合作还不够密切，缺乏独立的知识产权法院，导致知识产权案件无法快速解决。

二是知识产权案件尚未形成跨域司法裁判的统一标准与指引。京津冀自贸试验区目前尚未建立知识产权保护案件定期交流的机制，导致三地自贸试验区发生的知识产权重大疑难法律适用问题无法得到集中研究和解决，三地

---

[1] 其中"一体"是指长三角征信服务平台，"两翼"是指长三角绿色金融服务平台、长三角科技金融服务平台。
[2] 技术秘密、计算机软件等的权属、侵权纠纷以及垄断纠纷主要由中级人民法院负责一审管辖，而作为没有此类民事案件管辖权的部分基层法院，却拥有审理各类型侵犯知识产权刑事案件的司法管辖权。

知识产权司法判决缺乏统一的标准与指引。

三是知识产权金融服务还需创新。京津冀自贸试验区在知识产权金融方面仍有很大的改进空间，当前各金融机构在知识产权金融服务领域的探索还有待提高。例如，自贸试验区内科技型企业因为轻资产，缺乏厂房、设备等有效抵押物，长期面临融资难问题，如何将"知产"变"资产"是值得考虑的问题，相应的知识产权投融资政策也需根据自贸试验区的具体情况制定。

五　对策建议

当前，京津冀协同发展已逐渐步入首创性改革、引领性开放与高质量发展的快车道，京津冀自贸试验区应发挥制度探索优势，从以下几个方面入手，为京津冀自贸试验区高质量发展以及京津冀协同发展寻求可复制、可推广的成熟经验。

（一）多措并举加强三地自贸试验区联动机制建设

一是设立京津冀自贸试验区联动发展先行示范区。京津冀自贸试验区联动发展先行示范区是实现成功经验复制推广、实现"一地创新、三地互认"的"试验田"，同时也是深度推进京津冀自贸试验区协同发展的动力源。建议在大兴机场周边建立面积为9.9平方公里的京津冀自贸试验区联动发展先行示范区，按照辐射赋能的思路，实施"要素资源汇聚、创新平台建设、城市应用示范"三大工程，优化配置人才、金融、基础设施三大要素，该区域重点承载自贸试验区发展的高端服务功能和重要的政务保障功能，高端服务功能区内重点形成高端金融业集聚功能分区、高端数字化服务贸易片区、高端物流枢纽服务业集聚片区，政务保障功能区内形成商务、海关、税务、交通、金融监管、会计审计、法律仲裁、人力社保等集成式政务服务办公区。至于先行示范区的运营模式，可考虑政企分离原则，采用"自贸试验区办公室+公司"模式，即设立自贸试验区先行示范办公室与专业运营公司共同承担管理运营工作。要明确办公室与企业的权责划分,办公室主要负责协调京津冀三地上级管理部门办理相关审批及服务流程等工作,运营公司负责园区的开发事项。借鉴上海临港新片区及洋山港特殊综合保税区模式,可依托自贸试验区办公室建设一体化信息管理服务平台,按年度公示企业信用、重大事件、年报披露等信息,实现信息互联互通、数据可溯。先行示范区要更高效地为跨区域联动提供新方案,要基于制度创新这一内核,从内容层面和方向层面发力。内容层面要通过制度创新培育新兴业态,破除知识产权保护不足、市场准入壁垒等科创障碍,提升贸易投资便利化水平;方向层面对内要推动自贸试验区制度创新的示范引领和辐射带动,对外要主动对接国际高标准经贸规则,充分把握国际经贸规则新趋势、新动向,聚焦贸易投资、数据安全有序流动、知识产权、政府采购、环境等议题,在先行示范区内先行先试。

二是探索推动"一地创新、三地互认"新机制。可利用三步法实现政策"一地创新、三地互认"。首先,京津冀自贸试验区联合管委会以及三地自贸试验区应联合向国务院申请将制度创新在三地的复制推广由批复制改为备案制,在具体的申请过程中,可利用三步法逐步推进,最终完成所有领域制度创新"一地创新、三地互认"的实践。第一步,申请某一项制度创新"三地互认"先行先试,如天津"数字人民币+贷款发放+保理业务"供应链金融场景为多家中小微供应商缓解现金流紧张的燃眉之急,助力企业生产经营顺利开展;第二步,优先推动金融开放、知识产权、数字资产、"互联网+"零售等重点领域实现制度创新"三地互认";第三步,完成所有领域制度创新"一地创新、三地互认",即京津冀自贸试验区一地在新领域有不同的突破,仅需备案就可在三地统一实施。其次,在推进过程中建立容错纠错机制。在逐步推进的过程中,先行先试的制度创新在互认过程中可能会出现各种问题,自贸试验区办公室需加强组织领导,将互认进展情况、阶段性成果和存在问题及时汇总并提出有效的解决措施,确保"三地互认"落地。

三是完善"同事同标"机制并赋予自主创新权利。首先,提高制定政务服务事项目录的效率。自贸试验区可在政府制定的大框架下,细化分解各类型行政事项并在其中选取异地办理频次高、办件量大、群众反映强烈的事项，确定重点事项名单，在三地自贸试验区共同商议下将重点事项的申请条件、申报方式、受理模式、审核程序、办理时限、发证方式、收费标准等内容统一标准，推进名称、编码、依据、类型等基本要素的统一。其次，推动政务服务智能化升级。一方面，三地可联合设立线下窗口和线上平台，用户可凭身份证号或营业执照标识实现线上线下业务互查，打通三地用户体系，提高行政事务办事效率，并充分利用大数据等技术手段实现自主终端可直接在企业运行并办理跨区域事项，实现行政事务"最多跑一次"；另一方面，在政务服务"同事同标"网上办理平台将不同的行政事项按办理部门分类并增加查找功能，确保用户可根据需求快速定位。最后，给予自贸试验区"同事同标"自主创新权。三地协同管理机构需关注如何平衡政府提供一致的服务标准与允许企业根据其需求自主选择办事地点的权利，制定合理的费用补偿机制以确保代办服务的质量。通过给予自贸试验区"同事同标"自主创新权，在确保企业拥有自主选择权的同时，还可激励三地自贸试验区的"趋优竞争"，达到不断优化相关政务服务的效果。

（二）完善产业联动发展机制

京津冀自贸试验区内的产业是三地产业中最高端、最具国际属性的产业，代表着区域产业发展的最高水准。高端产业联动发展能够对推动京津冀自贸试验区协同发展起到"破圈"的效果。

一是构建"一方主导、多方协作"的合作机制，促进高端产业联动发展。临空产业是京津冀自贸试验区的一大优势产业，要发挥北京的科研及市场规模优势，利用天津雄厚的工业基础和便利的海港优势，依托河北的资源禀赋与制造业优势，建立"北京主导、津冀协作"的合作机制，助力航空制造产业链的打造及其在三地的协同布局。此外，三地可联合绘制重点产业发展图谱、产业发展路径图、产业发展布局图等产业图，深入分析三地自贸试验区在各产业链环节的基础和优势，明确产业协同方向和路径，构建协同式、嵌入式的产业生态圈，形成产业错位协同发展格局；在数字经济、生物医药、航空制造等重点领域，率先成立京津冀自贸试验区产业联盟，建立区域性工业互联网平台和区域产业升级服务平台，构建与"数字京津冀"发展高度契合的应用场景，全力打造具有国际竞争力、影响力的先进产业集群。

二是完善协同创新协作对接机制，打造高水平国际科技创新策源地。一方面，共建科技创新平台，促进创新资源共享机制建设。聚焦京津冀自贸试验区生物医药等优势产业，围绕服务企业、研发机构的创新需求，合力共建共享科技创新服务平台，打造覆盖优势产业全链条的服务体系；另一方面，加强技术协同创新，提高科技成果转化率。对于京津冀三地自贸试验区重点发展的高端装备制造、生物医药等产业，应共建产业技术创新载体，支持高校、研究院和高新技术企业联合研究开发核心技术。依托河北自贸试验区制造业优势，聚焦集成电路、生物医药等重点领域，发挥京津自贸试验区的技术和人才优势，共建三地自贸试验区先进制造业研发基地，支持试验区内大企业牵头成立创新联合体，形成"京津冀协同研发+河北制造+配套服务"协同创新体系，形成一批引领原始创新的国家战略科技力量。

（三）多路并进提升三地自贸试验区贸易便利化水平

一是依托海关协同口岸进一步提升贸易便利化水平。首先，推动京津冀货物跨区域运输通关改革，简化区域内运输查验流程。三地应以"同事同标"为原则，积极开展《京津冀货物跨区域运输管理操作办法》等相关文件编制，按照海关总署相关文件要求，对区域内部运输施行特殊通道申报并给予通关便利，提升通关效率。其次，强化三地海关协同监管，加快责任共同体构建，实现京津冀通关一体化。建议推进津冀港口协同建设与发展，规范港口秩序，建立由三地海关共同参与的协调工作机制，在现有查验监管作业流程的基础上强化对跨关区通关疑难问题、应急事件的快速响应和协同处置。

二是建立信息共享合作机制，促进资金跨区域流动。一方面，打造三地自贸试验区金融信息共享对接平台，推动"京津冀征信链"落地和实施，以此加强京津冀自贸试验区内市场状况、信用环境状况、产业发展政策等信息共享，并依托信贷登记咨询以及企业信用档案等系统，促进三地自贸试验区信息交流与共享，实现信息的有效融合、互联互通。另一方面，建立跨区金融合作机制，提升金融市场一体化程度。建议在三地原有金融市场运行机制的基础上，制定《京津冀自贸试验区金融市场统一发展战略》，从创新合作金融工具、建立三地互认互信金融机构、设立金融监督管理中心等方面入手，对三地自贸试验区金融市场统一发展做出战略部署，促进三地自贸试验区金融市场体系向一体化、规范化转变。一体化和规范化的金融市场体系可提高金融服务的效率和质量，促进跨境资金流动和投资，为企业提供更多的融资渠道和金融工具，从而降低贸易成本，提升贸易便利化水平。此外，统一的金融监管标准也有助于降低跨境贸易中的风险和不确定性，进一步推动三地自贸试验区的贸易便利化进程。

（四）加强知识产权司法协作，推进知识产权金融创新

一是完善知识产权司法协作机制。首先，完善"三合一"司法办案机制，可以考虑设立自贸试验区知识产权法院，专门管辖应由中级人民法院管辖的知识产权民事、行政、刑事案件，在当事人同意的基础上，允许在知识产权刑事案件中提起附带民事诉讼，以此来提高诉讼效率，避免产生矛盾的裁判[①]。其次，以三地自贸试验区知识产权司法实践为基础，重点研究解决自贸试验区建设中的知识产权重大疑难法律适用问题并整理出版《典型案例集》，指导自贸试验区知识产权保护司法实践，促进裁判尺度统一，共同加强自贸试验区知识产权案件跨域程序协作。最后，三地法院可以考虑联合发布《保全申请指引》《保全审查指引》，明确知识产权行为保全的申请材料、申请费用、管辖范围、举证分配等内容，指导当事人依法行使诉讼权利、承担诉讼义务，消除当事人在申请行为保全时的疑虑，实现知识产权案

---

① 但也应当有例外规定，对于民事法律关系与刑事法律关系不能完全等同、民事诉讼范围远大于刑事诉讼范围且当事人不愿在附带民事诉讼程序中放弃利益的，不应当作为附带民事诉讼的范围。

件由被动审判转向主动引导。

二是积极推进知识产权金融创新，在大数据建模的基础上，建立一个连接企业和银行的知识产权公共服务平台，提供知识产权质押融资服务。该平台可创新打造以企业知识产权和创新能力评价为核心的线上知识产权融资产品，让企业"知产"变"资产"。同时，聚焦融资额度更高的企业需求，自贸试验区还可联合券商、信托公司等，推出多种知识产权证券化产品，为企业提供更好的知识产权金融服务。通过解决融资难问题，更好地助力自贸试验区内企业创新发展。

参考文献

韩振国、朱洪宇：《自由贸易试验区：制度优势或政策陷阱——基于夜间灯光数据的时空分析》，《经济学家》2022 年第 4 期。

刘秉镰、边杨：《自贸区设立与区域协同开放——以京津冀为例》，《河北经贸大学学报》2019 年第 1 期。

王爱俭、方云龙：《双循环新发展格局视域下中国自由贸易试验区发展再定位——兼论中国经济高质量发展的自贸区改革路径》，《现代经济探讨》2021 年第 11 期。

王军、马骁、张毅：《自贸区设立促进经济高质量发展的政策效应评估——来自资源配置的解释》，《学习与探索》2023 年第 1 期。

叶修群：《自由贸易试验区与经济增长——基于准自然实验的实证研究》，《经济评论》2018 年第 4 期。

Beck, T., Levine, R., Levkov, A., "Big Bad Banks? The Winners and Losers from Bank Deregulation in the United States", *The Journal of Finance*, 2010, 65 (5).

B.8 京津冀产业集群高质量发展研究*

叶堂林 于欣平**

摘 要： 产业集群是产业分工深化和集聚发展的高级形式，高质量打造产业集群有利于促进规模效应、集聚效应和知识溢出效应的发挥，对提升产业效率、推动新质生产力发展具有至关重要的作用。本报告聚焦京津冀五大先进制造业产业集群，基于企业大数据构建产业集群网络，对产业集群的发展现状进行分析，探究京津冀产业集群的发展特征。研究发现，京津冀五大产业集群规模持续扩大，集群内小规模企业众多；集群创新能力不断提升，北京的创新能力突出，天津、河北的创新产出水平有待提升；投资活跃，北京是对区域外投资的主要城市，河北吸收外地资本规模较大；产业集群网络逐步完善，北京、天津在各产业集群中的中心地位日益稳固，其他城市节点在产业集群网络中的作用尚不明显；产业协作水平日益深化，北京、天津与河北各城市之间的联系愈加紧密。在此基础上，本报告从加强顶层设计、加大吸引投资力度、营造良好创新生态、建设高水平人才队伍、发挥龙头企业带动作用等角度提出对策建议。

关键词： 产业集群 高质量发展 引力模型 复杂网络分析法 京津冀

---

* 本报告为国家社会科学基金重大项目"数字经济对区域协调发展的影响与对策研究"（23&ZD078）、国家自然科学基金面上项目"多层动态网络视角下城市群创新生态系统演化机理及绩效评价研究"（72373105）、教育部人文社会科学研究专项任务项目"推动京津冀高质量发展研究"（23JD710022）的阶段性成果。

** 叶堂林，经济学博士，首都经济贸易大学特大城市经济社会发展研究院（首都高端智库）执行副院长、特大城市经济社会发展研究省部共建协同创新中心（国家级研究平台）执行副主任，教授、博士生导师，研究方向为区域经济、京津冀协同发展等；于欣平，首都经济贸易大学城市经济与公共管理学院硕士研究生，研究方向为区域经济。

一 研究背景与研究意义

(一)综观国际——打造世界级产业集群是提升全球竞争力的必由之路

产业集群是产业分工深化和集聚发展的高级形式,推动产业集群高质量发展是充分发挥集聚效应、增强经济韧性的重要途径。产业集群能够吸引相关企业和机构在一定范围内集聚,深化区域内的分工和协作,提高生产效率并降低交易成本。同时,集群内部的专业化服务和知识积累能够促进创新,增加新生企业的市场机会,降低市场风险,进而扩大和强化集聚效应。此外,产业集群具有更强的抵抗经济冲击的能力,是增强国家经济韧性的重要选择。当前,全球经济总体增长动力不足,2013~2021年,全球经济平均增速低至2.6%[1],但主要的产业集群仍然保持稳定的增长态势。例如,美国硅谷作为全球著名的产业集群,其高质量发展带动了加州乃至整个美国的经济发展,2022年美国硅谷年均收入达17.93万美元,远高于加州(约9.28万美元)和整个美国(约7.68万美元)[2]。又如,德国汉堡作为其国内经济实力最强、最具发展活力的地区之一,经济发展呈现稳定增长态势,2022年GDP增长4.5%,高于德国平均水平[3]。众多发达国家通过发布长期规划和延续性政策推动世界级产业集群建设,提升其在全球范围内的竞争优势,如美国的区域创新集群计划、德国的领先集群竞争计划等。因此,推动产业集群发展是促进集聚效应发挥、增强经济韧性的重要途径,是提升一国国际竞争力的重要依托。

---

[1] 《综合实力大幅跃升 国际影响力显著增强——党的十八大以来经济社会发展成就系列报告之十三》,国家统计局网站,2022年9月30日,https://www.stats.gov.cn/zt_18555/zthd/lhfw/2023/fjxsd/202302/t20230227_1918910.html。
[2] Joint Venture Silicon Valley,"2023 Silicon Valley Index",2023.
[3] 《德国这些地区在2022年的经济变化中走在前面:不莱梅最靓》,网易新闻,2023年4月1日,https://m.163.com/dy/article/I16RQ85Q0514B8ME.html。

（二）审视国内——产业集群是推动新质生产力发展的重要途径

在新一轮科技革命和产业变革的背景下，世界各国间激烈的竞争促使我国经济发展方式步入转型阶段，并对生产力发展水平提出了新要求，发展以创新驱动为主导、以质量牵引为动力的新质生产力是推动我国高质量发展的内在要求和重要着力点。当前，在科技创新的赋能下，我国各地的产业集群正加快形成新质生产力。无论是传统产业的转型升级，还是特色新兴产业的快速崛起，都反映出科技创新技术与制造业的深度融合正在不断推动制造业高端化、智能化、绿色化，将创新"势能"转化为发展"动能"，推动中国制造业发挥出巨大潜力、展现出崭新亮色，成为新质生产力的生动诠释。产业集群具有空间聚集、资源共享、平台协作、高效管理等优势和特点，是未来产业发展的新趋势，在驱动新质生产力的孵化和壮大、支撑我国经济高质量发展方面具有重要意义。

（三）聚焦京津冀——打造世界级先进制造业集群是推进京津冀协同发展走深走实的重要举措

京津冀是引领我国高质量发展的重要动力源。2023年5月，习近平总书记在河北考察并主持召开深入推进京津冀协同发展座谈会时指出，要巩固壮大实体经济根基，把集成电路、网络安全、生物医药、电力装备、安全应急装备等战略性新兴产业发展作为重中之重，着力打造世界级先进制造业集群，为新时代高质量推进京津冀协同发展走深走实指明了方向。打造世界级先进制造业集群，是京津冀落实重大国家战略、推动产业协同由企业项目协同到产业链协同的重要抓手，先进制造业是京津冀深化协同合作、形成联合竞争优势的重要领域。京津冀产业发展向集聚融合、分工深化、提质增效迈进，将带动包括制造业在内的众多行业实现更广泛的资源共享和产业链对接，从而推动协同发展往深处拓展，是京津冀服务和融入新发展格局、建设世界级城市群的有力支撑。

二 研究思路及研究方法

（一）研究思路

本报告的核心问题是"京津冀产业集群高质量发展"，重点聚焦京津冀集成电路、网络安全、生物医药、电力装备和安全应急装备五类先进制造业产业集群，依托企业大数据，采取描述统计分析法和复杂网络分析法，对京津冀五大产业集群的发展现状进行分析，探究京津冀产业集群的发展特征，并基于上述分析提出推动京津冀产业集群高质量发展的对策建议。

（二）研究方法

1990年，波特正式提出产业集群（Industrial Cluster）的概念，并指出产业集群具有空间集聚、网络性、根植性与开放性等特征，其中网络性是产业集群区别于产业集聚等概念的重要因素。发展涉及领域新、技术含量高、知识密度大、以科技创新发挥主导作用的新质生产力是京津冀高质量打造世界级先进制造业集群的必经之路。因此，本报告选取存续企业注册资本额、累计授权发明专利数对引力模型进行修正，运用复杂网络分析法研究京津冀各产业集群的网络发展现状，探究京津冀各产业集群的空间特征。

1. 产业集群网络的构建

本报告在借鉴相关学者（王欢芳等，2021；赵巧芝等，2021；王金哲、温雪，2022）关于引力模型研究的基础上，选取存续企业注册资本额、累计授权发明专利数，运用修正后的引力模型构建产业集群网络。改进后的引力模型为：

$$r_{ij} = k_{ij} \frac{\sqrt{P_i T_i} \sqrt{P_j T_j}}{d_{ij}^2}, k_{ij} = \frac{P_i T_i}{P_i T_i + P_j T_j} \tag{1}$$

其中，r_{ij}表示城市群内城市i和城市j之间产业关联的引力系数；P表

示城市中该产业存续企业注册资本额；T表示城市中该产业累计授权发明专利数；PT表示利用累计授权发明专利数和存续企业注册资本额共同表示的城市产业发展水平；d_{ij}表示选用球面距离测度的城市群内城市i和城市j之间的地理空间距离；k_{ij}表示修正系数，考虑到城市间产业关联关系的双向性和非对称性，利用城市i产业发展水平占城市i和城市j产业发展水平之和的比例修正。根据式（1）计算得出城市间产业关联的引力系数，分别构建五类先进制造业产业集群网络。

2. 复杂关系特征的测度

利用块模型探究城市群产业集群网络的聚类特征，本报告采用CONCOR块模型分析方法，设定最大分割深度为2，收敛标准为0.2，将城市群产业集群网络简化成块模型，以刻画城市群内部城市间的聚类关系，能够较好地反映产业集群中心城市聚类与其他城市聚类的关联关系。

（三）研究对象选取与资料来源

本报告以京津冀五大先进制造业产业集群为研究对象，依据《国民经济行业分类》（GB/T 4754—2017）选取相关行业，各产业集群涉及领域及包含行业见表1。在分析指标选取方面，本报告选择存续企业数、存续企业注册资本额、累计对区域外投资额、累计吸收外地资本额、累计授权发明专利数等指标来探究京津冀产业集群的发展现状及特征。以上数据均来自龙信企业大数据平台。

表1 研究对象的具体范围

产业集群	涉及领域	包含行业
集成电路产业集群	集成电路设计、制造、封装、测试等	半导体器件专用设备制造（3562）、半导体分立器件制造（3972）、集成电路制造（3973）、半导体照明器件制造（3975）、集成电路设计（6520）
网络安全产业集群	网络安全防护技术、安全检测与评估、安全防护产品与服务等	信息安全设备制造（3915）、通信设备制造（392）、互联网接入及相关服务（6410）、互联网信息服务（642）、互联网安全服务（6440）、互联网数据服务（6450）、物联网技术服务（6532）、其他软件开发（6519）

续表

产业集群	涉及领域	包含行业
生物医药产业集群	生物制品、药物研发、医疗器械、医疗服务等	医药制造业(27)、医疗仪器设备及器械制造(358)、工程和技术研究和试验发展(7320)、医学研究和试验发展(7340)、检测服务(7452)
电力装备产业集群	新能源发电设备、智能电网设备、电力电子设备等	风能原动设备制造(3415)、输配电及控制设备制造(382)、家用电力器具制造(385)、电力生产(441)、电力供应(442)、电力工程施工(487)
安全应急装备产业集群	防护装备、监测预警设备、应急救援设备等	防水建筑材料制造(3033)、耐火材料制品制造(308)、安全、消防用金属制品制造(3353)、环境保护专用设备制造(3591)、地质勘查专用设备制造(3592)、社会公共安全设备及器材制造(3595)、交通安全、管制及类似专用设备制造(3596)、环境监测专用仪器仪表制造(4021)、地质勘探和地震专用仪器制造(4025)、防洪除涝设施管理(7610)

资料来源：根据《国民经济行业分类》（GB/T 4754—2017）整理，括号内为其对应代码。

三 京津冀产业集群发展特征分析

本部分基于企业大数据，运用描述统计分析法和复杂网络分析法，分析京津冀五大产业集群的发展现状，探究京津冀产业集群的发展特征。

（一）集群规模持续壮大，发展底气不断增强

1.集群内企业数量显著增长，但增速存在动态变化

京津冀五大产业集群的企业规模扩张趋势显著，但各集群的发展速度存在差异。集成电路产业集群企业规模扩张经历了"由慢变快"的过程，2013~2022年，存续企业数由240户增加至765户，年均增长率为13.75%。其中，2013~2017年企业规模增速较慢，年均增长率仅为3.56%；2017~2022年增速显著提升，年均增长率高达22.62%。生物医药产业集群企业规模扩张速度"由快变慢"，2013~2022年，存续企业数由9999户增加至39439户，年均增长率为16.47%。其中，2013~2018年处于快速增长阶段，年均增长率为

26.15%；2018~2022年处于缓慢增长阶段，年均增长率仅为5.41%。电力装备产业集群企业规模扩张经历了"由快到慢又变快"的过程，2013~2022年，存续企业数由5729户增加至18668户，年均增长率为14.03%。其中，2013~2017年处于快速增长阶段，年均增长率为19.36%；2017~2020年处于缓慢增长阶段，年均增长率仅为7.16%；2020~2022年增长速度再度出现明显上升，年均增长率为14.22%。安全应急装备产业集群企业规模始终以较快的速度增长，存续企业数由2013年的2974户增加至2022年的10636户，年均增长率为15.21%。网络安全产业集群企业规模呈现"先升后降"的趋势，2013~2022年，存续企业数由13414户增加至41695户，年均增长率为13.43%，2019年达到峰值。其中，2013~2019年为快速增长阶段，年均增长率为21.85%；2019~2022年为缓慢下降阶段，年均降幅为1.71%（见图1）。

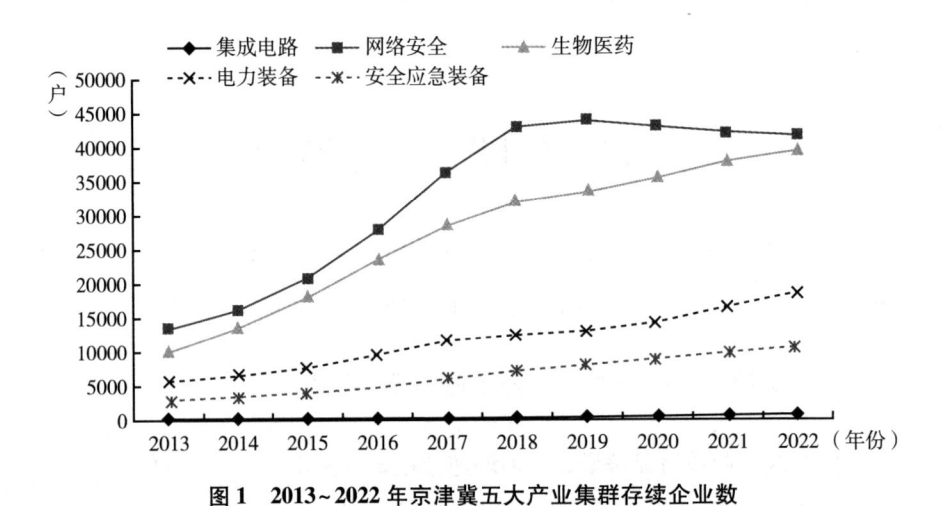

图1 2013~2022年京津冀五大产业集群存续企业数

资料来源：根据龙信企业大数据平台数据整理。

2. 集群资本规模持续扩张，网络安全和安全应急装备产业集群飞速发展

京津冀五大产业集群的资本规模均呈上升态势，网络安全和安全应急装备产业集群蓬勃发展。集成电路产业集群资本规模前期增长不显著，甚至存在小幅下降的现象，2013~2022年，存续企业注册资本额由649.43亿元增加至1108.47亿元，年均增长率为6.12%。其中，2013~2021年存续企业注册资本额增速缓慢，年均增长率仅为1.91%，且在2019年出现了下降的情况，2022年相较于2021年增长了46.74%。网络安全、安全应急装备产业集群资本规模稳步提升，2013~2022年，存续企业注册资本额分别由717.74亿元、397.05亿元增加至1837.18亿元、1084.79亿元，年均增长率分别为11.01%、11.81%。生物医药产业集群资本规模呈持续上升趋势但增速放缓，2013~2022年，存续企业注册资本额由3161.75亿元增加至7401.27亿元，年均增长率为9.91%，但2021~2022年的增长速率有所放缓，增长率仅为3.46%。电力装备产业集群资本规模呈缓慢增长态势但增速加快，2013~2022年，存续企业注册资本额由14708.07亿元增加至21011.65亿元，年均增长率为4.04%，整体发展速度较慢，但2019~2022年的增长速度有所上升，年均增长率为6.16%，产业集群发展进程加快（见图2）。

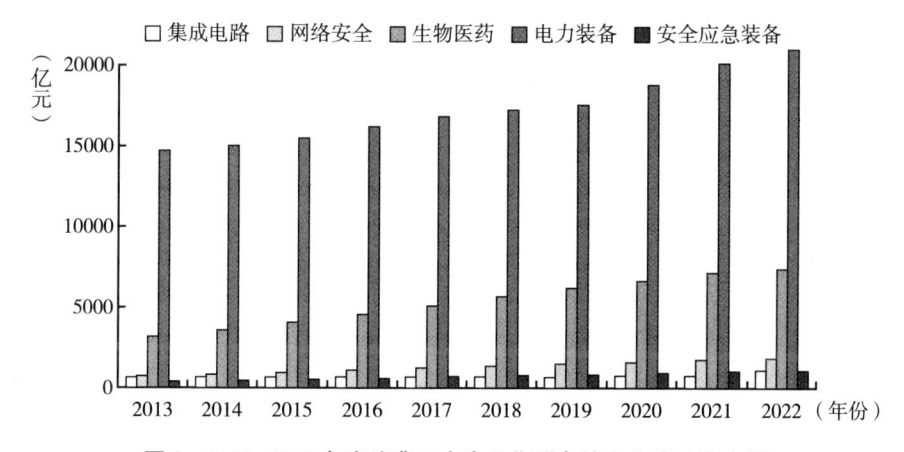

图2 2013~2022年京津冀五大产业集群存续企业注册资本额

资料来源：根据龙信企业大数据平台数据整理。

3. 集群内存续企业户均资本规模下降，小规模企业为集群的核心主体

京津冀五大产业集群存续企业户均资本规模①均呈下降趋势，其中电力装备、集成电路、生物医药产业集群降幅显著，集群内小规模企业数量增长

---

① 存续企业户均资本规模＝存续企业注册资本额/存续企业数。

较快。2013~2022年，电力装备、集成电路、生物医药产业集群存续企业户均资本规模分别由25673.01万元、27059.63万元、3162.07万元下降至11255.44万元、14489.75万元、1876.64万元，年均降幅分别为8.75%、6.70%、5.63%，下降趋势较为显著；安全应急装备、网络安全产业集群存续企业户均资本规模分别由1335.07万元、535.06万元下降至1019.92万元、440.62万元，年均降幅分别为2.95%、2.13%（见图3）。各产业集群中小规模企业大量涌现，存续企业户均资本规模持续下降，产业集群发展仍以小规模企业为核心主体，组织化、规范化、集约化程度不高，难以发挥规模经济效应和辐射效应。京津冀各产业集群应注重中小企业的培育，通过政策支持、资金引导等方式协助中小企业"做大做强"，加快推进产业集群由"扩张"向"拔高"转变，促进集聚效应的充分发挥。

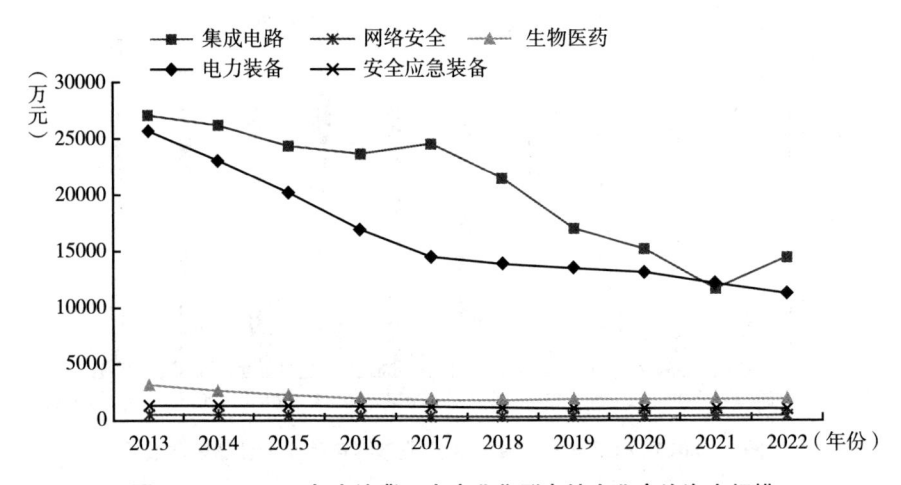

图3 2013~2022年京津冀五大产业集群存续企业户均资本规模

资料来源：根据龙信企业大数据平台数据整理。

（二）集群创新能力稳步提升，知识溢出效应充分发挥

1. 创新产出水平日益提升，电力装备产业集群创新能力突飞猛进

京津冀五大产业集群创新产出水平不断提高，电力装备产业集群创新能

力提升速度较快。从累计授权发明专利数来看，集成电路产业集群创新产出水平加速提升，2013~2022年，累计授权发明专利数由955件增加至5555件，年均增长率为21.61%。其中，2013~2018年创新产出水平提升缓慢，年均增长率为14.54%；2018~2022年创新产出水平加速提升，年均增长率为31.06%。网络安全、安全应急装备产业集群创新产出水平稳步提升，2013~2022年，累计授权发明专利数分别由5905件、141件增加至51704件、859件，年均增长率分别为27.26%、22.24%。生物医药产业集群创新产出水平提升相对较慢，累计授权发明专利数由2013年的3164件增加至2022年的10396件，年均增长率为14.13%。电力装备产业集群创新产出水平提升显著，累计授权发明专利数由2013年的4414件上升至73582件，年均增长率高达36.70%，位居五大产业集群之首（见图4）。

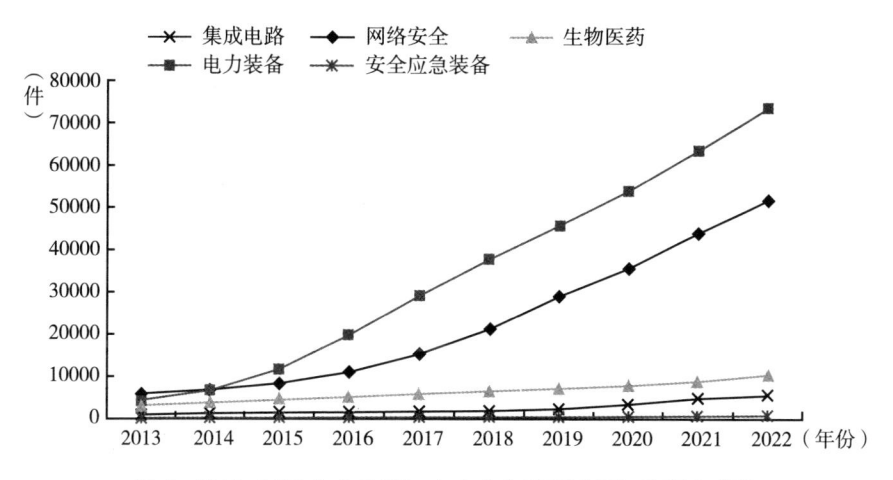

图4 2013~2022年京津冀五大产业集群累计授权发明专利数

资料来源：根据龙信企业大数据平台数据整理。

2. 北京的创新能力领跑京津冀产业集群，主力军作用突出

京津冀三地除在生物医药产业集群的创新产出分布相对均衡外，在其他产业集群中北京均占据核心地位。在生物医药产业集群中，北京、天津、河北的累计授权发明专利数占京津冀的比重分别为31.78%、34.30%、

33.92%，创新产出分布相对均衡。在集成电路、网络安全、电力装备、安全应急装备产业集群中，北京的创新优势突出，累计授权发明专利数占京津冀的比重居首位，2022年分别为78.33%、93.20%、86.82%、43.19%，呈现持续领跑的态势，在网络安全产业集群中表现得尤为显著；天津的累计授权发明专利数占京津冀的比重分别为17.43%、2.05%、6.46%、16.76%，河北的累计授权发明专利数占京津冀的比重分别为4.25%、4.75%、6.72%、40.05%，津冀两地与北京的创新水平差距显著，仍存在较大提升空间（见图5）。

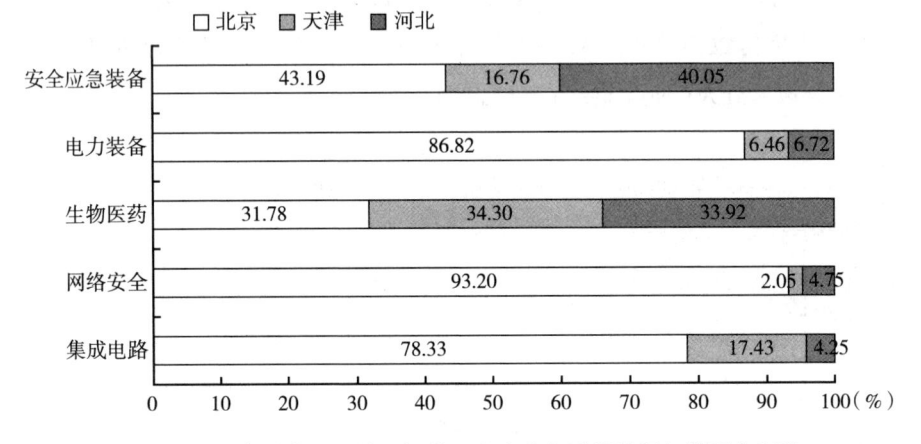

图5 2022年北京、天津、河北五大产业集群累计授权发明专利数占京津冀的比重

资料来源：根据龙信企业大数据平台数据整理。

（三）金融"活水"浇灌发展沃土，产业集群"破土成长"

1. 企业对区域外投资规模大幅增长，产业发展空间不断拓展

京津冀五大产业集群对区域外投资①规模不断扩大，网络安全产业集群投资建设成效显著。从累计对区域外投资额来看，2013~2022年，集成电路

---

① 对区域外投资指的是某地区对除自身以外的地区进行投资。

产业集群累计对区域外投资额由53.49亿元增加至304.99亿元，年均增长率为21.34%；网络安全产业集群对区域外投资规模增长迅速，累计对区域外投资额由257.51亿元增加至1849.62亿元，年均增长率为24.49%；生物医药产业集群累计对区域外投资额由497.16亿元增加至2593.35亿元，年均增长率为20.15%；电力装备产业集群对区域外投资规模增速相对较慢，累计对区域外投资额由6073.98亿元增加至22461.00亿元，年均增长率为15.64%；安全应急装备产业集群累计对区域外投资额由19.25亿元增加至81.47亿元，年均增长率为17.39%（见图6）。

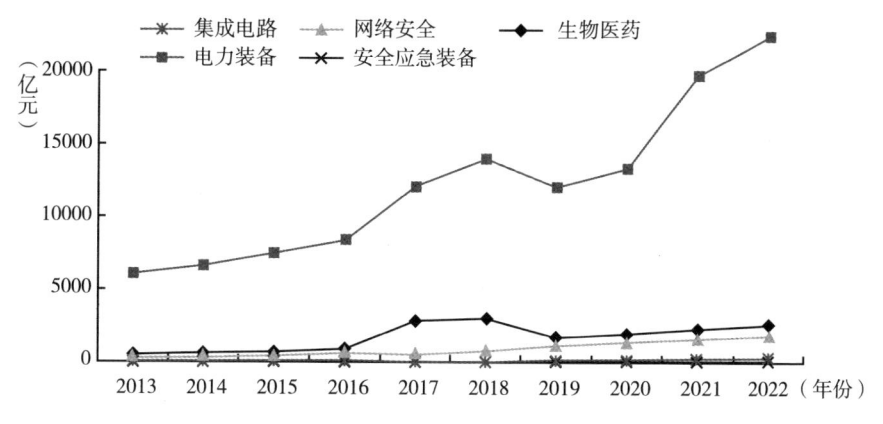

图6 2013~2022年京津冀五大产业集群累计对区域外投资额

资料来源：根据龙信企业大数据平台数据整理。

2. 投资吸引力度不断加大，激活产业集聚发展新动能

京津冀五大产业集群吸收外地资本规模整体呈扩张趋势，为产业集群高质量发展提供新动能。从累计吸收外地资本额来看，2013~2022年，集成电路产业集群引资能力提升较慢，累计吸收外地资本额由235.29亿元增加至740.16亿元，年均增长率为13.58%，在五大产业集群中居末位；网络安全产业集群累计吸收外地资本额由179.50亿元增加至941.77亿元，年均增长率为20.22%；生物医药产业集群累计吸收外地资本额由373.45亿元增加至1611.45亿元，年均增长率为17.64%；电力装备产业集群累计吸收外地资本额由839.59亿元增加至3946.48亿元,年均增长率为18.76%;安全应急装备产业集群引资能力提升较快,累计吸收外地资本额由27.35亿元增加至143.66亿元,年均增长率为20.24%（见图7）。

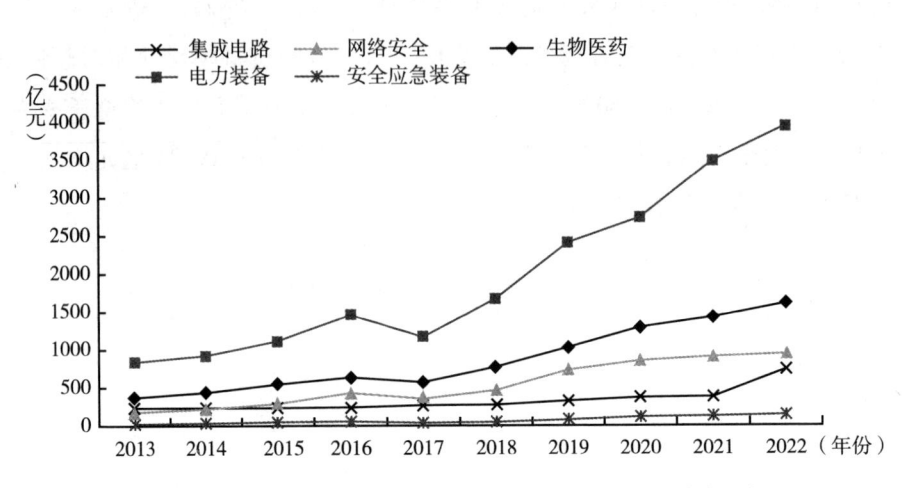

图7　2013~2022年京津冀五大产业集群累计吸收外地资本额

资料来源：根据龙信企业大数据平台数据整理。

3. 北京对区域外投资水平较高，河北吸引资本规模较大

北京是对区域外投资的主要城市。在网络安全、生物医药、电力装备、安全应急装备四大产业集群中，北京累计对区域外投资额占京津冀的比重居首位，2022年分别为75.99%、77.99%、97.77%、74.48%。河北吸收外地资本规模相对较大。在生物医药、电力装备、安全应急装备产业集群中，河北累计吸收外地资本额占京津冀的比重居首位，2022年分别为46.42%、47.14%、75.71%。在集成电路产业集群中，天津累计吸收外地资本额占京津冀的比重、累计对区域外投资额占京津冀的比重均居首位，2022年分别为62.95%、72.10%（见图8、图9）。

（四）产业集群网络逐步完善，城市间的产业关联日趋紧密

京津冀五大产业集群网络发达，北京、天津的中心城市地位稳固，网络

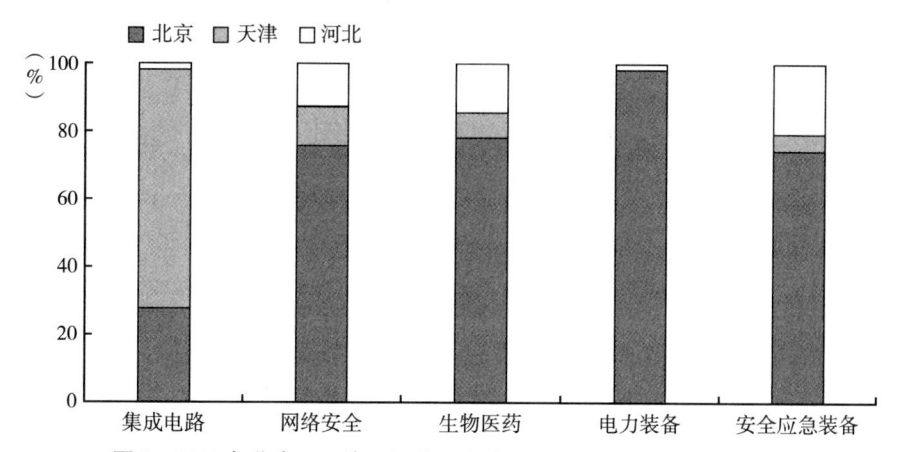

图8 2022年北京、天津、河北五大产业集群累计对区域外投资额占京津冀的比重

资料来源：根据龙信企业大数据平台数据整理。

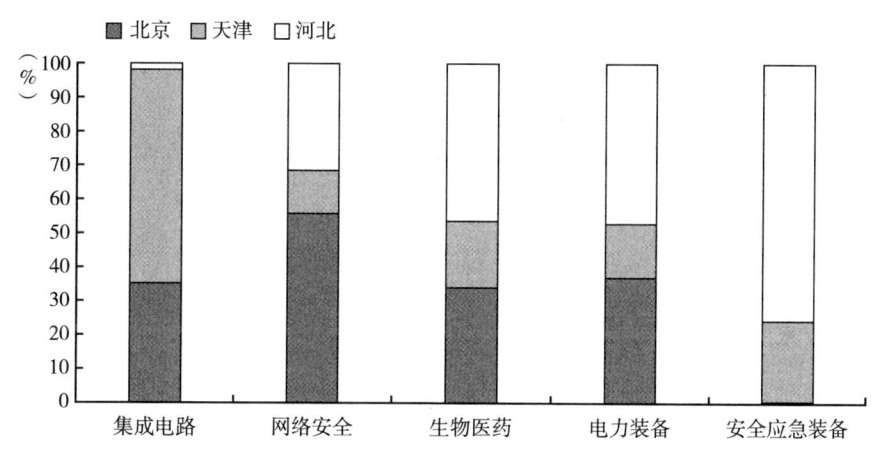

图9 2022年北京、天津、河北五大产业集群累计吸收外地资本额占京津冀的比重

资料来源：根据龙信企业大数据平台数据整理。

安全、生物医药、安全应急装备产业集群呈现向"多中心"空间发展结构转变的趋势。此外，京津冀五大产业集群网络中各节点城市之间均形成了产业关联，产业集群网络逐步完善。

京津冀集成电路产业集群形成以北京、天津为中心的"双中心"空间

格局，近年来空间格局未出现较大变动。2013~2022年，京津冀集成电路产业集群始终只有北京和天津两个中心城市，中心地位稳固，且二者之间的产业关联较为紧密，其他城市在集成电路产业集群中的地位与作用未发生显著提升（见图10）。

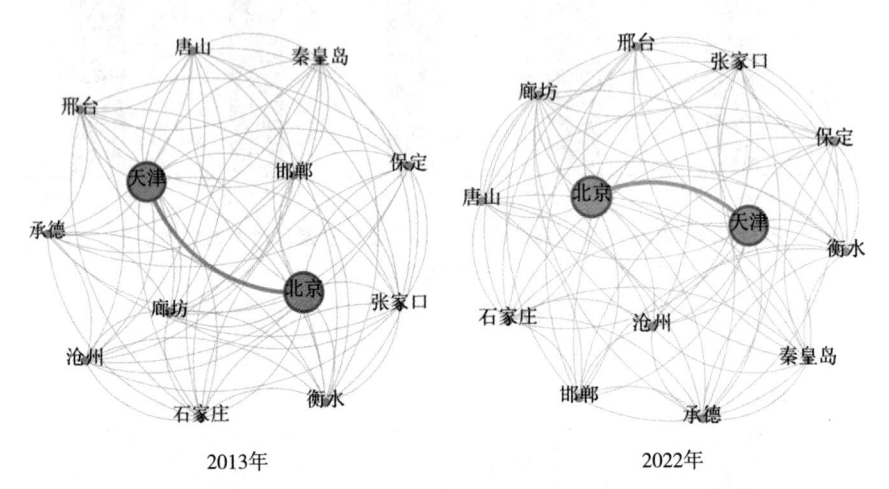

图10 2013年和2022年京津冀集成电路产业集群复杂网络结构

资料来源：根据龙信企业大数据平台数据采用Gephi软件绘制。

京津冀网络安全产业集群呈现以北京、天津为中心城市的"双中心"空间发展格局，廊坊有望发展为网络安全产业集群网络的中心城市。2013年，京津冀网络安全产业集群网络以北京、天津为中心，其他城市节点进行产业关联的能力较弱；2022年，北京和天津在产业集群网络中心的地位日益稳固，廊坊与京津的产业关联程度显著提升，呈现持续向网络中心靠近的趋势，有望成为京津冀网络安全产业集群网络稳定的中心节点城市之一，但其他城市节点进行产业关联的能力仍然相对较弱（见图11）。

京津冀生物医药产业集群呈现"京津石廊"的多中心发展趋势。2013年，京津冀生物医药产业集群网络以北京、天津为中心，二者之间的产业关联关系愈加紧密，但其他城市节点的产业关联能力较弱；2022

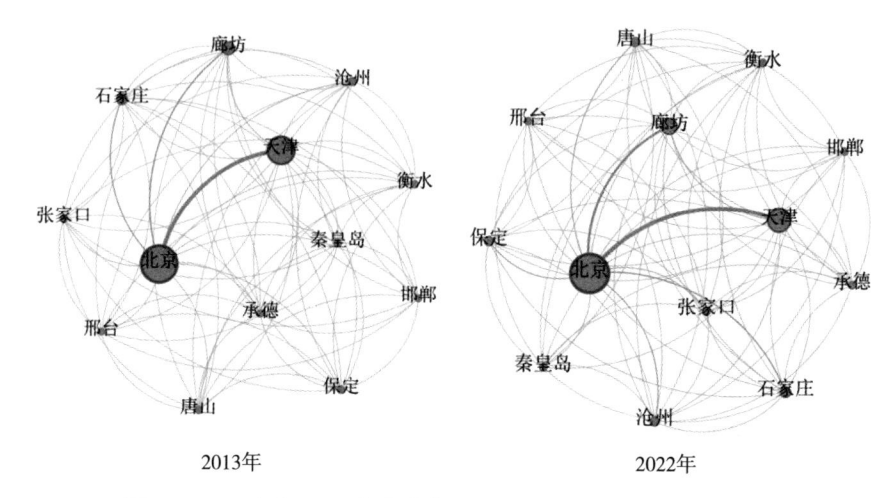

图 11　2013 年和 2022 年京津冀网络安全产业集群复杂网络结构

资料来源：根据龙信企业大数据平台数据采用 Gephi 软件绘制。

年，北京和天津在生物医药产业集群网络中仍处于中心地位，廊坊与石家庄在网络中的地位得到显著提升，并且廊坊与京津之间的产业关联程度呈上升态势，有逐步发展为京津冀生物医药产业集群网络中心城市的趋势，但其他城市节点进行产业关联的能力尚未出现较大提升（见图 12）。

京津冀电力装备产业集群呈"双中心"结构，北京、天津占据中心地位，但天津的中心地位有所下降。2013~2022 年，京津冀电力装备产业集群网络均呈现以北京、天津为中心的空间结构，但天津在京津冀城市群中的加权度呈现下降趋势，中心城市的地位有所下降，其他城市节点进行产业关联的能力较弱（见图 13）。

京津冀安全应急装备产业集群呈"多中心"空间发展结构，沧州的地位日益提升。2013 年，京津冀安全应急装备产业集群网络以天津、北京、唐山、廊坊为中心，呈"多中心"空间发展结构。其中，天津的中心城市地位较为显著，与其他中心城市的产业关联关系较为紧密；2022 年，沧州也跻身至中心城市队列，京津冀安全应急装备产业集群形成了以"津京廊唐沧"为中心的空间结构。同时，各中心城市之间的产业关联程度不断提

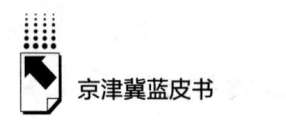

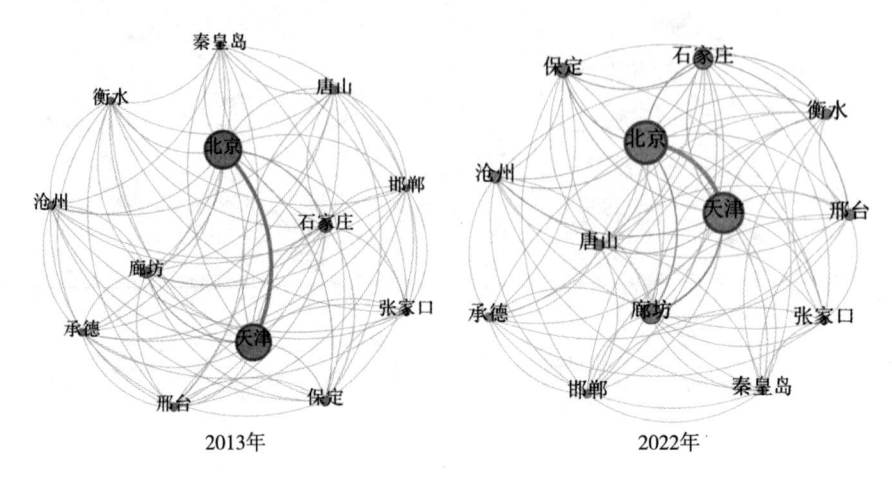

图12　2013年和2022年京津冀生物医药产业集群复杂网络结构

资料来源：根据龙信企业大数据平台数据采用Gephi软件绘制。

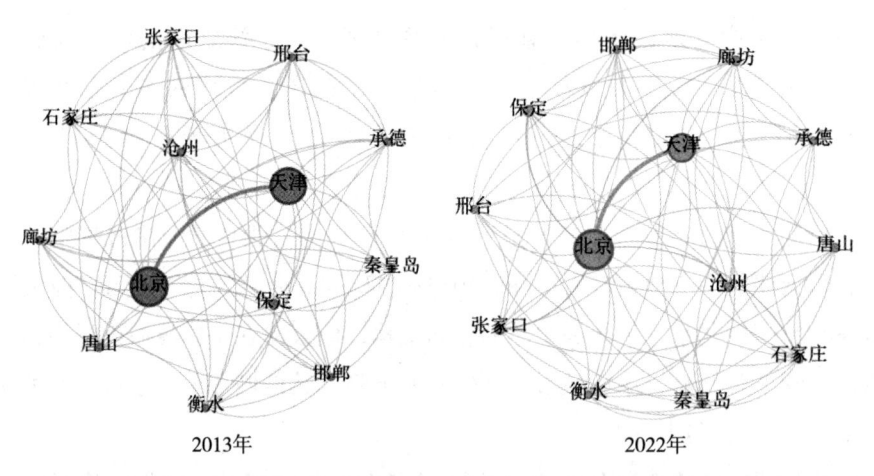

图13　2013年和2022年京津冀电力装备产业集群复杂网络结构

资料来源：根据龙信企业大数据平台数据采用Gephi软件绘制。

高，但沧州、唐山与其他城市的产业关联程度相对不足，仍存在较大提升空间（见图14）。

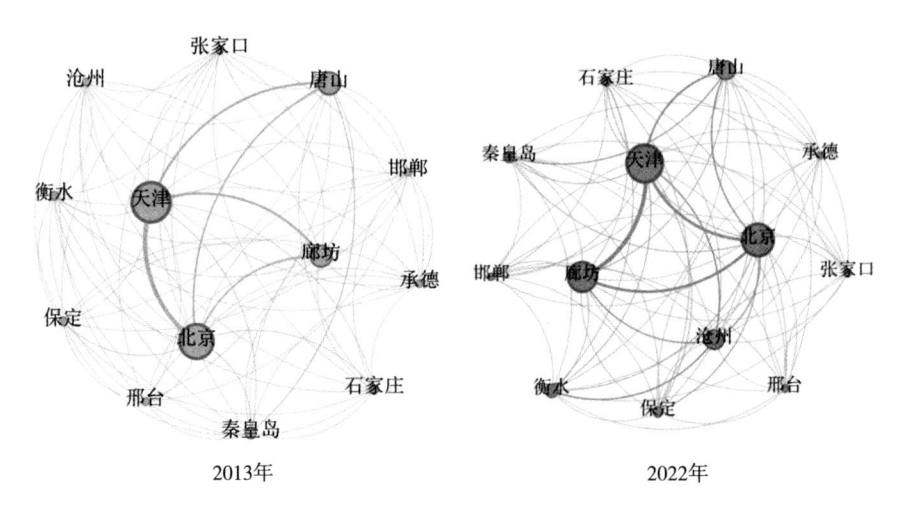

图 14　2013 年和 2022 年京津冀安全应急装备产业集群复杂网络结构

资料来源：根据龙信企业大数据平台数据采用 Gephi 软件绘制。

（五）产业协作日益深化，集群竞争力不断提升

京津冀集成电路、网络安全、电力装备、安全应急装备产业集群的子群结构变化明显，生物医药产业集群的子群结构稳定，各子群密度显著增加，子群中各成员之间的产业关联关系愈加紧密，城市间的产业协作程度日益深化，产业集群核心竞争力整体提升。

集成电路产业集群共划分为四个子群，北京引领的第一子群与其他子群的关联关系较为紧密。从城市节点在子群中的分布来看，2013~2022 年，第一子群形成了以北京为核心的子群，成员由廊坊变为天津、秦皇岛、衡水；第二子群以唐山和沧州为核心，其他成员由天津变为廊坊；第三子群以石家庄、邢台、邯郸为核心，其他成员由秦皇岛、衡水变为保定；第四子群以张家口和承德为主要城市，2022 年保定由第四子群进入第三子群；第四子群集成电路发展水平相对落后，缺少"领头羊"。从子群分块密度来看，2013~2022 年，各子群之间的联系更加紧密，但第二子群与第一子群、第四子群的联系密度有所下降，分别由 7854.81 和 8.42 下降至 1121.75 和 0.07，

这可能是由于天津由第二子群进入第一子群，使得第二子群的综合实力下降，与其他子群之间的联系程度呈下降趋势。此外，北京引领的第一子群与其他子群的联系密度明显较高，其余子群之间的联系密度仍有较大提升空间（见表2）。

表2 2013年和2022年京津冀集成电路产业集群网络子群分块密度

年份	子群	第一子群	第二子群	第三子群	第四子群
2013	第一子群	1468.10	7854.814	11.73	87.90
	第二子群	7854.81	23.874	1.47	8.42
	第三子群	11.73	1.466	0.00	0.05
	第四子群	87.90	8.42	0.05	0.00
2022	第一子群	98151.09	1121.75	1617.04	216.14
	第二子群	1121.75	0.00	6.60	0.07
	第三子群	1617.04	6.60	9.17	0.98
	第四子群	216.14	0.07	0.98	0.00

资料来源：根据龙信企业大数据平台数据采用 Ucinet 计算。

网络安全产业集群共划分为四个子群，北京独立成为京津冀网络安全产业子群，各子群间的联系密度显著提升。从城市节点在子群中的分布来看，2013~2022年，北京凭借自身强大的网络安全产业实力，形成了最具独立性和规模性的网络安全产业子群；第二子群以天津和承德为核心，其他成员由张家口、秦皇岛变为廊坊、唐山、沧州，这些新增成员主要来源于2013年的第一子群，并且均是天津的周边城市；第三子群以石家庄、邢台为核心，2022年增加了邯郸，均位于京津冀城市群的南部；第四子群以保定、衡水为核心，秦皇岛、张家口由2013年的第二子群进入第四子群。从子群分块密度来看，2013~2022年，北京所在的第一子群与其他子群的联系程度显著提升，与第二、第三、第四子群的联系密度分别提升68.51倍、41.97倍、204.04倍；天津引领的第二子群持续提升与其他子群的联系程度，与第三、第四子群的联系密度分别提升16.04倍、36.24倍（见表3）。

表3 2013年和2022年京津冀网络安全产业集群网络子群分块密度

年份	子群	第一子群	第二子群	第三子群	第四子群
2013	第一子群	7572.35	10008.35	3438.35	524.26
	第二子群	10008.35	58.01	174.19	48.55
	第三子群	3438.35	174.19	574.58	261.01
	第四子群	524.26	48.55	261.01	4.00
2022	第一子群	—	695697.88	147732.72	107493.91
	第二子群	695697.88	24254.34	2968.38	1807.87
	第三子群	147732.72	2968.38	7228.62	3647.99
	第四子群	107493.91	1807.87	3647.99	348.77

资料来源：根据龙信企业大数据平台数据采用Ucinet计算。

生物医药产业集群已形成稳定的空间发展格局，各子群间的联系日益密切。从城市节点在子群中的分布来看，2013~2022年，京津冀生物医药产业集群网络子群结构未发生变化，空间发展格局稳定。具体而言，第一子群由北京及位于其东部和南部的秦皇岛、廊坊、唐山、沧州组成；第二子群由天津及位于京津冀西北方向的承德、张家口组成；第三子群由位于京津冀西南方向的石家庄、保定组成；第四子群由位于京津冀城市群南部的邢台、邯郸、衡水组成。从地理空间来看，北京、天津引领京津冀北部城市集聚发展，而位于南部的第三、第四子群缺少带头城市，发展质量有待提升。从子群分块密度来看，2013~2022年，各子群之间的联系程度提升显著，北京所在的第一子群与第二、第三、第四子群的联系密度分别提升6.32倍、10.60倍、21.87倍，天津引领的第二子群与第三、第四子群的联系密度分别提升7.22倍、16.40倍，但京津冀城市群最外围的第四子群与其他子群的联系密度仍有较大提升空间（见表4）。

表4　2013年和2022年京津冀生物医药产业集群网络子群分块密度

年份	子群	第一子群	第二子群	第三子群	第四子群
2013	第一子群	6048.55	42321.41	10281.58	619.31
	第二子群	42321.41	804.78	7068.73	720.77
	第三子群	10281.58	7068.73	16653.62	3484.93
	第四子群	619.31	720.77	3484.93	203.15
2022	第一子群	117008.11	309718.47	119240.27	14163.35
	第二子群	309718.44	9714.92	58101.53	12542.04
	第三子群	119240.27	58101.53	372558.88	93958.01
	第四子群	14163.35	12542.04	93958.02	11853.40

资料来源：根据龙信企业大数据平台数据采用Ucinet计算。

电力装备产业集群已形成由北京引领的稳定子群，但子群间的密度仍有待提升。从城市节点在子群中的分布来看，2013~2022年，第一子群由北京及其东部和南部的唐山、廊坊、沧州组成，这4个城市组成了较为稳定的电力装备产业集群子群，在北京的引领下迅速发展；第二子群由秦皇岛变为张家口、承德，该子群在京津冀电力装备产业集群中的发展实力相对较弱，缺少高水平城市的引领，发展劲头不足；第三子群以天津、保定为核心，其他城市由张家口、承德变为衡水、秦皇岛，在天津的引领下寻求更高质量的发展；第四子群以石家庄、邢台、邯郸为核心，这些城市均位于京津冀的南部，2022年减少了衡水（进入第三子群），石家庄作为第四子群的带头城市其发展水平较京津仍有较大差距。从子群分块密度来看，2013~2022年，各子群之间的产业联系程度不断提升，其中第二子群和第四子群在成员变更之后提升更加显著，但第二子群和第四子群与其他子群的联系程度仍然略有不足。以2022年与第三子群的联系密度为例，第二子群与第三子群的联系密度仅为第一子群与第三子群联系密度的0.97%，第四子群与第三子群的联系密度仅为第一子群与第三子群联系密度的2.40%，第二子群和第四子群仍需提升其与其他子群的联系密度，进而促进自身发展水平提升（见表5）。

表5 2013年和2022年京津冀电力装备产业集群网络子群分块密度

年份	子群	第一子群	第二子群	第三子群	第四子群
2013	第一子群	26647.47	10.62	226465.45	4969.60
	第二子群	10.62	—	5.31	0.07
	第三子群	226465.45	5.31	12371.48	2031.87
	第四子群	4969.60	0.07	2031.87	898.86
2022	第一子群	1636750.88	1170122.63	3712913.00	537029.56
	第二子群	1170122.75	12987.66	35856.15	11761.03
	第三子群	3712913.00	35856.15	97263.96	88939.35
	第四子群	537029.50	11761.03	88939.34	169602.05

资料来源：根据龙信企业大数据平台数据采用Ucinet计算。

安全应急产业集群空间发展格局尚不稳定，子群结构存在较大变动，各子群间的联系不够紧密。从城市节点在子群中的分布来看，2013~2022年，北京、天津、廊坊始终为第一子群的成员，其他城市由沧州变为唐山、秦皇岛，第一子群的城市位于京津冀东南方向，空间布局紧密，发展水平领先；第二子群由唐山、秦皇岛变为衡水、沧州，唐山、秦皇岛进入第一子群，衡水、沧州两地的发展实力相对较弱；第三子群始终以石家庄为带头城市，其他城市由邢台、邯郸、衡水变为张家口、承德、保定，涵盖京津冀北部和西部城市；第四子群由保定、张家口、承德变为邯郸、邢台，该子群位于京津冀最南部，发展水平有待提升。从子群分块密度来看，2013~2022年，各子群之间的联系程度不断提升，其中第一子群和第二子群的联系最为密切，2022年两者之间的联系密度为1802.54；发展实力相对较弱的第二子群与第四子群之间的联系密度较低，2022年两者之间的联系密度为29.48，仅占第一、第二子群之间联系密度的1.64%（见表6）。

表6 2013年和2022年京津冀安全应急装备产业集群网络子群分块密度

年份	子群	第一子群	第二子群	第三子群	第四子群
2013	第一子群	591.73	231.60	17.60	10.84
	第二子群	231.60	220.37	2.26	1.73
	第三子群	17.60	2.26	4.15	1.81
	第四子群	10.84	1.73	1.81	0.01
2022	第一子群	6234.65	1802.54	379.84	101.65
	第二子群	1802.54	5207.50	148.75	29.48
	第三子群	379.84	148.75	141.87	103.12
	第四子群	101.65	29.48	103.12	403.69

资料来源：根据龙信企业大数据平台数据采用Ucinet计算。

四　主要结论及对策建议

（一）主要结论

一是京津冀五大产业集群规模持续扩大，集群内小规模企业众多。2013~2022年，京津冀五大产业集群的企业规模和资本规模不断扩大，从产业集群内企业规模来看，京津冀集成电路、网络安全、生物医药、电力装备、安全应急装备产业集群的存续企业数年均增长率分别为13.75%、13.43%、16.47%、14.03%、15.21%；从产业集群内企业注册资本规模来看，京津冀集成电路、网络安全、生物医药、电力装备、安全应急装备产业集群的存续企业注册资本额年均增长率分别为6.12%、11.01%、9.91%、4.04%、11.81%。但是，产业集群内小规模企业持续涌入，使得产业集群组织化、规范化、集约化程度不高，难以最大限度地发挥规模经济效应和辐射效应；从产业集群内企业户均资本规模来看，五大产业集群存续企业户均资本规模均呈下降趋势，集成电路、网络安全、生物医药、电力装备、安全应急装备产业集群年均分别下降6.70%、2.13%、5.63%、8.75%、2.95%，各产业集群应加大中小企业培育力度，推动集群内中小企业高质量发展，促进产业集群更好地发挥规模效应与辐射效应。

二是京津冀五大产业集群创新能力不断提升，北京的创新能力突出，天津、河北的创新产出水平有待提升。2013~2022年，京津冀五大产业集群的创新产出水平持续提升，其中集成电路、网络安全、生物医药、电力装备、安全应急装备产业集群累计授权发明专利数量年均增长率分别为21.61%、27.26%、14.13%、36.70%、22.24%。北京的创新能力较为突出，天津、河北两地的创新能力存在不足，仍有较大提升空间。北京的创新产出水平处于绝对领先地位，在集成电路、网络安全、电力装备、安全应急装备产业集群中，北京的累计授权发明专利数占京津冀的比重居首位，2022年分别为78.33%、93.20%、86.82%、43.19%；天津、河北的创新产出水平远不及北京，在集成电路产业集群中，累计授权发明专利数占京津冀的比重分别为17.43%、4.25%，在网络安全产业集群中的占比分别为2.05%、4.75%，在电力装备产业集群中的占比分别为6.46%、6.72%，创新产出水平有待提升。

三是京津冀五大产业集群投资活跃，北京为对区域外投资的主要城市，河北吸收外地资本规模较大。2013~2022年，京津冀五大产业集群对区域外投资规模和吸收外地投资规模大幅提升，其中集成电路、网络安全、生物医药、电力装备、安全应急装备产业集群累计对区域外投资额年均增长率分别为21.34%、24.49%、20.15%、15.64%、17.39%，累计吸收外地资本额年均增长率分别为13.58%、20.22%、17.64%、18.76%、20.24%。北京是对区域外投资的主要城市，在京津冀网络安全、生物医药、电力装备、安全应急装备产业集群中累计对区域外投资额占京津冀的比重均居首位，2022年分别为75.99%、77.99%、97.77%、74.48%。河北吸收外地资本规模较大，在生物医药、电力装备、安全应急装备产业集群中累计吸收外地资本额占京津冀的比重居首位，2022年分别为46.42%、47.14%、75.71%。

四是京津冀五大产业集群网络逐步完善，北京、天津在各产业集群中的中心地位日益稳固，其他城市节点在产业集群网络中的作用尚不明显。2013~2022年，京津冀集成电路、电力装备产业集群形成了以北京、天津为中心的"双中心"空间发展格局，其他城市节点在产业集群网络中仍未显现出明显的作用；网络安全产业集群呈现以"京津廊"为中心城市的"多中心"发展趋势；生物医药产业集群呈现以"京津石廊"为中心城市的多中心发展趋势，但除京津外，其他中心城市的地位尚不稳固；安全应急装备产业集群形成了以"津京廊唐沧"为中心城市的空间结构，北京、天津、唐山和廊坊的中心城市地位较为稳固，沧州能否成为具有重要作用的中心城市仍有待观察。各产业集群应加强对潜在中心城市的培育，推动其与中心城市形成更加紧密的产业关联，促进产业集群网络不断优化、产业集群核心竞争力持续提升。

五是京津冀五大产业集群的产业协作日益深化，北京、天津与河北各城市之间的联系愈加紧密。京津冀五大产业集群中的节点城市并不依赖地理邻近性形成产业关联，而是跨越地域空间的局限性，在更大范围内构成了产业联系。在生物医药、电力装备产业集群中，北京、天津充分发挥其中心城市的作用，与河北各城市紧密联系，2013~2022年凝聚子群密度显著提升，通过密切的合作引领京津冀产业集群高质量发展；在集成电路、安全应急装备产业集群中，北京与天津强强联合，形成最具规模与实力的子群，且引领的子群产业联系日趋紧密，但其中心城市的作用没有得到充分发挥，未能带动集群内其他城市的发展；在网络安全产业集群中，北京凭借自身强大的网络安全产业实力，形成了最具独立性和规模性的网络安全产业子群，天津利用其中心城市的地位辐射带动承德、唐山、廊坊、沧州的发展，但河北其余城市形成的子群缺少"领头羊"，产业发展难以提质加速。

（二）对策建议

一是制定产业集群发展专项规划，加强顶层设计。当前，京津冀尚未出台有关五大产业集群的专项发展规划，顶层设计尚不完善。京津冀应结合各城市的功能定位、资源与产业基础以及科技创新水平等因素，统筹制定五大产业集群的发展专项规划，在产业布局、产业发展专项资金、重大发展项目、税收分享机制以及要素保障等方面完善相应的政策，依托规划引领产业集群的高质量发展。着重避免各城市出现主导产业高度重叠的现象，统筹规划并明确各城市的发展特色与重点领域，将专项规划细分到产业链的具体环节，发挥各城市的优势与特色，合力打造世界级产业集群。同时，推动产业智能化改造，构建健全的数字化发展政策支撑体系，包括数字化主体培育、数字化资源供给、数字化基础设施配套等，全面推广智能制造，提高综合效益，打造世界级先进制造业集群。

二是搭建创新平台，提高关键核心技术攻关能力，提升京津冀产业集群创新体系整体效能。一方面，依托各类创新平台建设推动京津冀先进制造业集群创新能力提升。鼓励京津冀联合搭建专业化的科技成果供需对接平台，支持北京研发机构面向先进制造业集群内的企业开展关键技术研发与示范应用；北京的研发机构应引领先进制造业集群搭建先进制造业研发基地、协同创新基地、技术研究院、实验室与技术服务中心、博士后流动站等技术创新合作平台；支持在先进制造业集群内设立技术交流平台，推动区域内其他创新平台间的交流与合作。另一方面，推动关键核心技术突破与攻关。从市场需求出发，采取龙头企业主导的方式，联合产业链上下游企业、科研院所，建设涵盖全产业链的重大协同创新平台，聚焦关键工艺技术，进行设备、材料及零部件共性技术开发，形成产学研用协同创新机制，推动尽早攻克"卡脖子"难题，促进产业链升级配套及成果转化，培育具有竞争力的先进制造业集群。同时，探索建立知识产权保护实验室，完善知识产权保护制度，为创新知识的产出提供安全保障，促进新知识的产生和扩散。

三是聚焦高水平人才队伍建设，促进人才链与产业链耦合发展，加快打造世界级产业集群。首先，京津冀应紧紧围绕产业链布局人才链，聚焦各产业集群发展建设用才需求，收集、发布急需紧缺人才目录，引进与自身产业发展需求相匹配的高端人才。其次，加大专业技术人才培育与引进力度。改革高技能人才培养模式，通过产学研合作等方式推动实用型、高技能人才的培养与引进。加大对集成电路、生物医药等行业重点研发企业海内外领军人

才和创新团队引进的支持力度,通过住房、落户、个人所得税返还、股权激励、所得税减免等优惠政策吸引海外高端人才、留住国内人才,建立一支规模庞大、结构合理、稳定攻关的人才队伍。最后,探索促进区域人才一体化的政策,建立人才共享机制。完善高端人才发展平台、人才支撑政策体系,促进人才跨区域顺畅流动和合理配置。修订完善人力资源服务京津冀区域协同地方标准,落实京津冀职称互认互通协议,积极促进人才交流和联合培养,完善跨区域人才服务网络,推动三地技术转移人才队伍专业化、职业化发展。

四是加强市场建设,促进龙头企业在先进制造业集群中充分发挥引领带动作用。坚持龙头企业在产业集群建设过程中的主体地位和引领作用,采取"政府政策+龙头企业+融资担保"的发展模式,提升中小企业的国际竞争力,完善产业生态系统;充分发挥龙头企业在研发平台、产业链以及销售渠道等方面的资源优势,加速科技成果的落地转化,并实现商业化应用;将先进制造业集群发展重点聚焦产业链的薄弱环节,通过产业链招商引资等方式,推动国内外龙头企业落地发展,构筑坚实的先进制造业发展基础,持续吸引更多优质企业入驻园区,推动产业集群高质量发展。

参考文献

王欢芳、陈惠、傅贻忙、宾厚:《区域高新技术产业集群创新网络结构特征研究——基于湖南省数据》,《财经理论与实践》2021年第4期。

王金哲、温雪:《单中心还是多中心——城市群空间结构与创新能力研究》,《宏观经济研究》2022年第9期。

赵巧芝、张聪、崔和瑞:《长江经济带地级城市间技术创新关联网络演变特征研究》,《技术经济》2021年第12期。

B.9 京津冀产业走廊高质量发展研究[*]

叶堂林 刘佳[**]

摘　要： 产业走廊作为区域产业网络的一种空间组织形式，在优化区域产业布局、促进产业链与创新链融合方面具有独特优势。当前，京津冀协同进入走深走实的新阶段，产业协同需要新逻辑、新模式和新机制。在此背景下，构建京津冀产业走廊对京津冀产业协同走向纵深具有重要的现实意义。本报告以京津冀城市群新一代信息技术产业、新能源装备产业、机器人产业、绿色算力和绿色能源产业、空天信息产业为研究对象，从五大产业廊道的总体架构、建设基础、发展现状、国内外经验借鉴四个方面进行分析。研究发现，京津冀产业廊道建设具备坚实基础，交通基础设施网络不断加密，"三轴引领"产业格局基本形成，优势产业链与先进制造业集群逐步形成；京津冀五大产业规模稳步增长，产业发展释放强劲动能，推动产业走廊加速形成；京津冀五大产业发展不平衡问题有所缓解，发展水平较低的城市呈现追赶效应，产业走廊"补弱"初见成效；京津冀产业廊道节点城市间的产业联系愈加紧密，北京和天津在新一代信息技术产业中的引力值排在首位，北京和张家口在绿色算力和绿色能源产业中的引力值排在首位；创新跨域治理体制与模式、促进人才集聚、构建完善的创新孵化生态网络、培育专业化产业集群等是国内外科创走廊建设的成功经验。基于此，本报告提出以下对策建议：

---

[*] 本报告为国家社会科学基金重大项目"数字经济对区域协调发展的影响与对策研究"（23&ZD078）、国家自然科学基金面上项目"多层动态网络视角下城市群创新生态系统演化机理及绩效评价研究"（72373105）、教育部人文社会科学研究专项任务项目"推动京津冀高质量发展研究"（23JD710022）的阶段性成果。

[**] 叶堂林，经济学博士，首都经济贸易大学特大城市经济社会发展研究院（首都高端智库）执行副院长、特大城市经济社会发展研究省部共建协同创新中心（国家级研究平台）执行副主任，教授、博士生导师，研究方向为区域经济、京津冀协同发展等；刘佳，首都经济贸易大学城市经济与公共管理学院博士研究生，研究方向为区域经济。

创新跨域利益共享模式，打造关键核心共性技术平台；探索产业合作的"双向飞地"模式；注重技术研发与生产性服务业双向联动发展，建设"产学研介用"相结合的科技成果转化共同体；构建需求导向的人才储备共同体。

关键词： 产业走廊　高质量发展　战略性新兴产业　未来产业　京津冀

一　研究背景与研究意义

（一）综观国际：构建产业走廊是当今世界产业空间配置的重要形式

当前，世界百年未有之大变局加速演进，全球经济增速趋缓，逆全球化趋势加剧，以数字技术为核心的第四次产业革命正在深刻影响着全球经济结构。在此背景下，世界大国均将产业走廊建设视为增强国家竞争力的有力工具。例如，美国硅谷集聚了高密度的创新要素和人才资源，创新成果不断向外围区域辐射扩散，与周边城市形成良好的产业互动关系，推动了圣何塞高技术产业集群的出现和旧金山湾区的快速发展，巩固了美国世界科技创新中心的地位，提升了其高技术产业在全球的竞争力；日本筑波通过新干线高速铁路形成与东京-横滨工业带高新技术企业的密切联系，促进了创新孵化和科技成果转化，推动了强大制造业集群的出现，并逐步形成了筑波-东京-横滨创新带，为日本发展提供了不竭动力。由此可以看出，建设产业走廊可以在更大范围内配置资源要素，促进沿线节点城市进行跨区域产业合作，提升国家在全球产业链中的竞争力。因此，建设产业走廊被越来越多的国家视为增强国家竞争力的重要途径和战略选择。

（二）审视国内："聚链成廊"成为推动区域产业协同发展的重要抓手

党的二十大报告指出，高质量发展是全面建设社会主义现代化国家的首要任务。其中，产业高质量发展是实现中国经济社会高质量发展的重要方面。在以高质量发展为首要任务的新阶段，中国经济发展新动能从何而来？2023年9月，习近平总书记在新时代推动东北全面振兴座谈会上强调，要积极培育新能源、新材料、先进制造、电子信息等战略性新兴产业，积极培育未来产业，加快形成新质生产力，增强发展新动能。根据这一重要论述，可以得知发展新质生产力是推动产业高质量发展的内在要求和重要着力点，其中新兴产业和未来产业则是摆脱传统增长路径、符合高质量发展要求的重要产业。与此同时，为更好地推动区域内新兴产业和未来产业发展，促进产业链上下游企业互动对接，不少区域开始探索构建产业走廊。例如，《长江三角洲区域一体化发展规划纲要》提出构建长三角G60科创走廊，旨在提高长三角地区配置全球资源的能力和辐射带动全国发展的能力。又如，广东省委、省政府发布的《广深科技创新走廊规划》提出构建信息工业走廊，以广州、深圳、东莞为规划区域，打造高新技术创新带。因此，在高质量发展的新阶段，推动产业"聚链成廊"成为优化区域产业结构和产业布局、推动区域产业协同发展的重要抓手。

（三）聚焦京津冀：构建产业走廊是促进京津冀产业协同走向纵深的必然要求

习近平总书记指出，京津冀作为引领全国高质量发展的三大重要动力源之一，要在实现高水平科技自立自强中发挥示范带动作用。当前，京津冀协同进入走深走实的新阶段，产业协同需要新逻辑、新模式和新机制。优化京津冀产业空间布局是促进京津冀协同走向纵深的重要抓手。产业走廊是区域产业网络的一种空间组织形式，是产业要素高度集聚、高端人才资源汇集、新兴产业创业密集、创新文化氛围浓厚、创新支撑作用明显的重点发展区块。2023年6月，北京市委审议通过《中共北京市委关于贯彻落实习近平总书记在深入推进京津冀协同发展座谈会上重要讲话精神的意见》，提出依托京保石、京唐秦、京雄、京张等交通廊道，从不同方向打造高质量发展经济廊道。2023年11月，"京津冀产业链供应链大会"进一步明确提出了京津冀产业协同"五群六链五廊"的全景发展蓝图,其中"五廊"包括京津新一代信息技术产业廊道、京保石新能源装备产业廊道、京唐秦机器人产业廊道、京张承绿色算力和绿色能源产业廊道、京雄空天信息产业廊道(以下简称五大产业廊道)。打造京津冀五大产业廊道,有助于促进京津冀地区产业链、创新链、价值链和供应链的融合,有利于进一步优化产业空间布局,加强区域间产业合作,促进京津冀产业协同走向纵深。

二 分析框架与研究方法

(一)分析框架

新一代信息技术产业、新能源装备产业、机器人产业、绿色算力和绿色能源产业、空天信息产业是京津冀三地正在重点布局的产业领域。其中,新一代信息技术产业居九大战略性新兴产业之首,是国民经济的战略性与先导性产业;新能源装备产业是装备制造业中不可或缺的核心产业;机器人产业是国家科技实力和制造业高端化的重要标志,是引领新一轮科技革命和产业变革的未来产业之一;绿色算力和绿色能源产业是促进能源行业绿色低碳转型和能源产业高质量发展的重要领域;空天信息产业是国家科技战略的重要载体,也是推动京津冀科技创新和经济社会发展的战略性领域。因此,打造京津冀五大产业廊道是推动京津冀产业智能化、高端化发展的需要,也是培育壮大京津冀新兴产业、未来产业的需要,更是推动京津冀产业高质量发展的需要。基于此,本报告围绕"京津冀产业走廊高质量发展"这一研究主线,主要从以下几个方面展开。第一,对所采用的核密度估计、引力模型的研究方法进行介绍,并对本报告所选取的指标、数据来源等进行说明。第二,对京津冀五大产业廊道的总体构架、建设基础进行阐述。第三,对京津冀五大产业廊道进行典型事实分析,从横向和纵向两个视角,分析五大产业廊道的现状与时空演化趋势,并对现存的问题进行分析。第四,分析美国波士顿128号公路、美国加州101号公路、英国M4科创走廊以及中国长三角G60科创走廊等的典型做法，为京津冀打造产业廊道提供经验借鉴。第五，根据产业发展现状及存在的问题，结合全球科创走廊的典型做法，有针对性地提出对策建议。

（二）研究方法

1. 核密度估计

核密度估计（Kernel Density Estimation）是一种非参数估计方法，通过用连续密度曲线来描述数据的分布形态，常被用于分析研究对象的非均衡分布问题。其中，核密度曲线的分布位置反映研究对象发展水平的高低，曲线波峰的高度和宽度反映研究对象的集聚程度，曲线的延展性反映研究对象最高水平与最低水平之间的差距，曲线波峰数量则反映研究对象的极化程度。本报告采用核密度估计方法，探析京津冀新一代信息技术、新能源装备等产业的动态演进特征。具体公式如下：

$$f(x) = \frac{1}{Nh} \sum_{i=1}^{N} K\left(\frac{X_i - x}{h}\right) \tag{1}$$

其中，N代表京津冀城市数量；X_i代表城市i的产业在营企业累计注册资本额；x代表在营企业累计注册资本额的平均值；$K(\cdot)$代表核密度函数；h代表带宽。

2. 引力模型

引力模型（Gravity Model）是反映城市间相互作用关系的经典模型之一，来源于牛顿力学的万有引力公式，之后学者们在此基础上进行了深化和拓展，常被用来衡量城市间的经济联系强度。本报告采用引力模型来刻画京津冀城市之间的产业联系强度。具体公式如下：

$$R_{ij} = K C_i C_j / D_{ij}^2 \tag{2}$$

其中，R_{ij}代表城市i和城市j之间的引力值；C_i和C_j分别代表城市i和城市j的产业在营企业累计注册资本额；K为常量，一般取值为1；D_{ij}代表城市i和城市j之间的距离。

（三）指标选取与数据说明

本报告选取京津冀13个地级以上城市作为研究样本，以新一代信息技术产业、新能源装备产业、机器人产业、绿色算力和绿色能源产业、空天信息产业为研究对象。基于数据可得性和科学性，依据《国民经济行业分类》(GB/T 4754—2017)和国家统计局发布的《战略性新兴产业分类（2018）》，本报告界定的产业廊道涉及领域和细分行业见表1。本报告使用2013~2022年京津冀五大产业廊道在营企业累计注册资本额反映产业发展状况，以上数据均来自龙信企业大数据平台。

表1 研究对象的具体范围

名称	涉及领域	细分行业
新一代信息技术产业廊道	下一代信息网络产业、电子核心产业、新兴软件和新型信息技术服务、人工智能等	计算机制造(391)、通信设备制造(392)、雷达及配套设备制造(394)、智能消费设备制造(396)、电子器件制造(397)、电子元件及电子专用材料制造(398)、其他电子设备制造(399)、研究和试验发展(73)、专业技术服务业(74)、科技推广和应用服务业(75)
新能源装备产业廊道	新能源汽车整车制造、新能源汽车储能装置制造、核燃料加工及设备制造、风能发电机装备及零部件制造、智能电力控制设备及电缆制造等	新能源车整车制造(3612)，锂离子电池制造(3841)，镍氢电池制造(3842)，汽车零部件及配件制造(3670)，电动机制造(3812)，电力电子元器件制造(3824)，机动车充电销售(5267)，汽车修理与维护(8111)，核燃料加工(2530)，风能原动设备制造(3415)，太阳能器具制造(3862)，光伏设备及元器件制造(3825)，半导体器件专用设备制造(3562)，环境保护专用设备制造(3591)，水资源专用机械制造(3597)，变压器、整流器和电感器制造(3821)，配电开关控制设备制造(3823)
机器人产业廊道	机器人制造、安全应急装备等	工业机器人制造(3491)，特殊作业机器人制造(3492)，服务消费机器人制造(3964)，社会公共安全设备及器材制造(3595)，安全、消防用金属制品制造(3353)，地质勘探和地震专用仪器制造(4025)，市政设施管理(7810)，安全保护服务(727)，公共安全管理机构(9223)

续表

名称	涉及领域	细分行业
绿色算力和绿色能源产业廊道	云计算与大数据服务,电力、热力生产和供应业等	互联网数据服务(6450)、支撑软件开发(6512)、水力发电(4413)、核力发电(4414)、风力发电(4415)、太阳能发电(4416)、生物质能发电(4417)
空天信息产业廊道	航空器装备制造、其他航空装备制造及相关服务、卫星装备制造、卫星应用服务等	飞机制造(3741),其他航空航天器制造(3749),航空相关设备制造(3744),航空航天器修理(4343),航天器及运载火箭制造(3742),航天相关设备制造(3743),通信系统设备制造(3921),智能车载设备制造(3962),导航、测绘、气象及海洋专用仪器制造(4023),广播电视卫星传输服务(6331),其他卫星传输服务(6339),地理遥感信息服务(6571),遥感测绘服务(7441)

资料来源:根据《国民经济行业分类》(GB/T 4754—2017)整理,括号内为其对应代码。

三 产业廊道建设基础

(一)产业廊道总体架构完善

京津冀五大产业廊道依托区域内高速公路、城际铁路、航空枢纽与重点港口等基础设施,基于《京津冀协同发展规划纲要》提出的"一核、双城、三轴、四区、多节点"空间布局,旨在打通城市间产业协作壁垒,促进人才、知识、技术等创新要素有序、高效流动,实现城市间产业链、创新链的价值交换与功能耦合,推动京津冀地区战略性新兴产业和未来产业发展。其中,京津新一代信息技术产业廊道协同布局集成电路、网络安全等产业;京保石新能源装备产业廊道协同布局新型电力设备、新能源装备及新能源汽车等产业,旨在带动京津冀南翼地区发展;京唐秦机器人产业廊道协同布局各类机器人、安全应急装备等产业,旨在带动京津冀北翼地区发展;京张承绿色算力和绿色能源产业廊道协同布局大数据、绿色氢能等产业;京雄空天信

息产业廊道协同布局卫星通信服务、卫星技术综合应用、运载火箭试验等产业（见图1）。

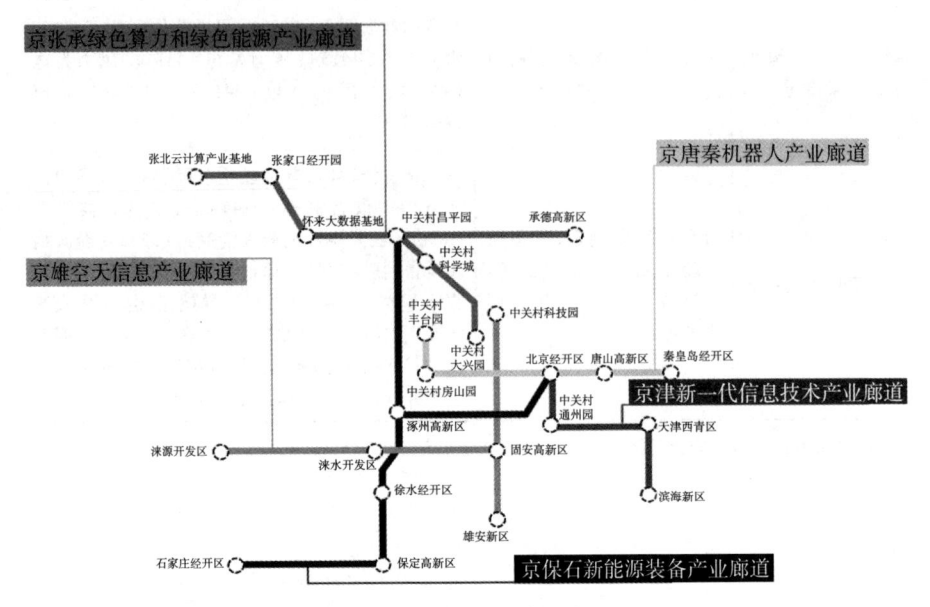

图1　京津冀五大产业廊道分布

资料来源：笔者绘制。

（二）产业廊道建设具备坚实基础

1.综合交通网络不断完善

交通基础设施网络不断加密，京津冀互联互通水平日益提升。充分利用交通网络带来的要素集聚优势，强化沿线城市产业联系与空间重组，是打造产业廊道的重要前提。从轨道交通来看，京津冀区域内国家干线铁路建设不断完善，13个地级市实现高铁全覆盖。京张高铁、京哈高铁北京至承德段、崇礼铁路等高速铁路的开通运营，极大地缩短了京津冀地区的联通时间。此外，京津冀城际路网建设加快推进。京津城际、京滨城际、津兴城际、京唐城际、京雄城际等城际铁路建设持续推进，使得京津冀地区城市间的联系愈加紧密。截至2022年末，京津冀地区铁路营业里程超过1万公里，达10933

公里，其中高铁总里程为2575公里[①]。从公路交通来看，京津冀已构建起高效便捷、互联互通的高速公路网。京礼高速、津石高速、京秦高速、京雄高速等高速公路的建设，加强了京津冀中心城市与周边10万人口以上市县的连接，搭建起便捷的快速交通走廊。

2. "三轴引领"产业格局基本形成

京津、京保石、京唐秦三条发展轴在推动区域经济发展方面的引领作用日益突出。从地区生产总值来看，2013~2022年，京津发展轴创造的地区生产总值由33870.72亿元增加至57922.24亿元，占京津冀地区生产总值的比重由54.48%提高至57.75%，提高了3.27个百分点；京保石发展轴创造的地区生产总值由27268.56亿元增加至52591.80亿元，占京津冀地区生产总值的比重由43.86%提高至52.44%，提高了8.58个百分点；京唐秦发展轴创造的地区生产总值由26790.56亿元增加至52421.12亿元，占京津冀地区生产总值的比重由43.09%提高至52.27%，提高了9.18个百分点[②]。从科技创新优势来看，2022年，京津发展轴累计授权发明专利数为50.10万件，占京津冀累计授权发明专利数的91.98%；京保石发展轴累计授权发明专利数为47.75万件，占京津冀累计授权发明专利数的87.66%；京唐秦发展轴累计授权发明专利数为46.55万件，占京津冀累计授权发明专利数的85.46%[③]。

3. 优势产业链与先进制造业集群逐步形成

京津冀地区产业协同水平不断提升，区域配套更加紧密，一批优势产业链和先进制造业集群初步形成。在产业链共育方面，京津冀三地根据各自的产业优势，联合绘制产业图谱，分别牵头氢能、生物医药、网络安全和工业互联网、高端工业母机、新能源和智能网联汽车、机器人6条产业链，优化区域产业布局；在产业集群共建方面，京津冀三地聚焦集成电路、网络安全、生物医药、电力装备、安全应急装备五大产业集群开展梯次建设，汇聚

[①] 《轨道"双城记"》，北京市人民政府网站，2023年5月25日，https://www.beijing.gov.cn/ywdt/gzdt/202305/t20230525_3112843.html。
[②] 数据来源于国家统计局发布的《国民经济和社会发展统计公报》。
[③] 数据来源于龙信企业大数据平台。

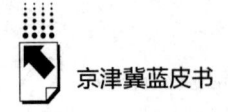

发展合力。其中，京津冀生命健康产业集群、保定电力及新能源高端装备产业集群获批国家级先进制造业集群。此外，京津冀产业生态呈现新格局，京津冀工业互联网协同发展示范区以及北京、天津国家人工智能创新应用先导区加快建设，京津冀全国一体化算力网络国家枢纽节点加快构建。

四 产业廊道发展现状分析

（一）区域产业规模稳步增长，推动产业走廊加速形成

1. 京津冀五大产业规模不断扩大，并保持较快增长

京津冀五大产业规模呈稳步增长趋势，其中绿色算力和绿色能源产业增速最快。具体来看，2013~2022年，京津冀新一代信息技术产业发展态势良好，在营企业累计注册资本额由18787.57亿元增加至32477.51亿元，年均增长率为6.27%；京津冀新能源装备产业蓬勃发展，在营企业累计注册资本额由2213.74亿元增加至5896.02亿元，年均增长率为11.50%；京津冀机器人产业整体处于加快布局阶段，在营企业累计注册资本额由748.92亿元增加至1823.42亿元，年均增长率为10.39%；京津冀绿色算力和绿色能源产业增速最快，在营企业累计注册资本额由1611.34亿元增加至4919.30亿元，年均增长率为13.20%，水电、核电、风电、太阳能等可再生能源成为清洁能源发展的重要力量；京津冀航空航天产业蓄势起飞，空天信息产业在营企业累计注册资本额突破2000亿元大关，交出亮眼"成绩单"，在营企业累计注册资本额由1482.90亿元增加至2374.14亿元，年均增长率为5.37%。

2. 北京的产业规模"领跑"京津冀，河北的产业发展增速较快

北京的产业规模"领跑"京津冀，新一代信息技术产业、新能源装备产业、绿色算力和绿色能源产业、空天信息产业在营企业累计注册资本额在京津冀中的占比均居首位，2022年分别为75.14%、39.55%、58.96%、86.83%。此外，河北高位谋划产业发展，近年来相继出台《河北省新一代信息技术产业发展"十四五"规划》《加快河北省战略性新兴产业融合集群发展行动方案

（2023—2027年）》等政策文件，推动河北各城市产业发展步伐加快。2013~2022年，张家口、承德、邯郸的新一代信息技术产业在营企业累计注册资本额增速在京津冀区域内排在前三位，年均增长率均突破30%，分别为39.10%、35.14%、32.79%；石家庄、衡水、唐山的新能源装备产业在营企业累计注册资本额增速在京津冀区域内排在前三位，年均增长率均超过20%，分别为23.19%、22.99%、22.62%；廊坊、邯郸、保定的机器人产业在营企业累计注册资本额增速在京津冀区域内排在前三位，年均增长率分别为42.01%、37.85%、30.54%；邢台、廊坊、邯郸的绿色算力和绿色能源产业在营企业累计注册资本额增速在京津冀区域内排在前三位，年均增长率分别为54.06%、50.91%、43.83%；秦皇岛、邢台、唐山的空天信息产业在营企业累计注册资本额增速在京津冀区域内排在前三位，年均增长率分别为76.80%、34.84%、24.57%。

（二）区域产业规模差异呈缩小态势，产业走廊"补弱"初见成效

为了更为细致地捕捉京津冀五大产业发展水平绝对差异的动态信息，本报告采用核密度估计方法，选取2013年、2018年、2022年三个时间节点的数据作为观测值，探析京津冀五大产业发展水平的分布位置、分布态势、分布延展性以及极化趋势四个方面的分布动态特征（见图2至图6）。

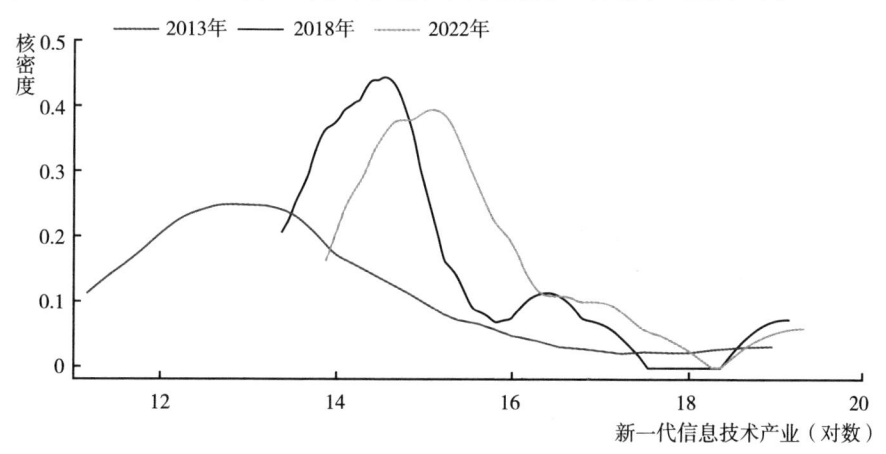

图2 2013年、2018年、2022年京津冀新一代信息技术产业核密度曲线

资料来源：采用Stata18软件绘制。

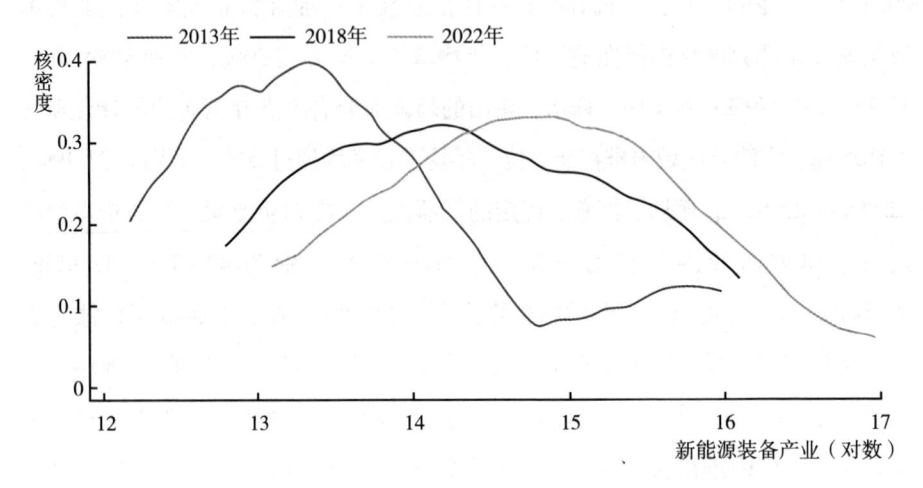

图 3　2013 年、2018 年、2022 年京津冀新能源装备产业核密度曲线

资料来源：采用 Stata18 软件绘制。

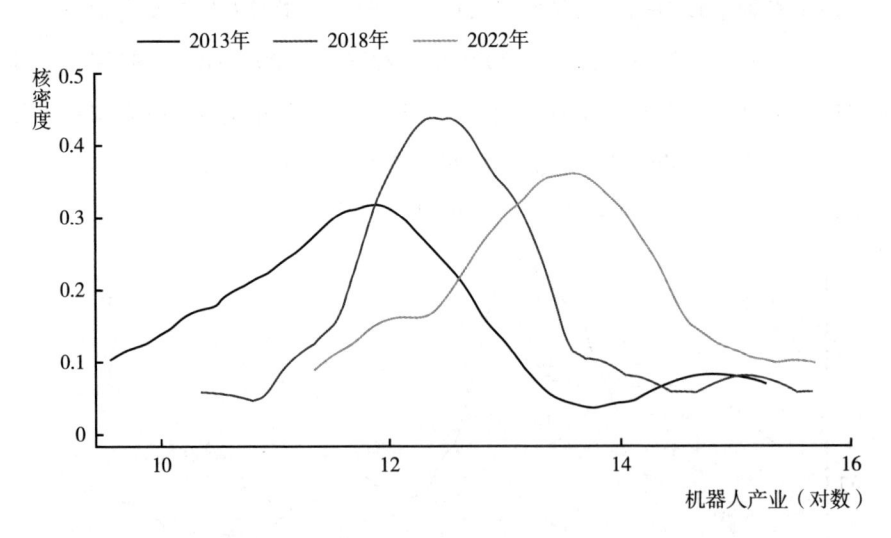

图 4　2013 年、2018 年、2022 年京津冀机器人产业核密度曲线

资料来源：采用 Stata18 软件绘制。

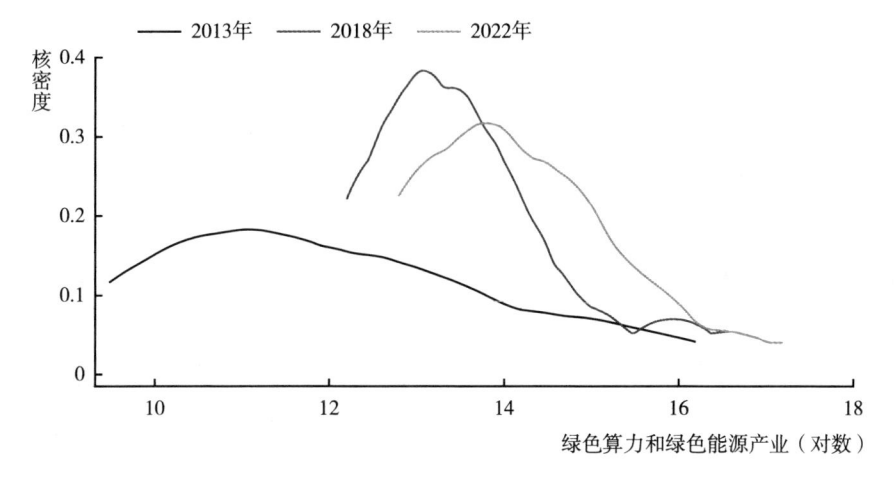

图 5　2013 年、2018 年、2022 年京津冀绿色算力和绿色能源产业核密度曲线

资料来源：采用 Stata18 软件绘制。

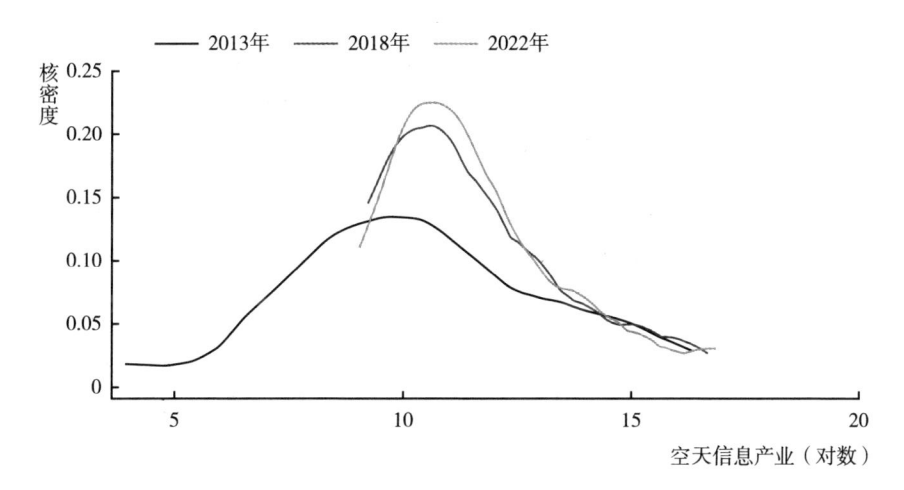

图 6　2013 年、2018 年、2022 年京津冀空天信息产业核密度曲线

资料来源：采用 Stata18 软件绘制。

从分布位置来看，京津冀五大产业发展水平稳步提升，核密度曲线中心及变化区间均有不同程度的右移。其中，绿色算力和绿色能源产业右移趋势明显，产业发展增速较快；空天信息产业右移幅度较小，相较于其他产业增

速较慢。

从分布态势来看，核密度曲线总体显示京津冀区域产业发展水平差异有所缩小，地区间产业发展不平衡问题有所缓解。除新能源装备产业外，新一代信息技术产业、机器人产业、绿色算力和绿色能源产业、空天信息产业核密度曲线主峰高度总体呈波动上升趋势，且宽度逐渐收窄。京冀两地新一代信息技术产业在营企业累计注册资本额之比由2013年的22.29倍下降至2022年的5.02倍；京冀两地机器人产业在营企业累计注册资本额之比由2013年的1.28倍下降至2022年的0.58倍；京冀两地绿色算力和绿色能源产业在营企业累计注册资本额之比由2013年的2.44倍下降至2022年的1.70倍；京冀两地空天信息产业在营企业累计注册资本额之比由2013年的13.75倍下降至2022年的12.88倍；而京冀两地新能源装备产业在营企业累计注册资本额之比则由2013年的1.50倍扩大至2022年的2.84倍。

从分布延展性来看，京津冀五大产业核密度曲线右拖尾现象减弱，表明京津冀产业发展水平高的城市与发展水平低的城市之间的差距有所缩小，产业发展水平较低的城市呈现追赶效应。例如，北京和保定的新一代信息技术产业在营企业累计注册资本额之比由2013年的231.59倍下降至2022年的32.82倍；北京和石家庄的新能源装备产业在营企业累计注册资本额之比由2013年的20.74倍下降至2022年的8.57倍；北京和张家口的机器人产业在营企业累计注册资本额之比由2013年的72.20倍下降至2022年的24.85倍；北京和沧州的绿色算力和绿色能源产业在营企业累计注册资本额之比由2013年的54.93倍下降至2022年的27.79倍。

从极化趋势来看，核密度曲线存在多极化特征，表明京津冀五大产业具有较为明显的梯度效应，分散化的区域集聚特征逐步显现。例如，在新一代信息技术产业中，北京的产业规模处于第一梯队，天津和石家庄处于第二梯队，河北其他城市则处于第三梯队；在绿色算力和绿色能源产业中，北京的产业规模处于第一梯队，张家口处于第二梯队，河北其他城市则处于第三梯队。

（三）产业廊道各节点城市间的产业联系愈加紧密

本部分运用引力模型对2013年和2022年京津冀地区产业联系强度进行计算，并采用自然断点法将京津冀产业联系强度划分为五个等级，引力值越大，等级越高，产业间的联系越紧密。

1. 京津新一代信息技术产业

在新一代信息技术产业中，北京和天津的引力值居于首位，新一代信息技术产业联系强度最高，引力值由2013年的110818.35增加至2022年的476907.74。聚焦京津，北京的新一代信息技术产业释放强劲动能，天津的新一代信息技术产业增速相对较快。2013~2022年，北京、天津的新一代信息技术产业在营企业累计注册资本额分别由16953.86亿元、1073.17亿元增加至24403.70亿元、3208.52亿元，年均增长率分别为4.13%、12.94%。从新一代信息技术产业细分行业来看，2022年，北京在营企业累计注册资本额排在前三位的行业分别是科技推广和应用服务业（72518.11亿元）、专业技术服务业（10257.19亿元）、研究和试验发展（3037.87亿元）；天津排在前三位的行业分别是科技推广和应用服务业（14968.29亿元）、专业技术服务业（1880.25亿元）、电子器件制造（579.68亿元）。北京积极打造新一代信息技术产业高地，在全国率先出台人工智能产业促进政策，推动"国家区块链技术创新中心"投入运行，围绕集成电路、信创、5G、卫星互联网等高精尖产业加快产业创新生态建设。天津积极发展以新创产业为特色的新一代信息技术产业，加大对基础软件、集成电路等关键领域核心技术的攻关力度，全力打造信创"第一城"。

2. 京保石新能源装备产业

在新能源装备产业中，北京和保定、北京和石家庄的产业联系强度有所提升，引力值分别由2013年的603.56、44.47增加至2022年的3756.77、783.79。聚焦京保石，北京成为新能源装备产业发展的"领头羊"，保定的新能源装备产业发展势头强劲，石家庄的新能源装备产业增速最快。北京、保定、石家庄的新能源装备产业在营企业累计注册资本额分别由2013年的

864.06亿元、195.73亿元、41.67亿元增加至2022年的2331.77亿元、451.45亿元、272.18亿元，年均增长率分别为11.66%、9.73%、23.19%。从能源装备产业细分行业来看，2022年北京的新能源车整车制造在营企业累计注册资本额为1283.12亿元，占北京新能源装备产业的比重为55.03%；保定的变压器、整流器和电感器制造在营企业累计注册资本额为117.57亿元，在保定新能源装备产业中的占比最高；石家庄的锂离子电池制造在营企业累计注册资本额居京津冀城市群首位，2022年达到99.94亿元。京保石呈现产业链上下游错位发展态势，其中北京聚集总部经济、研发设计及高端制造，保定和石家庄则是制造主阵地。

3. 京唐秦机器人产业

在机器人产业中，北京和唐山、北京和秦皇岛的产业联系强度有所提升，引力值分别由2013年的16.90、3.54增加至2022年的174.70、27.18。聚焦京唐秦，北京的机器人产业发展迅猛，唐山的机器人产业蓄势腾飞，秦皇岛的机器人产业发展势头良好。北京、唐山、秦皇岛的机器人产业在营企业累计注册资本额分别由2013年的173.74亿元、29.07亿元、11.42亿元增加至2022年的432.04亿元、120.85亿元、35.29亿元，年均增长率分别为10.65%、17.15%、13.36%。北京聚焦世界前沿技术和未来战略需求，加快布局人形机器人产业，推动医疗健康、协作、特种以及物流四类优势机器人产品快速发展；唐山坚持将加快机器人产业发展作为产业结构优化升级的重要抓手，率先布局机器人产业基地，已形成以工业机器人为支撑、特种机器人为特色的机器人产业集群；秦皇岛的机器人产业正在"加速跑"，同时秦皇岛大力发展现代高端智能制造产业，不断推进生命健康机器人产业基地项目建设。

4. 京张承绿色算力和绿色能源产业

在绿色算力和绿色能源产业中，北京和张家口的引力值居于首位，北京和承德的产业联系处于高强度等级，引力值分别由2013年的1421.85、489.37增加至2022年的8967.50、2960.66。聚焦京张承，北京的绿色算力和绿色能源产业具有明显优势，张家口、承德的大数据产业加速发展。

2013~2022年，北京、张家口、承德的绿色算力和绿色能源产业在营企业累计注册资本额分别由1133.83亿元、242.05亿元、111.54亿元增加至2900.46亿元、596.78亿元、263.79亿元，年均增长率分别为11.00%、10.55%、10.04%。从细分行业来看，在云计算与大数据服务领域，北京具有显著优势，2022年在营企业累计注册资本额为368.56亿元，居京津冀首位。张家口和承德积极承接北京算力需求溢出和大数据产业转移，科学布局系列数字化应用场景，2022年张家口和承德的云计算与大数据服务在营企业累计注册资本额合计为8.46亿元。此外，围绕国家"东数西算"工程京津冀算力枢纽节点建设，张家口逐步形成以怀来大数据产业基地、张北云计算产业基地等为核心的数据产业集聚区。从电力、热力生产和供应业来看，张家口和承德的风力发电优势明显，2022年风力发电在营企业累计注册资本额分别为389.64亿元、149.59亿元，占绿色算力和绿色能源产业在营企业累计注册资本额的比重分别为65.29%、56.71%。冀北地区清洁能源产业发展势头强劲，张家口抓住国家级可再生能源示范区建设重大机遇，相继建成千万千瓦风电基地、海上百万千瓦风电基地及张家口风光储输示范工程，不断推动新能源开发利用；承德高度重视清洁能源产业发展，积极推进光伏制氢、风电制氢、风光储、光伏综合互补等可再生能源产业融合发展示范工程建设。

5. 京雄空天信息产业

在空天信息产业中，北京和保定的产业联系处于高强度等级，其引力值在2013年居于首位。聚焦京雄，北京的空天信息产业发展亮眼，而保定的空天信息产业规模较小。2013~2022年，北京、保定的空天信息产业在营企业累计注册资本额分别由1229.14亿元、1.22亿元增加至2061.36亿元、7.20亿元，年均增长率分别为5.91%、21.80%。从细分行业来看，北京的飞机制造在空天信息产业中占据重要位置，2022年在营企业累计注册资本额为1473.95亿元，占空天信息产业的比重达到71.50%。近年来，北京加快通用航空技术和装备迭代升级，大力推动航空器制造、低空经济等新兴产业发展，加快发展新质生产力。而保定的航空相关设备制造、遥感测绘服

务、航天器及运载火箭制造表现突出，在空天信息产业在营企业累计注册资本额中的占比分别为31.71%、29.48%、14.87%。近年来，雄安新区抢抓京津冀一体化持续深化机遇，坚持把空天信息产业发展作为重中之重，重点承接首都航空航天及相关产业功能疏解，积极发展航天制造、卫星互联网等产业链，提升空天信息产业发展水平。

五 国内外经验借鉴

本部分通过分析美国波士顿128号公路、美国加州101号公路、英国M4科创走廊以及中国长三角G60科创走廊等的典型做法，寻找他山之石，为京津冀五大产业廊道的构建提供经验借鉴。具体来看，美国波士顿128号公路是美国东北部最重要的产业走廊之一，集聚了大量的高科技企业和研究机构，成为美国科技产业的核心地带。美国加州101号公路是世界著名的科技创新中心，集聚了谷歌、特斯拉、苹果、惠普等超过1万家科技创新企业。英国M4科创走廊位于英国南部M4高速公路沿线一带，沿途有斯劳、雷丁、巴斯、布里斯托尔等十几个城市，是英国最重要的高科技走廊与最具活力的商业基地。苏黎世-巴塞尔-楚格创新带由苏黎世、巴塞尔和楚格三座城市组成，是瑞士最重要的科技创新中心之一。

（一）跨域治理体制与模式创新是走廊的"基石"

欧美科创走廊多以地方政府间自发松散联合为主，通过企业或协会主导的机制进行跨域治理。中国长三角G60科创走廊注重跨域治理体制与治理模式创新，有机整合自上而下和自下而上两种纵向政府部门动力机制，共同推动跨域科创合作。

（二）人才集聚和产学研一体是走廊的"动力源泉"

一是营造良好的人才发展环境，形成人才集聚高地。中国长三角G60科创走廊通过实施"证照分离"改革、互认互通人才18条等简政放权政策，营造良好的人才发展环境。二是构建完善的创新孵化生态网络，实现产学研一体化发展。美国麻省理工学院是波士顿128号公路再度翻盘的关键因素之一，其极度重视创新成果孵化，为学生及教师提供精准的孵化指导和大量机会，助力创新成果孵化落地。

（三）专业化产业集群和发达的生产性服务业是走廊的"路径"

一是培育专业化产业集群，为高端专业人才集聚与创新成果转化提供丰沃土壤。美国波士顿128号公路分布着众多企业和科研机构，形成了强大的产业集群，主要聚焦生物医药、半导体、生命科学等高新技术行业。二是大力发展生产性服务业，加快科创成果产业化进程。中国长三角G60科创走廊有意识地加强生产性服务业发展，上海逐步强化松江区在整条科创走廊中的"大脑"地位，并与苏州、无锡等其他产业强市形成分工模式，避免同质竞争。

（四）完善创新政策和优化创新环境是走廊的"保障"

一是加大资金支持力度，不断夯实创新"基石"。美国波士顿128号公路的建设离不开政府在创新实验室创办、创新能力培养、创新创业等领域的大力支持。二是完善创新政策体系，优化创新软环境。政府不仅致力于提升科创走廊的研发能力，而且注重优化创新环境。中国长三角G60科创走廊通过简化审批流程、优化营商环境等举措，降低科创型企业的进入门槛。

六 主要结论与对策建议

（一）主要结论

基于前文的分析，本报告主要得出以下几个结论。

第一，京津冀打造五大产业廊道具备坚实基础。交通基础设施网络不断加密，京津冀互联互通水平日益提升，2013~2022年京津冀区域内国家干线

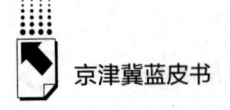

铁路建设不断完善，13个地级市实现高铁全覆盖；京津、京保石、京唐秦三条发展轴对区域经济发展的引领作用不断增强，2022年京津、京保石、京唐秦发展轴创造的地区生产总值占京津冀地区生产总值的比重分别为57.75%、52.44%、52.27%；京津冀地区产业合作有序推进，一批优势产业链与先进制造业集群逐步形成。

第二，京津冀五大产业规模稳步增长，产业发展释放强劲动能，推动产业走廊加速形成。2013～2022年，京津冀新一代信息技术产业、新能源装备产业、机器人产业、绿色算力和绿色能源产业、空天信息产业在营企业累计注册资本额年均增长率分别为6.27%、11.50%、10.39%、13.20%、5.37%。此外，河北各城市产业发展步伐加快，如张家口、承德、邯郸的新一代信息技术产业在营企业累计注册资本额增速在京津冀区域内排在前三位，年均增长率均突破30%，分别为39.10%、35.14%、32.79%。

第三，京津冀五大产业发展不平衡问题有所缓解，发展水平较低的城市呈现追赶效应，产业走廊"补弱"初见成效。运用核密度估计方法分析发现，2013～2022年京津冀五大产业核密度曲线中心及变化区间均有不同程度的右移，表明京津冀五大产业发展水平稳步提升。从分布态势来看，除新能源装备产业外，其他产业核密度曲线主峰高度总体呈波动上升趋势，且宽度逐渐收窄，说明区域产业发展水平差异有所缩小，地区间产业发展不平衡问题有所缓解。从分布延展性来看，京津冀五大产业核密度曲线右拖尾现象减弱，表明京津冀产业发展水平高的城市与发展水平低的城市之间的差距有所缩小，产业发展水平较低的城市呈现追赶效应。从极化趋势来看，核密度曲线存在多极化特征，表明京津冀五大产业具有较为明显的梯度效应，分散化的区域集聚特征逐步显现。

第四，京津冀产业廊道各节点城市间的产业联系愈加紧密。通过运用引力模型对2013年和2022年京津冀地区产业联系强度进行计算，发现在新一代信息技术产业中，北京和天津的引力值居于首位；在新能源装备产业中，北京和保定、北京和石家庄的产业联系强度有所提高，引力值分别由2013年的603.56、44.47增加至2022年的3756.77、783.79；在绿色算力和绿色能源产业中，北京和张家口的引力值居于首位，北京和承德的产业联系处于高强度等级。

第五，创新跨域治理体制与模式、促进人才集聚、构建完善的创新孵化生态网络、培育专业化产业集群等是美国波士顿128号公路、美国加州101号公路、英国M4科创走廊以及中国长三角G60科创走廊等建设的成功经验。

（二）对策建议

一是创新跨域利益共享模式，打造关键核心共性技术平台。首先，创新跨域治理模式，将制度优势转化为治理效能。重视国家层面赋权赋能，构建国家战略支持、部委和省级政府有为引导、地方政府间积极合作的多层级合作治理网络。其次，构建政府引导、多元治理主体共治的合作治理体系。以多层级政府合作主导产业走廊的规划编制、制度创新及政策供给，引导企业、科研机构、行业协会等多元治理主体共同参与产业走廊合作治理。再次，加快制度创新与互认互通。围绕产业走廊内先进技术和科学设施等资源对接，河北可率先探索开展费用扣除和投资税收抵免等税基式优惠政策，在产业走廊内试行互认互通。最后，加强创新基础设施平台建设，加快构建新型实验室体系。河北要联合京津建设国家级基础设施平台，打造跨区域的世界一流科技基础设施集群。

二是探索产业合作的"双向飞地"模式。首先，打造战略性新兴产业融合集群与制造业集群，促进区域现代化产业体系构建，将科技创新与先进制造有机聚合于产业走廊空间范围之内，建设世界级科技型制造业中心。其次，探索建设产业合作"双向飞地"，绘制京津冀产业合作图谱。精准探索三地产业合作空间，制定项目合作清单，河北可率先设立先行先试区，坚持"能复制皆复制，宜创新即创新"原则，运用产业合作飞地的先进理念，打造河北在京研发飞地和北京在冀先进制造业飞地。最后，沿京保石、京唐秦发展轴，在北京大兴国际机场临空经济合作区中的河北部分扩大地域范围，联手打造区域先进制造业聚集的园区。建立园区联席会议制度，成立园区共

建协调小组，以协议形式明确各方出资方式与职责，建立利益分享机制。

三是注重技术研发与生产性服务业双向联动发展，建设"产学研介用"相结合的科技成果转化共同体。首先，吸引和集聚优质企业机构。鼓励国际知名科技企业、跨国公司在产业走廊内设立研发中心，通过出台技术转移税收优惠政策，吸引国内外顶尖研发机构、一流高校及科研院所设立研发转化部门。其次，构建多元开放的创新孵化生态网络。构建一个由政府、高校、科研院所、科技型企业与生产性服务企业组成的生态网，鼓励建立联合实验室，提升合作项目接洽效率和科技成果孵化效率。再次，大力发展生产性服务业。发挥北京大兴国际机场临空经济合作区优势，吸引国内外金融科技企业、风险投资机构等优质生产性服务企业在产业走廊内集聚，加快创新创业服务体系建设。最后，加快龙头企业在产业走廊内集聚。共同打造集产业规划、科技园区运营、科技项目孵化、投融资融合、科技峰会运营、法律咨询服务等于一体的综合性服务平台。

四是构建需求导向的人才储备共同体。一方面，加强京津冀三地在职业教育、技能培训、成果转化等领域的合作，共同开展人才培养项目，促进人才交流，加快培养多学科交叉领域人才和"卡脖子"技术紧缺人才，为产业走廊发展提供人才支撑。另一方面，营造"鼓励创新、宽容失败"的创新文化环境，将产业走廊打造成为最活跃的创新地带。探索共同举办中关村论坛区域主题分论坛，鼓励和支持区域举办全球性学术年会等大型科学交流会议，邀请国内外知名学者、政府和企业人员探讨科技前沿问题，提升科技创新水平和创新文化影响力。

参考文献

陈小宁、白永平、宋龙军、高祖桥：《黄河流域中上游四大城市群经济联系和网络结构比较分析》，《地域研究与开发》2021年第4期。

毛艳华：《科创走廊建设的国际经验及借鉴》，《人民论坛》2022年第10期。

孙久文、卢怡贤、易淑昶：《高质量发展理念下的京津冀产业协同研究》，《北京行政学院学报》2020年第6期。

邢景丽、张仲梁：《长三角G60科创走廊高质量发展研究》，《技术经济》2020年第2期。

张可云、张江：《高质量发展视角下京津冀一体化测度与推进策略》，《河北学刊》2024年第2期。

B.10
京津冀产业链与创新链融合发展研究[*]

江成 聂丽君[**]

摘 要： 产业链与创新链深度融合是推动经济高质量发展的核心驱动力。本报告利用复杂网络分析方法，对京津冀制造环节和创新环节的网络系统进行分析，识别关键节点城市；通过耦合协调度模型，从产业规模、产业关联、发展活力和发展动力四个方面构建产业链与创新链融合发展评价指标体系，测度京津冀产业链与创新链耦合协调成效，并分析其发展趋势。研究发现，京津冀制造环节和创新环节形成了以北京为核心、天津为枢纽的发展格局；制造环节格局逐渐优化，创新环节对制造环节发展的支撑作用逐渐增强；产业链与创新链融合成效增长缓慢，融合的强度与深度仍具有较大提升空间。基于此，本报告提出以下对策建议：强化企业科技创新主体地位，推动产业链与创新链深度融合；加强区域内共享平台建设，为创新和产业融合提供平台支撑；优化津冀承接环境，增强区域整体活力和竞争力。

关键词： 产业链 创新链 复杂网络 耦合协调度 京津冀

一 研究背景与研究意义

（一）综观国际——产业链与创新链融合是参与全球产业链竞争的基本要求

随着新一轮科技革命的蓬勃兴起和全球产业分工的不断细化，全球产业

---

[*] 本报告为北京市属高校教师队伍建设支持计划优秀青年人才项目（BPHR202203164）的阶段性成果。
[**] 江成，工学博士，首都经济贸易大学管理工程学院副教授、硕士生导师，特大城市经济社会发展研究院（首都高端智库）副院长，研究方向为经济社会复杂系统、创新网络；聂丽君，首都经济贸易大学管理工程学院硕士研究生，研究方向为经济社会复杂系统。

链加速重构，各国政府积极推动以科技创新为核心的企业成为产业的主要动力源，通过聚焦产业链来构建创新链，从而增强自身的价值链。美国颁布多条政策通过人才链支撑产业链与创新链融合发展，推动复合型人才培养，依托复合型人才深化产业链与创新链互动。欧盟及其成员持续强化技术创新在经济发展中的支撑作用，陆续推出了《欧洲新工业战略》、《2030数字罗盘》和"工业5.0"等一系列政策，利用信息技术推动制造业智能化发展，增强制造业的弹性和韧性。日本、德国通过"生产+创新"占据了全球价值链高附加值环节。整合产业链和创新链，可以快速推进关键技术的研发与产业化，利用创新实现产业链各环节的价值增值，依靠创新链推动产业链升级，夺取具有竞争优势的产业链创新高点，从而提升国家或地区在全球价值链中的竞争力。

（二）审视国内——产业链与创新链融合是促进我国经济高质量发展的重要支撑

2022年10月，党的二十大报告提出，要"着力提升产业链供应链韧性和安全水平""推动创新链产业链资金链人才链深度融合"，进一步明确了产业链现代化的重点任务。产业是承载经济高质量发展的重要载体，创新是引领经济高质量发展的第一动力，产业链与创新链互动融合作为"四链融合"的核心内涵，是我国推动产业链现代化、发展新质生产力和实现经济高质量发展的必要条件。一方面，产业链与创新链融合是实现产业升级和结构优化的关键。随着经济发展进入新常态，我国面临从制造大国向制造强国转变的挑战。在这一过程中，依靠创新驱动，促进产业链上下游的深度融合，推动产业向高端化、智能化、绿色化发展，加快构建新发展格局，是实现转型升级的必由之路。另一方面，产业链与创新链融合是推动创新驱动发展和构建新发展格局的必由路径。习近平总书记多次强调，"要围绕产业链部署创新链、围绕创新链布局产业链，推动经济高质量发展迈出更大步伐"。经济活动中产业链与创新链相互依存、互相促进，深化产业链与创新链的融合可以促进科技成果的转化和应用，激发市场活力和社会创造力，为经济持续健康发展提供强大动力。

（三）聚焦京津冀——产业链与创新链融合是助力城市群协同发展的关键举措

2023年5月，习近平总书记在主持召开深入推进京津冀协同发展座谈会时指出，"京津冀作为引领全国高质量发展的三大重要动力源之一，拥有数量众多的一流院校和高端研究人才，创新基础扎实、实力雄厚，要强化协同创新和产业协作，在实现高水平科技自立自强中发挥示范带动作用"。同月，工信部会同国家发展改革委、科技部等有关部门以及京津冀三地政府共同编制了《京津冀产业协同发展实施方案》，明确要使京津冀产业分工定位更加清晰，促进产业链与创新链深度融合，提升产业协同发展水平，支撑京津冀高质量发展。推动京津冀产业链与创新链深度融合是破解协同难点的关键所在，对促进区域经济一体化发展、提升区域竞争力和实现高质量发展具有重要意义。京津冀通过产业链与创新链的融合，能够实现资源和产能的有效配置，有助于优化区域产业布局和推动产业转型升级。北京的高精尖产业通过与天津、河北的产业链融合，能够获取更广泛的资源和市场支持，构建更加完善的创新生态系统，加快科技成果的转化和产业化过程，共同打造产业协同发展新图景。

二 研究思路与研究方法

（一）研究思路

一是选取京津冀地级市数据，构建制造环节和创新环节的复杂网络系统。从京津冀城市群层面分析制造环节与创新环节联系紧密度、节点距离的变化等，分析产业链与创新链的特征演化趋势，探析各城市在制造环节与创新环节复杂网络系统中占据的地位和发挥的功能，识别在产业链和创新链发展中发挥领头作用、处于核心地位的城市，分析关键节点的空间布局情况。二是从京津冀各城市层面，评价产业链与创新链的融合成效。从产业规模、产业关联、发展活力和发展动力四个维度构建评价产业链与创新链融合效果的指标体系，利用耦合协调模型，测度各城市2013~2022年产业链与创新链融合的耦合度和耦合协调度，分析产业制造环节与创新环节的相互影响程度以及协调程度，动态比较不同城市双链发展的规律。三是基于产业链与创新链融合发展评价指标体系，对京津冀制造环节和创新环节的发展趋势进行分析。四是根据研究结论，结合京津冀城市产业发展的实际状况，总结产业链与创新链融合发展中存在的主要问题和面临的挑战，提出相应的对策建议，以期推动京津冀产业链与创新链实现更加紧密和高效的融合。

（二）研究方法

1. 复杂网络分析方法

复杂网络的构建。产业链和创新链可以看作复杂网络系统，由城市、企业或组织等节点角色通过关联关系相互连接而成。本报告运用复杂网络分析方法，将城市视为网络节点，将城市内企业在制造环节和创新环节的投资关系视为网络的连边，有效构建城市群层面的产业链复杂网络系统与创新链复杂网络系统。

指标选取。本报告选取京津冀地级市层面制造业新增企业互投数反映城市在制造环节的投资关系，选取京津冀地级市层面科学研究和技术服务业新增企业互投数反映城市在创新环节的投资关系，所选取的数据均来自龙信企业大数据平台。

（1）网络密度

网络密度是指网络中实际存在的边数与网络中可能存在的最大边数之比，反映了网络的完整性，即网络中节点间连接的紧密程度。网络密度D的计算公式为：

$$D = \frac{2l}{n(n-1)} \tag{1}$$

其中，n为网络的节点数量，l为网络中连边的数量。

（2）平均最短路径长度

网络的平均最短路径长度是指网络中所有节点对之间实际最短路径的总

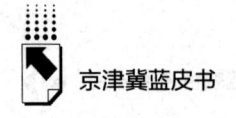

和除以节点对总数，反映的是平均意义下网络中两个节点建立连接的距离成本。平均最短路径长度越小，网络中两个节点建立连接的距离成本越低，反之则越高。网络平均最短路径长度 L 的计算公式为：

$$L = \frac{\sum d_{ij}}{n(n-1)} \tag{2}$$

其中，n 代表网络的节点数量，$\sum d_{ij}$ 为所有节点对之间的最短路径长度之和。

（3）聚类系数

网络的局部聚类系数通常用某个节点 i 的直接邻居的连边数量占其所有邻居可能连边的最大值的比例来衡量。网络聚类系数 C 的计算公式为：

$$C = \frac{1}{n}\sum_{i}^{n}\frac{2e_i}{k_i(k_i-1)} \tag{3}$$

其中，n 为网络的节点数量，k_i 表示与节点 i 直接相连接的边数，e_i 是节点 i 的相邻节点之间的连边数。

（4）接近中心度

接近中心度是指一个节点到网络中所有其他节点的平均距离的倒数，用于衡量一个节点与网络中其他所有节点的接近程度。接近中心度越高的节点，在网络中的位置越核心，能够更快地与其他节点联系。某个节点 v_i 的接近中心度 $CC(i)$ 的计算公式为：

$$d_i = \frac{1}{n-1}\sum_{j=1}^{n} d_{ij}, CC(i) = \frac{1}{d_i} \tag{4}$$

其中，n 为网络的节点数量，d_{ij} 表示节点 v_i 到网络中其余各节点的平均距离。

（5）中介中心度

中介中心度是网络中经过某个节点的最短路径数所占比例。具有高中介中心度的节点在网络中发挥着重要的桥梁作用，能够控制或影响其他节点之间的信息流动。某个节点 v_i 的中介中心度 $BC(i)$ 的计算公式为：

$$BC(i) = \sum_{i \neq s \neq t} \frac{n_{st}^i}{g_{st}} \tag{5}$$

归一化后为：

$$BC(i) = \frac{1}{(n-1)(n-2)/2} \sum_{i \neq s \neq t} \frac{n_{st}^i}{g_{st}} \tag{6}$$

其中，n 为网络的节点数量，n_{st}^i 表示从节点 v_s 到节点 v_t 的 g_{st} 条最短路径中经过 v_i 的最短路径的数量；g_{st} 表示连接节点 v_s 和节点 v_t 的最短路径的数量。

2. 综合评价指标体系

本报告以京津冀城市群13个城市为研究对象，遵循科学性、代表性、可操作性等原则，依据产业和技术创新的特征及内涵，构建城市产业链与创新链融合发展评价指标体系（见表1）。在产业链、创新链这两个子系统中，从产业规模与创新规模相匹配、产业关联强度与创新关联强度相耦合、产业发展活力与创新发展活力相契合，以及产业链与创新链的发展动力相对接四个方面，分别对制造环节（制造业）和创新环节（科学研究和技术服务业）进行指标整理。以企业存续资本量反映地区产业规模，以制造环节和创新环节资本互投网络加权度，即进行资本互投的企业总数反映地区产业关联，以新增企业资本量反映制造环节和创新环节的发展活力，以累计新型实用专利数反映制造环节和创新环节的发展动力。

表1 产业链与创新链融合发展评价指标体系

子系统	维度	指标	单位
产业链	产业规模	企业存续资本量	亿元
	产业关联	资本互投网络加权度	户
	发展活力	新增企业资本量	亿元
	发展动力	累计新型实用专利数	件
创新链	产业规模	企业存续资本量	亿元
	产业关联	资本互投网络加权度	户
	发展活力	新增企业资本量	亿元
	发展动力	累计新型实用专利数	件

资料来源：龙信企业大数据平台。

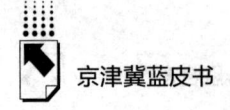

由于指标体系中数据量纲不一致，为了减少偏差，首先对数据进行标准化处理，其次利用熵值法进行指标赋权及综合评价，具体步骤如下。

(1) 对原始数据进行极差标准化

在处理正向指标时，标准化公式为：

$$X_{ij} = \frac{x_{ij} - x_{\min}}{x_{\max} - x_{\min}} \tag{7}$$

在处理负向指标时，标准化公式为：

$$X_{ij} = \frac{x_{\max} - x_{ij}}{x_{\max} - x_{\min}} \tag{8}$$

(2) 对已标准化的指标进行比重变换

$$S_{ij} = \frac{x_{ij}}{\sum_{i=1}^{n} x_{ij}} \tag{9}$$

(3) 计算指标熵值

$$h_j = -k \sum_{i=1}^{n} S_{ij} \ln S_{ij} \tag{10}$$

$$k = \frac{1}{\ln n} \tag{11}$$

(4) 计算信息熵的冗余度

$$\alpha_j = 1 - h_j \tag{12}$$

(5) 计算指标权重

$$w_j = \frac{\alpha_j}{\sum_{j=1}^{m} \alpha_j} \tag{13}$$

(6) 综合评价

$$P_i = \sum_{j=1}^{m} w_j \cdot X_{ij} \tag{14}$$

在式（7）至式（14）中，变量 P_i 代表第 i 个区域的总评分。X_{ij} 是经过原始数据标准化的值，而 x_{ij} 则指的是第 i 个区域在第 j 个指标上的具体数值（$i=1, 2, \cdots, n; j=1, 2, \cdots, m$）。其中，$n$ 表示样本数量，m 表示指标数量。x_{max} 和 x_{min} 分别表示第 j 项指标的最大实际数值和最小实际数值；w_j 是第 j 个指标的权重。

3. 耦合协调度模型构建

耦合度的概念起源于物理学，主要用于衡量多个系统间的相互作用程度，表现了子系统从混乱到有序的转变过程。京津冀13个城市的产业链（制造环节）与创新链（创新环节）相互作用的程度，可通过两个子系统的耦合度来评估。两个系统的耦合度 U 的计算公式为：

$$U = \sqrt{\frac{P_1 \cdot P_2}{P_1 + P_2}} \tag{15}$$

其中，P_1、P_2 分别为产业链、创新链两个子系统的综合评价值；U 值的取值范围为 [0, 1]，根据 U 值的大小，学术界将系统耦合度划分为四个阶段（见表2）。

表2 系统耦合度阶段划分标准

U 值的取值范围	系统耦合度阶段划分	U 值的取值范围	系统耦合度阶段划分
$0 \leq U \leq 0.3$	低水平耦合阶段	$0.5 < U \leq 0.8$	磨合阶段
$0.3 < U \leq 0.5$	拮抗阶段	$0.8 < U \leq 1$	高水平耦合阶段

资料来源：赵建吉、刘岩、朱亚坤、秦胜利、王艳华、苗长虹：《黄河流域新型城镇化与生态环境耦合的时空格局及影响因素》，《资源科学》2020年第1期。

耦合度反映了两个系统之间的相互作用以及影响程度，但只用耦合度进行评价，可能会导致高协同但发展水平低的错误判断。因此，引入耦合协调度模型，加入两个子系统的综合发展状态和权重，考察两个子系统间相互作用的总体耦合协调度。计算公式为：

$$\begin{cases} D = \sqrt{U \cdot T} \\ T = aP_1 + bP_2 \end{cases} \tag{16}$$

其中，D 表示系统的总体耦合协调度；U 是子系统之间的耦合度；T 表示两个子系统的总体协调度，反映了整个系统的协调互动水平；a 和 b 是产业链和创新链子系统的权重，子系统的权重通常通过主观方法确定。在本报告中，产业链和创新链被视为同等重要，因此赋予 a 和 b 均等的权重0.5。P_1 和 P_2 分别代表制造环节和创新环节的综合评价值。D 的取值范围为 $[0, 1]$。参考其他学者的划分标准，根据 D 的具体数值，系统的总体耦合协调度可划分为十个等级（见表3）。

表3 系统的总体耦合协调度等级界定标准

序号	总体耦合协调度	协调等级	序号	总体耦合协调度	协调等级
1	0~0.09	极度失调	6	0.50~0.59	勉强协调
2	0.10~0.19	严重失调	7	0.60~0.69	初级协调
3	0.20~0.29	中度失调	8	0.70~0.79	中级协调
4	0.30~0.39	轻度失调	9	0.80~0.89	良好协调
5	0.40~0.49	濒临失调	10	0.90~1	优质协调

资料来源：廖重斌：《环境与经济协调发展的定量评判及其分类体系——以珠江三角洲城市群为例》，《热带地理》1999年第2期。

三 京津冀制造环节与创新环节复杂网络系统分析

本部分将构建京津冀制造环节复杂网络系统与创新环节复杂网络系统，详细分析各城市在两个系统中的发展现状，识别城市群内制造环节与创新环节发展过程中的关键节点。

（一）制造环节复杂网络演化特征分析及关键节点识别

为了直观地展示京津冀在制造环节联系的紧密程度，本部分使用Gephi软件对京津冀制造环节复杂网络进行可视化（见图1）。其中，城市节点大小与连线粗细反映了该城市与其他城市在制造环节建立的投资联系的多少，节点越大、连线越粗说明两城市在制造环节互投企业数量越多，

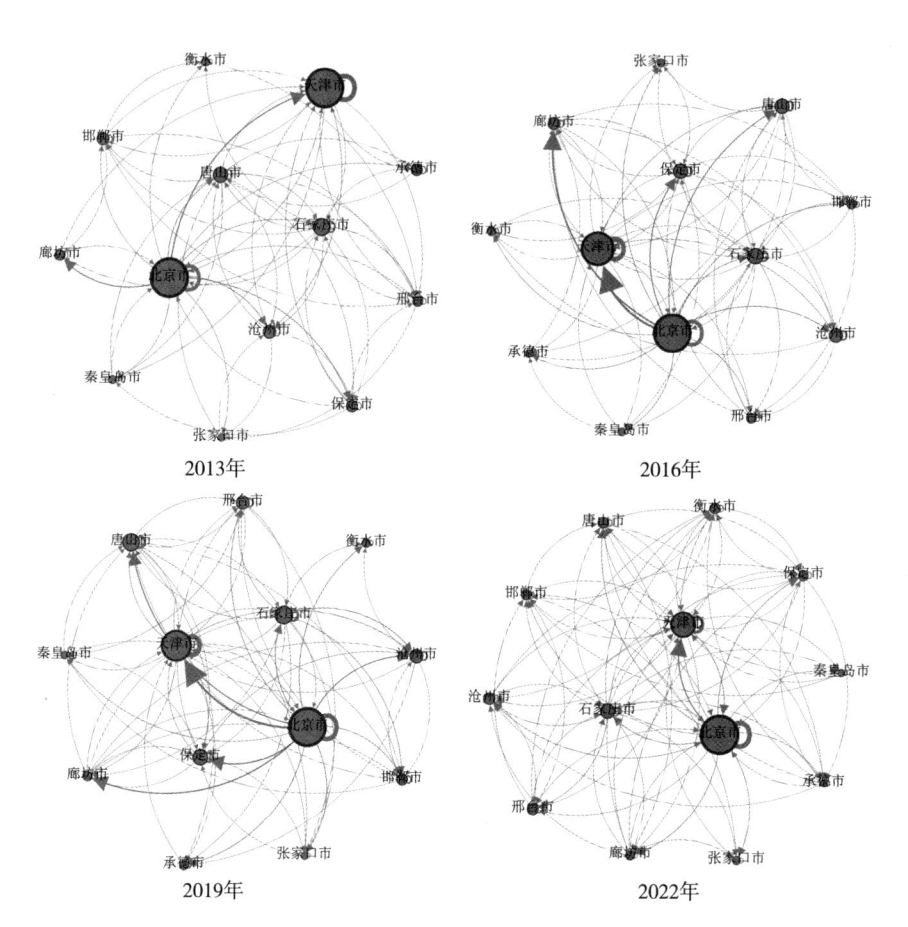

图 1　2013 年、2016 年、2019 年、2022 年京津冀制造环节复杂网络结构

资料来源：根据龙信企业大数据平台数据采用 Gephi 软件绘制。

1. 京津冀在制造环节的联系日趋紧密，区域聚集现象明显

从城市群层面制造环节的复杂网络结构来看，制造环节的联系呈现以北京为核心，天津、石家庄强相关的网络结构。京津冀制造环节的复杂网络趋于形成紧密联系的群组，网络内部的团簇结构变得更加明显。2013~2022 年，网络中节点间的连边数不断增加，从 75 条增加到 92 条，城市在制造环节的联系更加复杂，内部的战略合作增加；网络密度从 0.48 上升到 0.59，网络中的连接变得更加紧密，城市之间在制造环节的资本互投联

239

系越来越频繁，合作更加紧密，协同度逐渐提升；网络的平均最短路径长度有所下降，说明网络连通性和效率提高；平均聚类系数从 0.59 上升到 0.64，说明网络内各城市间存在紧密的合作关系，形成了较明显的聚集团体（见表 4）。

表 4　2013 年、2016 年、2019 年、2022 年京津冀制造环节复杂网络整体指标

指标	2013 年	2016 年	2019 年	2022 年
连边数（条）	75	81	84	92
网络密度	0.48	0.52	0.54	0.59
平均最短路径长度	1.71	1.59	1.57	1.49
平均聚类系数	0.59	0.59	0.59	0.64

资料来源：根据龙信企业大数据平台数据采用 Python 计算。

2. 北京仍处于制造环节重要位置，天津和河北大部分城市正在靠近制造环节中心位置

2013~2022 年，在京津冀制造环节复杂网络中，北京的接近中心度一直保持为 1，而天津和石家庄的接近中心度也提升至 1，表明北京、天津、石家庄在制造环节网络中处于最中心的位置，与区域内其他城市的联系非常紧密，信息和资源流通高度集中，在制造环节处于领导地位并发挥核心作用；保定、唐山的接近中心度总体呈下降趋势，其在制造环节中的位置逐渐远离中心；廊坊、秦皇岛、沧州、衡水、邢台、邯郸、张家口、承德的接近中心度都有不同程度的提升，其在制造环节网络中的位置逐渐靠近中心，与核心城市的联系日益紧密（见图 2）。

3. 天津、石家庄在制造环节的中转承接功能不断增强

2013~2022 年，在京津冀制造环节复杂网络中，北京的中介中心度非常高，但总体呈现下降趋势，这可能与北京非首都功能疏解的进展有关。天津、石家庄的中介中心度较高，是产业链中担任中转、协调和服务的关键角色；保定、唐山、邢台的中介中心度相对较高，但整体上呈下降趋势，其在制造环节复杂网络中的中转承接功能有所减弱；廊坊、衡水、邯郸、承德的

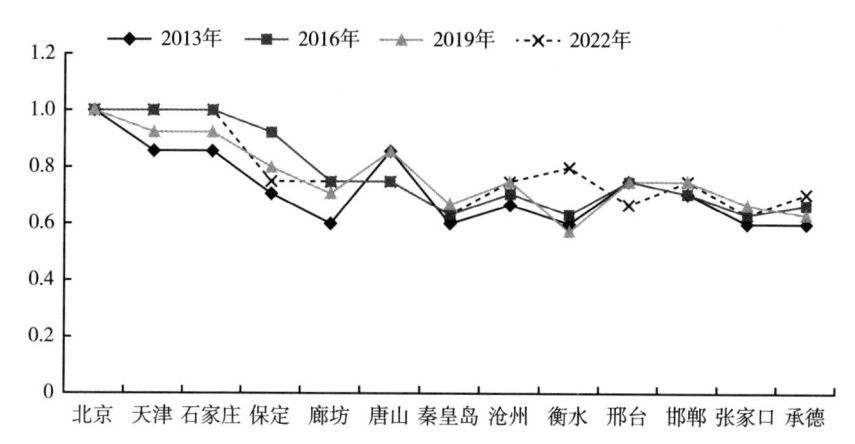

图2　2013年、2016年、2019年、2022年京津冀制造环节各城市的接近中心度

资料来源：根据龙信企业大数据平台数据采用Python计算。

中介中心度虽然较低，但整体呈上升趋势，这些城市在制造环节复杂网络中的影响力逐渐提升，开始承担更多的中介功能（见图3）。

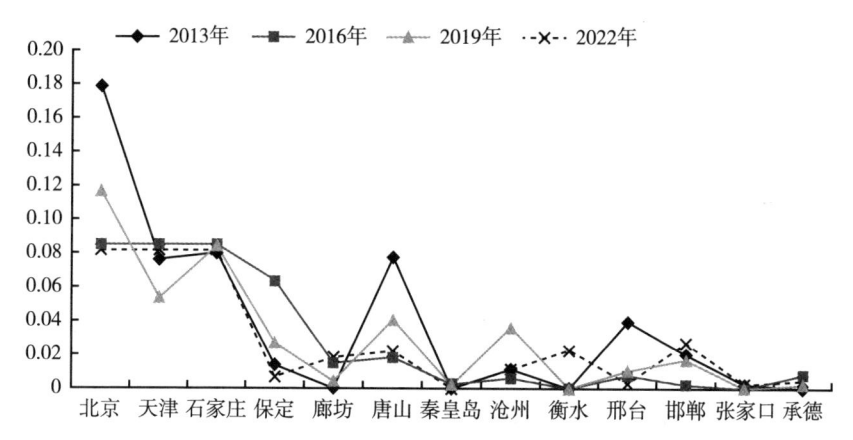

图3　2013年、2016年、2019年、2022年京津冀制造环节各城市的中介中心度

资料来源：根据龙信企业大数据平台数据采用Python计算。

（二）创新环节复杂网络演化特征分析及关键节点识别

本部分使用Gephi软件对京津冀创新环节复杂网络进行可视化（见图4）。

其中，城市节点大小与连线粗细反映了该城市与其他城市在创新环节建立的投资联系的多少，节点越大、连线越粗说明两城市在创新环节互投企业数量越多。

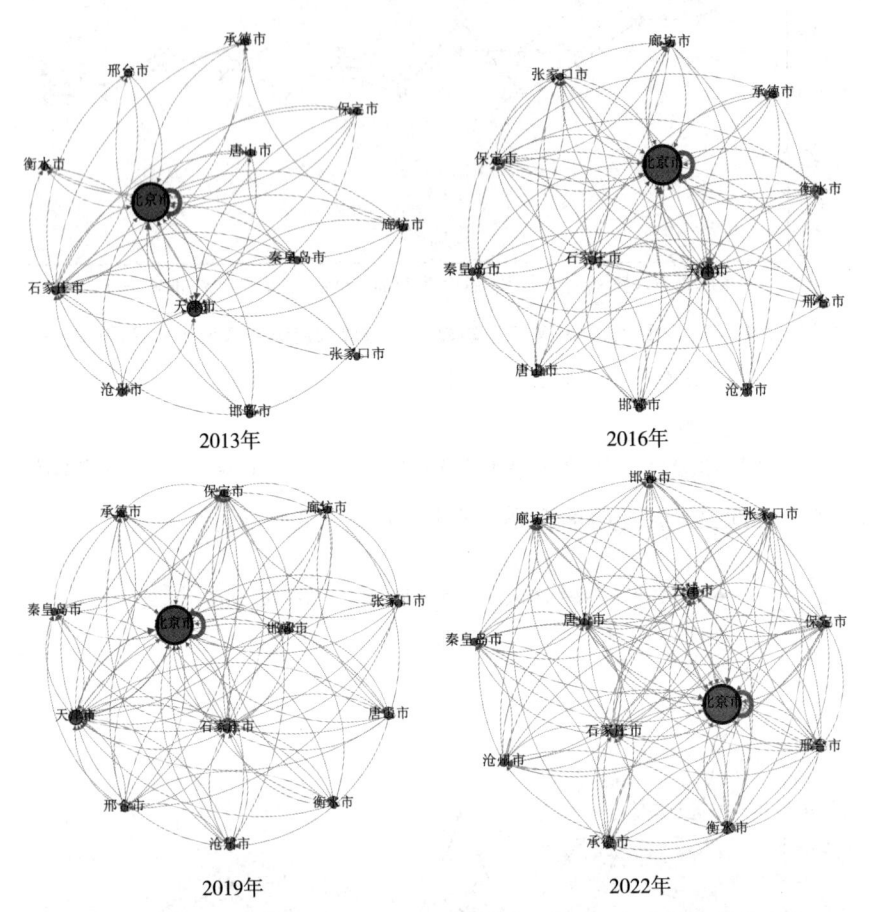

图4 2013年、2016年、2019年、2022年京津冀创新环节复杂网络结构

资料来源：根据龙信企业大数据平台数据采用Gephi软件绘制。

1. 京津冀在创新环节的联系日趋紧密，区域聚集现象明显

从城市群层面创新环节的复杂网络结构来看，创新环节的联系呈现以北京为核心，天津、石家庄强相关的网络结构。京津冀创新环节的联系活跃度提高，合作关系增强，创新体系结构日趋成熟。2013~2022年，网络中节点间的连边数从69条增加到131条，网络更加复杂且稳定性逐步提高；网络密度从0.44上升到0.84，城市之间的直接联系增多，城市间在创新环节合作更加紧密；网络的平均最短路径长度有所下降，从1.67下降到1.24，网络的整体连通性得到提升；平均聚类系数从0.71上升到0.79，说明城市间的局部紧密连接性增强，网络内部的小团体结构更加显著，创新环节的子群体或团体间的合作变得更加紧密（见表5）。

表5 2013年、2016年、2019年、2022年京津冀创新环节复杂网络整体指标

指标	2013年	2016年	2019年	2022年
连边数（条）	69	100	110	131
网络密度	0.44	0.64	0.71	0.84
平均最短路径长度	1.67	1.44	1.38	1.24
平均聚类系数	0.71	0.70	0.75	0.79

资料来源：根据龙信企业大数据平台数据采用Python计算。

2. 北京为创新环节的核心，天津及河北各城市在创新环节的影响力不断提升

创新环节复杂网络中各城市的接近中心度普遍呈上升趋势，反映出整个区域在加强城市间的联系与合作，创新一体化水平不断提高，区域内部的信息和资源流通更加顺畅。北京作为核心城市，其接近中心度一直保持为1，北京具有强大的创新能力和资源集聚能力，维持着在区域网络中的中心地位。2022年，石家庄、天津、保定的接近中心度提升为1，说明这些城市节点与其他城市建立了直接的资本互投联系，能够迅速将创新成果传播到整个网络中。保定和张家口在创新环节复杂网络中的地位显著提升，参与区域合作交流的程度提高，张家口的接近中心度从2013年的0.55上升到2022年的0.92，年均增长率为5.88%；保定的接近中心度从2013年的0.60上升到2022年的1.00，年均增长率为5.84%（见图5）。

3. 创新环节复杂网络中节点间的直接连接增强，京津石的桥梁作用逐渐减弱

北京、天津、石家庄作为三大重要城市，2013~2022年，其在创新环节的中介中心度显著下降，意味着北京、天津、石家庄在创新环节的桥梁或中介作用有所减弱，京津冀创新环节复杂网络中节点间的直接连接增强，其他

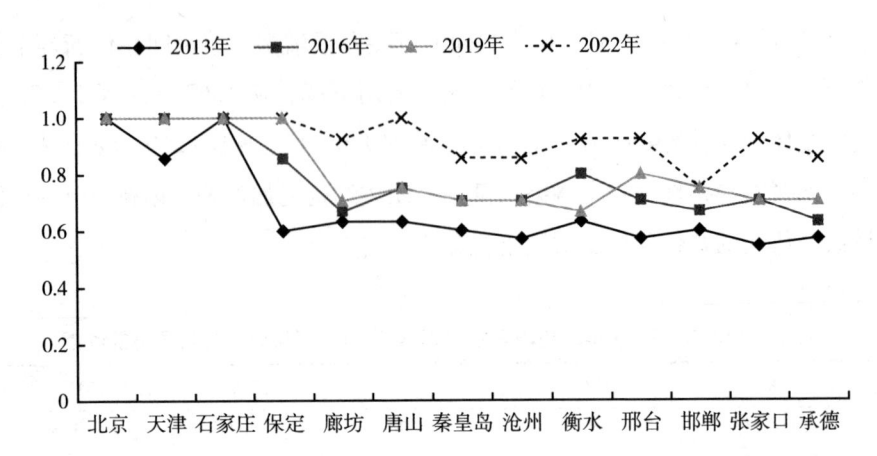

图5　2013年、2016年、2019年、2022年京津冀创新环节各城市的接近中心度

资料来源：根据龙信企业大数据平台数据采用Python计算。

城市降低了对京津石的中介依赖。2013年保定、秦皇岛、沧州、邯郸、张家口、承德的中介中心度均为0，至2022年这些城市的中介中心度整体呈现上升趋势，说明这些城市在承接信息交换与资源分配方面的作用和地位有所提升，但提升幅度相对较小，在京津冀地区的网络中仍然相对边缘化，与其他城市的联系有待加强（见图6）。

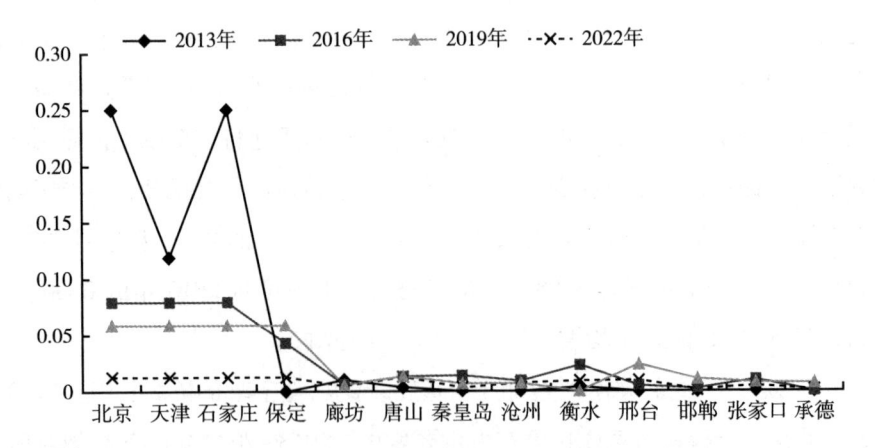

图6　2013年、2016年、2019年、2022年京津冀创新环节各城市的中介中心度

资料来源：根据龙信企业大数据平台数据采用Python计算。

四 京津冀制造环节与创新环节发展趋势分析

本部分基于京津冀产业链与创新链的评价指标体系，从产业规模、产业关联、发展活力和发展动力四个维度阐述分析京津冀各城市在制造环节和创新环节的发展趋势。

（一）制造环节与创新环节产业规模分析

1. 北京在制造环节的规模优势明显，邢台、沧州等城市规模扩张速度突出

京津冀各城市在制造环节的企业存续资本量都有不同幅度的上升，北京在制造环节的规模优势依旧明显，但规模扩张速度较为缓慢，邢台、沧州等城市在制造环节的规模扩张比较显著，但相较于北京、天津等地，其规模优势仍不显著。2013年，制造业企业存续资本量位居前三的是北京、天津、唐山，分别为26400.02亿元、7572.20亿元、2529.39亿元；2022年，制造业企业存续资本量位居前三的是北京、天津、沧州，分别为29894.94亿元、11610.30亿元、4838.45亿元。可以看出，北京处于遥遥领先的地位。沧州、邢台等城市持续发力，制造环节发展水平不断提高，沧州、邢台在制造环节的企业规模增长迅速，2013~2022年的年均增长率分别为12.65%、12.82%（见图7）。

2. 京津冀在创新环节的产业规模整体呈扩大趋势，但各城市规模差距较大

京津冀在创新环节的产业规模整体呈扩大趋势，各城市在创新环节的企业存续资本量增速显著，北京在创新环节的产业规模居于首位。2013年，北京、天津在创新环节的企业存续资本量位居前列，分别为27298.20亿元、3587.36亿元，遥遥领先于排在第三位的石家庄（666.01亿元）；2022年，创新环节企业存续资本量排在前三位的是北京、天津、石家庄，分别为85820.16亿元、17296.41亿元、6623.57亿元。2013~2022年，各城市在创新环节的规模均实现较快增长，其中承德的年均增长率最高，达38.04%，其次是张家口（33.27%）、邢台（33.21%）、邯郸（32.36%）。

245

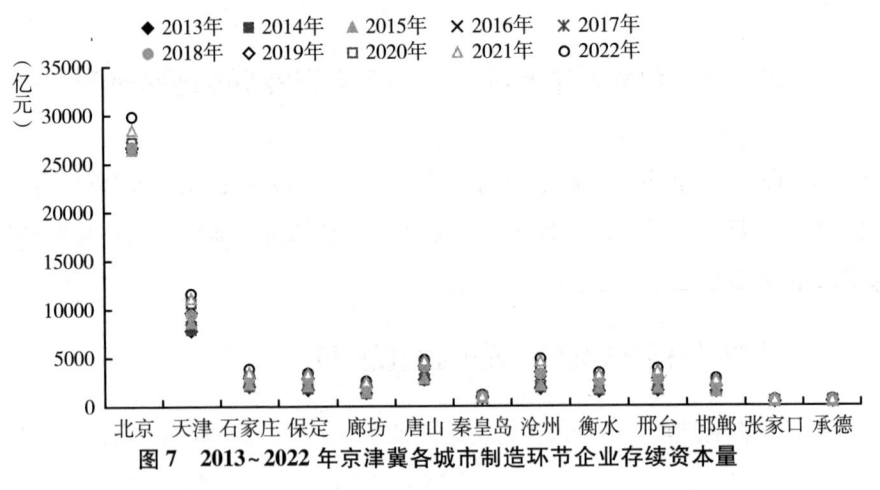

图 7　2013~2022年京津冀各城市制造环节企业存续资本量

资料来源：根据龙信企业大数据平台数据整理。

北京、天津在创新环节的发展速度较为缓慢，但在规模发展中仍有很大优势，承德等城市在创新环节的规模虽然不大，但发展速度较快（见图8）。

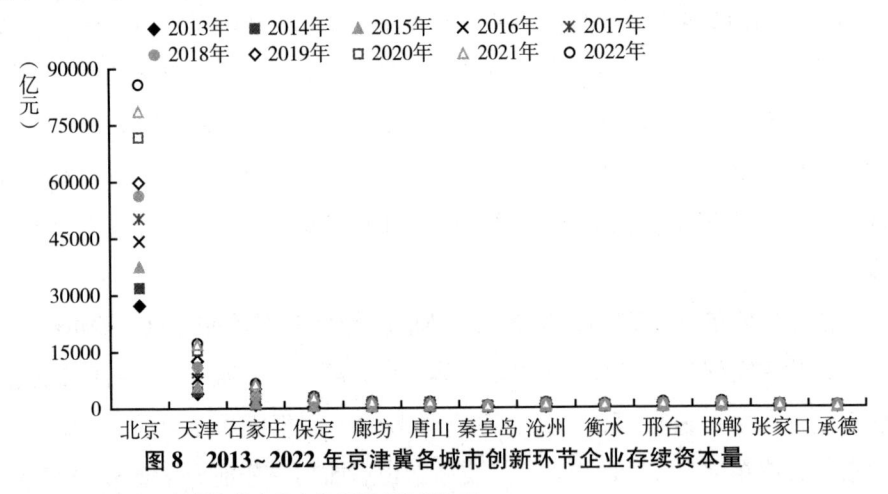

图 8　2013~2022年京津冀各城市创新环节企业存续资本量

资料来源：根据龙信企业大数据平台数据整理。

（二）制造环节与创新环节产业关联分析

1. 京津冀在制造环节的联系日趋密切，引资能力主要聚集在北京、天津

2013~2022年，京津冀各城市制造环节资本互投网络加权度总体呈上升

态势，进行资本互投的企业总数呈增长态势。北京和天津与其他城市的产业关联最为密切，其资本互投网络加权度明显高于其他城市，是制造环节复杂网络中的主导城市，其次是石家庄。2013~2022年，北京在制造环节进行资本互投的企业总数从346户增加到979户，天津从255户增加到472户，石家庄从97户增加到226户；邢台从35户增加到134户，年均增长率为16.09%，增长速度较快，发展空间较大（见图9）。

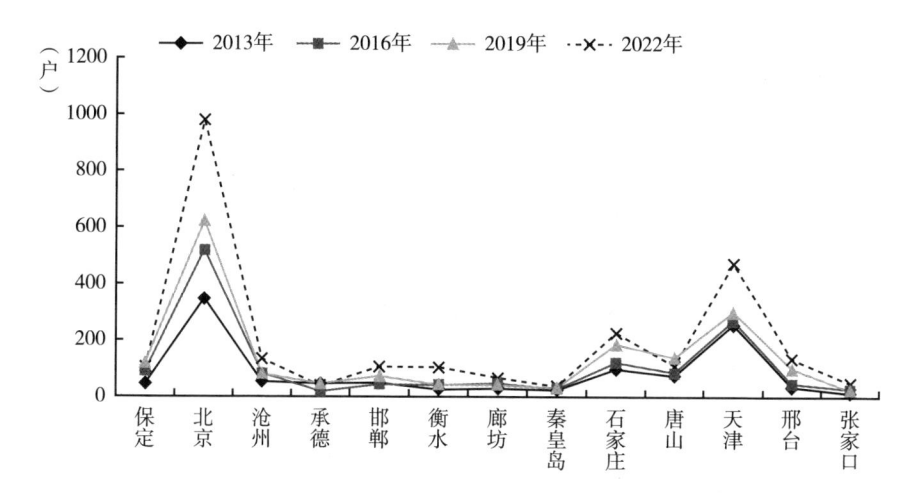

图9 2013年、2016年、2019年、2022年京津冀各城市制造环节资本互投网络加权度

资料来源：根据龙信企业大数据平台数据采用Python计算。

2. 京津冀各城市在创新环节的产业关联存在较大差异，北京占据核心地位

2013~2022年，京津冀各城市创新环节资本互投网络加权度都有显著增长，地区的创新环节联动紧密程度和创新合作不断提升。北京在创新环节复杂网络中占据核心地位，其资本互投网络加权度显著领先于其他城市，且增长迅速，进行资本互投的企业总数从2013年的2851户增加到2022年的34970户，年均增长率为32.12%；天津在创新环节与其他城市的关联程度不断上升，进行资本互投的企业总数从2013年的768户增加到2022年的5041户，年均增长率为23.25%。石家庄、唐山、保定的资本互

投网络加权度较小，但保持小幅增长，在创新环节中的连接程度逐渐提高（见图10）。

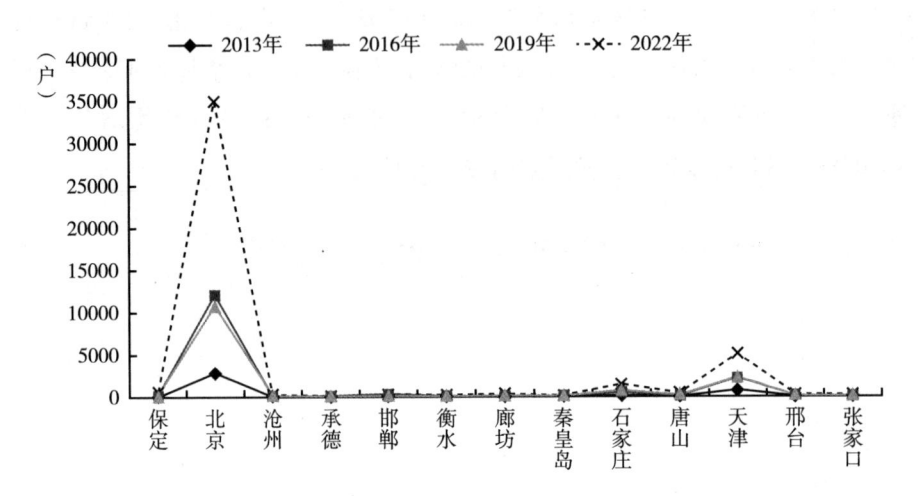

图10 2013年、2016年、2019年、2022年京津冀各城市创新环节资本互投网络加权度

资料来源：根据龙信企业大数据平台数据采用Python计算。

（三）制造环节与创新环节发展活力分析

1. 京津冀在创新环节的发展活力远远大于制造环节

2013~2022年，京津冀在创新环节的新增企业资本量及其增速远超制造环节。其中，制造环节新增企业资本量由2001.06亿元增加到4433.54亿元，年均增长率达9.24%；创新环节新增企业资本量由3295.01亿元增加到13693.55亿元，年均增长率达17.15%。相比较而言，京津冀制造环节的发展活力较弱，需要进一步增强（见图11）。

2. 河北部分城市成为制造环节新优势地区，京津冀制造业布局优化显著

2022年，北京和天津在制造环节的新增企业资本量仍居前列，北京的新增企业资本量为1447.80亿元，天津的新增企业资本量为661.66亿元，规模具有明显优势；河北部分城市在制造环节的发展活力提升较快，正逐步缩小与天津的差距，石家庄、保定、廊坊、唐山、沧州、衡水、邢台、邯郸

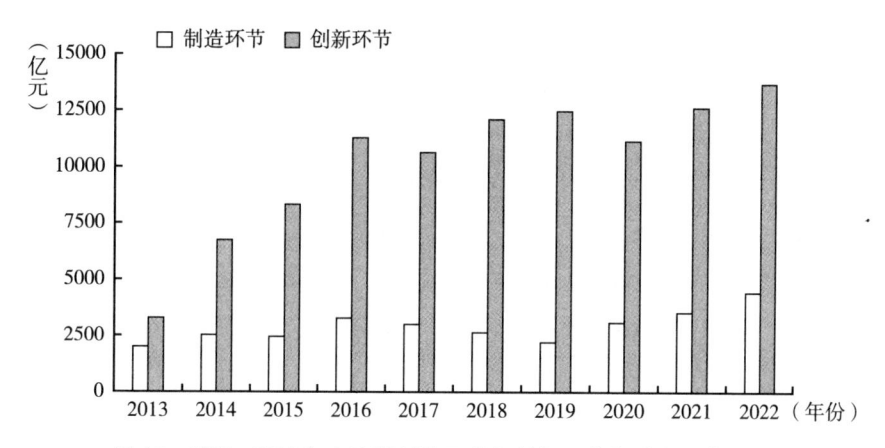

图 11 2013~2022年京津冀制造环节与创新环节新增企业资本量

资料来源：龙信企业大数据平台。

的新增企业资本量都在 190 亿元以上，成为制造环节新优势地区，制造业在区域内的布局优化显著。秦皇岛、张家口、承德在制造环节的新增企业资本量相对不足，分别为 16.91 亿元、34.06 亿元、32.83 亿元，且增速较慢，制造环节发展活力需要进一步提升（见图 12）。

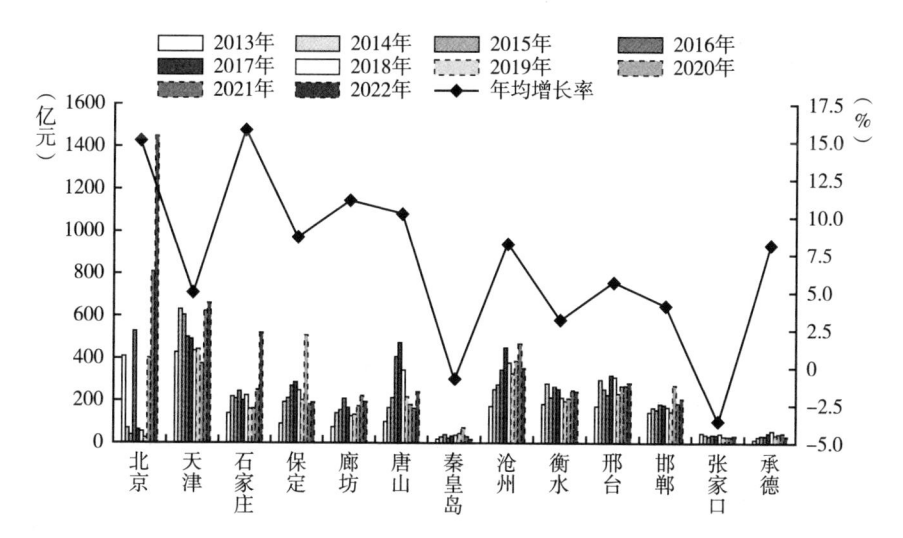

图 12 2013~2022年京津冀各城市制造环节新增企业资本量及年均增长率

资料来源：龙信企业大数据平台。

249

3. 北京在创新环节的发展活力最为强劲，河北各城市的发展活力有待提升

北京在创新环节的新增企业资本量处于绝对领先位置，2013~2022年，新增企业资本量从2409.36亿元增加至9530.15亿元，年均增长率为16.51%；天津在创新环节的发展活力较强，其新增企业资本量从512.38亿元增加至1463.07亿元；城市间发展活力差异较大，河北各城市新增企业资本量处于较低水平，创新环节发展活力较弱，但新增企业资本量增长速度较快，唐山、沧州、承德的年均增长率分别为33.23%、32.76%、32.83%（见图13）。

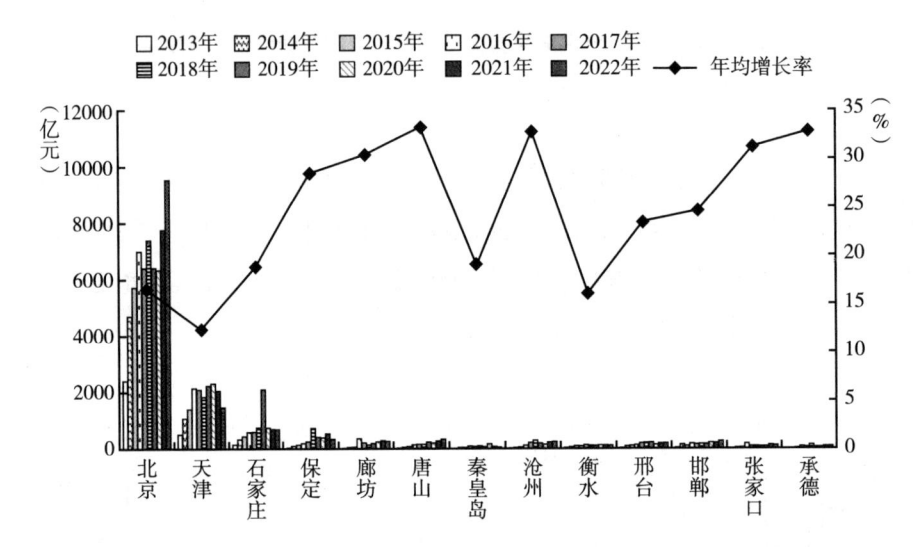

图13 2013~2022年京津冀各城市创新环节新增企业资本量及年均增长率

资料来源：龙信企业大数据平台。

（四）制造环节与创新环节发展动力分析

1. 京津冀制造环节与创新环节发展动力充沛，创新环节对制造环节的支撑作用不断增强

2013~2022年，京津冀制造环节与创新环节累计新型实用专利数一直保持平稳较快增长。其中，制造环节累计新型实用专利数从77167件增加到488772件，

年均增长率达22.77%；创新环节累计新型实用专利数从65407件增加到522667件，年均增长率达25.98%，展现出强劲的创新动力。2013~2017年，京津冀制造环节累计新型实用专利数多于创新环节，2018年及以后，创新环节累计新型实用专利数反超制造环节，创新环节对制造环节的支撑作用不断增强（见图14）。

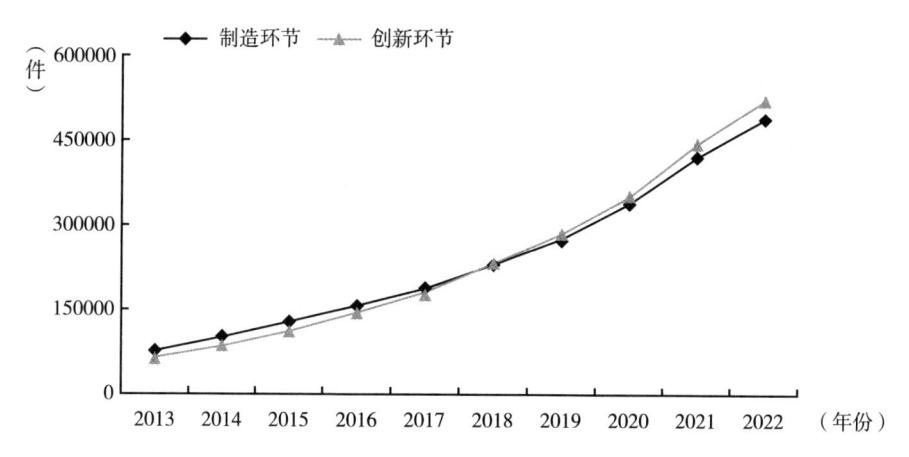

图14　2013~2022年京津冀制造环节与创新环节累计新型实用专利数

资料来源：龙信企业大数据平台。

2. 北京、天津在创新环节与制造环节的发展动力远强于其他城市

2022年，北京在创新环节的累计新型实用专利数达280310件，远超其他城市，是居于第二位的天津（180639件）的1.55倍，是石家庄（20350件）的13.77倍，河北其他城市均未超过10000件；天津在制造环节的累计新型实用专利数达174241件，北京为120130件，河北各城市的累计新型实用专利数远少于天津和北京，河北制造环节和创新环节的发展动力亟须进一步增强（见图15）。

五　京津冀产业链与创新链耦合成效分析

本部分将对京津冀各城市产业链（制造环节）子系统与创新链（创新环节）子系统的耦合度及耦合协调度进行实证分析。

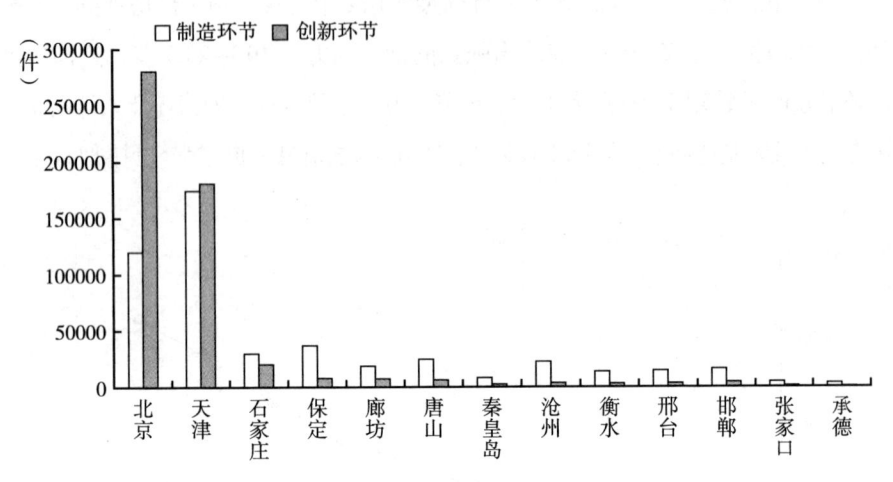

图 15　2022年京津冀各城市制造环节与创新环节累计新型实用专利数

资料来源：龙信企业大数据平台。

（一）京津冀产业链与创新链耦合成效整体趋势向好，但各城市之间存在明显的差异和不平衡

利用耦合度模型，计算得到2013～2022年京津冀各城市产业链与创新链耦合度（见表6）。

表6　2013～2022年京津冀各城市产业链与创新链耦合度

城市	2013年	2014年	2015年	2016年	2017年	2018年	2019年	2020年	2021年	2022年
保定	0.33	0.33	0.33	0.31	0.34	0.41	0.37	0.33	0.40	0.38
北京	0.50	0.50	0.50	0.50	0.50	0.50	0.50	0.50	0.50	0.50
沧州	0.27	0.19	0.19	0.18	0.27	0.26	0.26	0.24	0.24	0.29
承德	0.30	0.37	0.26	0.33	0.14	0.33	0.10	0.03	0.37	0.35
邯郸	0.32	0.40	0.35	0.38	0.32	0.26	0.31	0.32	0.31	0.36
衡水	0.25	0.28	0.31	0.18	0.28	0.17	0.21	0.25	0.21	0.24
廊坊	0.34	0.32	0.28	0.42	0.38	0.29	0.34	0.38	0.36	0.38
秦皇岛	0.37	0.39	0.40	0.27	0.36	0.22	0.27	0.41	0.15	0.19

续表

城市	2013年	2014年	2015年	2016年	2017年	2018年	2019年	2020年	2021年	2022年
石家庄	0.46	0.47	0.46	0.45	0.46	0.45	0.50	0.48	0.45	0.43
唐山	0.25	0.25	0.23	0.19	0.21	0.18	0.26	0.26	0.28	0.32
天津	0.48	0.47	0.47	0.48	0.48	0.46	0.47	0.48	0.45	0.43
邢台	0.30	0.30	0.30	0.27	0.32	0.24	0.30	0.26	0.28	0.30
张家口	0.33	0.44	0.42	0.48	0.46	0.39	0.49	0.48	0.49	0.49
综合	0.43	0.42	0.41	0.41	0.42	0.41	0.44	0.44	0.43	0.44

资料来源：根据龙信企业大数据平台数据计算。

2013~2022年，京津冀产业链与创新链耦合发展呈现整体上升、区域发展不均衡的特征。多数城市的耦合度呈现一定程度的上升趋势，尤其是保定、唐山和张家口等城市的耦合度增长较为明显。虽然京津冀产业链与创新链耦合趋势向好，但各城市之间的耦合度差异明显。北京、天津、张家口、石家庄的耦合度相对较高，多年来保持在拮抗阶段，在产业链与创新链之间有着较好的融合和互动趋势，具有一定的耦合度，但还缺少进一步的融合动力。沧州、衡水、秦皇岛、唐山等城市多年处于低水平耦合阶段，产业链与创新链融合发展水平有待进一步提升。承德和秦皇岛的耦合度波动较大，耦合效果不稳定，产业链与创新链融合的协同性和效率仍有较大的提升空间。

（二）北京的产业链与创新链耦合协调度处于中级协调等级，津冀各城市处于失调状态

从京津冀的整体情况来看，产业链与创新链耦合协调度处于轻度失调阶段，总体呈现稳中向好的发展态势。京津冀产业链与创新链综合耦合协调度从2013年的0.29提高到2022年的0.31（见表7）。从各城市来看，2022年，北京的产业链与创新链耦合协调度处于中级协调等级，而津冀各城市均处于失调状态且差异明显，中心城市与其他城市之间的差距较大。大部分城市仍然处于失调状态，需要进一步加强这些城市的双链融合发展，提升整个京津冀区域的产业协调性和竞争力。

表 7　2013~2022 年京津冀各城市产业链与创新链耦合协调度

城市	2013年	2014年	2015年	2016年	2017年	2018年	2019年	2020年	2021年	2022年
保定	0.12	0.14	0.14	0.15	0.17	0.22	0.20	0.21	0.19	0.16
北京	0.71	0.68	0.68	0.71	0.69	0.68	0.68	0.70	0.71	0.71
沧州	0.11	0.10	0.10	0.11	0.16	0.17	0.15	0.14	0.15	0.14
承德	0.07	0.08	0.06	0.04	0.03	0.07	0.03	0.01	0.03	0.04
邯郸	0.12	0.14	0.12	0.13	0.12	0.12	0.12	0.14	0.13	0.12
衡水	0.10	0.11	0.10	0.09	0.11	0.09	0.11	0.10	0.10	0.10
廊坊	0.09	0.10	0.10	0.14	0.14	0.11	0.14	0.14	0.14	0.13
秦皇岛	0.06	0.07	0.06	0.05	0.06	0.04	0.06	0.09	0.03	0.03
石家庄	0.20	0.20	0.20	0.21	0.22	0.23	0.29	0.23	0.23	0.22
唐山	0.12	0.12	0.13	0.13	0.16	0.15	0.16	0.16	0.16	0.16
天津	0.39	0.39	0.38	0.39	0.41	0.39	0.42	0.42	0.41	0.38
邢台	0.11	0.12	0.12	0.10	0.14	0.14	0.15	0.12	0.12	0.12
张家口	0.05	0.06	0.05	0.07	0.05	0.04	0.04	0.05	0.04	0.05
综合	0.29	0.30	0.31	0.32	0.33	0.34	0.32	0.33	0.32	0.31

资料来源：根据龙信企业大数据平台数据计算。

根据 2013~2022 年京津冀各城市产业链与创新链耦合协调度的变化趋势，结合划分标准，可将其分为五个梯队（见表 8）。

表 8　京津冀各城市产业链与创新链耦合协调度划分情况

梯队	城市	协调等级
第一梯队	北京	中级协调
第二梯队	天津	轻度失调
第三梯队	石家庄	中度失调
第四梯队	沧州、保定、廊坊、邯郸、唐山、邢台	严重失调
第五梯队	秦皇岛、承德、张家口、衡水	极度失调

资料来源：根据表 3 与表 7 整理。

京津冀各城市产业链与创新链耦合成效的区际差异显著，北京两个子系统的耦合协调度处于协调状态，其他城市均处于失调状态。2013~2022 年，在第一梯队中，北京的耦合协调度曾回落到初级协调状态，但近年来维持到中级协调状态。在第二梯队中，天津的耦合协调度总体呈现先升后降的趋势，2019年和2020年达到0.42，但2022年又下降到0.38，在轻度失调和濒临失调状态之间波动。在第三梯队中，石家庄的耦合协调度稳定在中度失调状态。在第四梯队中，沧州、保定、廊坊、邯郸、唐山、邢台的耦合协调度整体上都有所提高，但仍长期处于严重失调状态。在第五梯队中，秦皇岛、承德、张家口、衡水的耦合协调度处于极度失调状态，其中衡水、张家口的耦合协调度波动较小，承德和秦皇岛的耦合协调度总体呈下降趋势。

六 主要结论与对策建议

（一）主要结论

1. 京津冀制造环节与创新环节形成了以北京为核心、天津为枢纽的发展格局

一方面，2013~2022年，京津冀制造环节与创新环节复杂网络中枢纽型城市占比低、发展不足，整体结构不均衡。京津冀制造环节与创新环节复杂网络中城市节点接近中心度指标差距较大，存在明显的中心-外围结构特征，北京为核心城市，天津为枢纽城市，河北各城市均为边缘城市，边缘城市占比为84.62%。北京、天津、石家庄的接近中心度指标整体上明显高于其他城市，在制造环节和创新环节中占据重要地位。沧州、承德、秦皇岛、张家口等城市在网络中仍然相对边缘化，与其他城市联系的紧密度有待提升。因此，京津冀制造环节与创新环节复杂网络整体结构两极分化现象较为严重，缺乏能够承担产业链与创新链融合责任的枢纽型城市。另一方面，从产业关联来看，京津冀制造环节的产业连接程度远低于创新环节，并存在空间分布不均衡现象，沧州、衡水等制造业聚集城市缺乏与其他城市创新环节对接的渠道，制约了产业链与创新链耦合发展水平的进一步提升。

2. 京津冀制造环节布局逐渐优化，创新环节对制造环节发展的支撑作用逐渐增强，但各城市发展差距较大

一方面，京津冀制造环节布局不断优化，北京非首都功能有序疏解。

2013~2022年，天津和河北大部分城市的制造环节新增企业资本量逼近北京，制造环节规模优势逐渐显现，天津、石家庄、保定、唐山在制造环节的桥梁承接作用增强，成为京津冀制造环节新优势地区。另一方面，京津冀在创新环节的累计新型实用专利数赶超制造环节。2013~2022年，京津冀制造环节累计新型实用专利数从77167件增加到488772件，年均增长率达22.77%；创新环节累计新型实用专利数从65407件增加到522667件，年均增长率达25.98%。相较于2013年，2022年创新环节能够更好地满足制造环节对创新活力的需求。创新环节规模和创新动力呈现"双核"分布，主要集中在北京和天津，河北各城市的创新环节对本地制造环节的支撑作用相对较弱。

3. 京津冀产业链与创新链融合成效整体增强，但融合的强度与深度仍有较大提升空间

2013~2022年，京津冀产业链与创新链的耦合度和耦合协调度总体呈上升态势，但增速缓慢。京津冀大部分城市的产业链与创新链耦合度处于拮抗阶段，其中北京和天津的耦合度在0.4以上，产业链与创新链的融合趋势较强；沧州、衡水、秦皇岛、邢台的产业链与创新链耦合度处于低水平耦合阶段，在产业链与创新链的协同发展和融合方面还有较大提升空间。京津冀各城市的耦合协调度差异显著，产业链与创新链发展尚不稳定。北京在耦合协调度方面表现较好，多年来基本维持在初级协调、中级协调状态；其他大多数城市，如沧州、承德、邯郸等，制造环节与创新环节之间的协同性不强，产业链与创新链耦合度较低，耦合协调度多年处于严重失调、极度失调状态。

（二）促进京津冀产业链与创新链深度融合的建议

1. 强化企业科技创新主体地位，推动产业链与创新链深度融合

首先，构建创新生态，优化企业成长环境。营造有利于科技型中小微企业成长的环境，通过激发企业的创新意识和创新精神，强化企业在创新过程中的核心作用。建立创新链、产业链、资金链、人才链"四链"协同发展的创新生态系统，以促进企业的技术进步以及产业链与创新链的有效融合。

其次，用好企业梯度培育机制，发挥领军企业的"领头羊"作用，鼓励中小企业朝"专精特新"方向发展。充分利用关键领域企业在科技创新及创业活动中的主导地位和主动性，鼓励其通过创新实现技术升级，并推动产业链与创新链融合，从而构建一个多元化支撑的发展格局。支持大型企业整合资源，形成大企业和中小企业互利共赢的新格局。最后，加大政策引导和扶持力度。加大对京津冀供应链上下游企业的支持力度，培育一批辐射带动能力强、掌握关键核心技术的区域链主企业和专精特新"小巨人"企业。优化主要链条企业及其供应商的发展布局，采用"一链一策"的方法，促进上中下游的衔接和大中小企业的融通。

2. 加强区域内共享平台建设，为创新和产业融合提供平台支撑

首先，利用大数据、云计算等信息技术，打造数字化的线上服务平台，支持创新资源在线匹配和产业链虚拟整合，提高创新效率和产业协同度。在共享平台发布政策福利、供需数据、创新成就和创新人才等创新资源信息，以减少创新供应和需求之间的信息不平衡，并利用各地的相对优势，实现创新资源的高效匹配和对接。其次，引导优质科研机构和市场主体联合建立实体性知识创新和技术创新平台，如研发平台、实验室和创新中心等跨区域新型研发机构，实现资源的有效整合与高度凝聚，形成多元化、复合型的创新主体，加快构建以实体平台为依托的创新种群和创新群落。促进科研机构和企业间的知识与技术交流，鼓励京津冀三地企业和科研机构在关键技术研发与产业化方面开展联合攻关。最后，共同推动京津冀国家技术创新中心发展，促进区域内更多科技成果加速应用转化，通过创新链加强产业链和供应链。建立科技成果转化的综合市场，创建能够提供科技成果评估、设备共享、科技创新、金融服务和知识产权咨询的"一站式"服务平台。

3. 优化津冀承接环境，增强区域整体活力和竞争力

首先，持续优化改善津冀的营商环境，优质的创新环境能够吸引并推动当地的创新活动，而灵活、包容的区域营商环境是吸引企业入驻、推动项目落地的关键因素，为了吸引北京的产业和创新溢出，需要营造有利的环境，鼓励在京企业在津冀设立分支机构，提升区域产业承接能力。其次，提高津

冀两地产业配套水平与北京转移企业的发展需求匹配度，加强津冀生产性服务业配套，有针对性地强化上下游产业及配套基础，特别是区域关键零部件配套能力。最后，推动北京的技术成果向周边地区比较优势行业部门扩散，增强区域整体竞争力。将北京的优势技术领域研究成果通过中关村园区等在周边落地转化，加快产业链在区域内布局，提高津冀两地比较优势制造业的竞争力。

参考文献

李国平、朱婷：《京津冀协同发展的成效、问题与路径选择》，《天津社会科学》2022年第5期。

叶堂林：《京津冀产业高质量协同发展中存在的问题及对策》，《北京社会科学》2023年第6期。

叶堂林、李国梁等：《京津冀发展报告（2021）》，社会科学文献出版社，2021。

张贵、孙晨晨、刘秉镰：《京津冀协同发展的历程、成效与推进策略》，《改革》2023年第5期。

区域报告

B.11 北京市在京津冀产业高质量协同发展中的地位与作用研究[*]

孙瑜康 霍韶婕 李 萌[**]

摘 要： 产业协同是京津冀协同发展的关键支撑，自京津冀协同发展战略实施以来，北京在三地产业协同发展方面发挥了非常重要的作用。首先，本报告阐述了北京产业高质量发展的背景，指出在京津冀产业高质量协同发展视角下北京的地位与作用。其次，从经济总量、产业结构、前沿领域、对津冀的带动作用等方面对北京产业发展的现状和成绩进行总结。同时，深入分析了北京面临的制造业占比低、科技转化能力不强、产业集群效应有待增强、产业空间分布不合理等一系列问题。对此，本报告相应提出几点政策建议，以进一步促进北京产业高质量发展，增强北京对京津冀产业高质量协同

---

[*] 本报告为北京市社科基金项目"京津冀科技创新协同发展研究"（23JJB017）的阶段性成果。
[**] 孙瑜康，博士，首都经济贸易大学城市经济与公共管理学院副教授、硕士生导师，研究方向为区域经济、创新地理、京津冀协同发展；霍韶婕，首都经济贸易大学城市经济与公共管理学院硕士研究生，研究方向为区域经济；李萌，首都经济贸易大学城市经济与公共管理学院硕士研究生，研究方向为区域经济。

发展的带动引领作用。

关键词： 高质量协同发展　产业集群　京津冀　北京市

一　北京产业高质量发展的背景

（一）进入新的发展阶段要求北京建立与大国首都相匹配的产业体系

新中国成立初期至改革开放前夕，北京市将资源集中于工业，形成了以工业为主导的经济结构。1953年，《改建与扩建北京市规划草案要点》提出要将北京建设成为我国强大的工业基地和技术科学中心。1973年，《北京市建设总体规划方案》提出北京要发展现代工业。北京由"消费城市"转型为"生产城市"。

改革开放后，政府对北京的职能有了新的认识，并反思了工业优先的发展思路（李佳洺，2019）。1983年，《北京城市建设总体规划方案》要求严格限制工业发展，北京第一产业比重下降，经济发展由"一产、二产、三产"转向"三产、二产、一产"，通过调整产业结构来缓解重化工业体系与北京城市性质和功能之间的矛盾。1993年，《北京城市总体规划（1991年至2010年）》进一步强调要大力发展服务业。此后，北京经济结构发生巨大变化，第三产业占比持续跃升，于1998年超过60%。北京脱离了工业城市的发展模式，实现了经济增长模式的转型。

21世纪以来，北京经济发展着眼于三次产业内部的结构优化与升级。2004年，《北京城市总体规划（2004年—2020年）》提出要大力发展知识密集型和技术密集型产业，重点发展现代服务业、高新技术产业和现代制造业。北京不断提升现代制造业、高新技术产业等高端产业比重，使高端产业成为带动北京产业发展的主导产业，由此奠定了北京高端产业带动经济发展的基础。

2014年2月，习近平总书记在北京主持召开座谈会时指出，北京要坚持和强化首都"四个中心"的核心功能。此后，北京积极统筹疏解非首都功能、构建高精尖经济结构、推动京津冀产业协同发展，经济发展逐渐呈现均衡与高质量发展态势。2017年，《北京城市总体规划（2016年—2035年）》进一步强调了"四个中心"的城市战略定位，并明确要坚决退出一般性产业，严禁再发展高端制造业的生产加工环节，推动北京产业结构的新一轮调整。在新时代背景下，北京必须把首都建设成为强大的全球资源配置能力生产中心，走全球高精尖集聚发展之路，加快建设全球金融中心、全球科技创新中心、全球人才发展中心、国际消费中心城市和新兴要素交易市场，大力发展国际规则创制能力、全球定价能力、高端生产性服务业、全球城市服务能力和世界顶级交通体系（杨开忠、牛毅，2024）。

（二）中美科技战等外部形势的变化需要北京在关键产业领域发挥引领作用

当今世界正经历百年未有之大变局，全球经济重心逐渐向亚太地区转移，呈现"东升西降"新格局。发展中国家的集体崛起与西方实力的相对下降，从根本上改变了国际力量对比，推动新一轮大国战略博弈持续演进。作为世界上最大的发展中国家和发达国家，中美两国关系对全球格局演变具有深远影响。美国相继挑起对华贸易战、科技战、舆论战等一系列事端，并随全球化的深入和国际关系的复杂化而持续升级。世界各国为争夺技术发展制高点，均出台顺应技术革命和应对产业安全的新政策。从历史经验来看，一个国家和地区如果能把握住重大科技革命和产业变革带来的发展机遇，就能在新一轮全球格局调整中脱颖而出，反之则可能被淘汰。科技创新是提升综合国力、增强国际竞争力的关键支撑。在科技创新的竞争赛道上，慢进则退。

北京拥有的科技创新型企业、研发投入和创新型人才等资源遥遥领先于全国其他城市，但与国际高水平科技创新城市相比仍有一定差距，其国内领

先地位还面临来自上海、深圳等城市的激烈竞争。"十四五"时期以来，虽然北京科技创新水平不断提高，但高科技领域"卡脖子"问题未得到有效解决。目前，北京关键核心技术自主创新能力不强，原创性、突破性重大科技成果较少，这在一定程度上制约了首都产业的高质量发展。新一轮科技革命和产业变革的浪潮迫切要求北京抢占科技创新制高点，充分挖掘自身科技创新优势，瞄准国际前沿，积极争夺科技创新先机，争取率先获得新技术、新产业带来的发展机遇。坚持创新在现代化建设全局中的核心地位，在紧要处落好"五子"，推动国际科技创新中心、全球数字经济标杆城市建设与高质量发展同频共振，把实现高水平科技自立自强作为新时代首都高质量发展的战略支撑。

（三）京津冀协同发展需要北京充分发挥产业高质量发展的辐射带动作用

京津冀地区拥有庞大的人口规模和巨大的内需潜力，京津冀协同发展作为国家区域协调发展战略的重要组成部分，对推动中国经济持续增长和参与国际竞争合作具有重要意义，应在构建新发展格局中发挥关键作用。立足发展阶段，京津冀地区需要进一步明确自身在国内大循环和国内国际双循环中的定位，充分发挥区域市场和创新优势，制定更具针对性的政策措施，积极融入新发展格局之中。其中，北京作为京津冀地区的核心城市，在京津冀协同发展的过程中应当承担起更多的责任，推动区域内各方共同实现发展目标。同时，也应承担新的功能，增强北京的辐射带动作用。一是加快推进以首都为核心的世界级城市群建设，着力解决城市群内等级规模断层、过密与过疏并存的问题（李国平、吕爽，2024）。二是妥善处理好北京非首都功能疏解与承接关系，以实现"以副辅主、主副共兴"的功能互动格局。三是推动北京创新链与津冀产业链深度融合，津冀应加快产业结构调整，围绕北京创新链布局津冀产业链，建设京津冀协同创新共同体。四是科学布局京津雄创新"金三角"、科创走廊以及共建科技园区。应依托各地优势，打通创新干线，在重要城市与节点共建园区，协同布局重大创新资源，科学规划和布局京津冀创新空间载体[1]。

二 京津冀产业高质量协同发展视角下北京的地位与作用

自 2014 年以来，京津冀发展规划顶层设计逐渐完善，产业协同作为三大重点领域之一得到了有力的推进。2014 年 2 月，京津冀协同发展上升为重大国家战略。2015 年 6 月，《京津冀协同发展规划纲要》指出，北京原则上不再发展一般制造业，应做大做强战略性新兴产业，大力发展生产性服务业及节能环保朝阳产业。2016 年 2 月，《"十三五"时期京津冀国民经济和社会发展规划》印发实施。2016 年 5 月，习近平总书记主持召开中共中央政治局会议，提出全新的战略构想，即建设北京城市副中心和雄安新区，形成北京新的"两翼"。2018 年 4 月，《河北雄安新区规划纲要》获批。之后京津冀进一步签署了合作框架协议，如 2023 年出台的《京津冀产业协同发展实施方案》《京津冀投资促进战略合作协议》《京津冀深化口岸合作框架协议》《京津冀区域市场一体化建设举措》等政策文件，推动三地在产业、金融、对外开放、市场一体化等多领域的合作实践。

京津冀三地政府围绕产业转移、产业协同等相继出台相关配套政策。2016 年，《京津冀产业转移指南》提出构建"一个中心、五区五带五链、若干特色基地"产业发展格局[2]。2017 年，《关于加强京津冀产业转移承接重点平台建设的意见》明确了"2+4+46"个产业转移承接重点平台[3]。《北京

---

[1] 《发挥好北京辐射带动作用》，中国经济网，2023 年 3 月 28 日，http://views.ce.cn/view/ent/202303/28/t20230328_38466096.shtml。
[2] 《京津冀"1555N"格局呼之欲出》，中央人民政府网站，2016 年 6 月 30 日，https://www.gov.cn/xinwen/2016-06/30/content_5086920.htm。
[3] 《京津冀初步明确"2+4+46"个产业转移承接重点平台》，河北省科学技术厅网站，2017 年 12 月 21 日，https://kjt.hebei.gov.cn/www/xwzx15/hbkjdt64/92447/index.html。

市新增产业的禁止和限制目录（2022年版）》等为区域产业协同提供政策保障，持续推动京津冀产业高质量协同发展。

习近平总书记的三次座谈会对京津冀产业协同的论述体现了不同时期北京在京津冀协同发展中应当承担的作用。2014年2月，习近平总书记指出，实现京津冀协同发展是一个重大国家战略，要把北京的部分产业发展功能疏解到天津、河北，疏解非首都核心功能。北京集中资源把创新的事业做大做强，充分发挥北京牵头的环渤海地区经济合作发展协调机制的作用，北京、天津、河北三地形成区域间产业合理分布和上下游联动机制。2019年1月，习近平总书记对推动京津冀协同发展提出了六点要求，其中雄安新区和北京城市副中心作为北京新的"两翼"。要立足北京"四个中心"功能定位，不断优化提升首都核心功能。2023年5月，习近平总书记指出，产业是京津冀协同发展的实体内容和关键支撑，要将北京市打造成为位居世界前列的产业高地，具有首都特点的高精尖产业体系更加成熟。习近平总书记第三次讲话特别强调了高质量发展和产业协同在其中的重要作用，表明新时期京津冀协同发展应以产业协同为核心和关键抓手，充分发挥北京在高端制造、现代服务等产业环节的辐射带动作用，发挥北京科技、人才、资本的优势，辐射带动津冀两地产业结构升级，共同打造世界级产业集群，从而实现京津冀产业高质量协同发展。

从产业功能上来讲，未来北京应成为全球高端产业信息、人才、资本与要素集散、交换、分配、转化等的重要枢纽，全球高端制造业重要技术创新中心，以及全球现代服务业网络的核心城市。从京津冀产业高质量协同发展的角度来讲，北京应进一步强化其作为京津冀地区乃至北方地区高端制造业技术创新动力源、高端服务功能主要承载地、世界级先进制造业集群企业总部集聚地与创新企业孵化地、京津冀产业人才培养与输出基地的作用，通过与津冀两地形成创新链、产业链、资金链、人才链的协作融合，共同将京津冀打造成为世界级的高质量产业功能承载地。

三 京津冀协同发展战略实施以来北京产业高质量发展的进展

（一）经济总量与发展水平不断提高

北京经济保持快速增长态势，受新冠疫情影响呈现短期波动，2023年快速复苏。2010~2019年，北京GDP始终保持6%以上的中高速增长态势，2019年GDP达到35445.1亿元，是2010年的2.51倍；北京与上海的GDP差距呈现不断缩小的趋势，2010年上海GDP是北京的1.27倍，到2019年缩小为1.07倍。2020年以来，受新冠疫情影响，北京GDP增速呈现波动变化特征。2023年北京GDP达到43760.7亿元，按不变价格计算，比上年增长5.2%（见图1）。

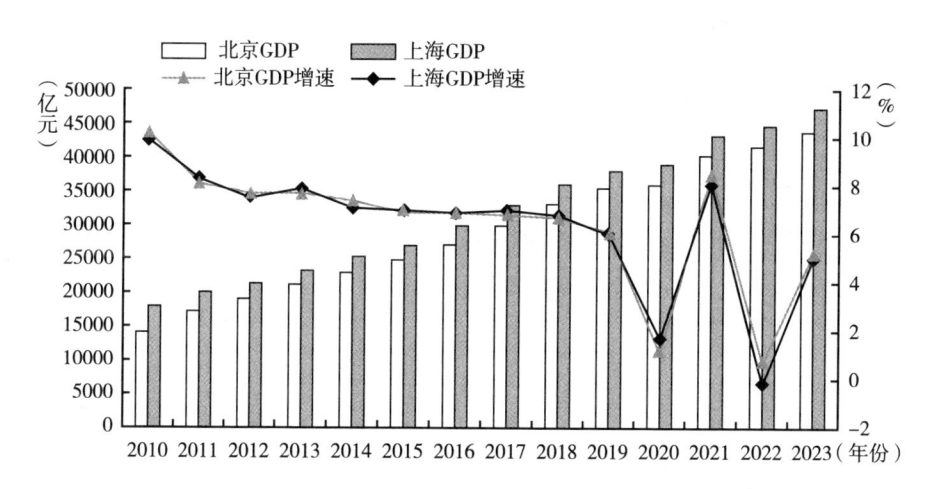

图1 2010~2023年北京与上海GDP及其增速

注：GDP增速按不变价格计算。
资料来源：根据历年北京与上海统计年鉴及统计公报计算。

北京人均GDP水平持续提升，近年来一直高于上海。尽管受到新冠疫情的影响，但自《北京城市总体规划（2016年—2035年）》实施以来，减量发展一直稳步推进,在常住人口规模、城乡建设用地规模、建筑规模"三个减量"的同时,北京人均GDP增速在2015年之后总体呈明显的上升趋势,2023年北京人均GDP达到200342元,是2010年的2.64倍,蝉联全国第一。从2010~2023年北京与上海人均GDP及其比值可以看出,北京人均GDP一直高于上海,且从两市人均GDP的比值来看,2016年以后,北京与上海人均GDP的差距总体逐渐扩大,减量发展背景下北京经济质量得到提升,实现了从"集聚资源求增长"向"疏解功能谋发展"的重大转变(见图2)。

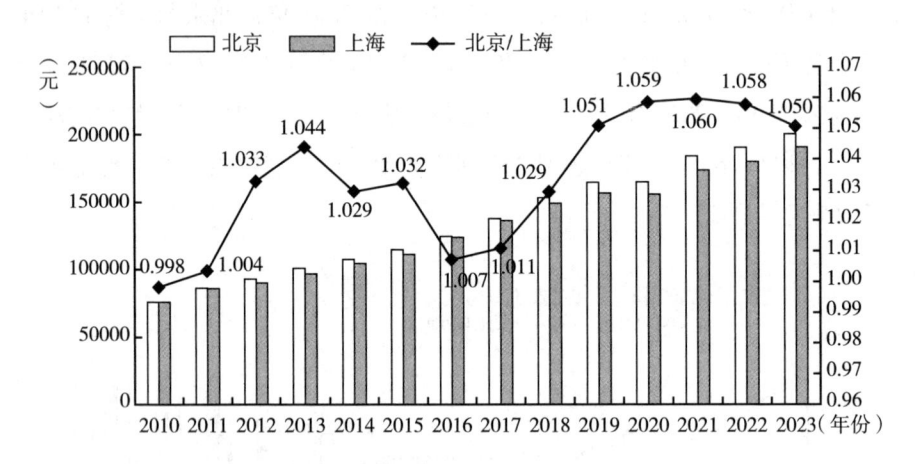

图2 2010~2023年北京与上海人均GDP及其比值

资料来源:根据历年北京与上海统计年鉴及统计公报计算。

(二)产业结构持续优化

北京三次产业结构持续优化。2010~2023年,总体来看北京第二产业增加值占GDP的比重呈现下降趋势,第三产业占比则呈现上升趋势,三次产业结构处于相对稳定的状态(见图3)。2010年,北京三次产业结构为0.88∶24.01∶75.11。2015年,北京第三产业增加值占GDP的比重首次超过80%。2021年,北京第三产业和第二产业增加值占GDP的比重呈现较大的波动变化,第二产业占比上升至18.00%,第三产业占比下降至81.70%,其主要原因是新冠病毒疫苗生产带来的生物医药产业快速发展。2022年之后，北京第三产业增加值占GDP的比重逐步提升。2023年，北京三次产业结构为0.24∶14.91∶84.85。

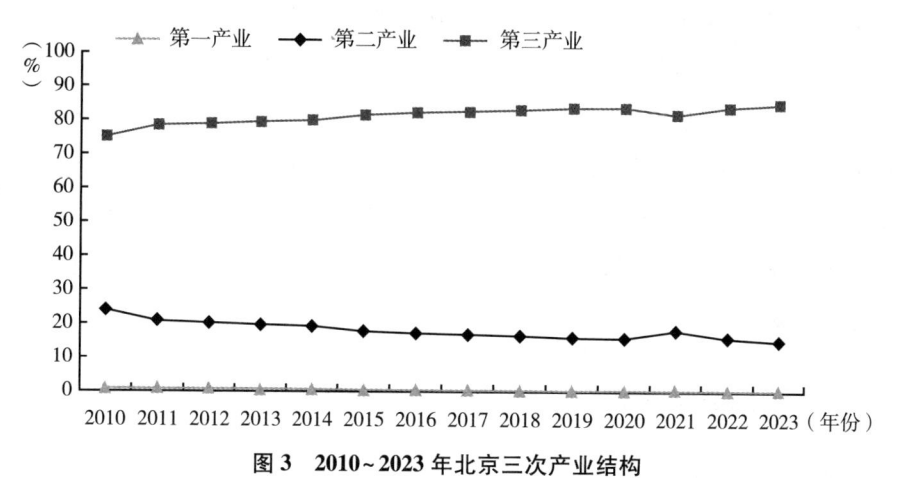

图3 2010~2023年北京三次产业结构

资料来源：根据《北京统计年鉴2023》《2024年北京市政府工作报告》计算。

从三次产业经济规模看，2023年，北京第一产业增加值为105.5亿元，相较于2010年减少了14.09%；第二产业和第三产业增加值分别为6525.6亿元和37129.6亿元，是2010年的2.02倍和3.20倍（见图4）。

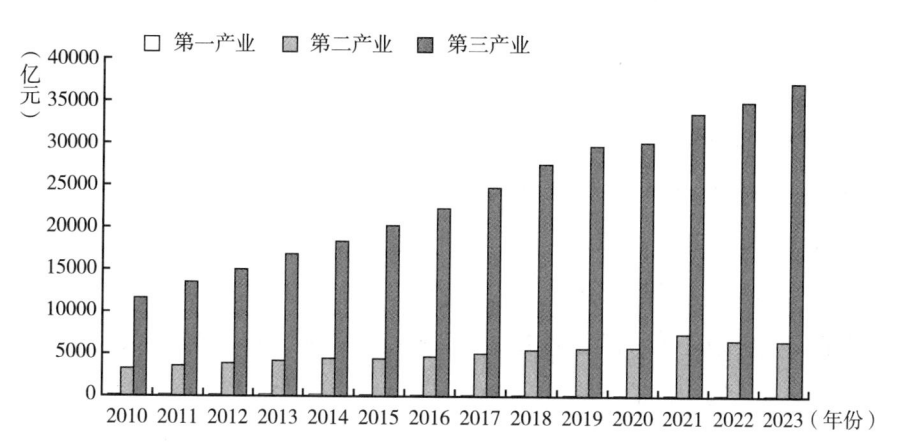

图4 2010~2023年北京三次产业增加值

资料来源：《北京统计年鉴2023》。

北京、上海和深圳的产业结构均呈现"三二一"态势，但是三座城市的三次产业增加值占比并不相同。北京作为国内首个服务业增加值占GDP比重超过80%的超大城市，其优势产业是第三产业，2010~2023年北京第三产业增加值占GDP的比重领先于上海和深圳。受益于丰富的教育资源、行政资源，北京创新中心、技术中心的特征明显，科、教、文、卫等行业增加值均位居四大一线城市榜首，且与其他三座城市拉开了差距。上海和深圳更偏向于工业城市。2010~2023年，上海和深圳第二产业增加值占GDP的比重均高于北京，特别是深圳，其第二产业增加值占GDP的比重最高，工业发达，第二产业在经济发展中的地位相对较高。

（三）制造业结构逐渐向"高精尖"转变

北京制造业规模不断扩大。2022年，北京规模以上制造业工业总产值为15597.0亿元，比2010年增长44.5%[①]。从细分行业来看，工业总产值明显增加的制造业行业主要是医药制造业，计算机、通信和其他电子设备制造业，汽车制造业，专用设备制造业以及铁路、船舶、航空航天和其他运输设备制造业等技术密集型行业。

从制造业内部结构来看，北京经济结构逐渐向"高精尖"结构演变。虽然2022年汽车制造业工业总产值占比较2010年下降了13.18个百分点，但计算机、通信和其他电子设备制造业，医药制造业，专用设备制造业以及汽车制造业四个技术密集型行业仍然处于主导地位。2022年，这四个行业规模以上工业总产值占全市规模以上制造业工业总产值的比重合计为48.37%。其中，2010~2022年，医药制造业工业总产值占比上升最多，提升了10.35个百分点。金属制品业、橡胶和塑料制品业、化学原料和化学制品制造业以及纺织业等一般性制造业和高耗能行业的工业企业单位数及平均用工人数均有不同程度的下降（见表1）。

---

① 数据来源于《北京统计年鉴2011》《北京统计年鉴2023》。

表1　2022年北京规模以上制造业各行业主要指标占全市制造业比重及其较2010年变化情况

行业	2022年占比（%）工业企业单位数	2022年占比（%）平均用工人数	2022年占比（%）工业总产值	2022年较2010年变动（个百分点）工业企业单位数	2022年较2010年变动（个百分点）平均用工人数	2022年较2010年变动（个百分点）工业总产值
计算机、通信和其他电子设备制造业	11.08	22.65	15.19	4.77	11.37	-5.00
医药制造业	8.86	11.26	13.49	5.35	6.41	10.35
专用设备制造业	12.53	6.51	9.87	4.04	-0.61	5.46
汽车制造业	6.47	21.89	9.82	3.28	11.26	-13.18
通用设备制造业	6.91	4.29	6.01	-2.35	-2.39	1.09
电气机械和器材制造业	7.24	5.12	5.33	-0.20	-0.67	-0.99
食品制造业	3.87	1.87	4.94	0.40	-2.21	3.27
铁路、船舶、航空航天和其他运输设备制造业	3.27	3.28	4.81	2.27	0.31	3.07
非金属矿物制品业	5.69	3.10	4.13	-1.20	-2.88	0.61
仪器仪表制造业	6.74	2.08	4.03	1.49	-1.22	2.02
纺织服装、服饰业	2.36	0.49	2.73	-2.04	-4.80	1.80
农副食品加工业	3.40	1.71	2.70	0.13	-1.64	0.16
酒、饮料和精制茶制造业	1.21	1.40	2.57	0.21	-1.18	1.09
金属制品业	4.89	1.57	2.43	-2.50	-2.75	0.33
化学原料和化学制品制造业	4.58	1.80	2.39	-1.81	-2.02	-0.86
印刷和记录媒介复制业	3.07	0.75	2.36	-2.19	-3.20	1.20
石油、煤炭及其他燃料加工业	0.47	4.72	1.35	-0.27	3.25	-6.21
家具制造业	1.08	0.37	0.79	-1.11	-1.40	0.28
橡胶和塑料制品业	1.68	0.27	0.71	-3.29	-2.50	-0.37
其他制造业	0.37	1.65	0.58	0.37	1.66	0.59
造纸和纸制品业	0.91	0.37	0.45	-1.08	-0.56	-0.17
有色金属冶炼和压延加工业	0.71	1.13	0.40	-0.63	0.44	-0.25
文教、工美、体育和娱乐用品制造业	0.71	0.16	0.36	0.09	-0.49	0.23
纺织业	0.34	0.12	0.16	-1.98	-2.21	-0.49
黑色金属冶炼和压延加工业	0.17	0.76	0.15	-0.51	-1.19	-3.83
废弃资源综合利用业	0.37	0.08	0.14	0.09	-0.05	0.04
木材加工和木、竹、藤、棕、草制品业	0.17	0.03	0.03	-0.73	-0.37	-0.13

注：烟草制品业，金属制品、机械和设备修理业2010年数据未统计；化学纤维制造业，皮革、毛皮、羽毛及其制品和制鞋业2022年数据未统计。

资料来源：《北京统计年鉴2011》《北京统计年鉴2023》。

低端制造业疏解成效显著。全市制造业工业企业单位数和平均用工人数明显下降，2022年北京规模以上制造业工业企业单位数为2968家，平均用工人数为69.67万人，比2010年分别下降55.65%和36.96%，生产过程中对劳动力的依赖程度有所降低①。从北京规模以上制造业行业大类来看，绝大多数行业的工业企业单位数和平均用工人数有不同程度的下降，其中通用设备制造业、金属制品业、非金属矿物制品业、化学原料和化学制品制造业等高耗能行业的工业企业单位数明显减少。汽车制造业，纺织服装、服饰业，非金属矿物制品业的平均用工人数减少较多，分别减少51391人、39938人、38090人（见表2）。这显示出非首都功能疏解的推进极大地优化了北京的制造业结构，促使北京制造业高端化发展。

表2 2022年北京规模以上制造业各行业主要指标较2010年变化情况

行业	工业企业单位数（家）	平均用工人数（人）	工业总产值（万元）
医药制造业	32	39108	13760184
计算机、通信和其他电子设备制造业	-84	-21397	12879325
汽车制造业	-17	-51391	8770980
专用设备制造业	-182	-10983	5080829
铁路、船舶、航空航天和其他运输设备制造业	31	158	3087900
通用设备制造业	-396	-32873	1190546
有色金属冶炼和压延加工业	-66	-4878	1032343
食品制造业	-111	-11143	972073
电气机械和器材制造业	-269	-27794	964465
仪器仪表制造业	-142	-8852	952171
非金属矿物制品业	-279	-38090	887670
酒、饮料和精制茶制造业	-29	-10919	509519
其他制造业	-80	-10887	155642
文教、工美、体育和娱乐用品制造业	-19	-4789	105003
金属制品业	-334	-31324	100892
废弃资源综合利用业	-7	20454	-488
家具制造业	-110	-14204	-5210

① 数据来源于《北京统计年鉴2011》《北京统计年鉴2023》。

续表

行业	工业企业单位数（家）	平均用工人数（人）	工业总产值（万元）
造纸和纸制品业	-102	-7380	-95165
木材加工和木、竹、藤、棕、草制品业	-53	-4231	-121297
印刷和记录媒介复制业	-250	-27592	-150354
农副食品加工业	-112	-18668	-173032
纺织服装、服饰业	-215	-39938	-321562
纺织业	-140	-24817	-526031
橡胶和塑料制品业	-272	-25955	-766040
化学原料和化学制品制造业	-279	-26038	-785672
石油、煤炭及其他燃料加工业	-34	-7272	-928527
黑色金属冶炼和压延加工业	-39	-20781	-3143528

注：烟草制品业，金属制品、机械和设备修理业2010年数据未统计；化学纤维制造业，皮革、毛皮、羽毛及其制品和制鞋业2022年数据未统计。

资料来源：《北京统计年鉴2011》《北京统计年鉴2023》。

战略性新兴产业在北京经济发展中的地位不断提高，其增加值占GDP的比重总体呈上升态势。2022年，北京战略性新兴产业增加值为10353.9亿元，占GDP的比重为24.88%（见图5）。从规模以上分行业战略性新兴

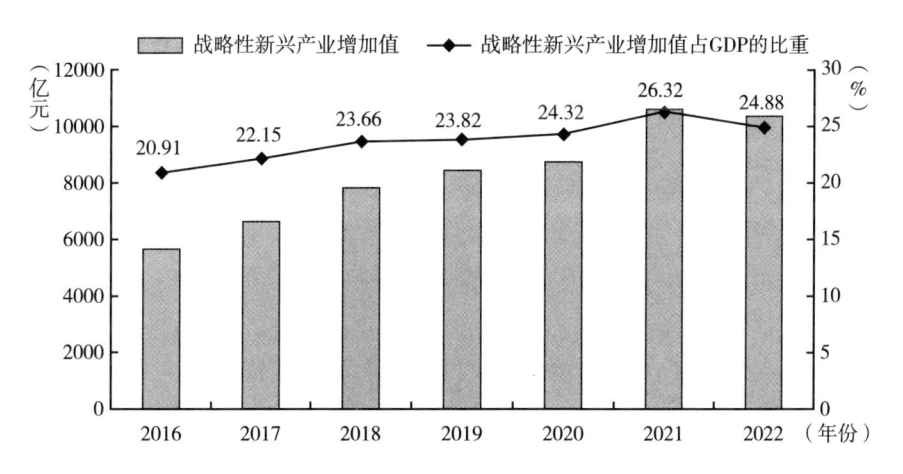

图5 2016~2022年北京战略性新兴产业增加值及其占GDP的比重

资料来源：《北京统计年鉴2023》。

产业总产值来看，2016~2022年，除新能源汽车产业总产值减少以外，其他产业总产值均实现不同程度的增加，其中新一代信息技术产业和生物产业总产值分别增加1587.2亿元和1281.9亿元。2017~2022年，数字创意产业总产值增长240.29%，北京经济发展新业态新模式不断壮大（见表3）。

表3 2016~2022年北京规模以上分行业战略性新兴产业总产值

单位：亿元

产业	2016年	2017年	2018年	2019年	2020年	2021年	2022年
节能环保产业	293.5	350.4	347.4	351.3	417.8	410.9	442.3
新一代信息技术产业	1433.5	1429.6	1930.0	1989.0	2345.4	3204.1	3020.7
生物产业	744.5	976.7	1278.5	1393.6	1540.3	4189.0	2026.4
高端装备制造业	419.3	502.8	748.9	722.9	788.4	869.9	1002.3
新能源产业	153.8	152.7	171.6	195.2	218.9	276.8	341.5
新材料产业	259.0	459.9	317.7	325.3	365.2	459.0	502.2
新能源汽车产业	262.8	210.8	137.7	123.0	105.9	77.9	184.4
数字创意产业	—	27.3	39.4	27.4	12.9	108.5	92.9

资料来源：历年《北京统计年鉴》。

北京不断壮大高精尖产业，十大高精尖产业产值快速提升。2020年，北京高精尖产业实现增加值9885.8亿元，占GDP的比重达到27.4%，其中信息技术产业和医药健康产业产值分别达到2345.4亿元和2200亿元[1]。2023年，北京十大高精尖产业产值全部突破千亿元，其中新一代信息技术产业产值突破3万亿元，智能装备产业产值突破5000亿元[2]，新兴产业创新平台总数达到24家[3]。

---

[1]《北京"十四五"高精尖产业规划发布》，北京市人民政府网站，2021年8月19日，https://www.beijing.gov.cn/zhengce/zcjd/202108/t20210819_2471509.html；《北京今后5年将突破5万亿GDP大关 巩固完善高精尖产业格局》，百度百家号，2022年6月27日，https://baijiahao.baidu.com/s?id=1736798039720821565&wfr=spider&for=pc；《北京智造"硬核"亮相！ 高精尖"实力担当"是→》，百度百家号，2023年9月12日，https://baijiahao.baidu.com/s?id=1776757680148478508&wfr=spider&for=pc。

[2]《厚植新质生产力 释放更强动力 本市十大高精尖产业均破千亿级》，北京市人民政府网站，2024年2月19日，https://www.beijing.gov.cn/ywdt/gzdt/202402/t20240219_3564894.html。

[3]《高精尖动能增强 北京产业科技创新提速》，《中国工业报》2024年2月9日，第A2版。

（四）加快对未来产业和技术领域的布局

加快布局技术前沿，北京在人工智能新一代信息技术产业领域引领全国发展。在顶尖人才方面，据AI 2000榜单统计，在全球前2000名顶尖学者中，北京有121人入选，占全国（280人）的43.2%。北京人工智能学者超过1.5万人，占全国（4.9万人）的30.6%，位居第一[①]。在创新成果方面，2010年至2023年上半年，北京学者在人工智能领域国际顶会和顶刊上发表论文的数量约为2.6万篇，占全国（6.4万篇）的40.6%，居全国首位。截至2023年12月底，北京企业在人工智能领域的发明专利授权量为13.1万件，占全国（69.3万件）的18.9%。在产业方面，多家机构统计的北京人工智能企业数量居全国第一。在产业链方面，北京人工智能产业链涵盖基础层、技术层、应用层，其中技术层和应用层在国内具备领先优势，产业链布局完整。

激发未来信息产业发展动能，在量子信息、区块链、6G等领域加大布局力度。在量子信息方面，北京量子信息科学研究院新一代量子计算云平台"夸父"处于国内领先地位，其上线芯片数和单芯片比特数均达到国际先进水平。在区块链方面，推动"国家区块链技术创新中心"正式投入运行，并在能源、海洋经济领域启动建设行业创新中心；"长安链"市场占有率蝉联全国第一。在6G方面，研究编制《北京6G科技创新与产业培育行动方案》，并积极探讨6G产业园区、基金等的设立。

新质生产力加快形成，发展新动能不断增强。北京立足国家重大战略需求，积极推动商业航天领域关键技术攻关，为产业蓬勃发展提供有效科技支撑。2023年，北京民营商业航天企业共成功发射入轨火箭12次[②]。卫星遥感大数据有效赋能智慧防汛。在2023年北京"7·31"暴雨中，遥感卫星技术在快速监测水域变化、有效防汛、灾情评估等方面发挥了重要作用。智

[①] 《聚焦科技，听听代表委员们怎么说》，国际科技创新中心网站，2024年3月12日，https：//www.ncsti.gov.cn/kjdt/ztbd/qglh2024/jjgjkjcxzx/202403/t20240312_150849.html。

[②] 《发展新质生产力·一线观察｜向"天"而行 商业航天加速跑》，百度百家号，2024年3月24日，https：//baijiahao.baidu.com/s?id=1794384514128951231&wfr=spider&for=pc。

能网联汽车新产品工程化进程加快，截至2023年12月，累计有21家企业734台车获得北京市道路测试资质，累计测试里程超过2000万公里，其中137台车获得无人化载人测试牌照①。

（五）现代服务业发展水平引领全国

北京的服务业尤其是现代服务业在经济发展中的主导地位不断增强，服务业一直是北京经济增长的主要驱动力，"十二五"和"十三五"两个五年规划时期服务业对经济增长的贡献率远高于国内其他主要城市。2010年，北京第三产业增加值为11608.1亿元，占全市GDP的比重为77.6%。2023年，北京第三产业增加值为37129.6亿元，是2010年的3.2倍，占全市GDP的比重为84.9%（见图6）。

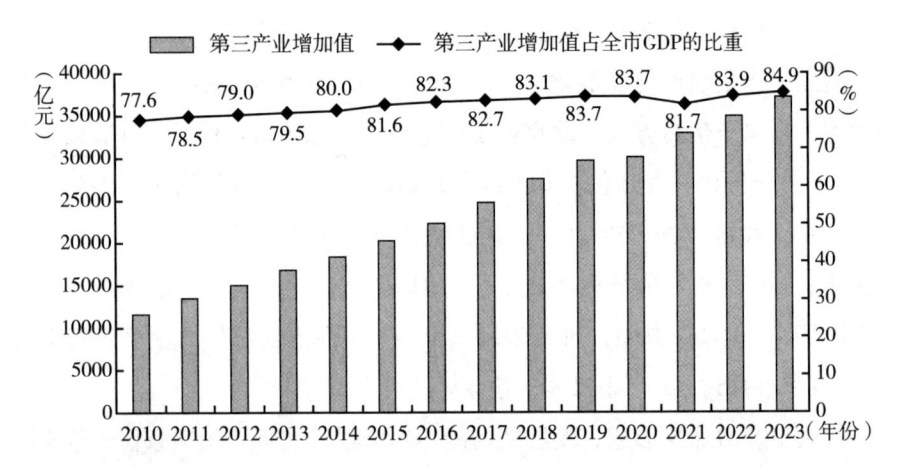

图6　2010~2023年北京第三产业增加值及其占全市GDP的比重

资料来源：历年《北京统计年鉴》。

第三产业内部结构不断优化。金融业，信息传输、软件和信息技术服务业是占北京GDP比重较大的两个行业门类，也是支撑北京经济增长的主要

---

① 《科技创新激发强劲动能　助力先进制造产业跑出"加速度"｜岁末年初话创新⑥》，国际科技创新中心网站，2024年2月8日，https：//www.ncsti.gov.cn/kjdt/xwjj/202402/t20240208_149014.html。

动能。相较于 2022 年，2023 年北京金融业增加值增长 6.7%；信息传输、软件和信息技术服务业增加值增长 13.5%[①]；住宿和餐饮业收入占服务业的比重从 2017 年的 0.75% 提高到 2022 年的 14.12%[②]。2017~2022 年，房地产业，交通运输、仓储和邮政业，水利、环境和公共设施管理业单位数分别减少 216 家、139 家和 61 家，但其收入分别增加 1436.9 亿元、2887.9 亿元和 122.2 亿元，说明这些行业的经济效率不断提升。2022 年，批发和零售业收入占第三产业收入的比重最高，达到 43.82%（见图 7）。相较于 2017 年，批发和零售业收入占比下降 1.74 个百分点，同时平均用工人数减少最多，2022 年比 2017 年减少 5.5 万人[③]。这说明批发和零售业在北京经济中的比重在下降的同时，其劳动生产率不断提升。这显示出非首都功能疏解在带动相关产业功能退出的同时，北京经济不断转型升级、提质增效。

（六）产业对津冀的辐射带动作用明显增强

京津冀产业与创新协同在新兴领域加速推进，产业链、供应链对接协作成效显现。2022 年，北京进一步完善了京津冀三地产业协同发展工作交流合作机制，三地经信部门签署了《共建先进制造业集群，共推产业协同发展战略合作协议》，在网联汽车、生物医药、工业互联网等领域加强合作，落实京津冀燃料电池汽车示范城市群实施方案，发布《燃料电池电动汽车运行安全监管规范》，燃料电池汽车上牌 1239 辆。制定《北京市关于支持氢能产业发展的若干政策措施》，推动大兴国际氢能示范区北区建成投运、南区一期完工亮相，152 家氢能企业集聚发展。加快中国电力氢能产业先进制氢项目、城市副中心燃料电池分布式能源示范项目等重点项目建设，引进和培育东方电气、国鸿氢能、三一氢能公司等重点企业在京落地。2023 年11 月，"京津冀产业链供应链大会"发布"五群六链五廊"产业协同发展

---

① 《2023 年北京经济持续回升向好　发展质量稳步提升》，北京市人民政府网站，2024 年 1 月 19 日，https：//www.beijing.gov.cn/gongkai/shuju/sjjd/202401/t20240119_3540986.html。
② 数据来源于《北京统计年鉴 2018》《北京统计年鉴 2023》。
③ 数据来源于《北京统计年鉴 2018》《北京统计年鉴 2023》。

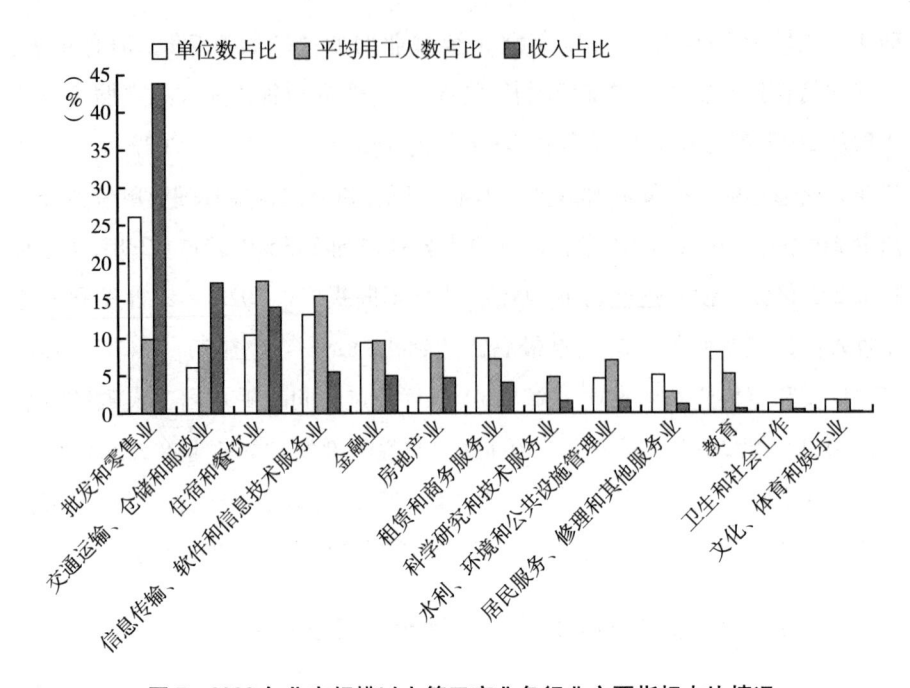

图7 2022年北京规模以上第三产业各行业主要指标占比情况

资料来源：《北京统计年鉴2023》。

新图景，三地联合绘制氢能、生物医药、网络安全和工业互联网、高端工业母机、新能源和智能网联汽车、机器人6条产业链图谱①，京津冀三地分别牵头两条产业链；出台了生物医药"1+3"、电子信息"1+5+5"、新能源汽车、机器人等产业高质量发展配套政策文件。

京津冀三地工业经济稳中有进，北京推动津冀传统产业转型升级。2023年，京津冀地区工业增加值达到2.43万亿元，是2013年的1.43倍②。2013年京津冀三次产业结构为6.2∶35.7∶58.1，2023年变化为4.6∶27.7∶67.7。其中，北京第三产业增加值占比超过80%，天津第三产业增加值占比超过60%，河北提升

---

① 《国务院新闻办发布会介绍京津冀协同发展十年来有关情况》，中央人民政府网站，2024年2月27日，https://www.gov.cn/zhengce/202402/content_6935069.htm。
② 《深化京津冀产业协同 加速新质生产力发展 向世界级城市群迈进》，北京市人民政府网站，2024年2月27日，https://www.beijing.gov.cn/ywdt/gzdt/202402/t20240227_3571538.html。

最快，且第三产业增加值占比突破50%。新兴经济快速发展，2023年北京数字经济增加值为18766.7亿元，占GDP的比重为42.9%，较2015年提高7.7个百分点，比2015年的8719.4亿元增加超过1万亿元。2023年，天津战略性新兴产业、高技术制造业增加值占规模以上工业增加值的比重分别为24.5%、13.7%；河北规模以上高新技术产业增加值占规模以上工业增加值的比重为21.4%（孙久文、邢晓旭，2024）。

跨区域产业链协同逐步增强，津冀重点平台发挥承接作用。随着京津冀产业协同一系列政策的出台和落地，北京牢牢牵住非首都功能疏解的"牛鼻子"，津冀积极融入区域产业协同发展格局；天津加快构建以智能科技为引领的"1+3+4"现代工业产业体系，提升12条重点产业链发展能级，加快推动产业链与创新链融合。截至2023年，天津共有国家产业技术基础公共服务平台11家，国家级企业技术中心累计达到77家[1]。2023年，天津税收超12亿元，累计为北京1000余家科技企业提供科技创新和应用场景支持[2]。河北积极承接京津产业转移，集中打造"1+5+4+33"重点承接平台体系，已初步形成以高新区、经开区等4个省级重点承接平台为核心的承接平台体系。

京津冀技术交易规模显著扩大，技术交易和科技转化流向京津冀的比重快速提升。2023年，北京流向津冀的技术合同成交额占流向外省份的比重为15.10%，较2014年的4.80%上升10.30个百分点，为京津冀形成更完整的产业链、创新链持续提供创新动力（见图8）。例如，高校科技成果落地天津的"超导电气装备及非金属杜瓦技术"项目，将极大地提高传输效率和稳定性的超导电气装备与新型绝缘技术"非金属杜瓦技术"相结合，能够有效提高超导电气装备的安全性和可靠性，推动电气装备的发展和应用。

---

[1] 《笃行实干 十年答卷 新质生产力 澎湃新动能》，天津市工业和信息化局网站，2024年2月26日，https：//gyxxh.tj.gov.cn/glllm/gabsycs/gxdtgh/202402/t20240226_6544899.html。
[2] 《一个滨海小镇的创新路径——天津滨海—中关村科技园全速推进创新协同、产业协作》，《天津日报》2024年2月26日。

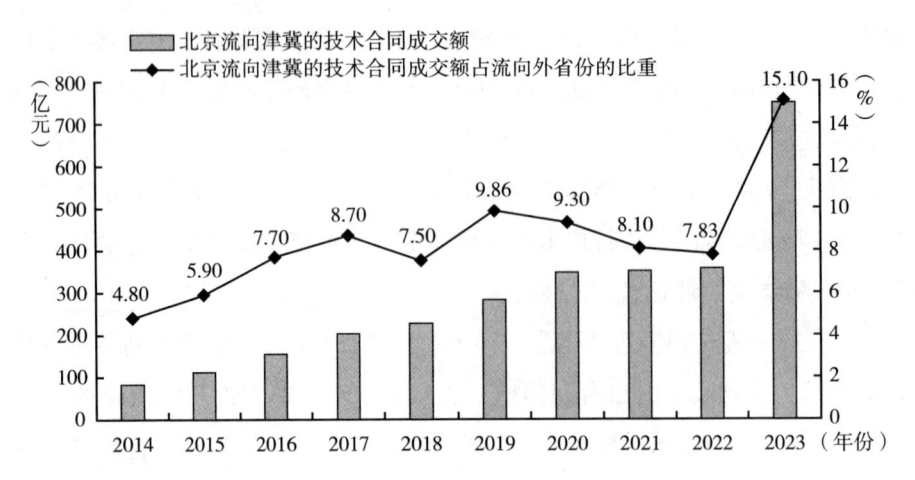

图8 2014~2023年北京流向津冀的技术合同成交额及其占流向外省份的比重

资料来源：历年《北京技术市场统计年报》。

京津冀立足基础，着力打造世界级产业集群。北京培育优质企业群体，在五大先进制造业产业集群中优势明显。2022年，北京五大产业集群在营企业累计注册资本额均超过500亿元，特别是网络安全、生物医药和电力装备三个产业集群在营企业累计注册资本额均超过3000亿元，分别为3072.48亿元、3455.80亿元、15756.81亿元。2013~2022年，北京五大产业集群在营企业累计注册资本额占京津冀的比重呈现不同程度的下降趋势，尤其是集成电路产业，北京在营企业累计注册资本额占京津冀的比重由73.07%下降至49.76%（见表4）。这是因为天津在智能科技产业的引领带动作用越来越突出，河北持续推动产业基础高级化和产业链现代化，省级制造业创新中心建设取得新进展，先进制造业集群加快建设，津冀在产业集群发展中的优势渐显。北京五大产业集群的创新能力不断增强，2013~2022年发明专利授权量逐年增加。2022年，北京集成电路、网络安全、生物医药、电力装备、安全应急装备五大先进制造业产业集群发明专利授权量分别为4351件、48186件、3304件、63884件和371件，其中电力装备产业集群发明专利授权量较2013年增加最多，达62541件，电力装备产业集群发明专利授权量占京津冀的比重由2013年的30.43%上升至2022

年的 86.82%；其次是网络安全产业集群，发明专利授权量较 2013 年增加 43223 件，网络安全产业集群发明专利授权量占京津冀的比重最高，2022 年达到 93.20%①。

表 4　2013 年、2022 年京津冀三地五大产业集群在营企业累计注册资本额及其占京津冀的比重

年份	地区	集成电路产业集群 规模（亿元）	比重（%）	网络安全产业集群 规模（亿元）	比重（%）	生物医药产业集群 规模（亿元）	比重（%）	电力装备产业集群 规模（亿元）	比重（%）	安全应急装备产业集群 规模（亿元）	比重（%）
2013	北京	474.42	73.07	1238.64	68.91	2103.12	66.52	12604.71	85.70	251.83	23.13
	天津	166.78	25.69	232.19	12.92	380.73	12.04	605.75	4.12	495.52	45.52
	河北	8.09	1.25	326.70	18.17	677.90	21.44	1497.61	10.18	341.32	31.35
2022	北京	551.59	49.76	3072.48	59.23	3455.80	46.69	15756.81	74.99	536.85	19.51
	天津	525.80	47.43	492.23	9.49	785.65	10.62	1228.94	5.85	735.64	26.74
	河北	31.08	2.80	1622.69	31.28	3159.82	42.69	4025.90	19.16	1478.97	53.75

资料来源：龙信企业大数据平台。

北京打造重点产业廊道，京津冀三地推动建设的五大产业廊道，形成产业协同新格局。北京充分立足首都城市战略定位，聚焦高端产品和前沿技术，2022 年新一代信息技术、绿色算力和绿色能源、机器人、空天信息、新能源装备五大产业廊道在营企业累计注册资本额分别为 24403.70 亿元、2900.46 亿元、432.04 亿元、2061.36 亿元和 2331.77 亿元，其中新能源装备产业廊道在营企业累计注册资本额增长最快，2022 年新能源装备产业廊道在营企业累计注册资本额是 2013 年的 2.70 倍。在五大产业廊道中，2022 年北京空天信息产业廊道在营企业累计注册资本额占京津冀的比重最大，达到 86.83%；其次是新一代信息技术产业廊道、绿色算力和绿色能源产业廊道，占比分别为 75.14% 和 58.96%②。北京五大产业廊道充分发挥其创新优势，新一代信息技术产业廊道发明专利授权量最多，2022 年为 80802 件；

① 数据来源于龙信企业大数据平台。
② 数据来源于龙信企业大数据平台。

其次是新能源装备产业廊道和空天信息产业廊道,2022年分别为22622件和3762件。2022年北京五大产业廊道发明专利授权量占京津冀的比重均超过50%,其中新一代信息技术产业廊道发明专利授权量占京津冀的比重达到93.44%(见表5)。

表5 2013年、2022年京津冀三地五大产业廊道发明专利授权量及其占京津冀的比重

年份	地区	新一代信息技术产业廊道 数量(件)	新一代信息技术产业廊道 比重(%)	绿色算力和绿色能源产业廊道 数量(件)	绿色算力和绿色能源产业廊道 比重(%)	机器人产业廊道 数量(件)	机器人产业廊道 比重(%)	空天信息产业廊道 数量(件)	空天信息产业廊道 比重(%)	新能源装备产业廊道 数量(件)	新能源装备产业廊道 比重(%)
2013	北京	9060	94.25	42	95.45	53	77.94	170	91.40	613	58.10
2013	天津	375	3.90	0	0	12	17.65	5	2.69	198	18.77
2013	河北	178	1.85	2	4.55	3	4.41	11	5.91	244	23.13
2022	北京	80802	93.44	640	65.31	140	58.33	3762	93.16	22622	88.87
2022	天津	3649	4.22	35	3.57	67	27.92	122	3.02	1158	4.55
2022	河北	2025	2.34	305	31.12	33	13.75	154	3.81	1675	6.58

资料来源:龙信企业大数据平台。

四 北京产业高质量发展存在的问题

(一)制造业占比低、规模小,对促进产业高质量发展作用有限

北京制造业规模及其占比在全国主要城市中偏低。2022年,北京工业增加值为5036.4亿元,是上海的46.66%、深圳的44.35%,在全国各城市中的排名已跌出前十。北京工业增加值占GDP的比重总体呈下降趋势,2022年比2010年下降5.3个百分点,仅为12.1%,明显低于上海的24.2%和深圳的35.1%(见图9)。并且,北京制造业增加值占全国的比重始终不高,整体呈下降趋势。2010~2022年,北京制造业增加值占全国的比重一直

低于2%，由1.92%下降到1.43%[①]。制造业是衡量一个国家或地区经济发展的关键产业之一，健康、强劲的制造业不仅能够给城市带来持续稳定的经济增长，而且能够为城市提供高质量、高回报的就业机会。同时，坚实的制造业基础对开发和采纳新技术至关重要，能够促进制造业的升级换代，带动相关产业的发展，推动整个产业结构的优化和升级，有利于提升大都市的创新地位。若北京制造业不强，则会削弱生产性服务业的发展基础和市场需求，制约对科技创新的反哺，影响北京产业的高质量发展。

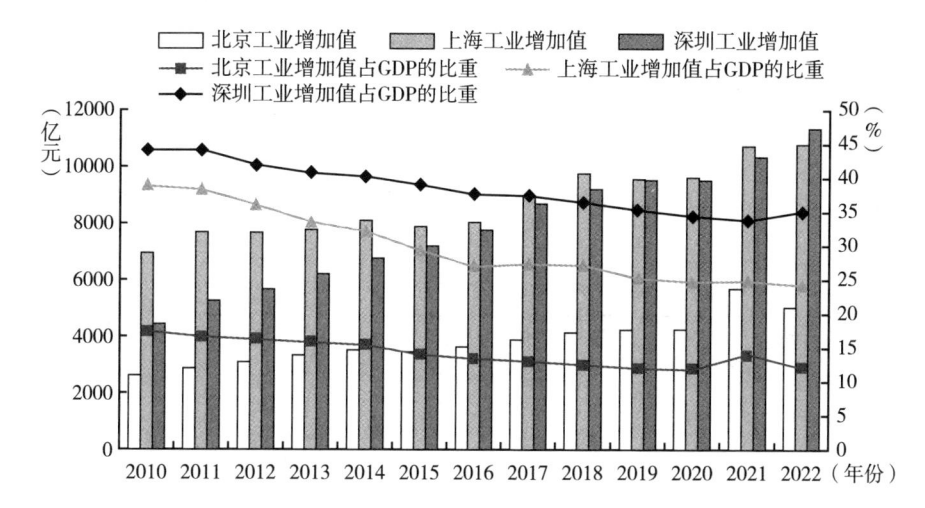

图9 2010~2022年北京、上海、深圳工业增加值及其占GDP的比重

资料来源：根据历年北京、上海、深圳的《国民经济和社会发展统计公报》计算。

（二）创新成果的产业化和市场化环节薄弱，科技转化能力仍有待增强

科技与产业的融合链条未打通，大量的创新资源和研究成果没有转化成市场产品。创新应该是一个完整的链条，技术必须形成商业化应用或进入规模生产环节，才能算创新过程的完成。目前，北京的优质创新资源优势尚未

---

① 数据来源于北京市统计局。

得到充分发挥,科技创新与产业发展之间的衔接不足,导致科技成果未能有效转化为实际生产力。例如,北京近年来建设了许多实验室、新型研究机构、大科学装置等,但其科技成果没有有效转化为市场应用和企业产品。北京的大量创新成果是论文和专利,即主要集中在知识创新环节,发明专利授权量由2010年的11209件增加到2022年的88127件,占全国的比重由2010年的8.30%上升到2022年的11.04%,但2022年制造业总产值仅占全国的4.78%,与2010年相比下降了3.50个百分点(见表6)。2022年,北京高技术产业新产品销售收入占营业收入的比重为38.29%,低于天津(40.03%)、江苏(43.89%)、浙江(57.85%)和广东(41.12%)等省份;北京高技术产业新产品销售收入与新产品开发经费支出之比为6.71,仅相当于江苏的1/2,在全国排名较为靠后[1]。北京的大量创新集中于知识创造,而面向市场的产业化环节十分薄弱。

表6　北京发明专利授权量与制造业总产值及其占全国的比重

指标	2010年	2012年	2014年	2016年	2018年	2020年	2022年
发明专利授权量(件)	11209	20140	23237	40602	46978	63266	88127
发明专利授权量占全国的比重(%)	8.30	9.28	9.96	10.04	10.87	11.93	11.04
制造业总产值(亿元)	10793.4	11103.1	13103.8	13291.9	13769.2	14394.4	15597
制造业总产值占全国的比重(%)	8.28	6.54	6.7	6.34	5.38	5.4	4.78

资料来源:根据历年《北京统计年鉴》《中国统计年鉴》及Wind数据库数据计算。

企业作为创新成果产业化的主体,在实现创新成果产品化、产业化方面的能力仍有待提升。北京企业的创新主要集中于创新链中端的中试环节,2022年北京企业试验发展支出为1147.23亿元,占企业R&D经费内部支出的比重为92.52%,而企业应用研究支出仅占6.48%(见表7),基础研究支出仅占1.01%,创新链两头的基础研究和面向市场的产业化环节十分薄弱。

---

[1] 数据来源于《中国高技术产业统计年鉴》。

此外,创新落地成本高,制约了北京创新产业化。北京减量发展带来的工业用地、居住用地等供应不足,导致地价、房价、房租成本过高,大大增加了企业的经营成本。2022年,北京的法人单位从业人员平均月薪达到14873元,排名第一,高于上海和深圳[①]。从企业的角度来看,体现了北京较高的人力成本,在一定程度上会压缩企业利润,限制企业成长。再加上北京高昂的办公房租成本,导致创新创业在北京越来越难,长远来看十分不利于北京创新创业活力的提升。

表7 北京企业应用研究支出及其占企业R&D经费内部支出的比重

指标	2010年	2012年	2014年	2016年	2018年	2020年	2022年
企业应用研究支出(亿元)	19.03	20.83	19.31	37.24	28.27	52.54	80.29
占企业R&D经费内部支出的比重(%)	6.37	4.94	4.17	6.65	3.62	5.21	6.48

资料来源:历年《北京统计年鉴》。

北京的创新成果大部分辐射外省份,在本地的应用和转化仍有待加强。受北京的产业政策、企业成本、产业链配套等问题影响,大量的创新成果并没有留在北京本地转化。2023年,北京共认定登记技术合同106552项,成交总额为8536.9亿元;北京流向外省份技术合同成交额为4958.3亿元,占技术合同成交总额的比重为58.08%(见图10)。北京作为国家科技创新中心,在创新领域取得的成果虽然不少,但在技术输出方面更倾向于将科技成果在服务完善、产业链成熟的长三角、珠三角城市群落地转化。

(三)产业集群效应较弱,缺乏世界级集群和龙头企业

北京"园区"多但"集群"少,产业集群效应弱,产业生态不完全。目前北京虽然拥有中关村、经开区等多个国内领先的科技园区,但这些园区内的企业更多的是基于政策、成本、市场等因素进驻园区,可能来自完全不相

---

① 数据由《北京统计年鉴》中法人单位从业人员年收入计算得出。

图 10　2013~2023 年北京技术合同成交总额及输出情况

资料来源：历年《北京技术市场统计年报》。

关的行业，没有形成基于产业链上下游的互动关系，也未形成完整的创新产业生态，集群效应不强。以北京重点发展的新能源汽车产业为例，由于产业链配套能力相对薄弱，北京的汽车尤其是新能源汽车产量占全国的比重大幅下降。2022 年，北京汽车产量为 97.1 万辆，其中新能源汽车产量为 3.00 万辆，占全国的比重为 0.43%；而上海、深圳新能源汽车产量分别为 98.86 万辆、84.88 万辆，占全国的比重为 14.01%、12.03%（见表 8）。

表 8　2022 年我国部分城市新能源汽车产量及其占全国的比重

城市	新能源汽车产量（万辆）	占全国的比重（%）
深圳	84.88	12.03
上海	98.86	14.01
北京	3.00	0.43
广州	31.37	4.44
西安	101.52	14.38
重庆	36.52	5.17
全国	705.8	100

资料来源：全国及各城市《2022 年国民经济和社会发展统计公报》。

缺乏引领世界的科技龙头企业和企业家，北京产业集群化建设水平仍有待提升。2022年11月，工业和信息化部公布了45个国家先进制造业集群名单，京津冀仅占2个。在中国民营经济研究会与北京上奇产业研究院联合发布的"2023中国百强产业集群"报告中，京津冀仅占4个，其中北京占2个。此外，虽然近年来中关村中小企业创新活力逐年提升，既有高成长性的科技型中小型公司，也有京东、联想、百度、小米等大型公司，但仍然缺乏大企业和龙头企业的带动。以硅谷为例，硅谷集聚了惠普、苹果、英特尔、思科、谷歌、脸书、推特、特斯拉等世界级企业，这些企业在各自的专业领域均引领了技术创新及应用。相比较而言，中关村自主创新示范区的企业在核心技术层面做出的贡献较小，开创性成果主要集中在产品和商业模式方面，对产业的技术引领能力较弱，缺乏引领世界的科技龙头企业。

（四）产业空间分布不合理，平原新城产业实力不强，缺乏产业腹地

平原新城产业实力不强，在全市经济中的占比仍较低。《北京城市总体规划（2016年—2035年）》明确提出要构建"一核一主一副、两轴多点一区"的城市空间结构[①]，其中"多点"即顺义、昌平、房山、大兴、亦庄5个平原新城。然而，在北京市内部，"过密"和"过疏"问题依然同时存在，中心城区集聚了大量产业，是北京经济发展的主要空间载体，平原新城地区与中心城区的经济仍有明显差距。2016~2022年，中心城区GDP占全市的比重始终保持在70%以上，2022年中心城区GDP占全市的比重达到72.86%，其经济增长动能主要来源于信息传输、软件和信息技术服务业以及金融业。随着一般制造业的逐步退出，平原新城地区正处于新旧动能转换期，但由于科技、金融等现代服务业的发展环境尚未成熟，现阶段面临旧动能退出但新动能尚未发挥功效的问题，现代服务业对平原新城地区经济增长

---

① 《北京2035｜优化城市空间布局　明确各区功能定位》，北京市规划和自然资源委员会网站，2017年10月24日，https://ghzrzyw.beijing.gov.cn/zhengwuxinxi/zcfg/zcjd/201912/t20191213_1166748.html。

的贡献仍不大。并且，法律、会计、知识产权服务机构和创业服务机构等知识密集型生产性服务业的缺乏也影响了制造业发展。平原新城地区的经济发展缺乏工业的有力支撑，除2021年医药制造业的迅速发展带来平原新城地区工业增加值的较大幅度增长，使平原新城地区GDP占全市的比重达到20.60%外，其余年份占比为18%~19%（见图11）。GDP名义增速在北京四个经济发展区域中长期处于末位。

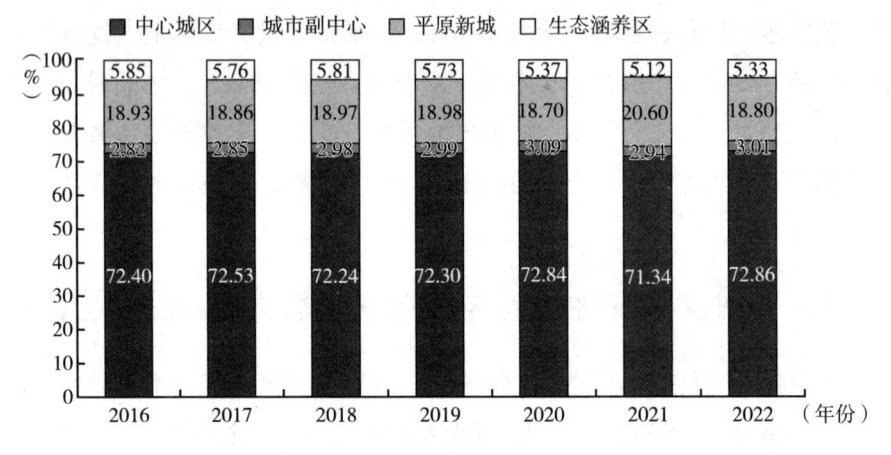

图11 2016~2022年各功能区GDP占全市的比重

资料来源：《北京统计年鉴2023》《北京区域统计年鉴2023》。

中关村产业空间分布零散，同质化发展程度较高。创新活动对创新空间的需求不是单一功能的空间单元，而是功能多元、融合开放的创新空间，其外溢要求空间连续性高。目前中关村呈现"一区十六园"布局，"一区十六园"内的创新资源丰富，包括高等院校、研究机构和科技企业等。然而各园区地块分散，导致部分产业空间条块分割。192个地块中规划面积在0.05平方公里以下的地块有30个，大量园区建筑面积不到10万平方米，园区承载能力受到较大制约。产业园分散不连片的空间格局弱化了各分园内部的整体协同力度，阻碍了创新资源的集聚与转化，难以形成规模效应。

首都圈范围内缺乏能够就地转化北京创新成果的产业走廊，产业腹地建设尚不完善。大城市在产业升级过程中通常只保留研发等部分高价值环节，而将生产等环节外迁，但这种转移都不会太远，通常在郊区或都市圈范围内布局，以便强化创新与生产环节的联系。例如，上海的高新技术企业更青睐于苏州、南京等周边重点城市。就近搬迁一般被视为企业的首选项，在尽可能保证员工跟随的情况下，还能够与大城市保持紧密的联系，维系原有的资源。近年来，在离开北京的673家高新技术企业中，仅有5%的企业依然留在京津冀地区，绝大部分企业选择迁往长三角与珠三角地区。北京与天津、保定等城市虽然交通便捷，但京津冀创新网络中的节点城市仍处于散点发展阶段，尚未形成"廊道+节点"的空间特征，导致北京产业技术在向周边地区辐射扩散过程中缺乏有效的空间载体。与此相比，G60科创走廊以上海松江区为策源地，以上海张江科学城为核心承载区，沿G60高速公路布局科创企业及先进制造业，连接起长三角九大城市。美国硅谷依托101州际公路的便捷交通干线，串联起地区的会议会展、金融商贸、商业服务等功能组团和设施，在发展过程中形成了"产学研空间"高度功能融合的空间形态，而北京的创新产业活动则缺乏完整、开放的科技服务体系。

（五）北京产业发展对京津冀的带动作用仍然不强

基于产业链和创新链的区域协同未有效建立，大量的科创成果并未在津冀转化，对津冀的辐射带动作用不明显。天津、河北在高技术制造业方面的企业少，配套产业基础薄弱，导致北京的科技创新成果未能在津冀地区有效转化，大部分流向了南方地区。2023年，北京流向津冀的技术合同成交额为748.7亿元，占流向外省份技术合同成交额的15.1%。虽然该比重较2022年提升了7.3个百分点，但在津冀两地的转化率仍然偏低，北京对外技术交易大部分依然流向津冀以外的地区。北京对津冀的辐射带动作用不明显，在津冀的技术转化仍有很大空间。

2023年5月，《京津冀产业协同发展实施方案》提出了六条重点产业链①，但目前这些产业链尚未衍生出深层次的区域分工协作格局。京津冀三地在主导产业选择上呈现趋同的现象，尚未形成基于比较优势的高效产业协同分工格局。京津冀三地产业梯度存在较大差异，特别是津冀产业配套水平与北京转移企业的发展需求不匹配。一方面，与长三角、珠三角地区相比，京津冀地区的产业发展缺乏明显的规模集聚效应，企业间的衔接协作能力不足，尚未在高端制造等重点领域形成完整的产业链配套能力。另一方面，尽管区域内涌现了众多产业承接平台，但这些平台之间缺乏有效的合作机制，导致各平台之间信息交流不畅、资源共享有限，未能形成良好的产业生态系统，制约了产业链的整体发展。

五 进一步发挥北京对京津冀产业高质量协同发展带动作用的政策建议

（一）保持制造业适度规模，积极推动制造业朝高端化方向发展

北京要保持制造业的适度规模，主动避免产业空心化，提高"北京智造"的竞争力，进一步增强北京在京津冀产业高质量协同发展中的引领作用。北京制造业内部结构呈现一般制造业或高耗能行业逐步退出和"高精尖"制造业比重不断上升的演变特征。一方面，制造业需要增量发展。北京应保持第二产业占比的合适规模，特别是制造业的合适规模。优化产业禁限目录，产业禁限目录应基于产业链的完整性和技术水平进行评估，避免简单的"一刀切"。另一方面，制造业要朝高端化方向发展。北京应立足自身的研发与人才优势，紧紧围绕高端装备制造业，把握其研发及应用的高端环节，提升信息技术产业支撑能力，打造智能装备核心产品。在京津冀层面，

---

① 《〈京津冀产业协同发展实施方案〉印发 力争到2025年产业协同发展水平显著提升》，中央人民政府网站，2023年5月24日，https://www.gov.cn/lianbo/bumen/202305/content_6875854.htm。

应根据京津冀三地制造业基础和资源禀赋,科学规划产业布局,提高产业链协作关系的完整性。发挥北京"一核"的辐射带动作用,带动津冀地区制造业发展,构建创新联动的产业协同发展格局。

(二)完善科技成果转化机制,在京津冀打造"研发—中试—产业化"的产业链与创新链融合发展模式

北京应加强创新成果的产业化和市场化,提高科技转化能力。一是着力构建健全的技术转移机制,加强北京高校、科研院所与行业龙头企业之间的技术合作和技术转让,促进科技成果的产业化转化和推广应用,实现知识、技术、产品与产业深度融合。鼓励本地产业领军企业发展壮大,加大对重大产业科技项目的资金支持力度,提升自主研发能力,弥补技术短板。围绕产业链部署创新链,形成对产业链发展的有效支撑。二是以中关村国家自主创新示范区为核心区域,集聚一批技术转移服务机构,打造国家技术转移示范区。提升中关村国家自主创新示范区的辐射能力,充分利用知识产权优势促进科技创新,强化产业基金和产业资本在推动创新发展中的关键作用,积极搭建协同创新、产业孵化、技术转移交易和知识产权运营等平台,与京津冀各城市开展深入合作,建设多种类型的产业组织,构建"研发—中试—产业化"的完整创新链,实现三地间的合作与共赢。

(三)以打造产业集群为抓手,与津冀共建世界领先的产业集群

发展产业集群,在于通过打造完善的产业链条和健全的产业生态系统,将不同企业的生产经营有效地连接起来,在企业间构建起彼此联结的桥梁和纽带,实现良性互动与协同发展。形成稳定的产业链、供应链是产业集群发展的关键。北京应着力构建稳定而健全的产业链、供应链,加强企业之间的紧密连接。建立开放、包容的合作机制,促进各类生产要素之间的有效协同,推动科技、金融、人才、数据等各类生产要素与产业集群的深度融合。坚持信息技术、医药健康产业领先发展的高精尖产业集群定位,聚焦5G、人工智能、大数据、云计算、物联网、区块链等基础领域,培育一批具有核心技术

主导权的龙头企业。此外，北京作为全国科技创新中心，应鼓励和支持新兴产业发展，并引导传统产业朝高附加值、高科技方向转型升级。加强本地企业与京津冀地区其他企业之间的资源共享和信息共享，建立集群跨区域协同培育机制，加快形成全球化与本土化高度融合、充满活力的创新生态体系。

（四）提升平原新城产业功能，促进产业项目在京津冀地区的协同布局

北京应提升平原新城节点功能，进一步引导部分产业项目向津冀地区溢出转移，优化产业空间布局。一是提升平原新城的产业与人口集聚能级，加强承接中心城区的经济活动转移。进一步给予平原新城高端制造业发展在土地、人口等方面的政策支持，适当增加工业用地供给，扩大高端制造业的生产规模，打造具有承接和辐射功能的特色鲜明的产业组团，使之成为高端制造业集聚和创新转化的核心承载区，带动周边及京津冀区域产业协同发展。二是优化中关村一区十六园空间布局，打造更加合理的科技创新空间载体。根据中关村各分园的产业基础与发展诉求，明确各分园1~2个主导产业，形成高端引领、错位分工、专业协作的创新新格局。高效利用中关村国家自主创新示范区各类腾退空间，促进新业态培育，进一步释放园区创新空间资源。三是积极引导中关村企业参与雄安新区的建设，特别是那些与雄安新区发展方向相契合的科技创新型企业。通过政策引导和项目对接，吸引中关村企业投资兴业，促进雄安新区高新产业发展。四是结合区域节点城市的产业基础和发展需求，进一步引导汽车、钢铁、石油、医药等产业项目向津冀地区溢出转移，在更大空间范围内实现产业布局的优化，有效推动非首都功能疏解和承接聚集，提升北京对京津冀地区产业发展的辐射带动能力。

（五）强化京津冀产业链上下游协作融合，推动北京科技成果在津冀落地转化

一是强化与京津冀地区产业链协作，支持企业布局发展。北京应支持链主企业和供应商在区域内布局发展，加强上中下游间的衔接，实现大中小企

业融通发展。津冀应积极打造北京产业上下游链条，主动对标北京国际科技创新中心与城市发展需要，建立技术创新平台和开放实验室，在人工智能、大数据、新能源等领域推动关键共性技术突破和成果转化，提升对北京研发与产业的支撑能力。二是促进优势产业链的跨区域合作与发展。优化产业分工定位，建立跨区域的研究中心和技术创新平台，强化区域联动和政策协同，聚焦氢能等六大产业链，加强产业链、供应链协作。三是促进北京创新资源的溢出辐射，推动重大科技创新成果在津冀转化。加强北京与津冀企业、科研机构之间的技术合作网络建设，促进技术资源共享与合作交流，完善科技成果转化服务体系和科技创新投融资体系，推动科技成果在津冀转化应用。

参考文献

李国平、吕爽：《京津冀协同发展战略实施成效及其重点方向研究》，《城市问题》2024年第2期。

李佳洺：《功能疏解背景下北京产业结构调整的思考》，《智库理论与实践》2019年第6期。

孙久文、邢晓旭：《京津冀产业协同发展的成效、挑战和展望》，《天津社会科学》2024年第1期。

杨开忠、牛毅：《基于构建新发展格局的首都发展战略》，《北京社会科学》2024年第1期。

赵剑波：《构建"科创+制造"双元动力——国际城市经济发展经验对北京的启示》，《经济与管理研究》2022年第4期。

B.12
天津市在京津冀产业高质量协同发展中的地位与作用研究[*]

王得新 孙媛[**]

摘　要： 近年来，天津市积极融入服务京津冀产业协同发展，完善协同对接机制，提升既有平台质效，促进产业链群不断集聚，持续优化营商环境，在推动京津冀产业协同发展中发挥着重要作用，同时促进了天津市经济高质量发展。但总体上看，天津市正在经历经济转型，龙头企业带动集聚作用、创新势能转化等方面还存在明显的不足，与京冀产业的协同性还有待提升。需要通过加快推动"三新"工作塑造发展新优势、提升民营经济实力聚链成群发展、发挥创新引领作用强化两链深度融合等，更好地激发产业协同发展潜力，赋能京津冀产业高质量协同发展。

关键词： 高质量协同发展　产业链　京津冀　天津市

在京津冀协同发展战略中，产业协同发展是三大率先突破的关键领域之一，是协同发展的实体内容和关键支撑，对疏解北京非首都功能、推动京津冀区域空间结构优化和经济结构调整，以及实现高质量发展具有重要意义。截至目前，京津冀协同发展战略已经实施了10年，以区域性专业市场、物

---

[*] 本报告为天津市哲学社会科学规划项目"京津冀城市群创新空间结构与经济发展质量研究"（TJYJ23-006）的阶段性成果。

[**] 王得新，经济学博士，中共天津市委党校、天津行政学院经济学教研部教授，研究方向为区域经济、产业经济；孙媛，经济学博士，中共天津市委党校、天津行政学院经济学教研部讲师，研究方向为区域经济、循环经济。

流中心、一般制造业企业为主体的非首都核心功能疏解渐近尾声，京津冀地区的产业协作开始了全面升级，正在迈入更加侧重协同质量的崭新阶段。鉴于此，本报告将从天津市推动京津冀产业协同发展的现状出发，梳理天津市在其中发挥的作用，分析现阶段天津市推动产业协同发展面临的挑战，并据此提出天津市促进京津冀产业高质量协同发展的对策建议。

一 天津市推动京津冀产业高质量协同发展的主要举措及显著成效

（一）主要举措

京津冀协同发展战略实施10年来，天津市积极推动京津冀产业协同由转移承接转向链群合作，推动京津冀产业高质量协同发展开创新局面。主要举措如下。

1. 构建协同对接交流平台

京津冀协同发展战略实施10年来，天津市充分利用市政府驻京办一线资源优势，不断强化前端统筹调度。2023年2月，天津市集中成立了五个中心，分别是京津冀协同发展交流服务中心、北京天津企业商会活动交流中心、津商联合会（北京）活动交流中心、天津大学北京校友会活动交流中心和南开北京校友会活动交流中心，并且与有关职能部门和各区建立了工作对接机制。五大中心的成立打造了一个优质的对接交流平台，以促进部市、院市、校市、企市等各方合作的深化和协同力量的增强，有助于更好地推动主动对接、深度融合和精准服务的升级，同时加大与北京对接合作的力度，为疏解北京非首都功能提供更优的服务，以确保更多的企业、项目和创新资源能够在天津市得到延伸和发展。

天津全市上下积极落实顶格推动和专人专盯的工作机制，"一把手工程"由专人负责、责任到人，全力推进承接北京非首都功能的疏解工作。建立和完善市、区两级统筹机制，联动优化、强化特色平台，不断提升承接

平台的专业化能力。通过拓展更多的交流渠道，完善与北京市的合作交流机制，加强京津两地部门之间、各区之间以及产业园区之间的常态化对接，加强与北京市的深度融合。

2024年1月30日，按照市委、市政府决策部署和全市机构改革有关安排，天津市推进京津冀协同发展领导小组办公室正式揭牌。由天津市发展改革委加挂天津市推进京津冀协同发展领导小组办公室牌子，这有利于充分发挥统筹、协调、调度作用，进一步强化推进京津冀协同发展，协同推进机制更加紧密高效。

2. 提升既有合作平台质效

天开高教科创园自2023年5月开园以来，不断提质增效，为京津冀协同创新以及成果的孵化转化提供了新的重要载体。天津市建立了项目优选、梯度培育、诊断分级、融通发展、赛马比拼、转出成长六项机制，打造了政务、科创、金融、商务、知识五类高品质服务，探索形成了具有天开特色的生态模式[①]。天开高教科创园还着重加强与京冀创新资源对接，协同打造6家全国重点实验室，优化战略科技力量在区域内布局。截至2023年底，天开高教科创园已注册企业1220家，园区企业累计获得订单、投资均超过1亿元。为积极推动天开高教科创园建设发展，2024年初天津市将滨海高新区华苑科技园纳入其中，将天开高教科创园的空间发展布局拓展为"一核两翼多点"，使得天开高教科创园的总体空间发展布局和功能定位得到有力补充，在研发、孵化、转化和产业化等方面的发展空间进一步拓展。

持续做好与京津冀国家技术创新中心的密切对接。京津冀国家技术创新中心是京津冀共建的重大创新平台，是三地推进协同创新和产业协作的重要抓手，拥有完备的协同创新体系和丰富的科研成果资源。天津市加强与京津冀国家技术创新中心的常态化对接，围绕加强科技成果转化体系建设、加速科技成果在津转化等方面推进务实合作。京津冀国家技术创新中心天津中心

---

① 《天津发挥优势培育创新沃土——新质生产力系列调研④》，《经济日报》2024年3月7日，第14版。

已经与北京中心共建了 8 个技术创新平台，支持了天津市 5 项科技成果的研发和转化，引进了北京市 5 项科技成果在津转化落地，"北京研发，天津转化"模式趋于成熟。

做好既有合作平台考核评估工作，提升承载质效，是继续主动服务承接北京非首都功能疏解的重要举措。天津市拥有的包括天开高教科创园、宝坻京津中关村科技城、武清京津产业新城等在内的 16 家平台入选《京津冀产业合作重点平台目录》。天津市以此为抓手，建立市、区两级评估工作协调机制，建立健全"红黄牌"预警退出机制，持续完善动态管理体制和支持激励机制，加快推动既有产业合作平台能级持续提升。引导招商资源、产业项目、创新要素向平台快速集聚，形成互学互鉴、良性竞争的发展态势，深入推动区域产业协作。

3. 促进产业成链成群发展

强化规划设计引领。天津市以全国先进制造研发基地的功能定位为基础，积极参与并影响国家层面对京津冀产业协同发展规划方案的形成，将重点发展生物医药、汽车、航空航天等关键领域纳入国家规划体系。为了加强与京冀的合作，天津市与两个地区的工信部门签订了两轮战略合作协议，成立了专注于产业协同的专题工作组，建立了多层次的对接合作机制，包括工信部门的主要负责领导、分管领导和相关处室（即"3+3+3"对接合作机制）。这意味着京津冀三地在上述三个层面共同推动产业协同发展的协作更加紧密。

围绕产业链图谱促进产业深度融合。京津冀三地形成了工信部门"主要领导季会商、主管领导月调度、牵头处室周沟通"的对接合作机制，在此基础上，天津市补充"产业处室抓推动、市区联动强统筹"的两层强落实工作机制，形成 5 个层面的工作机制，牵头网络安全和工业互联网、高端工业母机两条产业链。其中，在网络安全产业链中，京津冀地区共有 282 家企业被纳入，这些企业主要分布在上游生态侧、中游核心侧和下游应用侧。而在工业互联网产业链中，京津冀地区共有 153 家企业被纳入，其中天津市企业占据了 140 家，主要分布在上游供给侧和下游应用侧。此

外，天津市还牵头进行了高端工业母机产业链的全面梳理，京津冀地区共有142家企业被纳入，其中包括天津市的55家企业，覆盖了整机制造环节和11类配套零部件。京津冀地区有72家企业具备工业母机整机生产能力，其产品包括切削机床、成型机床、3D打印设备等多种类型。目前，天津市正积极推动天津精雕数控机床制造有限公司、天津行飞精密机械有限公司等龙头企业引育区域内优质企业参与配套环节，推动产业成链成群发展。

积极推动金融服务产业协作。天津市发展改革委（市协同办）、市委金融办等部门与天津银行共同谋划开发了"京津冀产业交流综合金融服务平台"。该平台以"服务产业链、服务投融资、服务京津冀"为定位，有效链接政府端、市场端、产业端、金融端，整合政府支持政策、企业融资需求、金融机构产品等内容，促进"科技—产业—金融"良性循环，加速形成三地联动、科技带动、产业驱动、金融推动的发展格局，为京津冀三地产业对接交流活动提供了有力支撑。

（二）显著成效

近年来，天津市积极融入服务京津冀产业协同发展，在产业结构优化、新动能培育、产业协同载体建设、产业聚链成群等诸多方面取得了显著成效，推动区域高质量发展开创新局面。

1.产业结构持续优化

2023年，天津市GDP为16737.30亿元，按不变价格计算，比2022年增长4.3%，增速比上年提高3.3个百分点；按现价计算，是2013年的1.7倍。2023年，天津市人均GDP达到122752元，比上年增长4.6%，是2013年的1.72倍[①]。制造业高质量发展行动见行见效，2023年天津市制造业增加值占GDP的比重为22.3%，装备制造业增加值占规模以上工业增加值的比重为32.6%，比上年提高1.8个百分点。在规模以上工业中，天津市十

---

① 根据2013年和2023年《天津市国民经济和社会发展统计公报》计算。

大现代化产业体系工业增加值所占比重达到90.2%,这一比重的持续提升进一步巩固了十大现代化产业体系的基础性地位。同时,服务业也发挥了重要的支撑作用,其增加值增速比全市GDP增速高出0.6个百分点,服务业占比已达到62.7%。金融业,信息传输、软件和信息技术服务业,租赁和商务服务业等现代服务业增势良好,其增加值分别增长6.0%、5.5%、8.5%[1]。生产性服务业扩容提质,互联网和相关服务业、专业技术服务业营业收入分别增长16.7%和12.0%[2]。

2. 新动能更加活跃

新动能加速涌现。2023年,天津市战略性新兴产业增加值占规模以上工业增加值的比重达到24.5%,比2017年[3]提高3.68个百分点;服务业表现突出,尤其是高技术服务业、战略性新兴服务业和科技服务业的营业收入较上年分别实现了9.8%、14.3%和13.6%的增长[4],增长速度超过了规模以上服务业的平均水平。新动能的增长幅度显著,远超GDP的增速。在新产品的生产和销售方面也呈现快速增长的态势,其中新能源汽车、城市轨道车辆和服务机器人的产量分别增长了190.0%、81.3%和11.8%。在零售市场,新能源汽车和智能手机的零售额分别实现了41.3%和31.5%的增长[5]。创新投资持续增加,工业技术改造投资增长11.9%;高技术产业投资增长5.9%,其中高技术服务业投资增长19.3%[6],为产业未来发展和转型升级积蓄了动力。

重点产业链支撑作用显著。天津市着力打造的智能科技、生物医药、新能源、新材料等"1+3+4"现代化产业体系加快发展,大力培育的12条重

---

[1] 《经济运行整体向好 善作善成向新而行——〈2023年天津市国民经济和社会发展统计公报〉解读》,天津市统计局网站,2024年3月18日,https://stats.tj.gov.cn/sy_51953/jjxx/202403/t20240318_6563719.html。

[2] 《经济运行整体向好 善作善成向新而行——〈2023年天津市国民经济和社会发展统计公报〉解读》,天津市统计局网站,2024年3月18日,https://stats.tj.gov.cn/sy_51953/jjxx/202403/t20240318_6563719.html。

[3] 天津自2017年开始对战略性新兴产业进行统计。

[4] 数据来源于《2023年天津市国民经济和社会发展统计公报》。

[5] 数据来源于《2023年天津市国民经济和社会发展统计公报》。

[6] 数据来源于《2023年天津市国民经济和社会发展统计公报》。

点产业链带动作用持续显现。2023年全市12条重点产业链增加值合计占规模以上工业增加值的比重为79.8%，比2022年提高1.9个百分点，其中集成电路、车联网、航空航天、中医药、高端装备产业链增加值均实现两位数增长，分别增长32.7%、19.2%、17.8%、14.6%和13.5%[①]。

3. 产业协同载体建设成效显著

重点平台发挥重要承接作用。天津市正在加速建设天津滨海-中关村科技园和宝坻京津中关村科技城等关键承接平台。截至2023年底，天津滨海-中关村科技园累计注册近5000家企业，并为1009家从北京来到天津的企业提供了科技创新服务。宝坻京津中关村科技城累计注册企业超1500家。武清京津产业新城、京津冀同城商务区建设方案获批实施。通武廊"小京津冀"改革试验向纵深推进，北京通州、天津宝坻、河北唐山联合发布区域创新平台共享共用目录，天津京津电子商务产业园与北京大兴国际机场临空经济区协同共建"京津产业协同中心"，推动两地产业链、创新链加速融合。2023年，市场化机制引进疏解功能资源在津新设机构1793家，中海油新能源等40家央企二、三级公司在津布局[②]。吸引京冀投资额2305.6亿元，占全部引进内资的57.4%，较2017年提高12.0个百分点[③]，2017年以来累计突破1万亿元（11899.6亿元），占全部引进内资的一半[④]。

4. 推动产业链"织网工程"初见成效

聚链成群发展态势初现。以新能源和智能网联汽车产业链为例，在北京市整车企业的牵引作用下，天津市积极梳理配套零部件企业清单，推动纳入区域龙头整车供应链，并吸引经纬恒润、百度等一批智能网联汽车企业来津发展，有效地吸引了上下游关联度高、辐射带动性强的企业和产业项目在区

---

① 数据来源于《2023年天津市国民经济和社会发展统计公报》。
② 数据来源于《2023年天津市国民经济和社会发展统计公报》。
③ 天津自2017年开始对实际利用内资额口径进行调整。
④ 《协同发展十年路 京畿大地启新章——数说京津冀协同发展十年成效系列之综合篇》，北京市统计局、国家统计局北京调查总队网站，2024年2月18日，https：//tjj.beijing.gov.cn//zt/jjjjdzl/sdjd_4304/202402/t20240217_3561906.html。

域内实现合理的层次布局。在集成电路产业集群,从区位熵①的角度来看,天津市表现最好(4.7155)(见表1),与其他城市拉开的距离较大,这说明天津市在集成电路产业集群中具有明显的比较优势,吸引了一批企业前来投资、布局。为了加强电子化学品的协同保障供应,天津市与北京市共同推进南港电子化学品战略储备库和北方电子化学品基地的建设。在信创产业领域,天津市推动信创海河实验室与北京市的科研资源如清华大学、启元实验室等进行对接,启动了12个科研项目。截至2023年底,天津市向雄安城市计算中心交付了超过4000套银河麒麟服务器操作系统,为136项城市服务提供了系统支持。

表1 2022年京津冀各城市在五大产业集群中的区位熵

城市	集成电路产业集群	网络安全产业集群	生物医药产业集群	电力装备产业集群	安全应急装备产业集群
北京	0.7975	0.9493	0.7483	1.2019	0.3127
天津	4.7155	0.9433	1.0552	0.5814	2.6579
石家庄	0.1031	1.4655	2.3408	0.5031	0.6719
唐山	0.1573	1.3440	1.0540	0.6742	3.0337
秦皇岛	0.5815	1.9872	1.2834	0.4613	2.6591
邯郸	0.0662	1.3659	1.3235	0.6086	2.8050
邢台	0.0410	0.5242	1.7853	0.9277	0.7233
保定	0.1585	1.0902	1.6024	0.7610	1.3742
张家口	0.0312	0.5864	0.4412	1.4286	0.3999
承德	0.0189	0.5629	0.4483	1.4158	0.5282
沧州	0.0337	0.8973	1.1461	0.5918	4.3072
廊坊	0.0946	1.6417	1.3929	0.3793	3.8379
衡水	0.0693	0.6329	2.1326	0.3378	4.0771

资料来源:根据龙信企业大数据平台数据计算。

① 区位熵根据企业注册资本金计算。

二 天津市推动京津冀产业高质量协同发展面临的主要问题

在肯定天津市促进京津冀产业协同发展取得显著成效的同时，也应当看到推动京津冀产业高质量协同发展仍存在诸多亟待解决的难点和堵点。

（一）经济转型发展艰难推进

经济转型发展驱动乏力。在全国各城市 GDP 排名中，天津市自 2020 年至 2023 年连续 4 年未进入前 10 位，均列第 11 位。天津市 GDP 增速自 2015 年开始连续 9 年低于全国平均水平。天津市第二、第三产业增加值占全国的比重逐年降低，分别由 2013 年的 1.68% 和 1.94% 下降至 2023 年的 1.24% 和 1.52%，且均低于上海市、北京市等其他先进地区[①]（见图 1）。以上情况不仅表明天津市在国内经济和产业布局中的相对地位正在下滑，而且意味着其经济发展转型效率稍显落后，在全国范围内天津市产业发展的比较优势并不突出，对区域整体产业发展的辐射能力有限。因此，天津市需进一步强化"制造业立市"，加强数字经济和现代服务业与实体经济的深度融合。

新兴产业底盘仍然较小。从占比的角度来看，天津市高技术制造业增加值占规模以上工业增加值的比重总体呈现先上升后下降的态势，由 2017 年的 13.97% 上升至 2021 年的 15.50%，继而开始下降，2022 年和 2023 年分别下降至 14.20% 和 13.70%（见图 2）。可见，天津市高技术制造业发展势头减弱，缺乏持续动力。天津市战略性新兴产业增加值占规模以上工业增加值的比重在波动中小幅上升，由 2017 年的 20.82% 上升至 2023 年的 24.50%。但 2022 年天津市战略性新兴产业增加值增速为-1.24%[②]。可见，天津市战略性新兴产业的发展不甚稳定，发展基础有待筑牢。从投资角度来

---

① 天津市第二产业增加值占全国的比重自 2016 年开始低于北京。
② 数据来源于《2022 年天津市国民经济和社会发展统计公报》。

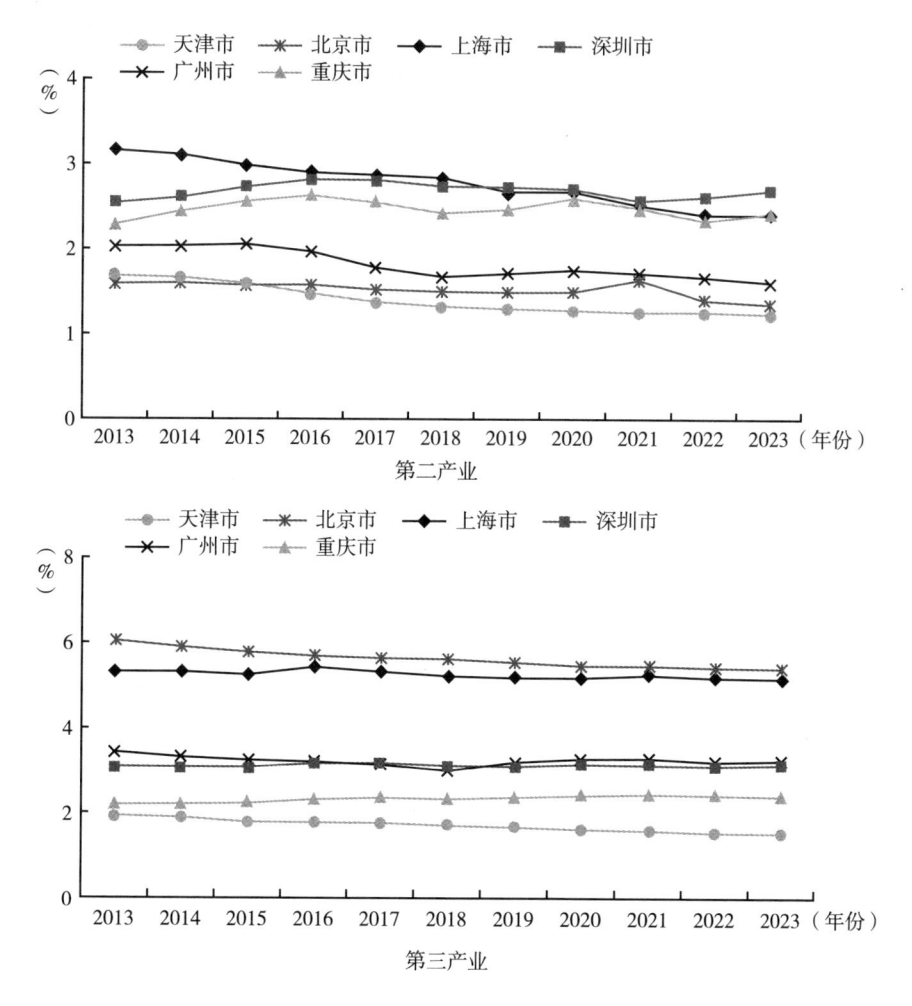

图 1　2013~2023 年天津市与其他地区第二、第三产业增加值占全国的比重

资料来源：根据相关地区历年统计年鉴和统计公报计算。

看，天津市对高技术制造业的固定资产投资后劲不足，其增速由 2021 年的 22.5%下降至 2022 年的 10.0%和 2023 年的 5.9%[①]，这在一定程度上说明天津市高技术制造业的发展推进力不够持续。总体上看，以高技术制造业、战略性新兴产业为代表的新动能仍然未能成为支撑天津市经济基本盘的主要力量。

---

① 数据来源于历年《天津市国民经济和社会发展统计公报》。

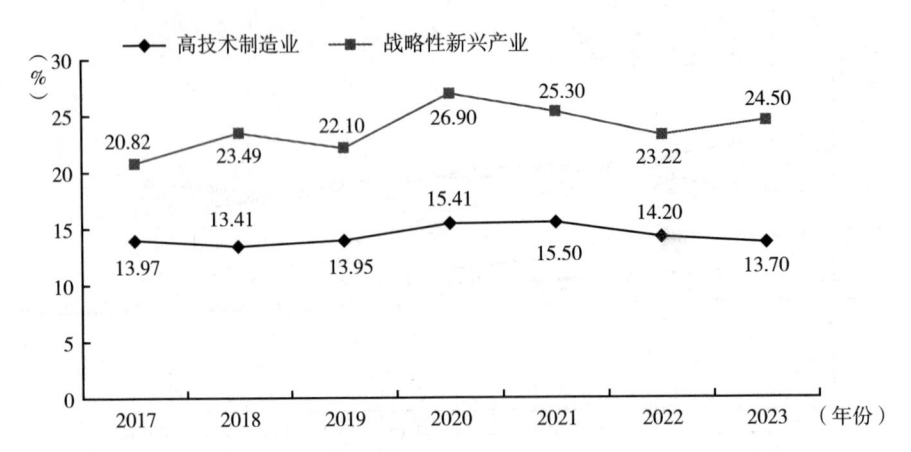

图 2 2017~2023年天津市高技术制造业、战略性新兴产业增加值占规模以上工业增加值的比重

资料来源：历年《天津统计年鉴》和《天津市国民经济和社会发展统计公报》。

传统产业仍然发挥重要支撑作用。从税收角度看，2013~2021年，制造业中对天津市税收贡献率比较高的行业一直集中在石油、煤炭及其他燃料加工业，汽车制造业等传统产业，贡献率在7%~10%上下浮动；而属于高技术制造业的医药制造业对制造业税收的贡献率仅为2%左右（见图3）。可见，传统优势产业仍然在天津市经济发展中发挥压舱石的重要作用。从营业收入利润率角度看，天津市规模以上工业营业收入由2018年的18107.10亿元上升至2022年的24203.63亿元。尽管天津市绝对数值在不断增长，且已经接近广州市的水平，但与北京市、重庆市、上海市等其他先进地区相比差距依然明显（见图4）。这与其产业结构有着莫大的关系，虽然天津市积极支持新兴产业发展，但新动能的营收能力仍然较弱，发展后劲不足。这表明，天津市新兴产业发展速度较快，但是经济结构转型推进效果一般，尤其是优势产业的结构仍然未能从根本上实现重大转变。

因此，天津市自身经济转型发展相对滞后，新经济主导发展的动力不足；在京津冀区域产业体系中，与北京市产业发展断层明显，产业链条各环节发展接续难度大，对河北省的辐射带动亦不明显，没有起到衔接上下

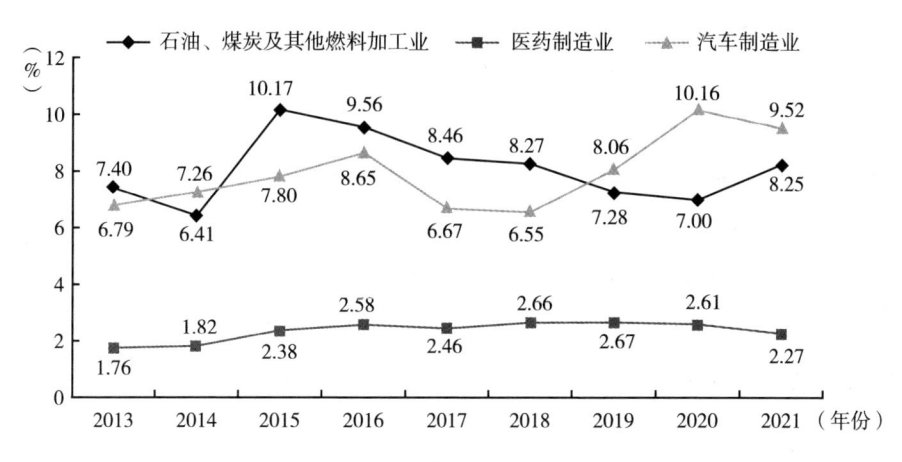

图3 2013~2021年天津市个别行业对制造业税收的贡献率

资料来源：根据历年《中国税务年鉴》计算。

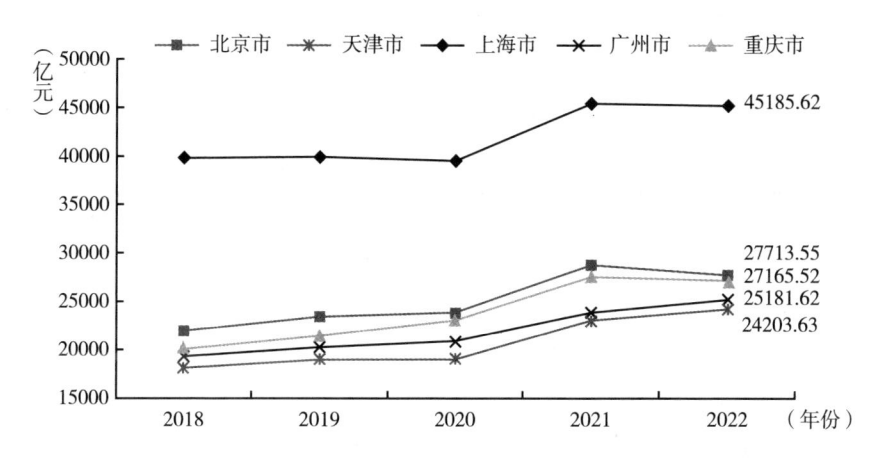

图4 2018~2022年天津市与其他地区规模以上工业营业收入

资料来源：相关地区历年统计年鉴。

的串联作用，在世界级先进制造业集群建设中也未能发挥应有的支撑作用。

（二）民营经济不发达

龙头企业实力不强。龙头企业具有极强的品牌效应和创新能力，在吸引和整合上下游企业、配套企业、研发机构等各类资源方面具有得天独厚的优势，是整合区域资源的主要驱动力。但天津市的优质龙头企业较少，尤其是民营龙头企业更显稀缺。在"2023中国民营企业500强"榜单中，天津市仅有7家企业上榜，而北京市、上海市和重庆市上榜企业分别为25家、18家和9家。天津市上榜企业中排名最靠前的天津荣程祥泰投资控股集团有限公司也仅排在第88位，与排在第96位的云账户技术（天津）有限公司一起成为天津市进入百强榜单的2家企业。其他5家企业排名情况为150~200名1家、250~300名2家、400~450名2家（见表2）。北京市拥有排名第一的京东集团，百强中占据9个席位，上海则有7家企业上榜百强。可见，天津市龙头企业数量不多，且营业收入水平相对偏低。从企业所属行业来看，天津市上榜企业中有5家属于传统行业，对天津市牵头的两条产业链（网络安全和工业互联网产业链、高端工业母机产业链）的服务度不高。

表2 "2023中国民营企业500强"天津市上榜企业分布情况

排名	企业名称	所属行业	营业收入（万元）
88	天津荣程祥泰投资控股集团有限公司	黑色金属冶炼和压延加工业	10353354
96	云账户技术（天津）有限公司	商务服务业	9742960
157	天津友发钢管集团股份有限公司	金属制品业	6736035
260	天津华北集团有限公司	有色金属冶炼和压延加工业	4612758
280	天津亿联控股集团有限公司	家具制造业	4361729
402	美锦能源集团有限公司	石油、煤炭及其他燃料加工业	3203035
433	天津天士力大健康产业投资集团有限公司	医药制造业	3083799

资料来源：《2023中国民营企业500强榜单》，中华全国工商业联合会网站，2023年9月12日，http：//www.acfic.org.cn/ztzlhz/cwhy131_8869/2023my5bq_05/202309/t20230912_195766.html。

专精特新企业的培育亟待加强。专精特新企业是在某一细分领域拥有核心技术和较高创新能力、具有高附加值和竞争力的企业，对吸引产业上下游、配套、集聚成链成群发展具有较强的带动作用，有助于区域整体产业的高质量发展。但是从拥有的国家级专精特新"小巨人"企业数量来看，天津在全国各城市中排在第 10 位，数量仅相当于北京的 30.6%、深圳的 34.0%、上海的 36.0%（见图 5）。与先进地区相比，天津专精特新企业数量相对偏少，经济高质量发展的微观基础不够牢固，企业创新的正反馈产出效应不强，在强链、补链方面的作用有限，极大地限制了天津在京津冀区域产业协作领域的地位和影响。

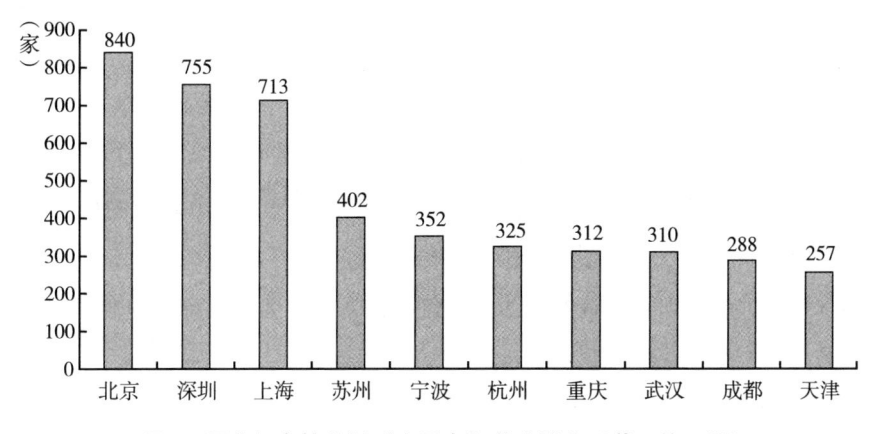

图 5 国家级专精特新"小巨人"前十城市（截至第五批）

资料来源：沙利文、头豹研究院：《2023 年中国专精特新企业发展白皮书》，2023 年 10 月。

可见，天津民营经济实力偏弱，龙头企业、专精特新企业发挥的作用有限，导致天津对产业上下游配套企业的吸引力不强，特别是关键零部件配套能力不足，与区域内其他企业产生的生产要素关联度不高，进而导致对区域要素的整合能力不高，制造业体系不完善，不足以支撑京津冀区域产业生态体系的发展，带动产业集群集聚集约发展的空间受限。

（三）创新势能转换不够充分

科技创新转化效率偏低。近年来天津市高度重视科技创新，投入了大量资金，全社会研发投入强度连续 5 年保持在全国第 3 位，仅次于北京市和上海市。根据《中国城市科技创新发展报告（2023）》，在 2023 年度中国城市科技创新发展指数排名中天津市列第8位，比上年上升1位，天津市的科技创新综合实力不断提升[①]。但与此同时，天津市的创新成果产出效率不高，极大地限制了科技创新对产业协同的引领作用。从最能代表科技前沿水平的发明专利数量来看，上海市一直是规模以上工业企业拥有有效发明专利数最多的城市，2013年是天津市的1.98倍，到2022年已经上升至2.85倍（见图6）。这说明在企业创新效率层面，天津市规模以上工业企业的创新能力较弱，创新产出水平远远落后于先进地区，并且差距逐年拉大。在京津冀区域内，北京市拥有的发明专利数量最多。2022年北京市拥有的有效发明专利数达到天津的9.34倍，而2013年为6.95倍，河北省拥有的有效发明专利数在2022年超越了天津市（见图7）。可见，在全社会层面，天津市的科技创新产出水平一直不高，已经被河北省反超，与北京市差距的拉大制约了协同创新的发展，也终将影响区域内的产业协作。总之，天津市科技创新产出水平与大量的研发投入并不匹配，创新投入转化为创新产出的效率较低。

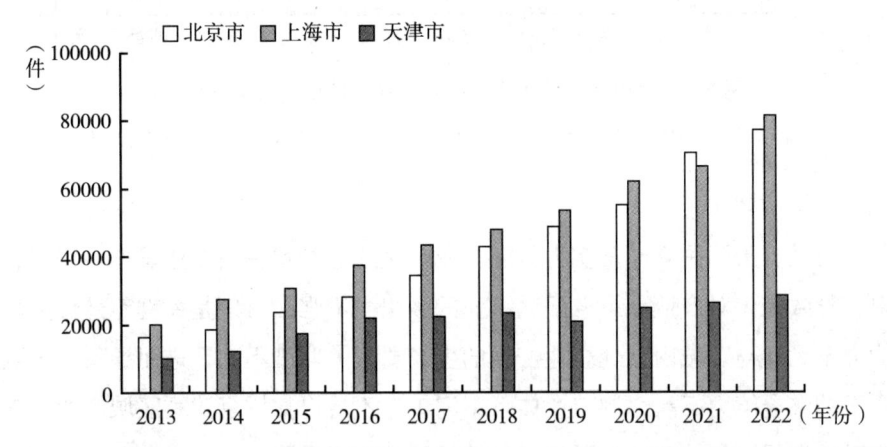

图6 2013~2022年天津与其他地区规模以上工业企业拥有有效发明专利数

资料来源：历年《中国统计年鉴》。

[①]《〈中国城市科技创新发展报告（2023）〉发布：坚持均衡创新，重塑城市高质量发展新动能》，中国日报中文网，2024年1月28日，http://ex.chinadaily.com.cn/exchange/partners/82/rss/channel/cn/columns/vyuatu/stories/WS65b63cdba310af3247ffda47.html。

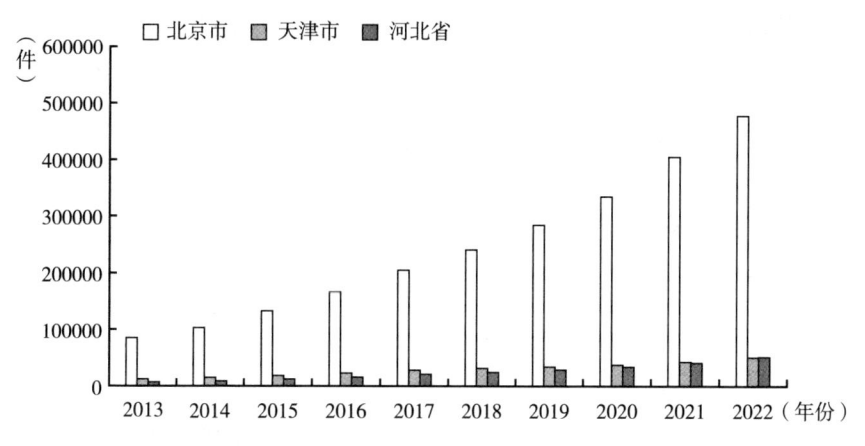

图 7 2013~2022 年京津冀三地企业拥有的有效发明专利数

资料来源：相关地区历年统计年鉴。

京津协同创新引领产业协作的作用有限。尽管北京市的科技创新资源十分丰富，但由于缺乏完善的协同创新体制机制，科技创新活动难以真正引领产业协作，尤其是北京"科技创新中心"的生态优势未能发挥出实质性的联动效应。目前，京津协同创新主要集中在原始创新和基地建设领域，"基础研究—应用研究—项目产业化"的链式协同创新合作并不充分。协同创新模式大多为北京创新资源单向向津冀线性延伸或简单复制，主要合作方式局限于技术转让、合作开发等基础层面，并且与天津市本土高校、科研院所及企业的合作和业务联系并不多。可见，京津协同创新和成果转化并未完全建立起"专业—产业"相耦合的内在关联，协同创新对区域产业协作的带动作用没有得到充分发挥。加之天津市自身发展的问题，导致天津市在整个京津冀区域产业协同发展中发挥的作用受到很大的限制。

三 进一步推动京津冀产业高质量协同发展的对策建议

在新征程上，天津市在推动京津冀产业高质量协同发展中面临诸多挑

战，应从持续做好自身发展、优化区域产业布局、加强创新势能转换、完善产业协作机制等方面入手，积极探索推动区域产业协同发展的新路径。

（一）加快推动"三新"工作，塑造发展新动能新优势[①]

京津冀协同发展战略是天津高质量发展的大战略、主战略，一方面，天津市要做好融入京津冀产业链、产业集群的工作；另一方面，天津市要全力促进科技创新、产业焕新、城市更新，加快发展新质生产力，从而形成地方与区域的良性互动。

加快提升科技创新带动力。一是高标准打造创新平台和载体。加强国家科研力量、顶级研究型大学以及科技领军企业的科研合作，构建协同创新基础平台和创新资源服务共享平台。提质推进天开高教科创园等科创园区建设，全力打造战略性新兴产业和未来产业培育核心基地。二是加强产学研深度融合。突出企业的创新主体地位，鼓励在产业链中占据主导地位的链长企业和大型企业引导链上的其他企业聚焦产业链中的短板和有潜力的新兴领域，共同参与创新工作，打造优势互补、开放融合的产业生态。完善科技成果转化服务支撑体系，推动构建集成技术配套、市场发展、金融援助以及相关法规政策等专业环节的全方位、全流程服务系统，加快科技成果向现实生产力转化。三是引育创新领军人才和大国工匠。深化科技体制、教育体制、人才体制等改革，壮大重点科技创新领域高层次人才队伍。大力弘扬工匠精神，推动职业技术教育改革与创新，培育更多实用型和技能型人才。着重引进关键领域"高精尖缺"人才，强化引才配套政策落实。四是深入推动制度改革创新。积极融入全球创新网络，着力推动保障科技创新的制度改革，对新领域实施敏捷治理，营造开放包容的创新合作环境。

有效激发产业焕新驱动力。一是推动传统产业向高端化、智能化、绿色化方向发展。推进人工智能、工业互联网等先进适用技术与传统产业深度融

[①] 中共天津市委党校课题组：《以新质生产力塑造天津发展新优势》，《天津日报》2024年4月8日，第9版。

合。加快实现绿色低碳技术重大突破，推进传统产业制造工艺革新和设备改造。做大做实做强全国先进制造研发基地，筑牢制造业发展根基，突破一批基础组件、工业软件、工艺和材料以强化基础支撑，同时在高端工业母机等关键领域突破一批标志性产品以加强高端引领。二是着力发展战略性新兴产业，积极布局未来产业。鼓励当前行业的龙头企业探索和投资布局战略性新兴产业以及未来产业的前沿领域，以发挥其"头雁效应"。同时，鼓励战略性新兴产业和未来产业主动发现和培养具有高科技含量和高成长潜力的企业，以打造细分赛道"小巨人"。三是推动现代服务业持续壮大。支持线上消费场景实验场建设，结合天津市城市特色和精神气质、历史传统和红色文化以及潮流趋势和热点风向策划线下促消费活动，促进生活性服务业加速发展。依托自贸试验区、服务业扩大开放综合试点建设等政策创新优势，积极推进负面清单模式，重点推动金融、科技和商业服务等生产性服务业更高水平开放。

持续释放城市更新生产力。一是规划引领城市功能布局。在城市体检的基础上统筹"三生"空间补短板、强弱项，前瞻性制订专项规划和年度实施计划。建立相关政府部门、权利主体、实施主体、专家学者、专业机构的协同机制，出台高水平单元规划实施方案。建立科学有效的考核监督机制，督促各区落实主体责任，发挥"添秤"作用。二是一体推进城市更新与产业导入。发挥比较优势，借助城市更新项目推动主导产业更新和集聚。适度超前建设新型基础设施，发挥催生新质生产力的放大器作用。充分考虑导入产业的市场前景，做好可持续发展的商业模式设计，避免滋生地方政府增量债务风险。三是推动城市更新与城市文脉水乳交融。对于可开发利用的历史风貌建筑，在修旧如旧的基础上提升建筑及配套设施品质，挖掘历史文化资源，把握青年人消费需求，形成有辨识度和差异化的文商旅融合发展项目。打造具有鲜明特色和深刻内涵的文化品牌，多出文化精品爆款，提升城市人文魅力，坚持以文化人、以文惠民、以文润城、以文兴业。

（二）提升民营经济实力，促进补链延链聚链成群发展

天津市应当积极发挥京津冀产业协同专题工作组轮值组长的作用，推动

自身民营经济实力提升，统筹做好区域内产业链、供应链聚集和对接工作，积极携手打造世界级先进制造业集群。

着力引导民营经济入链入群发展。一是出台促进"大中小企业融通"发展的专项政策。引导龙头企业对本地优质中小企业开放市场，吸引更多本地上下游、配套中小企业入链入群集聚发展，提高链接紧密度，培育中小企业特色产业群。二是完善本土企业沟通合作机制。深入贯通和挖掘工信局、科技局、财政局等不同部门的企业大数据，梳理产业上下游关系，根据需要为相关企业召开座谈会或见面会，帮助企业牵线搭桥促成合作，形成亲密伙伴关系抱团式发展[①]。

抓好天津市牵头的两大产业链发展工作。一是网络安全和工业互联网产业链方面，充分利用设备更新行动实施契机，大力推进信创产业产品升级、应用优化以及场景驱动，深入实施应用场景和产品研发创新"双百行动"。统一谋划协调推动基础设施、基础软件、终端应用的全链条创新，打造高效的工业互联网赋能平台。二是高端工业母机产业链方面，围绕高档数控机床、增材制造装备、特种机床等整机制造及其配套零部件，实现高端化和自主化发展。充分发挥通用技术集团机床总部以及精雕数控等行业领军企业的带动效应和吸引作用，鼓励链主企业和配套企业在京津冀区域内联合布局发展，"一链一策"促进上中下游衔接和大中小企业融通。推动高档数控机床及其功能部件、数控系统的深入发展，构建国内一流的工业母机创新平台。

联手打造跨区域世界级产业集群。一是推行产业链共建行动。充分发挥六条重点产业链图谱的"导航图"作用，围绕产业链"卡点""堵点"等关键环节，京津冀三地一起面向全球以及长三角、珠三角、粤港澳大湾区等先进地区开展联合招商，提升区域配套的占比。用好三地促进区域产业协同发展的支持政策，加强建链、升链、补链、强链、延链政策的衔接，台账

[①] 孙媛、王得新：《后疫情时期天津发展中小企业的探讨》，《太原城市职业技术学院学报》2023年第5期。

化、清单化推动优势产业成龙配套、成链成群。二是携手打造跨区域优势产业集群。持续做大做强京津冀生命健康先进制造业集群。深入实施京津冀产业链"织网工程",完善政企之间、企业之间、行业之间的链接服务网络。以集成电路、电力装备等重点产业为主,推进相关配套企业入链入群。以"通武廊"毗邻地区的新能源汽车、算力等优势产业为抓手,推动产业链区域化、集群化发展,促进延链聚带,共同打造一批标志性合作项目。瞄准五大产业集群,联合实施跨区域产业集群培育行动,联手打造区域制造业聚集区,合力打造具有国际竞争力的产业集群。三是共同打造数字经济新优势。北京市依托数字经济核心产业快速发展、数字人才集聚等优势,全面促进数字技术与实体经济深度融合,努力建设全球数字经济标杆城市。天津市着力提供数字技术应用场景,促进数字技术成果落地转化。河北省利用云计算、大数据等数字技术开展数字化转型行动,充分释放数字技术倍增效应,推动产业数字化进程。京津冀三地发挥各自比较优势和产业基础,协同推动数字技术在区域内实现全产业链融合创新,不断释放发展新质生产力新动能。

(三)发挥创新引领作用,促进科技创新与产业创新深度融合

京津冀产业高质量发展应当以创新协同为基础,充分发挥创新的引领带动作用,坚持科技创新和产业创新一起抓,强化两链深度融合,为产业协同注入新动力。

积极推进创新效率提升。一是着力加强知识产权保护。充分发挥中国(天津)知识产权保护中心的作用,建立知识产权法律保护体系,加大执法力度,提高执法时效性,打造天津知识产权保护高地。拓宽京津冀跨地区、跨部门知识产权"大保护"的执法协调机制,加强保护协作。二是完善有利于成果转化的评价体系。将成果转化成效与科研人员的绩效评价相结合,引导科研人员更多关注研发成果转化的可行性,鼓励转化拥有自主知识产权的科技创新成果。三是继续优化营商环境,不断改善天津创新创业氛围。更多从企业视角思考优化营商环境的路径,重点在于创新体制机制、简化审批手续、提高行政效能,为打通企业走向市场的堵点和难点提供高效、规范、

便捷的政务服务。

推动创新服务生态系统构建。一是倡导北京市科技资源主动向外扩散。推动"中关村"等科技园区针对京津冀地区进行布局，复制移植其成功经验与品牌。激励清华大学、北京大学等著名高校以及中国科学院等科研机构围绕京津冀关键产业技术需求开展研究。例如，可在天津市与河北省设立科技协作示范基地，以提高其内在发展驱动力。二是积极打造"类中关村"服务模式。津冀在与北京市的协同创新合作中，不仅要承接北京市输出的创新成果，更重要的是要吸纳北京市的品牌、资本、团队和理念，探索采用项目化、清单化的方式形成有机利益共同体，诞生一批具有京津冀标签的重大科技成果。三是打造专业化创新服务体系。着力培育壮大科技服务市场主体，为区域内技术创新、合作、转移及转化等活动提供覆盖全链条，高质量、高效率的配套服务，为更好地塑造产业发展优势、促进产业协同发展获取重要技术供给提供有效支撑。

推动支撑创新的体制机制创新。一是健全创新要素开放融合机制。支持京津冀三地共同成立开放共享服务机构联盟，作为实体中介组织推动两地科创资源互融互通，推动共享长效机制建设。在现有大型科学仪器开放共享服务网络的基础上，拓展内容，推动科技文献、科学数据、生物种质与实验材料等优质科技资源和成果跨区域合理自由流动。二是共建科研院所合作机制。京津冀三地的科研院所可共同承担国家级、省部级重点科研任务，共同发布相关报告和学术指引，共同探索在科研基金设置、科技成果转化、项目股权激励等领域的改革举措，逐步构建以联席办公、共建共享和精准对接为特点的科研院所治理体系的示范模式。三是探索"驻京"协同创新机制。津冀需尽早关注并与北京市科创项目建立联系，主动到京设立协同创新中心、离岸协同平台、众创空间等常驻机构，提高北京市科创资源与天津市研发生产转化以及与雄安新区承接转移衔接的紧密度。

参考文献

李兰冰、徐瑞莲:《中国式现代化建设背景下京津冀产业协同发展路径》,《北京社会科学》2023 年第 10 期。

《南开大学京津冀协同发展研究院秘书长张贵:构建协同创新和产业协作融合发展新格局》,《北京日报》2024 年 1 月 28 日,第 4 版。

潘教峰、王晓明、薛俊波、沈华:《从战略性新兴产业到未来产业:新方向、新问题、新思路》,《中国科学院院刊》2023 年第 3 期。

沙利文、头豹研究院:《2023 年中国专精特新企业发展白皮书》,2023 年 10 月。

《十年奋斗 京津冀产业协同展现新气象》,《证券时报》2024 年 2 月 26 日,第 4 版。

孙久文、程芸倩:《京津冀协同发展的内在逻辑、实践探索及展望——基于协同视角的分析》,《天津社会科学》2023 年第 1 期。

孙久文、邢晓旭:《京津冀产业协同发展的成效、挑战和展望》,《天津社会科学》2024 年第 1 期。

孙媛、王得新:《后疫情时期天津发展中小企业的探讨》,《太原城市职业技术学院学报》2023 年第 5 期。

叶堂林:《京津冀产业高质量协同发展中存在的问题及对策》,《北京社会科学》2023 年第 6 期。

中共天津市委党校课题组:《以新质生产力塑造天津发展新优势》,《天津日报》2024 年 4 月 8 日,第 9 版。

叶堂林、刘佳:《京津冀与珠三角产业协同发展比较研究》,《河北学刊》,https://link.cnki.net/urlid/13.1020.C.20240313.1529.002。

《2023 中国民营企业 500 强榜单》,中华全国工商业联合会网站,2023 年 9 月 12 日,http://www.acfic.org.cn/ztzlhz/cwhy131_8869/2023my5bq_05/202309/t20230912_195766.html。

B.13
河北省在京津冀产业高质量协同发展中的地位与作用研究*

武义青 连璐瑶 任城名 李涛**

摘　要： 作为京津冀协同发展战略的重要任务，河北省全力推动京津冀产业协同走向纵深，为京津冀协同发展提供强大动力。本报告首先分析了河北省产业高质量发展的总体情况，并聚焦五条产业廊道、五个产业集群以及重点制造业、重点服务业、数字产业五个细分领域进行分析；其次指出了河北省产业发展在京津冀区域中的地位以及细分领域产业高质量发展的地位，在此基础上探究了河北省在京津冀产业高质量协同发展中面临的困境；最后从完善京津冀产业协同发展体制机制、深入推进产业链创新链协同、积极推动传统产业转型升级和持续优化数实融合生态四个方面提出对策建议，以期通过提升河北省在京津冀区域中的地位与作用，促进京津冀产业高质量协同发展。

关键词： 高质量协同发展　产业廊道　产业集群　京津冀　河北省

党的十八大以来，河北省委、省政府坚持以习近平新时代中国特色社会

---

* 本报告为河北省社会科学基金项目"数字经济背景下河北推动战略性新兴产业集群融合发展路径与对策研究"（HB23ZT043）、河北经贸大学京津冀雄安研究专项项目"数字经济背景下京津冀世界级先进制造业集群研究"（2023JXZD01）的阶段性成果。

** 武义青，博士，河北省政府参事，河北经贸大学研究员，研究方向为数量经济、区域经济；连璐瑶，河北经贸大学会计学院硕士研究生，研究方向为资本市场、公司财务；任城名，河北经贸大学经济学院本科生；李涛，博士，河北经贸大学经济学院数字经济系主任，硕士生导师，研究方向为城市经济、产业发展。

主义思想为指导，全面落实习近平总书记对河北工作的重要指示批示精神，立足把握新发展阶段，完整、准确、全面贯彻新发展理念，以推动产业高质量发展为主题，以改革创新为根本动力，突出对全省经济社会发展具有支撑作用的重点产业，加快产业变革质量升级，为全面建设现代化经济强省、美丽河北提供坚实支撑。河北省委、省政府相继出台《河北省国民经济和社会发展第十四个五年规划和二〇三五年远景目标纲要》《关于全面推动高质量发展的决定》《河北省科技创新"十四五"规划》《河北省制造业高质量发展"十四五"规划》等一系列政策文件，河北省高度重视产业廊道、产业集群和重点产业的发展，推动京津冀产业高质量协同发展取得积极成效。

一 河北省产业高质量发展现状分析

（一）产业高质量发展整体形势向好

1. 产业高质量发展指数逐年递增，高质量发展水平不断提升

在京津冀协同发展战略的影响下，河北省产业高质量发展态势良好。从整体上看，河北省产业高质量发展指数表现出逐年递增的特征，由2013年的42.32提高到2022年的55.82，年均增速为3.12%。截至2022年，河北省产业高质量发展指数较2013年提高了13.50，是2013年的1.32倍（见图1）。

2. 产业廊道投资规模不断扩大，授权发明专利数稳步增加

2023年11月29日，京津冀产业链供应链大会提出重点打造"五群六链五廊"，为京津冀产业协同发展布局未来新蓝图。具体来看，主要包括集成电路、网络安全、生物医药、电力装备、安全应急装备五大产业集群，氢能、生物医药、网络安全和工业互联网、高端工业母机、新能源和智能网联汽车、机器人六条产业链，京津新一代信息技术、京张承绿色算力和绿色能源、京唐秦机器人、京雄空天信息、京保石新能源装备五大产业廊道。

从产业廊道来看，河北省五大产业廊道在营企业累计注册资本额在

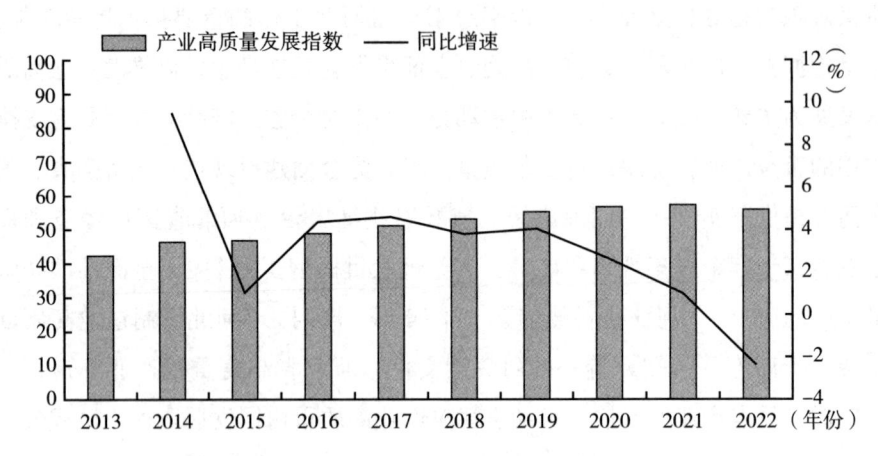

图1　2013~2022年河北省产业高质量发展指数及其同比增速

资料来源：龙信企业大数据平台。

2013~2022年实现了较快增长。其中，居首位的新一代信息技术产业廊道在营企业累计注册资本额在2013年仅为760.54亿元，2022年达到4865.29亿元，是2013年的6.40倍。截至2022年，绿色算力和绿色能源产业廊道、机器人产业廊道、空天信息产业廊道和新能源装备产业廊道在营企业累计注册资本额分别达到1709.16亿元、738.70亿元、159.99亿元和2743.05亿元，分别是2013年的3.68倍、5.43倍、1.79倍和3.54倍（见表1）。

表1　2013~2022年河北省五大产业廊道在营企业累计注册资本额

单位：亿元

产业廊道	2013年	2015年	2017年	2019年	2020年	2021年	2022年
新一代信息技术产业廊道	760.54	1187.23	2093.41	3326.83	3971.97	4565.12	4865.29
绿色算力和绿色能源产业廊道	464.63	701.90	988.43	1102.77	1278.48	1585.77	1709.16
机器人产业廊道	135.92	169.19	252.03	324.55	532.86	653.72	738.70
空天信息产业廊道	89.41	111.85	139.13	142.50	150.19	149.98	159.99
新能源装备产业廊道	774.96	1093.41	1629.29	1952.24	2268.00	2504.95	2743.05

注：受篇幅所限，2014年、2016年、2018年数据未展示，留存备索。

资料来源：龙信企业大数据平台。

在创新发展方面，河北省五大产业廊道累计授权发明专利数整体上呈现迅速上升的趋势。截至2022年，河北省新一代信息技术产业廊道和新能源装备产业廊道累计授权发明专利数位居前列。其中，新一代信息技术产业廊道累计授权发明专利数为2025件，较2013年增加了1847件，是2013年的11.38倍；新能源装备产业廊道累计授权发明专利数为1675件，较2013年增加了1431件，是2013年的6.86倍。此外，绿色算力和绿色能源产业廊道累计授权发明专利数从2013年的2件增加到2022年的305件，呈现指数级增长态势；2022年机器人产业廊道累计授权发明专利数为33件，是2013年的11倍；2022年空天信息产业廊道累计授权发明专利数为154件，较2013年增加了143件，是2013年的14倍（见表2）。

表2 2013~2022年河北省五大产业廊道累计授权发明专利数

单位：件

产业廊道	2013年	2014年	2015年	2016年	2017年	2018年	2019年	2020年	2021年	2022年
新一代信息技术产业廊道	178	216	331	445	569	732	926	1140	1539	2025
绿色算力和绿色能源产业廊道	2	16	41	93	132	158	187	215	262	305
机器人产业廊道	3	3	3	5	6	10	11	14	23	33
空天信息产业廊道	11	13	17	21	32	73	106	135	106	154
新能源装备产业廊道	244	300	399	502	629	767	875	1150	1343	1675

资料来源：龙信企业大数据平台。

3. 产业集群规模持续扩大，创新水平不断提升

从产业集群发展情况来看，河北省聚焦五大重点产业集群，优化产业分工定位，在培育世界级先进产业集群上成效显著。2013~2022年，河北省五大产业集群在营企业累计注册资本额虽然有一定波动，但整体上处于增长态势。截至2022年，生物医药和电力装备两大产业集群在营企业累计注册资本额分

别高达3159.82亿元和4025.90亿元，较2013年分别增加了2481.92亿元和2528.29亿元，年均增速达到18.65%和11.61%。生物医药和电力装备两大产业集群发展较快与河北省产业政策扶持密切相关，河北省政府颁布的《河北省战略性新兴产业发展三年行动计划》《关于支持生物医药产业高质量发展的若干政策》等文件提到了要重视生物医药和电力装备产业，以及推动这些产业集群发展的措施，旨在全面提升两大产业集群的发展规模和质量。网络安全和安全应急装备产业集群在营企业累计注册资本额分别在2017年和2020年突破了千亿元级别，由2013年的326.60亿元和341.32亿元增加到2022年的1622.69亿元和1478.97亿元，是2013年的4.97倍和4.33倍。在京津的辐射带动下，河北省集成电路产业集群也取得了一定进步，在营企业累计注册资本额由2013年的8.09亿元增加到2022年的31.08亿元，年均增速为16.13%，发展成效显著（见表3）。原因在于，京津冀协同发展战略提出以来，三地共建中关村集成电路产业联盟、光刻设备产业技术创新战略联盟、科技园区和国家重点实验室等合作基地，牵头多项聚焦集成电路领域的国家重点研发计划项目，为集成电路产业集群共性的技术研发和成果转移转化提供了合作平台，实现资源区域共享，推动集成电路产业协同发展。

表3 2013~2022年河北省五大产业集群在营企业累计注册资本额

单位：亿元

产业集群	2013年	2015年	2017年	2019年	2020年	2021年	2022年
集成电路产业集群	8.09	9.29	13.75	19.22	23.49	28.17	31.08
网络安全产业集群	326.60	518.52	1025.14	1426.45	1538.07	1574.83	1622.69
生物医药产业集群	677.90	1234.62	1958.69	2569.67	2785.69	2993.36	3159.82
电力装备产业集群	1497.61	1965.69	2728.56	3003.17	3371.66	3822.29	4025.90
安全应急装备产业集群	341.32	482.18	719.70	891.62	1167.18	1364.07	1478.97

注：受篇幅所限，2014年、2016年、2018年数据未展示，留存备索。
资料来源：龙信企业大数据平台。

发展新质生产力，科技创新是核心驱动力。多年来，河北省抢抓机遇，对标国际先进水平，加大技术创新投入力度，加快产业自主研发速度，推动更多科技成果转化为现实生产力，致力于实现河北省产业集群质量和效益的大幅提升。2021年，河北省政府印发《河北省科技创新"十四五"规划》，旨在深入实施创新驱动发展战略，培育区域创新发展新高地，打造创新型产业集群。其中，2022年河北省产业集群累计授权发明专利数排名第一的是电力装备产业集群，达到4945件，增长明显，2013~2022年年均增速为38.78%，这得益于政府对实现"双碳"目标的重视，而提升电力装备技术创新水平则是低碳发展的利器。2022年排名第二、第三的生物医药和网络安全产业集群累计授权发明专利数分别为3526件和2456件，2013~2022年年均增速为19.32%和20.06%。2022年集成电路和安全应急装备产业集群累计授权发明专利数分别为236件和344件，年均增速为33.10%和28.91%（见表4）。

表4 2013~2022年河北省五大产业集群累计授权发明专利数

单位：件

产业集群	2013年	2014年	2015年	2016年	2017年	2018年	2019年	2020年	2021年	2022年
集成电路产业集群	18	22	36	40	53	20	21	24	144	236
网络安全产业集群	474	580	734	894	1077	1272	1482	1659	2016	2456
生物医药产业集群	719	917	1153	1400	1692	2008	2260	2576	2881	3526
电力装备产业集群	259	400	715	1218	1749	2234	2681	3403	4128	4945
安全应急装备产业集群	35	46	66	92	115	144	169	207	266	344

资料来源：龙信企业大数据平台。

（二）产业投资规模不断扩大，市场主体发展势头强劲

1. 重点制造业发展态势良好，唐山市规模最大

制造业作为河北省的支柱产业，在推动河北省经济发展方面发挥着重要

作用。2022年，河北省重点制造业在营企业累计注册资本额达31648.69亿元，是2013年（13965.60亿元）的2.27倍，增幅明显（见图2）。

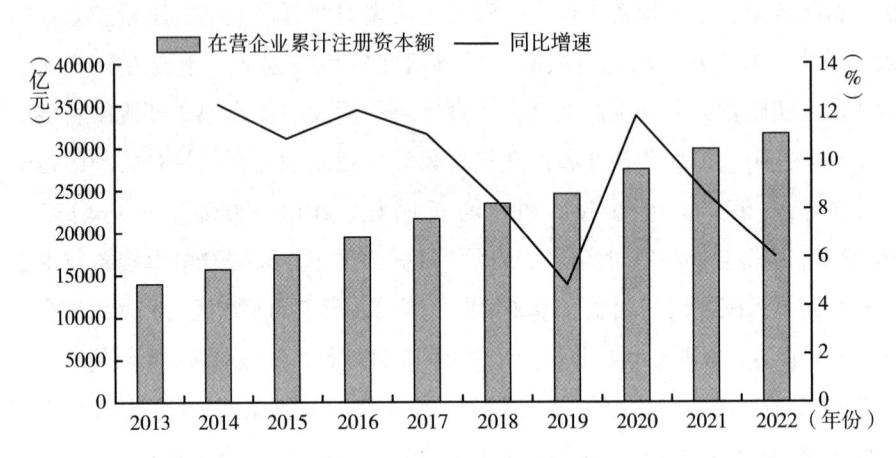

图2　2013~2022年河北省重点制造业在营企业累计注册资本额及其同比增速

资料来源：根据龙信企业大数据平台数据计算。

分城市来看，唐山市重点制造业规模在研究期内（除2022年外）始终排名第一。2023年，国家发展改革委印发《支持唐山高质量发展总体方案》，提出重点促进唐山市制造业高质量发展。唐山市曹妃甸协同发展示范区积极签约京津项目，汉沽管理区以"错位化发展、差别化承接"为引导，不断承接京津的制造业转移，推动了当地制造业规模扩大和经济高质量发展。沧州市发展最快，重点制造业在营企业累计注册资本额由2013年的1656.02亿元增加到2022年的4838.45亿元，增幅达192.17%，居2022年河北省首位。这是由于沧州市2022年新增规模以上工业企业数量为480家，创近七年来新高，其中装备制造业数量增长最为突出。石家庄市重点制造业在营企业累计注册资本额则由2013年的1892.23亿元增加到2022年的3862.00亿元，增幅达104.10%（见图3）。

2. 重点服务业发展趋势向好，石家庄市规模最大

2013~2022年，河北省重点服务业在营企业累计注册资本额呈现明

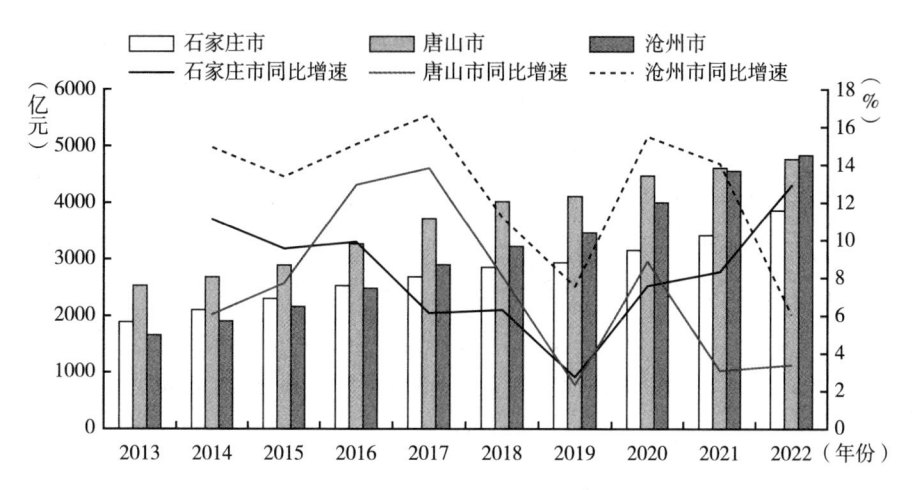

图3 2013~2022年石家庄市、唐山市、沧州市重点制造业在营企业累计注册资本额及其同比增速

资料来源：根据龙信企业大数据平台数据计算。

显的上升态势，由13269.34亿元增加到61025.20亿元，年均增速达18.48%。尽管重点服务业在营企业累计注册资本额增速在2016年后有所放缓，但长期向好的趋势并未发生变化（见图4）。

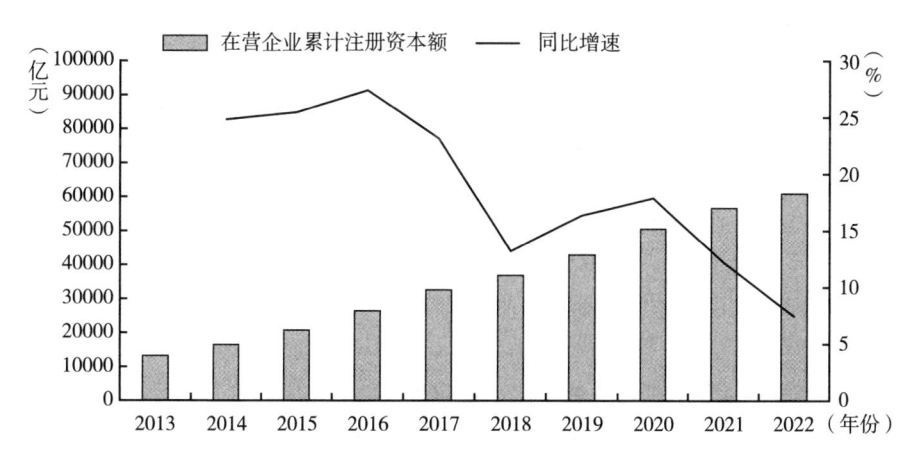

图4 2013~2022年河北省重点服务业在营企业累计注册资本额及其同比增速

资料来源：根据龙信企业大数据平台数据计算。

分城市来看，2013~2022年石家庄市在营企业累计注册资本额在全省始终名列前茅，这得益于石家庄市传统服务业长期以来所占据的优势地位、扎实的发展根基，以及对现代服务业效率变革与动力变革所做出的努力。2022年，石家庄市重点服务业在营企业累计注册资本额高达20023.34亿元，较2013年的4767.86亿元增加了15255.48亿元，是2013年的4.20倍，发展规模的扩张速度相当迅猛，相较于位居第二的保定市（9524.18亿元）高出10499.16亿元。截至2022年，保定市和唐山市在营企业累计注册资本额分别为9524.18亿元和7651.72亿元，较2013年增加了8340.58亿元和5478.41亿元，年均增速分别为26.07%和15.01%，这表明保定市和唐山市重点服务业产业规模增速较快（见图5）。

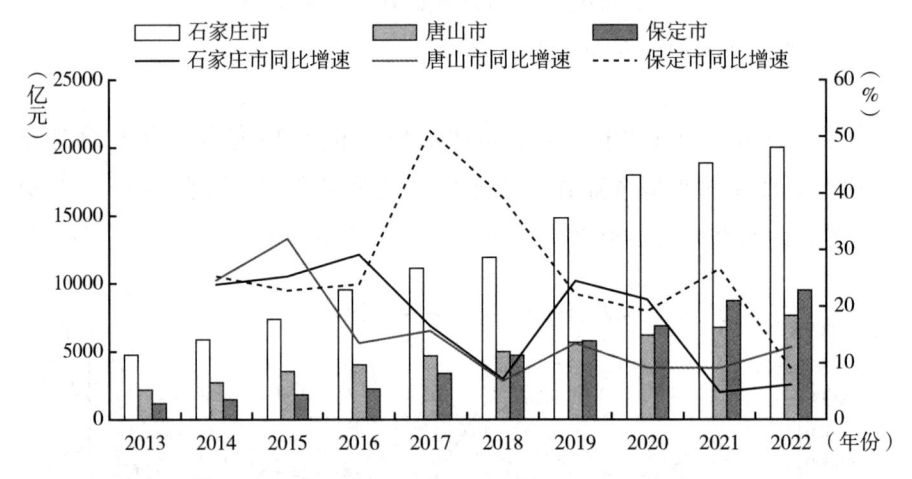

图5 2013~2022年石家庄市、唐山市、保定市重点服务业
在营企业累计注册资本额及其同比增速

资料来源：根据龙信企业大数据平台数据计算。

3. 数字产业发展迅猛，石家庄市遥遥领先

2013~2022年，河北省数字产业在营企业累计注册资本额由3486.43亿元增加到16945.84亿元，增长了3.86倍（见图6）。

分城市来看，石家庄市数字产业在河北省优势明显，2022年数字产业在营企业累计注册资本额达4311.57亿元，与2013年相比增幅达

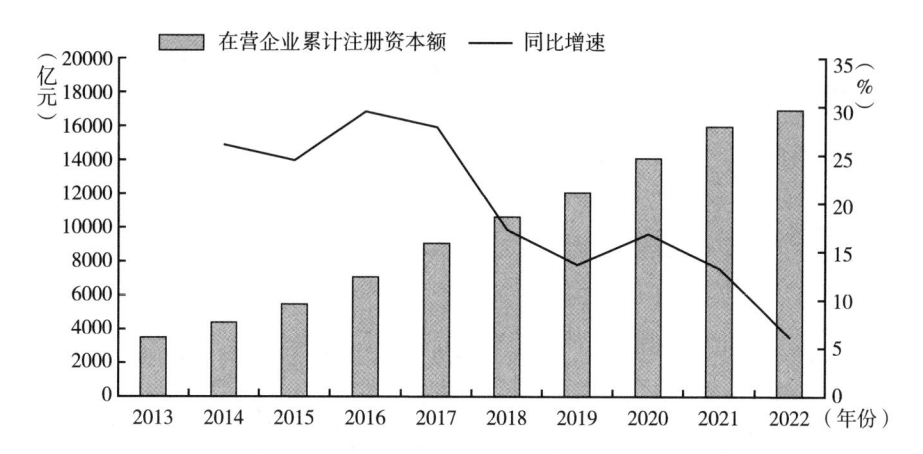

图 6　2013~2022 年河北省数字产业在营企业累计注册资本额及其同比增速

资料来源：根据龙信企业大数据平台数据计算。

357.02%，产业规模总量位居河北省第一。2013~2022 年，张家口市在河北省各地级市中的增幅最大，达到 1129.49%，在营企业累计注册资本额由 75.14 亿元增加到 923.84 亿元（见图 7）。原因在于，张家口市对数字产业的投入不断加大，其中张北县立足"中国数坝"和"两基地、两中心、一枢纽"的发展定位，张北云计算数据中心积极承接阿里巴巴"双 11"北方地区的核心电商业务，不断吸引哈啰出行、蚂蚁花呗和阿里巴巴等项目入驻信息技术服务基地，大力推进数字产业集群蓬勃发展。

（三）授权发明专利数稳步增加，产业创新发展步伐加快

1. 重点制造业授权发明专利数增速明显，创新优势不断夯实

相较于其他产业，河北省重点制造业累计授权发明专利数总量最高，由 2013 年的 2898 件增加到 2022 年的 22754 件，增幅达 685.16%，年均增速为 25.73%（见图 8）。

分城市来看，2013~2022 年，保定市重点制造业累计授权发明专利数始

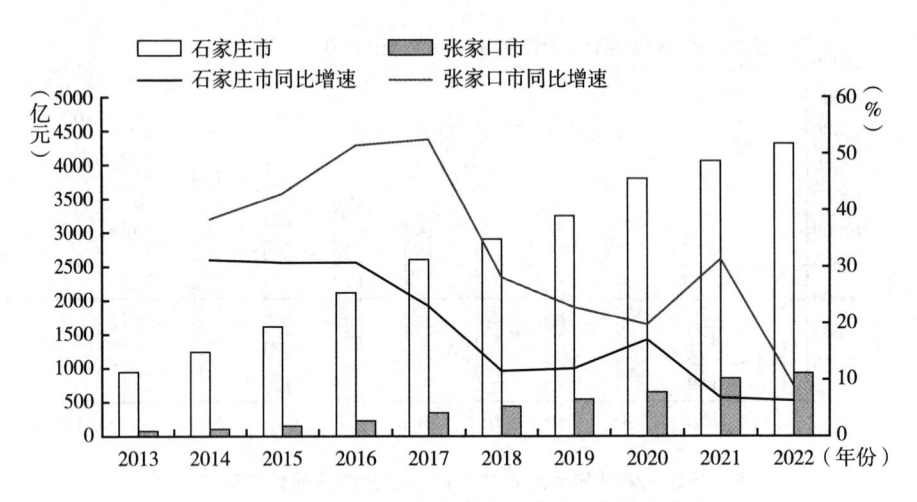

图 7　2013~2022 年石家庄市、张家口市数字产业
在营企业累计注册资本额及其同比增速

资料来源：根据龙信企业大数据平台数据计算。

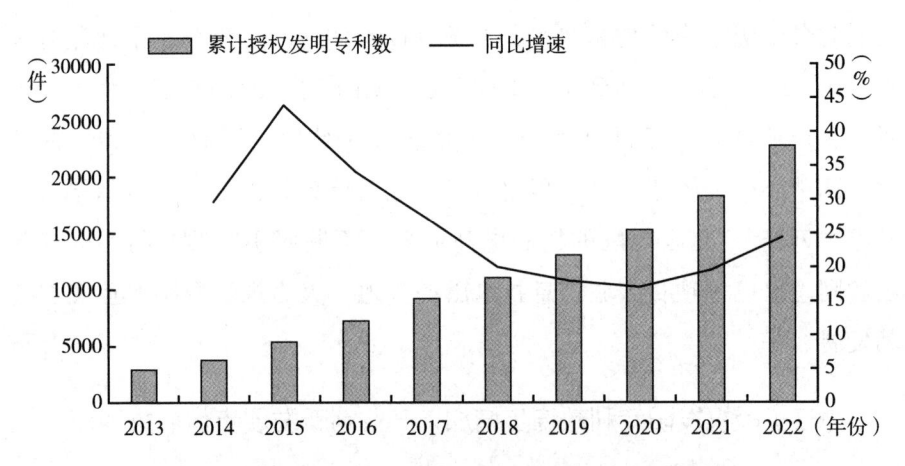

图 8　2013~2022 年河北省重点制造业累计授权发明专利数
及其同比增速

资料来源：根据龙信企业大数据平台数据计算。

终居河北省首位，2022 年高达 4911 件，是 2013 年（662 件）的 7.42 倍。河北省质量强省战略领导小组办公室发布的《河北省制造业质量竞争力指数分析报告（2022年度）》指出，保定市制造业质量竞争力连续9年保持全省第一，其中核心技术能力是重要增分项。借助京津冀协同发展战略带来的创新红利，保定市大力推进知识产权与产业创新有机融合，充分创新发展汽车及零部件、新能源两大支柱产业，逐渐形成了"京津研发、保定转化，雄安创新、保定先行"的新格局。

2. 重点服务业创新发展步伐加快，石家庄市创新水平稳居第一

2013~2022年，河北省重点服务业累计授权发明专利数量均实现了较快增长，整体呈现稳步提升的态势。截至2022年，河北省重点服务业累计授权发明专利数量为12296件，较2013年的1180件增加了11116件（见图9）。2013~2022年，石家庄市重点服务业累计授权发明专利数稳居全省第一，由514件增加到4285件，年均增速为26.57%（见图10）。

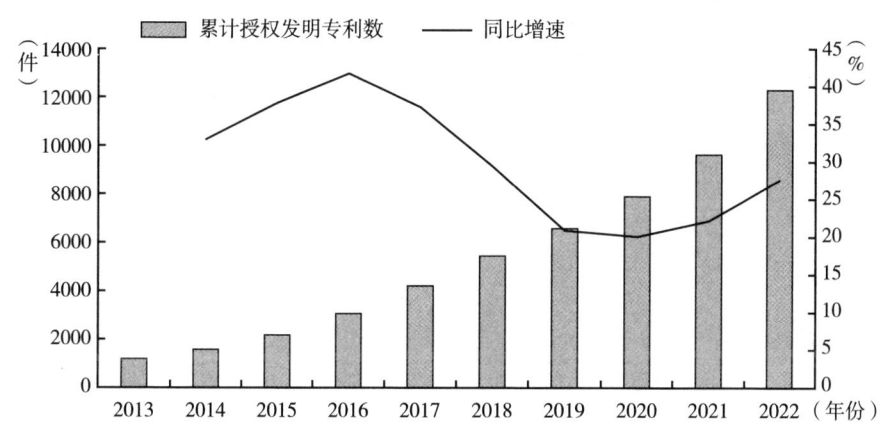

图9　2013~2022年河北省重点服务业累计授权发明专利数及其同比增速

资料来源：根据龙信企业大数据平台数据计算。

3. 数字产业发展较快，创新潜力巨大

在政策扶持下，河北省数字产业创新投入持续加大，数字产业实用新型专利和计算机软著方面成绩突出。整体来看，2013~2022年，河北省数字产业累计授权发明专利数呈现迅速增长的趋势，但总量相对较低。截至2022

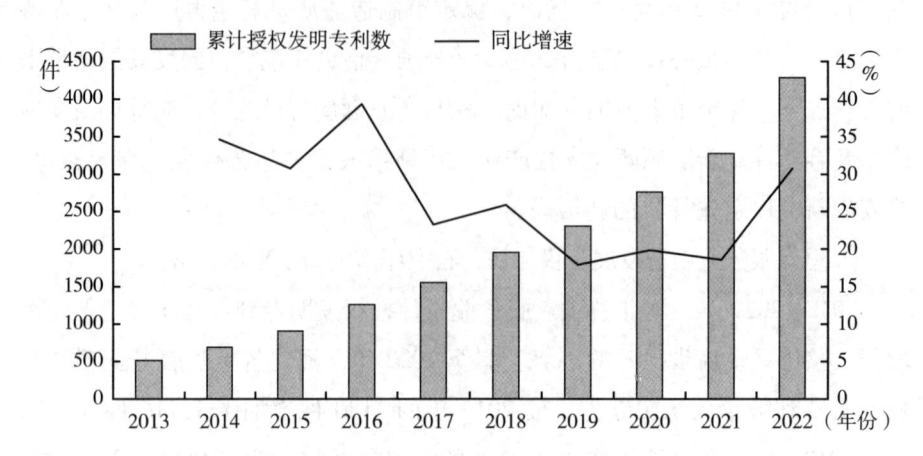

图10 2013~2022年石家庄市重点服务业累计授权发明专利数及其同比增速

资料来源：根据龙信企业大数据平台数据计算。

年，河北省数字产业累计授权发明专利数为4754件，较2013年的277件增长了16.16倍（见图11）。

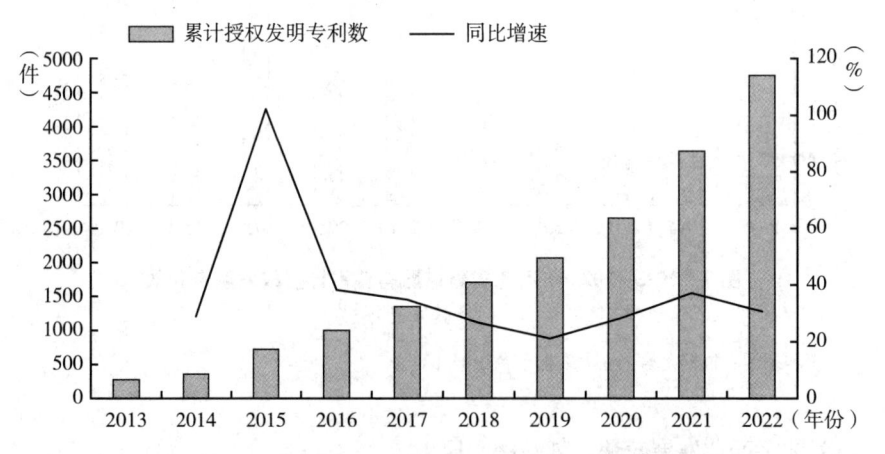

图11 2013~2022年河北省数字产业累计授权发明专利数及其同比增速

资料来源：根据龙信企业大数据平台数据计算。

二 河北省在京津冀产业高质量协同发展中的地位

(一)产业高质量发展指数显著提升,在区域中的影响力不断扩大

2022年,京津冀三地产业高质量发展指数分别为70.44、68.18和55.82,较2013年提升了0.82、4.85、13.50。其中,北京市产业高质量发展指数最高,天津市次之,河北省产业高质量发展指数虽相对较低,但创新指数在京津冀区域中提升最快。从产业高质量发展指数同比增速来看,河北省总体显著高于京津两地。河北省产业高质量发展水平在京津冀区域中提升显著,与京津两地的差距逐渐缩小(见图12)。

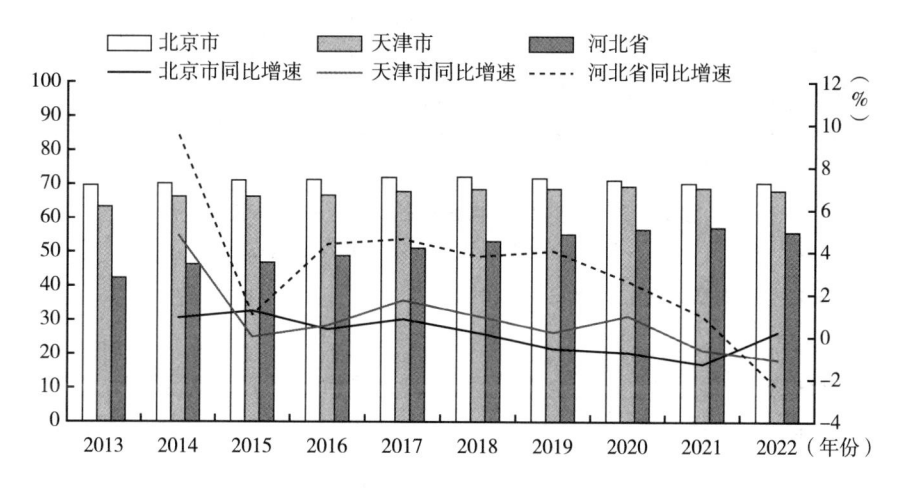

图12 2013~2022年京津冀三地产业高质量发展指数及其同比增速

资料来源:根据龙信企业大数据平台数据计算。

(二)产业廊道发展水平稳步提升,与京津两地的差距逐渐缩小

1. 机器人产业发展规模增加显著

从机器人产业廊道在营企业累计注册资本额来看,2022年,北京市在营企业累计注册资本额为432.04亿元,较上年增长4.85%;天津市产业优势明

显，产业规模始终保持较高水准，在营企业累计注册资本额达到652.68亿元，较上年增长0.77%；河北省在营企业累计注册资本额不断增加，达到738.70亿元，较上年增长13.00%。河北省机器人产业廊道在营企业累计注册资本额在京津冀区域中的占比呈现快速上升的趋势，2022年占比高达40.51%，河北省与京津两地的机器人产业水平差距逐渐缩小（见图13）。

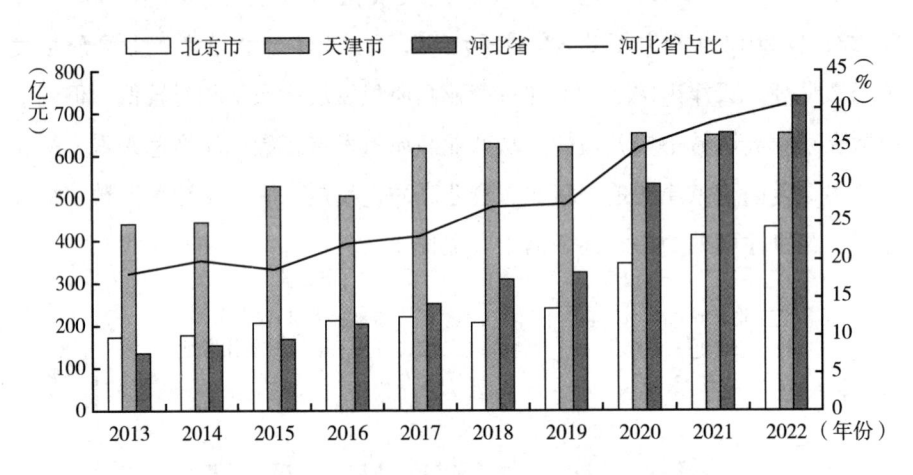

图13 2013~2022年京津冀三地机器人产业廊道
在营企业累计注册资本额及河北省占比

资料来源：根据龙信企业大数据平台数据计算。

2023年，河北省政府出台了《河北省支持机器人产业发展若干措施》，强调通过扩大应用场景、加强产业配套与科技创新、完善推进机制等关键举措，推动机器人产业实现高质量发展，立足产业基础，在政策的引导作用下，机器人产业将不断发展壮大。唐山市和廊坊市是河北省机器人产业的主要集聚区，产业规模始终位于河北省前列，对河北省机器人产业发展的贡献较大。

2. 新能源装备产业规模优势明显

2013~2022年，北京市新能源装备产业廊道在营企业累计注册资本额由864.06亿元增加到2331.77亿元，增长了1.70倍；天津市由574.72亿元增加到821.19亿元，增长了0.43倍；河北省由774.96亿元增加到2743.05

亿元，增长了2.54倍。2014~2022年，河北省新能源装备产业廊道在营企业累计注册资本额始终处于京津冀区域最高水平。河北省新能源装备产业廊道在营企业累计注册资本额在京津冀区域中的占比由2013年的35.01%上升到2020年的55.35%，尽管2021年和2022年有所下降，但新能源装备产业廊道在营企业累计注册资本额占比仍然超过46%（见图14）。河北省新能源装备产业廊道在营企业累计注册资本额方面略强于京津两地，新能源装备产业发展势头强劲，这得益于河北省在新能源装备产业中的良好布局：保定市着力发展电力及新能源高端装备集群，力图打造"中国电谷"升级版；张家口市和承德市凭借风能与太阳能等得天独厚的资源条件，成功吸引了一大批风电装备关键零部件企业入驻，推动了风电装备产业园的快速建设，致力于打造成为中国北方氢能示范应用基地以及陆上风机生产制造与服务基地；石家庄市、邢台市、邯郸市等重点发展太行山脉"光伏+储能"技术，全力促进其规模化应用，打造能源装备制造区；唐山市、秦皇岛市和沧州市等利用其突出的海洋及港口资源，专注于建设沿海地区的"清洁能源（风电、核电、燃气轮机）+储能"装备制造基地。立足地区和产业优势，河北省新能源装备产业规模不断壮大，在京津冀区域中占有一席之地。

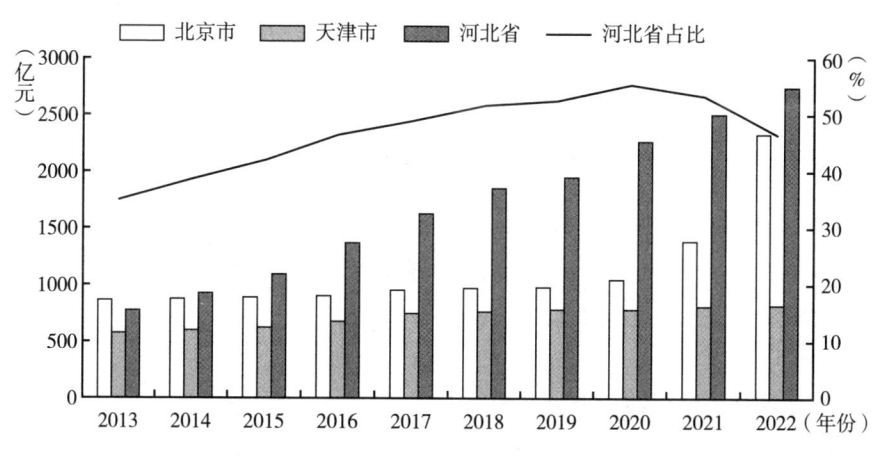

图14 2013~2022年京津冀三地新能源装备产业廊道在营企业累计注册资本额及河北省占比

资料来源：根据龙信企业大数据平台数据计算。

3. 新一代信息技术产业发展水平不断提升，但与京津还有较大差距

2013~2022年，北京市新一代信息技术产业廊道在营企业累计注册资本额由16953.86亿元扩张到24403.70亿元，增长了0.44倍；天津市由1073.17亿元扩张到3208.52亿元，增长了1.99倍；河北省由760.54亿元扩张到4865.29亿元，增长了5.40倍。可以看出，河北省资本扩张速度最快。河北省新一代信息技术产业廊道在营企业累计注册资本额从2017年开始超越天津市，在京津冀区域中的占比由2013年的4.05%上升到2022年的14.98%（见图15），与北京市的差距呈现逐渐缩小的趋势，在区域内的贡献度逐渐升高。这说明河北省愈加重视新一代信息技术的应用，注重企业数字化转型，加快新一代信息技术产业资本扩张的步伐，推动产业高质量发展。

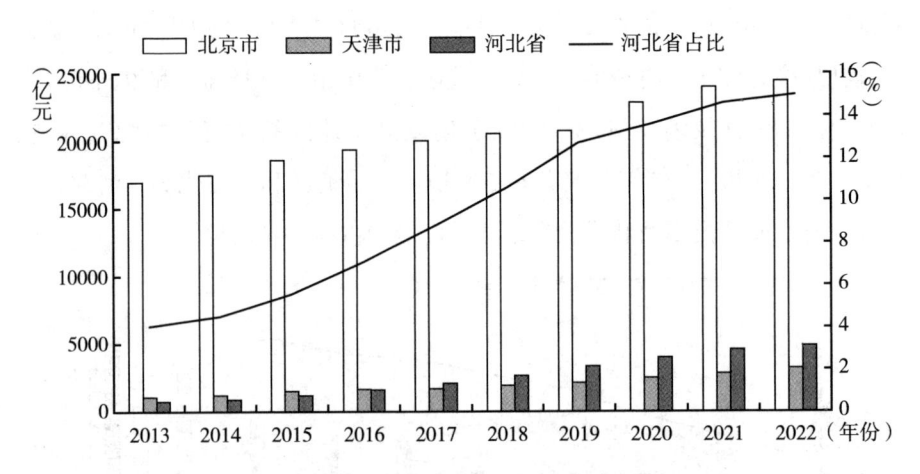

图15 2013~2022年京津冀三地新一代信息技术产业廊道
在营企业累计注册资本额及河北省占比

资料来源：根据龙信企业大数据平台数据计算。

4. 绿色算力和绿色能源产业规模不断扩大，创新水平稳步上升

2013~2022年，北京市绿色算力和绿色能源产业廊道在营企业累计注册资本额由1133.83亿元增加到2900.46亿元，年均增速为11.00%；天津市由12.88亿元增加到309.67亿元，年均增速为42.38%；河北省则由

464.63亿元增加到1709.16亿元，年均增速为15.57%，比北京市高出4.57个百分点。与天津市相比，河北省增速略显缓慢，但资本总量一直高于天津市，居京津冀区域第二位。从占比情况来看，河北省绿色算力和绿色能源产业廊道在营企业累计注册资本额在京津冀区域中的占比明显提升，由2013年的28.84%上升到2022年的34.74%，上升了5.90个百分点（见图16）。这说明河北省近年来聚焦绿色发展新理念，充分利用技术和人员等优势，大力推进绿色算力和绿色能源项目落地，不断促进绿色产业高质量发展。

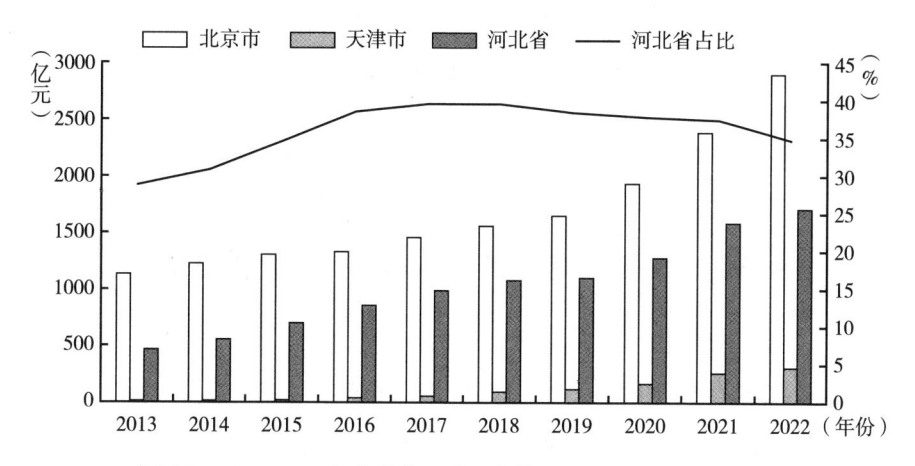

图16 2013~2022年京津冀三地绿色算力和绿色能源产业廊道在营企业累计注册资本额及河北省占比

资料来源：根据龙信企业大数据平台数据计算。

京津冀三地绿色算力和绿色能源产业廊道累计授权发明专利数分别由2013年的42件、0件和2件增加到2022年的640件、35件和305件，相应地，河北省在京津冀区域中的占比由4.55%上升到31.12%，累计授权发明专利数居第二位（见图17）。由此可见，就绿色算力和绿色能源产业而言，河北省在京津冀产业高质量协同发展中发挥着重要的支撑作用。

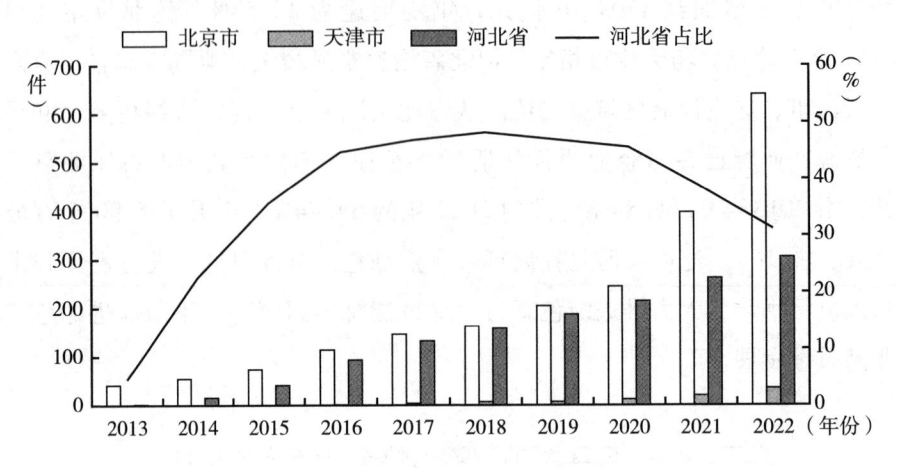

图17 2013~2022年京津冀三地绿色算力和绿色能源产业廊道
累计授权发明专利数及河北省占比

资料来源：根据龙信企业大数据平台数据计算。

（三）产业集群发展水平显著提升，与京津两地的差距逐渐缩小

1. 电力装备产业集群在区域发展中取得积极进展

2013~2022年，从电力装备产业集群在营企业累计注册资本额来看，北京市由12604.71亿元增加到15756.81亿元，增长了0.25倍；天津市由605.75亿元增加到1228.94亿元，增长了1.03倍；河北省由1497.61亿元增加到4025.90亿元，增长了1.69倍，在京津冀区域内的占比也不断提升，2022年达到19.16%（见图18）。这说明河北省不断加大对电力装备产业的资金投入，逐渐追上北京市的发展步伐。河北省政府发布的《关于加快推动清洁能源装备产业发展的实施方案》，围绕风电、光伏、核电等重点领域部署了电力装备产业高质量发展的重要举措。拥有"中国电谷"之称的保定市建成了国家能源局唯一的光伏重点实验室和科技部下属的7个重点实验室，涵盖光伏和风电等领域，打造了全面完整的"风光氢储输"绿色能源装备制造产业链，核心零部件的本地化配套率超过85%。更值得一提的是，保定市电力及新能源高端装备集群在2022年荣登国家先

进制造业集群榜单,极大地提升了电力装备产业集群的核心竞争力,发展水平逐渐向北京市靠近。

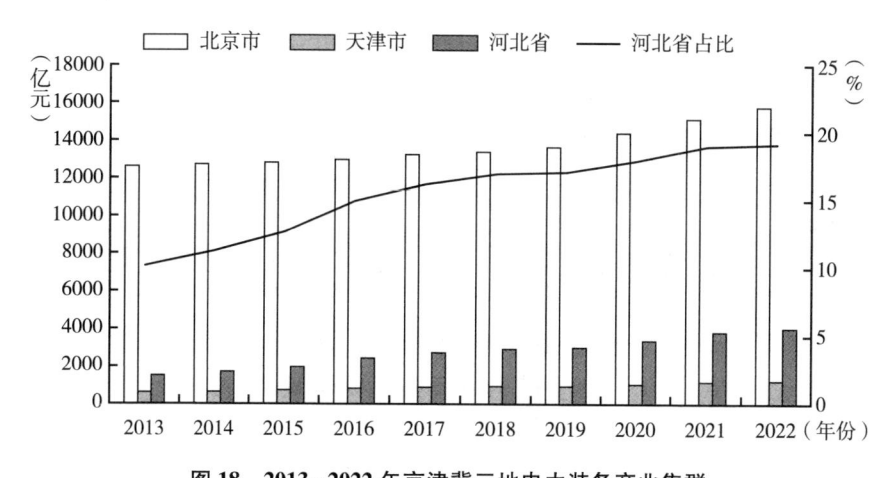

图18 2013~2022年京津冀三地电力装备产业集群在营企业累计注册资本额及河北省占比

资料来源:根据龙信企业大数据平台数据计算。

从电力装备产业集群累计授权发明专利数来看,2013~2022年,北京市累计授权发明专利数由1343件增加到63884件,增长了46.57倍;天津市由2812件增加到4753件,增长了0.69倍;河北省由259件增加到4945件,增长了18.09倍,增幅虽低于北京市,但高于天津市。河北省累计授权发明专利数在京津冀区域中的占比整体稳步提升,由2013年的5.87%上升到2022年的6.72%(见图19)。不论是从河北省自身产业发展情况还是在京津冀区域中的占比来看,电力装备产业集群的发展均呈现向好的态势,这进一步说明河北省与京津电力装备产业的发展差距在逐渐缩小。

2.生物医药产业的影响力进一步提升

2013~2022年,北京市生物医药产业集群在营企业累计注册资本额由2103.12亿元增加到3455.80亿元,增长了0.64倍;天津市由380.73亿元增加到785.65亿元,增长了1.06倍;河北省由677.90亿元增加到3159.82

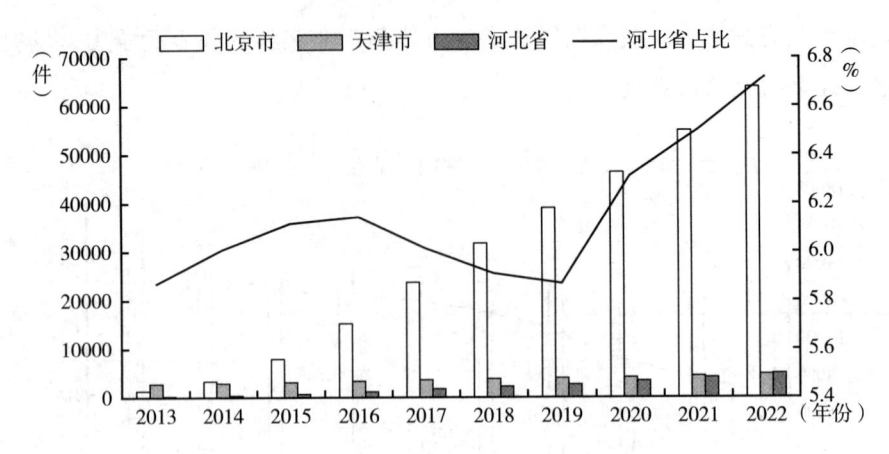

图19 2013~2022年京津冀三地电力装备产业集群
累计授权发明专利数及河北省占比

资料来源：根据龙信企业大数据平台数据计算。

亿元，增长了3.66倍。可以看出，河北省在京津冀区域中的占比由2013年的21.44%上升到2022年的42.69%，提高了21.25个百分点（见图20）。这说明河北省积极发挥生物医药产业优势，激发企业长期发展壮大的活力，在京津冀区域内，河北省生物医药产业集群占有一席之地。

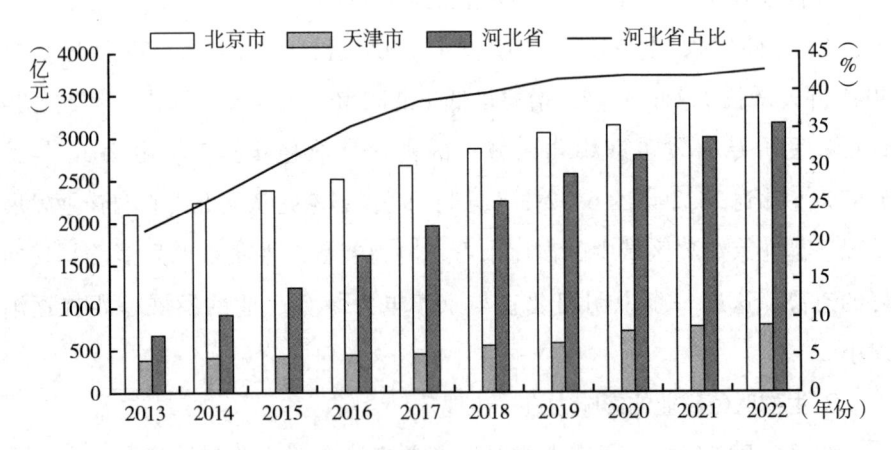

图20 2013~2022年京津冀三地生物医药产业集群
在营企业累计注册资本额及河北省占比

资料来源：根据龙信企业大数据平台数据计算。

京津冀三地生物医药产业集群累计授权发明专利数量分别由2013年的966件、1479件和719件增加到2022年的3304件、3566件和3526件，河北省在京津冀区域中的占比相应地由22.72%上升到33.92%，累计授权发明专利数从2018年开始超越北京市，跃居第二位（见图21）。由此可见，就生物医药产业集群而言，河北省在京津冀区域中占据主要地位，引领着区域产业集群的发展。

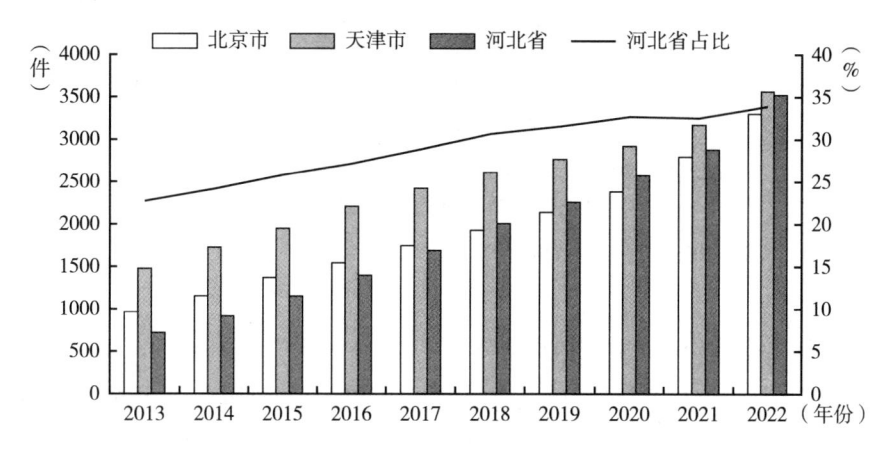

图21　2013~2022年京津冀三地生物医药产业集群累计授权发明专利数及河北省占比

资料来源：根据龙信企业大数据平台数据计算。

3. 三地网络安全产业规模呈现良好的协同发展态势

2013~2022年，北京市网络安全产业集群在营企业累计注册资本额由1238.64亿元增加到3072.48亿元，增长了1.48倍；天津市由232.19亿元增加到492.23亿元，增长了1.12倍；河北省由326.60亿元增加到1622.69亿元，增长了3.97倍。可以看出，河北省在京津冀区域中的占比由2013年的18.17%上升到2022年的31.28%，提高了13.11个百分点（见图22）。由此可见，河北省高度重视网络安全产业发展，加大产业培育力度，营造良好发展氛围，为实现高质量发展提供了强大的支撑。

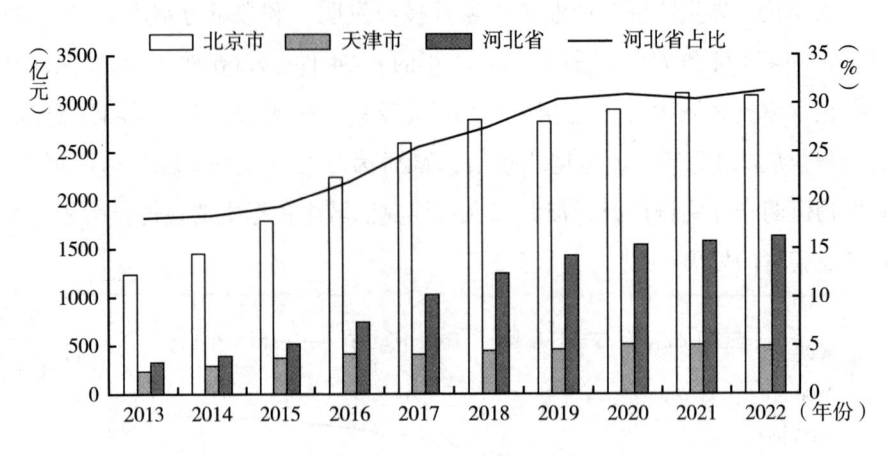

图22　2013~2022年京津冀三地网络安全产业集群在营企业累计注册资本额及河北省占比

资料来源：根据龙信企业大数据平台数据计算。

4. 安全应急装备产业规模优势突出

北京市和天津市科研资源充沛，但产业发展空间受限，河北省凭借其广阔的发展空间和坚实的生产制造基础，近年来不断加快"北京研发、河北转化"的步伐，以应急产业示范基地为依托，积极对接京津的高端创新资源，从而不断激发安全应急装备产业集群的发展潜能与活力。2022年，河北省安全应急装备产业集群在营企业累计注册资本额达到1478.97亿元，北京市和天津市分别为536.85亿元和735.64亿元，河北省资本规模位列第一，在京津冀区域中的占比由2013年的31.35%提升到2022年的53.75%，在区域中的贡献率最高（见图23）。

京津冀安全应急装备产业在连续进阶、规模持续扩大的同时，创新活力也不断增强。2013~2022年，北京市安全应急装备产业集群累计授权发明专利数由77件提升到371件，年均增速为19.09%；天津市由29件提升到144件，年均增速为19.49%；河北省由35件提升到344件，年均增速为28.91%，受益于北京市的辐射带动作用，河北省科技创新能力提升较快。此外，2013~2022年，河北省安全应急装备产业集群累计授权发明专利数在

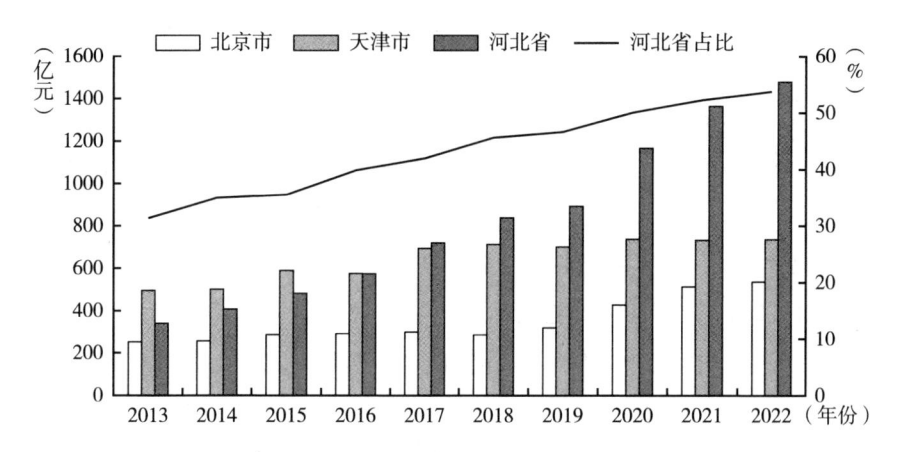

图23 2013~2022年京津冀三地安全应急装备产业集群
在营企业累计注册资本额及河北省占比

资料来源：根据龙信企业大数据平台数据计算。

京津冀区域中的占比由24.82%提升到40.05%（见图24）。可见，河北省安全应急装备产业集群综合实力不断迈上新台阶，为京津冀产业高质量发展贡献力量。

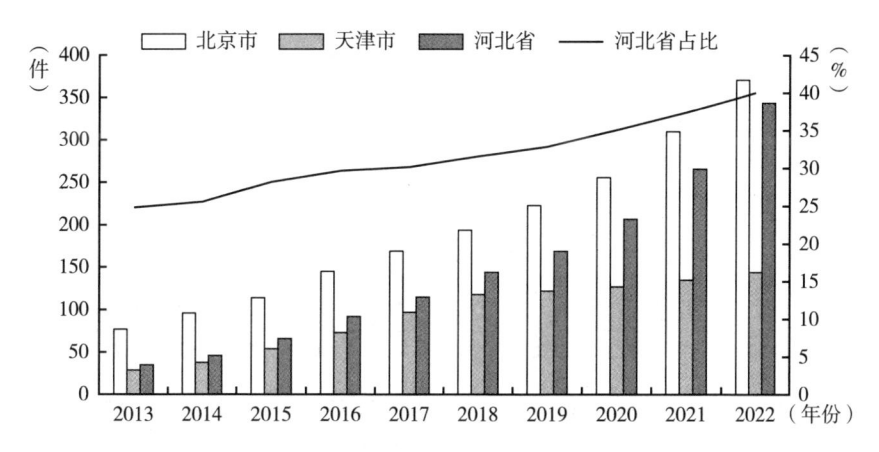

图24 2013~2022年京津冀三地安全应急装备产业集群
累计授权发明专利数及河北省占比

资料来源：根据龙信企业大数据平台数据计算。

（四）重点产业发展势头强劲，推动区域高质量发展取得积极进展

1. 重点制造业发展实力日益增强

自京津冀协同发展战略实施以来，河北省大力推进北京非首都功能疏解，积极承接北京转移的制造业企业。同时，制造业是河北省的支柱产业，河北省积极推动制造业绿色转型、数字创新，打造更先进、更有竞争力的制造业集群。2013~2022年，北京市重点制造业在营企业累计注册资本额由26400.02亿元增加到29894.94亿元，年均增速为1.39%；天津市由7572.20亿元增加到11610.42亿元，年均增速为4.86%；河北省由13965.60亿元增加到31648.69亿元，年均增速为9.52%，增速快于区域整体水平。从2020年开始河北省重点制造业资本规模超过北京市，在京津冀区域中的占比由2013年的29.13%提升到2022年的43.26%（见图25）。河北省重点制造业产业主体持续壮大，整体实力不断增强，在京津冀区域中的影响力日益凸显。

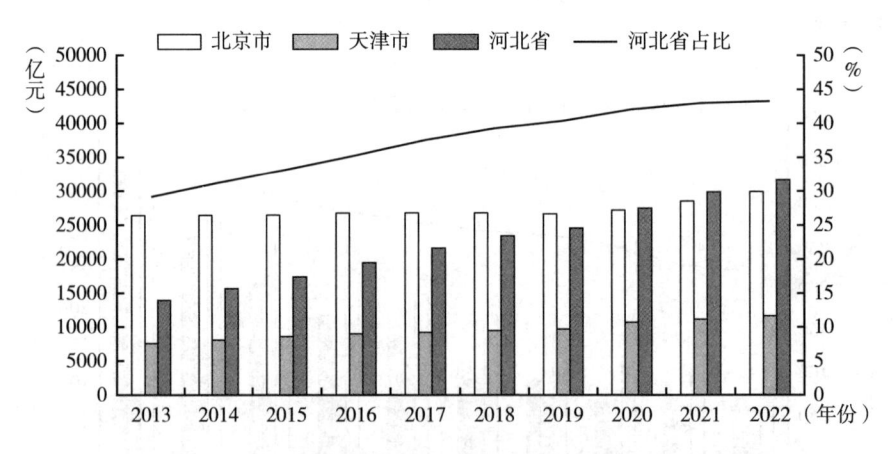

图25 2013~2022年京津冀三地重点制造业在营企业累计注册资本额及河北省占比

资料来源：根据龙信企业大数据平台数据计算。

2. 数字产业发展成效显著

近年来，河北省在北京市数字经济发展的空间溢出效应作用下，持续加强信息基础设施建设，不断推动传统产业与大数据、物联网、人工智能、云计算和5G技术深度融合，正定大数据产业园、张家口数据中心等数字平台积极发挥引领作用，共同促进河北省数字产业高质量发展。从数字产业在营企业累计注册资本额来看，2022年，北京市为47013.31亿元，是2013年（23976.49亿元）的1.96倍；天津市为5431.39亿元，是2013年（1994.94亿元）的2.72倍；河北省为16945.84亿元，是2013年（3486.43亿元）的4.86倍。2022年河北省数字产业在营企业累计注册资本额在京津冀区域中的占比为24.42%，较2013年的11.84%提升了12.58个百分点（见图26）。可见，河北省数字产业在京津冀区域中的地位有所上升。

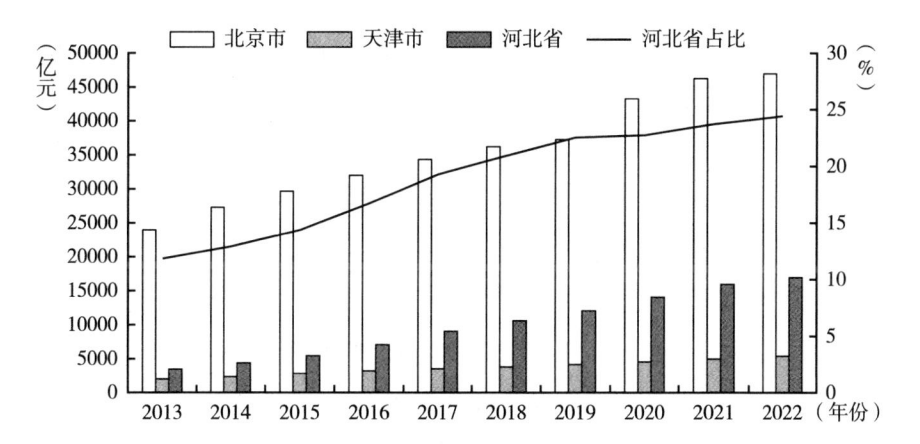

图26 2013~2022年京津冀三地数字产业在营企业累计注册资本额及河北省占比

资料来源：根据龙信企业大数据平台数据计算。

三 河北省在京津冀产业高质量协同发展中面临的挑战

（一）产业廊道高质量创新驱动不足

1. 机器人产业廊道

河北省创新水平与京津的差距进一步拉大。机器人被誉为"制造业皇冠顶端的明珠"，其研发、制造和应用是衡量一个地区科技创新水平的重要标准。2013年，河北省机器人产业廊道累计授权发明专利数仅为3件，分别相当于北京市（53件）和天津市（12件）的5.66%和25.00%，2014年和2015年甚至没有新增授权发明专利。2022年，北京市机器人产业廊道累计授权发明专利数为140件，天津市为67件，河北省为33件，其中河北省累计授权发明专利数不足北京市的1/4（见图27）。河北省拥有省级以上机器人研发机构21家，同时拥有河北省工业机器人产业技术研究院等机器人专业研发机构以及唐山开元、廊坊星润等机器人龙头企业，虽然河北省累计授权发明专利数总体上逐年增加，且在京津冀区域中的占比不断提高，但其增长速度缓慢，发展的空间仍然很大，在机器人领域的创新动能不足，与京津相比仍有较大差距。

2. 新能源装备产业廊道

河北省新能源装备产业廊道累计授权发明专利数占比不断下降，与北京的差距逐渐拉大。2013~2022年，河北省新能源装备产业廊道累计授权发明专利数与天津市旗鼓相当，但二者始终低于北京市，随着时间的推移，与北京的差距越来越明显。2018~2022年，河北省新能源装备产业廊道累计授权发明专利数在京津冀区域中的占比较低，始终保持在6%~8%。2022年，河北省新能源装备产业廊道累计授权发明专利数仅占北京市的7.40%（见图28）。河北省新能源装备产业廊道新增授权发明专利的速度远远慢于北京市，新增授权发明专利数整体较少，对京津冀区域新能源装备产业高质量发展的贡献较小。

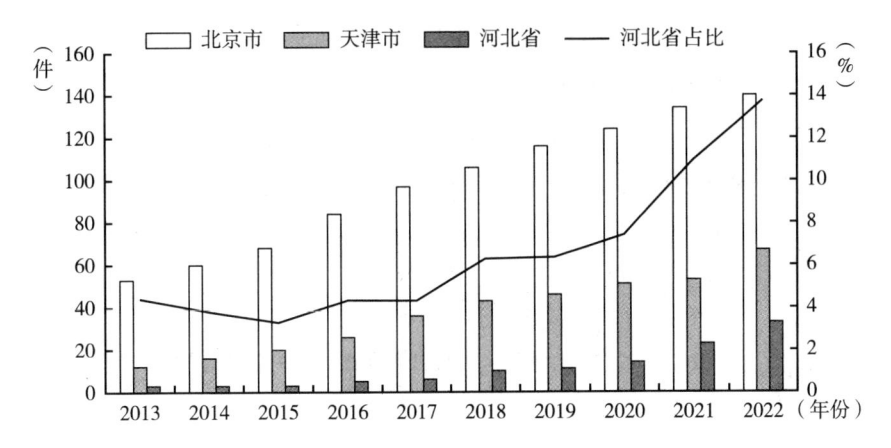

图 27 2013~2022 年京津冀三地机器人产业廊道
累计授权发明专利数及河北省占比

资料来源：根据龙信企业大数据平台数据计算。

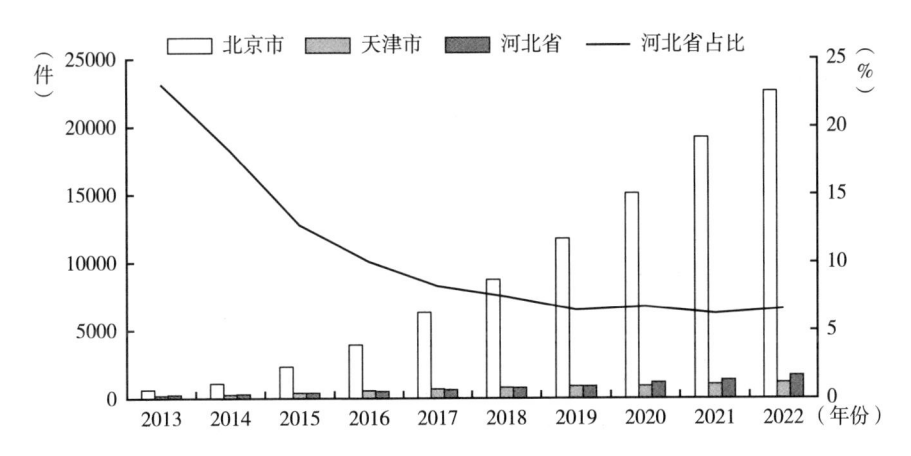

图 28 2013~2022 年京津冀三地新能源装备产业廊道
累计授权发明专利数及河北省占比

资料来源：根据龙信企业大数据平台数据计算。

3. 新一代信息技术产业廊道

河北省新一代信息技术产业廊道累计授权发明专利数占比较小，且提升速度缓慢。2013~2022 年，北京市新一代信息技术产业廊道累计授权发明专利数由 9060 件增加到 80802 件，增长了 7.92 倍；天津市由 375 件增加到

341

3649件，增长了8.73倍；河北省由178件增加到2025件，增长了10.38倍，创新能力进步速度虽略微超过京津，但差距依旧很大。可以看到，河北省新一代信息技术产业廊道累计授权发明专利数在京津冀区域中的占比由2013年的1.85%上升到2022年的2.34%，始终保持在1%~3%（见图29）。由此可知，河北省创新能力仍然较为滞后，在京津冀区域高质量发展中的贡献微乎其微。

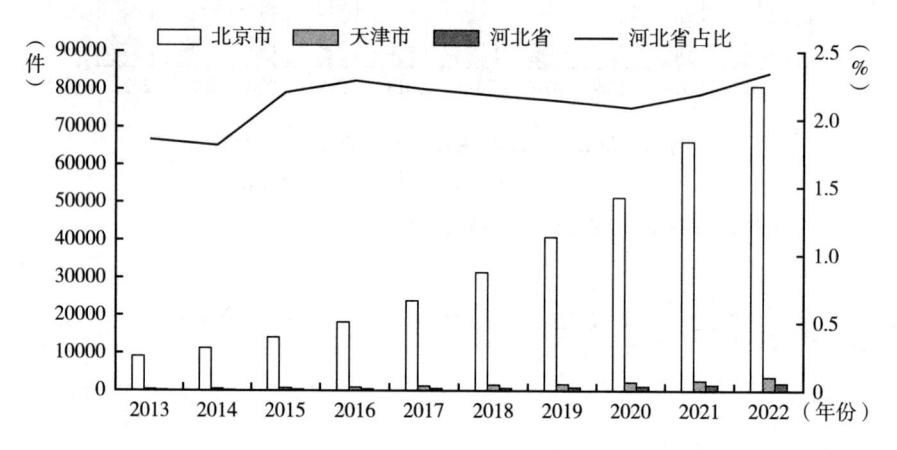

图29　2013~2022年京津冀三地新一代信息技术产业廊道累计授权发明专利数及河北省占比

资料来源：根据龙信企业大数据平台数据计算。

4. 空天信息产业廊道

河北省空天信息产业廊道在营企业数量不足，发明专利成果不多，导致其在该领域处于相对劣势地位。2013~2022年，北京市空天信息产业廊道在营企业累计注册资本额始终居京津冀第一位，天津市居第二位，河北省与京津存在一定的差距，但2022年河北省反超天津市跃居区域第二，可见河北省在空天信息产业发展方面不断发力。具体而言，2013年，河北省空天信息产业廊道在营企业累计注册资本额仅为89.41亿元，北京市为1229.14亿元，比河北省多出1139.73亿元；2022年，北京市空天信息产业廊道在营企业累计注册资本额为2061.36亿元，比河北省（159.99亿元）多出1901.37亿元（见图30）。

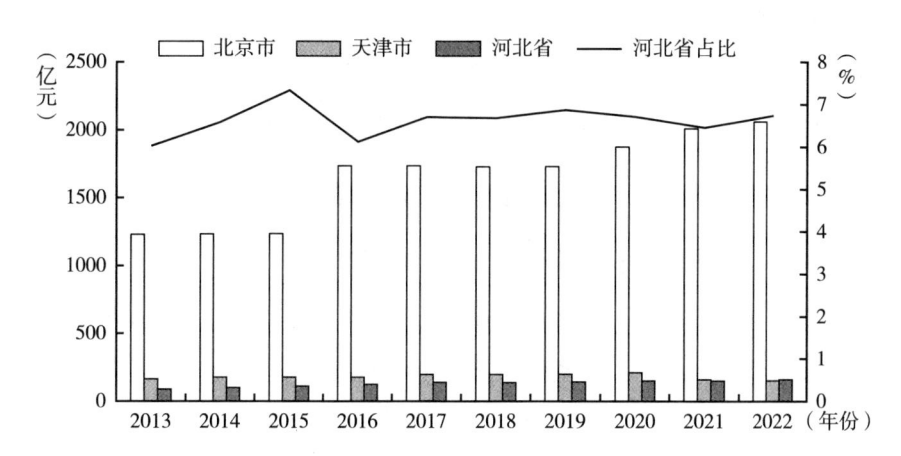

图 30　2013~2022 年京津冀三地空天信息产业廊道
在营企业累计注册资本额及河北省占比

资料来源：根据龙信企业大数据平台数据计算。

在空天信息产业廊道累计授权发明专利数方面，京津冀三地分别由2013 年的 170 件、5 件和 11 件增加到 2022 年的 3762 件、122 件和 154 件（见图 31）。显然，北京市作为我国航天事业的发源地以及商业航天产业的

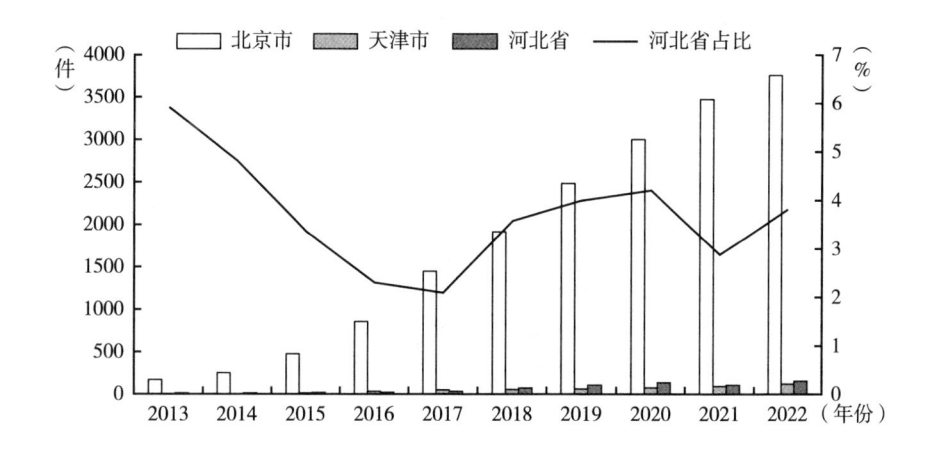

图 31　2013~2022 年京津冀三地空天信息产业廊道
累计授权发明专利数及河北省占比

资料来源：根据龙信企业大数据平台数据计算。

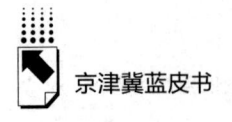

策源地和主阵地，在空天信息产业中的科技创新能力稳居第一，河北省虽略高于天津市，但2013~2022年在京津冀区域中的占比始终低于6%，且整体呈现下降趋势，北京市与津冀两地均拉开了较大的差距。

（二）产业集群高质量发展在京津冀区域中的竞争力不足

1. 集成电路产业集群

河北省集成电路产业基础较为薄弱，与京津两地存在较大差距。2013年，河北省集成电路产业集群在营企业累计注册资本额为8.09亿元，在京津冀区域中的占比为1.25%；2022年，河北省集成电路产业集群在营企业累计注册资本额为31.08亿元，在京津冀区域中的占比为2.80%（见图32）。虽然河北省集成电路产业集群在营企业累计注册资本额不断增加，但整体发展仍然较为滞后，在京津冀区域中的地位和影响力较弱。

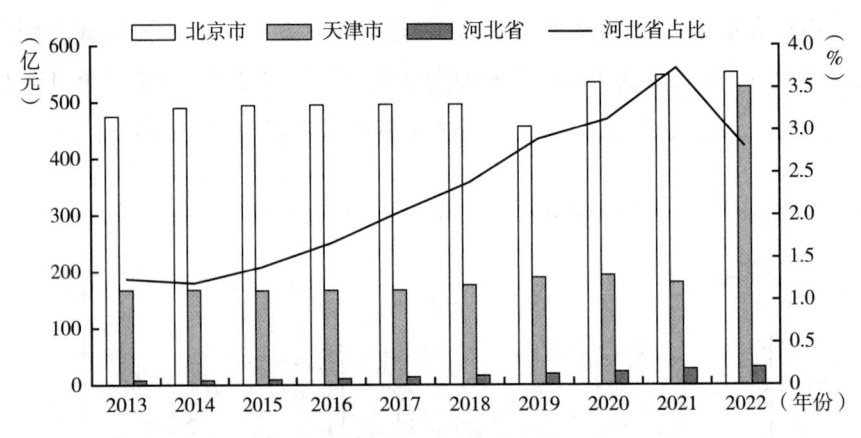

图32 2013~2022年京津冀三地集成电路产业集群在营企业累计注册资本额及河北省占比

资料来源：根据龙信企业大数据平台数据计算。

2013~2022年，京津冀三地集成电路产业集群累计授权发明专利主要来自北京市，河北省由2013年的18件增加到2022年的236件，分别是北京市的2.11%和5.42%，且河北省在京津冀区域中的占比始终低于4.50%

(见图33)。由此可见，河北省自身产业创新水平不高，且在以集成电路为代表的高精尖产业中与京津的专利合作数量较少，成果转化困难。

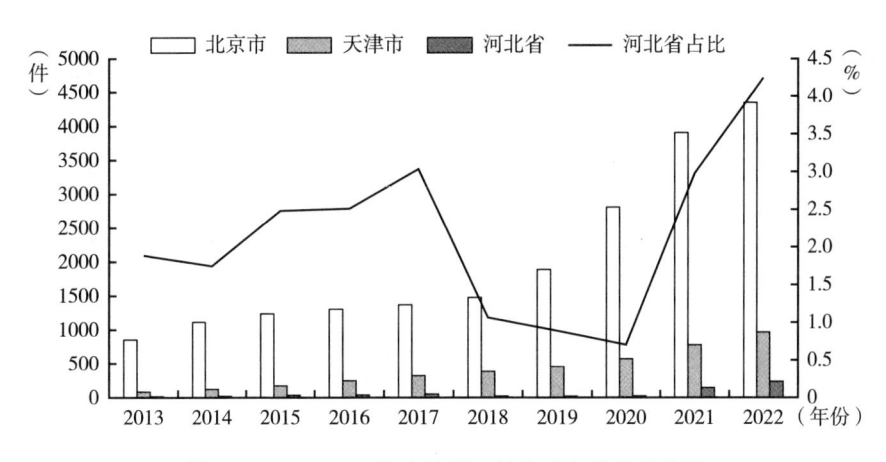

图33 2013~2022年京津冀三地集成电路产业集群累计授权发明专利数及河北省占比

资料来源：根据龙信企业大数据平台数据计算。

2. 网络安全产业集群

河北省网络安全产业集群累计授权发明专利数与北京市有较大差距。2013年，河北省网络安全产业集群累计授权发明专利数为474件，虽比天津市（468件）多6件，但仅相当于北京市（4963件）的9.55%。2022年，北京市网络安全产业集群累计授权发明专利数为48186件，天津市为1062件，河北省为2456件，其中河北省数量仅相当于北京市的5.10%（见图34）。虽然河北省网络安全产业集群累计授权发明专利数总体保持在天津市之上，但与北京市相比仍有较大差距。

（三）重点产业创新能力亟待提升

1. 重点制造业

河北省重点制造业创新成果孵化转化效率低下。2013~2022年，河北省重点制造业累计授权发明专利数由2898件增加到22754件，虽逐渐赶上并超过

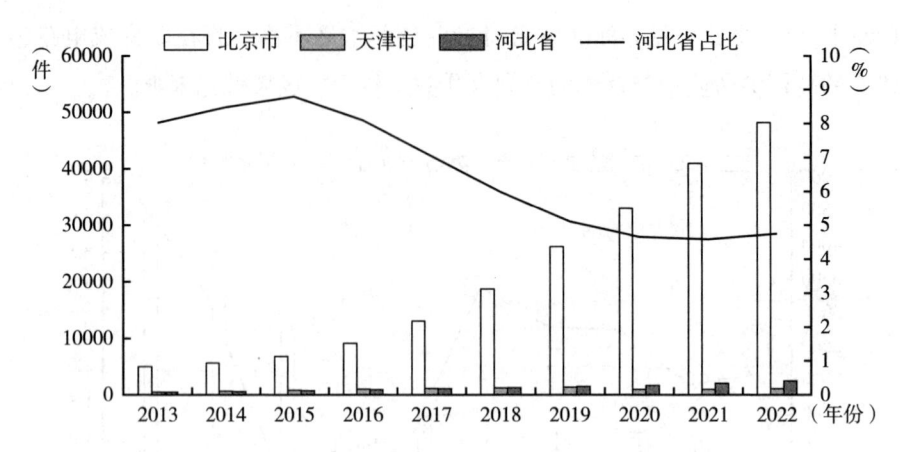

图 34 2013~2022年京津冀三地网络安全产业集群累计授权发明专利数及河北省占比

资料来源：根据龙信企业大数据平台数据计算。

天津市，但与北京市的差距仍然明显。2022年，河北省重点制造业累计授权发明专利数仅仅是北京市的21.47%。同时，河北省重点制造业累计授权发明专利数在京津冀区域中的占比始终低于16%（见图35）。这表明河北省重点制造业创新空间巨大，仍需不断加大对科技创新的投入力度。

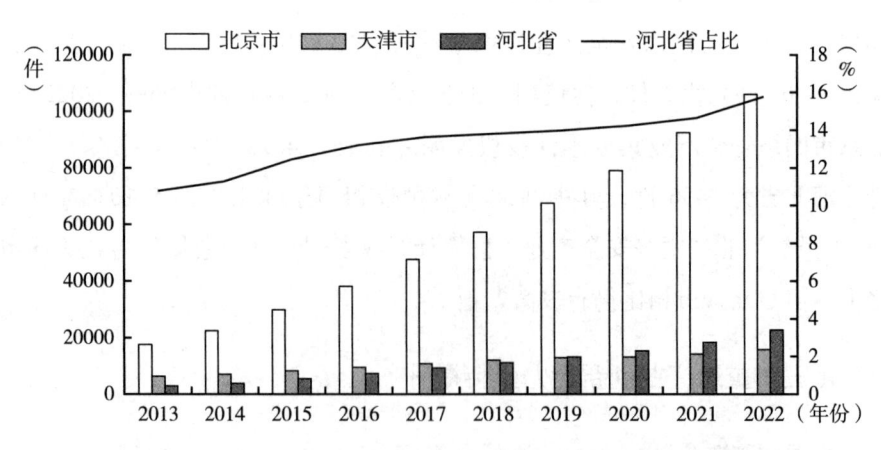

图 35 2013~2022年京津冀三地重点制造业累计授权发明专利数及河北省占比

资料来源：根据龙信企业大数据平台数据计算。

2. 重点服务业

京津冀三地重点服务业在营企业累计注册资本额分别由2013年的196541.03亿元、25601.52亿元和13269.34亿元增加到2022年的368520.54亿元、83811.82亿元和61025.20亿元，年均增速分别为7.23%、14.08%和18.48%，其中河北省增速最快，与京津的差距越来越小。北京市在京津冀区域中主要承担生产性服务功能，其服务业资本规模远大于津冀两地，津冀两地重点服务业在营企业累计注册资本额虽呈现上升趋势，但增长幅度并不大。河北省重点服务业在营企业累计注册资本额在京津冀区域中的占比逐年上升，2022年达到11.89%（见图36）。

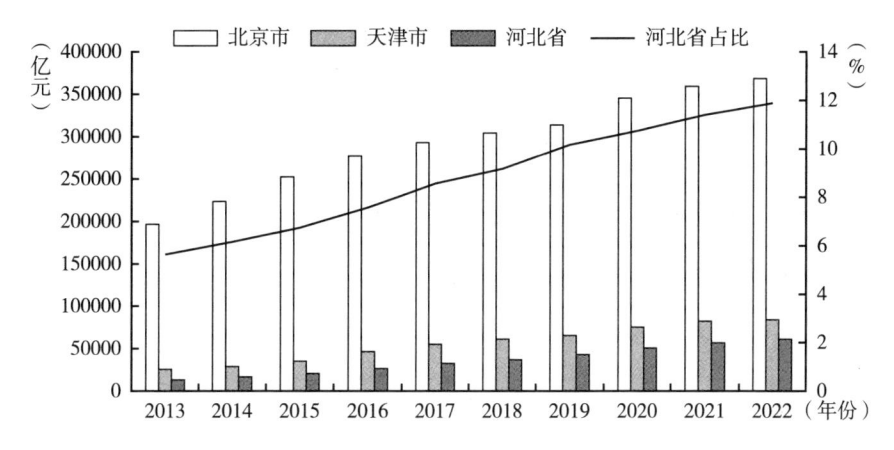

图36 2013~2022年京津冀三地重点服务业在营企业累计注册资本额及河北省占比

资料来源：根据龙信企业大数据平台数据计算。

从重点服务业累计授权发明专利数来看，河北省在京津冀区域中的占比提升速度相对缓慢，且占比不高（见图37）。虽然北京市的科技成果不断在津冀转化，实现了科技成果的产业化发展，但河北省与京津两地尚有较大差距。

3. 数字产业

数字经济是京津冀高质量协同发展的新引擎，但河北省数字产业科技成果相对匮乏。河北省数字产业累计授权发明专利数虽然由2013年的277件

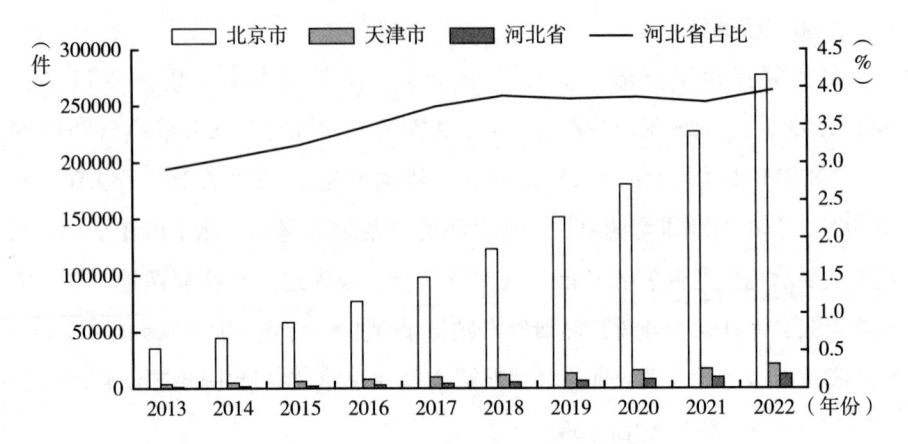

图 37　2013~2022年京津冀三地重点服务业累计授权发明专利数及河北省占比

资料来源：根据龙信企业大数据平台数据计算。

增加到2022年的4754件，增长了16.16倍，但在京津冀区域中的占比一直未超过4%（见图38）。这说明河北省数字产业创新发展成效不显著，与区域整体创新水平仍有较大差距。

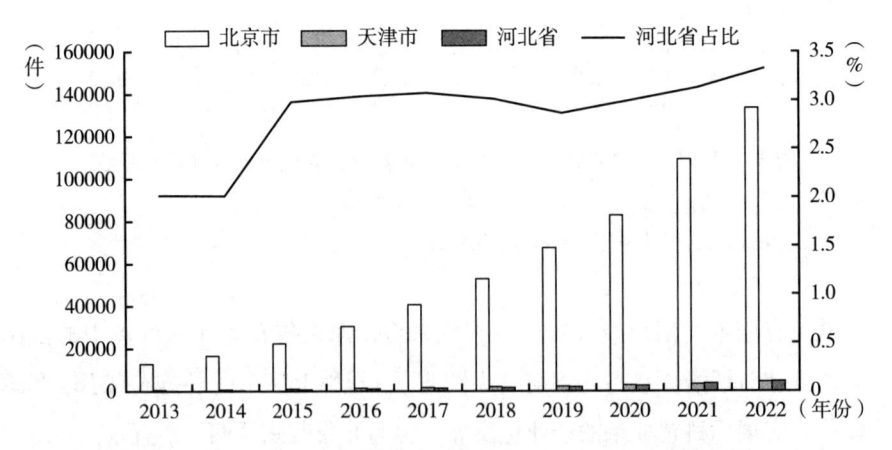

图 38　2013~2022年京津冀三地数字产业累计授权发明专利数及河北省占比

资料来源：根据龙信企业大数据平台数据计算。

四　对策建议

（一）优化京津冀产业协同发展体制机制

完善政府间产业协作联动机制。第一，建立工作联席会议制度。建立平等协商谈判机制，以便共同通过或签署区域内重大决定或协议，制定产业发展一体化章程；建立常设性的决策机构，针对产业转移、基础设施共建和环境保护联防联控等京津冀产业协同发展的核心议题进行表决与统筹安排，统一规划符合本地持续发展的产业发展战略和安排，实现局部性规划与整体性规划的有机衔接；建立政策咨询机构，为区域内各地发展提供政策效果评估与适宜的决策方案，保障京津冀形成全局发展、政府相互协调的局面（吴爱芝、李国平，2024）。第二，建立京津冀产业协同发展共建共享运作机制。设立区域合作投资机构或投资基金，在大型基础设施和产业园区等关键性领域的建设管理方面展开投资与合作，在京津与河北省各城市之间、园区之间建立互结对子的对口合作机制（田学斌、卢燕，2022）；立足各地产业基础和资源优势，在战略性新兴产业领域共同培育壮大一批领军企业，引领带动区域内其他产业发展；鼓励三地建立跨区域公共服务领域的合作机制，破除空间壁垒，充分发挥北京公共服务的资源优势，带动周边地区提升教育、医疗等发展水平；改善区域营商环境，鼓励三地基金联合申请重大项目，加强三地科技创新能力建设，创新京津冀区域合作模式，打造"你中有我，我中有你"的利益共同体。

完善产业链配套政策体系。第一，完善产业转移方和吸收方的统筹与对接政策，在京津冀区域内实行产业优化配置，以分重点、分层次、分步骤向周边省市进行产业转移为基础，河北省积极承担疏解北京非首都功能、解决北京"大城市病"的任务（李国平、吕爽，2024）。为实现产业转移的成功对接和双方的互利共赢，应确保转移方企业在产品认证、纳税记录等方面的认证体系能够获得吸收方的认可，教育、医疗、社保、住房等政策能够实现

相互衔接，保证人才转移的顺利进行。第二，健全绩效评估体系，如税收分享、国内生产总值分计等。利用河北省提供的土地资源，结合北京市提供的科技创新成果、高技术制造企业和先进的管理模式，共同打造区域特色合作区，促进北京市产业的转移和输出，推动区域间的税收分享和产值分计机制。第三，持续完善产业链的布局、建设与评估，努力形成目标同向、措施一体的产业政策框架，并不断提升营商环境质量，确保政策的公开与透明，以提高企业在区域内布局完整产业链和供应链的积极性。

（二）深入推进产业链创新链协同发展

加强前沿科技基础研究，增强区域协同创新能力。河北省政府应加大财政科技支出，持续加大对基础学科和交叉学科的投入力度，建设重大科研设备以及科教基础平台、国家重点实验室、产业技术研发平台等掌握前沿技术的创新载体，打造一批前沿科学领域的创新人才洼地和创新高地，强化科技支撑，提升河北省原始创新的原动力。加快在新能源、智能（网联）汽车、生物医药等产业前沿领域开展基础研究和关键核心技术攻关，构建完善的产学研协同创新治理机制，设立专项基金促进产学研深度融合，实现创新成果高效转化。通过完善政策补贴、鼓励金融机构提供专门的科技创新贷款等方式，支持省内骨干高校、科研院所等机构与头部科技型企业共建高端技术研发设施、创新实验室以及创新合作示范基地，营造良好的研发环境，吸引京津的技术、人才等高端创新资源流入河北省，并围绕产业链关键性问题开展攻关，解决"卡脖子"技术问题，强化产业链创新链协同，进一步提升京津冀世界级城市群价值链（武义青，2023）。促进京津与河北省科技资源的流动与共享，河北省政府应加强创新孵化平台与基地建设，完善科技服务配套措施，加大高端人才的培养与吸引力度，强化金融创新的监管，建立统一的京津冀人才资源市场，通过人才灵活流动和人才租赁机制，实现区域内人才的流动与共享；设立京津冀共同发展基金，加强对知识产权的管理与保护，相互开放国家级和省级重点实验室、工程技术研究中心、中试基地等，让资金、技术等创新要素在京津冀区域流动起来，加快京津创新成果在河北省孵化转化，促进资源要素优化配置，缩小地区之间的发展差距（阎东彬等，2022）。

强化科技创新应用领域布局，优化产业创新资源空间布局。聚焦区域重点产业，以科技创新应用推动组织形式、研发制造模式等全方位创新，围绕仪器仪表制造等与京津产业合作紧密的关键领域以及拥有产业创新基础优势的核心领域，加大协同创新力度，在北京市对津冀产业转移与辐射的引领下，加快区域全链条融合创新、联动发展。加快建立以企业为主体、市场为导向的现代化科技创新应用体系。出台《京津冀技术转移条例》，建立知识产权保护制度，优化营商环境，为向本地转移的企业提供立法保障、奖惩机制和适宜的发展环境，积极引育和鼓励京津"链主"企业在河北省建立中试基地，发挥其产业优势，移植其成功模式和品牌，加快整合产业链上下游的各类资源，并带动上下游及周边产业做大做强，推动应用研究与产业化融合发展，形成稳固的产业链条。大力推进区域交叉融合创新，探索建立多层次、多形式的科技创新应用推广平台，实现京津关键核心技术和科技创新成果供给同河北省产业需求精准对接，防止供需不匹配造成的资源浪费，实现区域高效率融合创新，塑造高质量发展新优势，释放雄厚的产业基础潜能。支持标杆型企业牵头成立区域创新联合体，促进基础研究、应用研究与产业化融合发展。依托中关村国家自主创新示范区、河北·京南国家科技成果转移转化示范区等重点区域，围绕新一代信息技术、新能源材料、人工智能、智能装备制造等重点产业，利用京津创新资源，推动河北省培育具有国际竞争力的产业集群，以科技创新孵化转化培育河北省产业高质量发展新的增长点（武义青、李涛，2022）。

（三）积极推动传统产业转型升级

以新质生产力要素赋能传统产业，加快产业转型升级。习近平总书记强调，发展新质生产力不是忽视、放弃传统产业，而是用新技术改造提升传统产业，积极促进产业高端化、智能化、绿色化。新质生产力的"新"在于创新，持续强化企业科技创新主体地位，通过完善交易制度和加强监管等方式深化资本市场改革，加快形成"科技—产业—金融"的良性循环机制，强化企业创新融资功能和创新成果转化功能，完善企业研发投入后补助、研发费用加计扣除、专项资金扶持、知识产权保护等配套政策，激发企业开展科技创新活动的自主能动性，着力打造本土的创新型企业。主动吸收京津企业在人工智能、工业互联网等优势领域产生的技术和知识溢出，促进河北省传统产业企业引入新技术、新工艺、新装备，加快新产品研发和生产流程改进速度，加强关键工序、核心设备更新改造，实现产品升级改造、技术迭代更新，同时向研发设计、市场营销和售后服务延伸产业链，实现技术和管理模式的双重创新，推动河北省传统产业向高附加值、高技术含量等高端方向转型升级。以疏解北京非首都功能为"牛鼻子"，充分发挥京津科技研发潜力和利用优质创新资源，鼓励河北省高校、企业等创新组织与京津主动对接，强化协同创新，加速形成区域产学研创新生态，总结出传统产业亟待解决的技术改造难题，利用京津重点科研院所的科技创新优势，委托其攻克技术难关，贯彻应用到传统产业的改造升级中。搭建京津冀区域专业化科技成果供需库，运用大数据平台及时公布区域内科技成果供需信息，方便京津的研发机构根据河北省传统产业升级的实际需求，针对性地开展技术研发和示范应用工作，推动京津的科技成果在河北省高效孵化转化，加速传统产业转型升级（孙久文、王邹，2022）。

着力推进传统产业绿色低碳转型。发展新质生产力是深化京津冀产业协同发展的关键力量，而推进传统产业绿色低碳转型则是内在要求。河北省政府应出台并完善制造业绿色转型的相关政策和实施方案，加快废铁、废钢等再生资源行业标准体系和行业管理规范建设，进行分类指导、分业施策，引领企业"向绿而行"，激发企业绿色发展的积极性。加快现代科学知识的运用和先进技术的推广应用，通过使用低碳能源和节能建材、水资源综合利用、信息化等多种手段，推动钢铁、建材等传统产业向绿色生态、低碳环保和智能高效方向不断升级，努力建设成为传统产业绿色低碳示范区，构建高效、清洁、低碳、循环的绿色制造体系。设立绿色改造专项基金，重点支持有利于节能降耗、资源综合利用和促进循环经济的绿色项目，鼓励企业持续改进绿色低碳发展行动计划，完善碳排放监测体系，积极参与国家碳交易试点建设，构建绿色低碳产品矩阵，加大绿色技术和装备研发与推广力度，将节能减排融入企业运营的各个部门和项目管理环节。建立动态更新的绿色技术目录和项目库，推广先进低碳技术，降低企业绿色转型技术成本和风险，实现废旧资源循环利用的提质增效功能，培育一批绿色车间、绿色工厂、绿色园区，推动更多传统产业由单一业态向多元循环经济转变。加强企业与高校、科研院所的交流合作，推进绿色技术改革和科技成果转化，发展"专精特新"产品，提升能源利用效率。深化节能监察和节能诊断服务，建立完善京津冀区域碳达峰碳中和公共服务平台，探索开展区域工业绿色微电网、数字化碳管理体系建设试点，助力京津冀工业节能减排（刘洁等，2022）。

（四）持续优化数实融合生态

大力发展数字经济，推动数字经济与实体经济深度融合发展。作为全国数字经济发展的重要承载区域，京津冀已在数据要素、数字技术、数字场景、数字产业等方面具有强大的协同优势。继续加大技术和资金扶持力度，鼓励数字领域头部企业开放共享数字化技术资源，强化企业数字化转型底层数字技术支撑，降低传统企业和中小企业数字化转型门槛与风险，缓解企业转型难的问题，加快培育一批"专精特新"数字化中小企业。推动京津冀区域数字经济合作不断深化，依托国家实验室，联合企业、知名高校、科研院所等科研机构，共同推进关键数字核心技术攻关，提高数字化成果孵化转化效率，鼓励企业参与区域数字技术协同创新和应用场景共建，重点在大数据、云计算、人工智能、集成电路等核心领域打造一批具有国际竞争力的数字产业集群。促进区域数字技术与实体经济融合发展，加快将北京市领先的数字技术应用于河北省产业的现实场景，放大数字经济共享效应和应用空间，为京津冀产业协同发展注入新活力。培养数实融合复合型人才，河北省高等院校应结合数实融合发展的实践要求，加强数字技术专业教育，设置人工智能、大数据等专业课程，为数实融合发展储备一批数字化人才，打造数字人才培养基地，健全绩效考核评价体系和激励机制，完善跨区域人才引进

政策，实现人才引得来、留得住、干得好的良性循环（刘海军、翟云，2024）。强化示范领军企业的带动作用，积累可复制可推广的案例经验，聚焦转型发展的重点产业，积极引育世界"灯塔工厂"和"链主企业"在河北省落地，开放数字化生态，优化数字营商环境，赋能河北省产业链企业提质增效。

推动数字基础设施建设和数据资源共享。以京津冀智算中心建设为契机，加强对传统基础设施的数字化升级改造，持续推动建设以人工智能、区块链、云计算中心、5G等为代表的数字化基础设施，建立大规模数据处理中心，强化数据采集、数据分析、数据处理和数据存储功能，夯实数字化赋能河北省产业高质量发展的生态基础，加快弥合河北省与京津两地间的数字鸿沟。积极引导龙头企业、科研机构和数字行业协会共建数字化技术公共服务平台，打造针对各个细分行业及数字化典型场景的专业化、个性化服务方案，改变企业信息不对称的弱势地位。积极推动产业实现数字化变革，完善企业监督和评估体系，实时跟踪数字化转型进展和成效，以便调整转型策略，加快形成基于企业生命周期的区域数字化服务体系和数据要素市场法律法规体系，持续优化京津冀数实融合生态。加强顶层设计，建立健全区域数据共享激励考核机制和利益协调机制，优化数据流转相关配套软硬件，推动京津冀区域公共数据互联互通、资源共享，打破数据孤岛，通过分类分级促进公共数据要素流通，充分释放区域公共数据要素价值，使数字技术和数据价值持续惠及京津冀区域产业。加快建立区域标准统一的企业数据资产评价标准，探索企业数据资产化的实践路径，为打造京津冀数实融合生态提供支撑。

参考文献

李国平、吕爽：《京津冀协同发展战略实施十年回顾及展望》，《河北学刊》2024年第1期。

刘海军、翟云：《数字时代的新质生产力：现实挑战、变革逻辑与实践方略》，《党政研究》2024 年第 3 期。

刘洁、栗志慧、周行：《双碳目标下京津冀城市群经济—人口—资源—环境耦合协调发展研究》，《中国软科学》2022 年第 S01 期。

孙久文、王邹：《新时期京津冀协同发展的现状、难点与路径》，《河北学刊》2022 年第 3 期。

田学斌、卢燕：《新发展格局下京津冀产业链创新链深度融合推动河北产业高质量发展——2021 京津冀协同发展参事研讨会综述》，《中共石家庄市委党校学报》2022 年第 1 期。

吴爱芝、李国平：《京津冀协同创新的进展评价与优化策略研究》，《城市问题》2024 年第 3 期。

武义青：《提高京津冀全要素生产率　打造世界级先进制造业集群》，《中国发展观察》2023 年第 5 期。

武义青、李涛：《数字经济引领京津冀产业协同发展——2022 京津冀协同发展参事研讨会综述》，《经济与管理》2022 年第 5 期。

阎东彬、孙久文、赵宁宁：《京津冀高质量协同发展的动态评价及提升路径》，《工业技术经济》2022 年第 6 期。

Abstract

The report to the 20th National Congress of the Communist Party of China pointed out that high-quality development is the primary task of comprehensively building a modern socialist country. Among them, high-quality development of industries is an inevitable requirement and important support for achieving high-quality economic and social development in China. Gathering in Beijing, Tianjin and Hebei, the new journey of Chinese-style to modernization has given Beijing, Tianjin and Hebei a new strategic positioning. In this context, the high-quality coordinated development of industries is not only a key support for the in-depth promotion of the coordinated development of Beijing-Tianjin-Hebei, but also an important focus for Beijing-Tianjin-Hebei to build a Chinese-style modernization pilot and demonstration zone.

This report is the wisdom result of the joint efforts of the authors from the three regions of Beijing, Tianjin and Hebei. The report first discusses the status quo and problems of the high-quality coordinated development of the Beijing-Tianjin-Hebei industry from the overall level; Secondly, it analyzes the high-quality coordinated development of industries in Beijing-Tianjin-Hebei from three aspects: key fields, key industries and enabling methods. Finally, the paper analyzes the position and role of Beijing-Tianjin-Hebei in the high-quality coordinated development of industries in Beijing-Tianjin-Hebei.

This report consists of 2 general reports, 8 special reports and 3 regional reports. It adopts various research methods, such as literature research, statistical analysis, field research and empirical research, and defines the connotation, basic characteristics, main objectives and key mechanisms of high-quality coordinated development of industries at the theoretical level. The main tasks and important

Abstract

focus of the high-quality coordinated development of industries in Beijing-Tianjin-Hebei are discussed. In practice, this paper analyzes the progress and effect of the high-quality coordinated development of industries in Beijing-Tianjin-Hebei, discusses the main challenges facing the current high-quality development of industries, and puts forward corresponding countermeasures and suggestions.

The report points out that the high-quality coordinated development of industries has four basic characteristics: core leadership of collaborative innovation; Optimal allocation of factor resources; Intensive and efficient production mode; Growth momentum is strong. The main goal of the high-quality coordinated development of regional industries is to form scientific and technological innovation as the core driving force, modern industrial clusters as the spatial support, the deep integration of industrial chain and innovation chain as the key starting point, the construction of modern industrial system as an important foothold, and ultimately achieve industrial optimization and upgrading in the region and the continuous improvement of industrial economic benefits. The important focus of the high-quality coordinated development of industries in Beijing-Tianjin-Hebei is reflected in four aspects: power, structure, space and efficiency. From the perspective of power, Beijing takes the lead to promote collaborative innovation to achieve scientific and technological innovation, and the linkage development of Beijing-Tianjin-Hebei pilot free trade Zone helps institutional innovation; From the structural point of view, taking advantage of Beijing's non-capital functions to promote the industrial optimization and upgrading of Tianjin-Hebei, and promote the construction of modern industrial system; From the spatial perspective, to build a world-class advanced manufacturing cluster, promote the construction of industrial clusters and industrial corridors, and optimize the spatial layout of Beijing-Tianjin-Hebei industry; From the efficiency level, promote the deep integration of industrial chain and innovation chain, promote the transformation and large-scale production of Beijing's scientific and technological innovation achievements in Tianjin-Hebei, and improve the efficiency of high-quality coordinated development of industries in Beijing-Tianjin-Hebei as a whole.

Based on the analysis of the connotation, basic characteristics, main objectives and key mechanisms of high-quality coordinated development of industries,

combined with the actual development of Beijing-Tianjin-Hebei, this report compares and analyzes the high-quality development of industries in the three major urban agglomerations in eastern China. This paper analyzes the progress and effectiveness of the high-quality development of Beijing-Tianjin-Hebei manufacturing industry, service industry, digital industry, innovation chain, free trade pilot zone, industrial cluster, industrial corridor and the integration and development of industrial chain and innovation chain, and discusses the status and role of Beijing, Tianjin and Hebei in the high-quality coordinated development of Beijing-Tianjin-Hebei industry. The research findings are as follows: First, on the whole, the industrial positioning and division of labor in the three regions of Beijing-Tianjin-Hebei have become increasingly clear, the foundation for high-quality development has been continuously consolidated, and the "Beijing R&D, Tianjin and Hebei manufacturing" model has accelerated. Second, from the perspective of industrial cluster, the correlation between nodes in the cluster is getting closer and closer, and the industrial cluster network is gradually improving. Third, from the perspective of industrial corridors, the development foundation of corridors is good, and the formation of industrial corridors is accelerated. Fourth, from the perspective of the integration of industrial chain and innovation chain, the complex network of manufacturing links and innovation links in the Beijing-Tianjin-Hebei city cluster has obvious center-periphery structural characteristics. Fifth, from the perspective of key industries, the high-end process of manufacturing has accelerated, and the division of labor pattern of "complementary advantages and staggered development" has initially taken shape; The development of modern service industry is strong, and the service industry in Langfang, Baoding, Shijiazhuang and other places in Hebei province has developed rapidly. The digital service industry is developing well, and the scale distribution of the urban system is becoming increasingly reasonable. Sixth, the Beijing-Tianjin-Hebei Pilot Free Trade Zone has continuously improved its institutional innovation capacity and made new breakthroughs in its coordinated development, injecting new momentum into the Beijing-Tianjin-Hebei cooperation. However, it also faces many problems that need to be solved: first, the industrial development gap between the three places is large, and the overall strength of the industry is relatively weak; Second, the development of industrial clusters and industrial corridors is relatively insufficient, and it is difficult to play the role of carrier support; Third, the innovation factors and capital factors of manufacturing industry show obvious agglomeration characteristics, and the innovation ability is difficult to meet the needs of industrial scale expansion; Fourth, the development of Hebei's service industry is relatively backward, and it is difficult to effectively play the role of promoting the optimization and upgrading of the manufacturing industry; Fifth, Beijing has a prominent monopoly position in the digital industry, and most of the prefecture-level cities in the Beijing-Tianjin-Hebei urban system have a small scale of digital industry, and there is a big gap between them and the first city Beijing; Sixth, there is a large innovation gap and unbalanced structure in the Beijing-Tianjin-Hebei innovation chain, coupled with weak basic research and relatively imperfect innovation ecological development, which restricts the industrial transformation and upgrading of Tianjin-Hebei.

In order to promote the high-quality coordinated development of industries in Beijing-Tianjin-Hebei, and help build a pilot and demonstration zone of Chinese-style modernization, this report proposes: first, promote the deep integration of innovation chain and industrial chain, and improve the level of industrial chain modernization; The second is to promote the construction of key industrial chains and industrial foundation reconstruction, and consolidate the foundation of high-quality industrial coordination; The third is to give play to the leading role of key industries and industrial clusters to enhance the ability of industrial cooperation; Fourth, deepen the interconnected development of the three pilot free trade zones and optimize the ecology of coordinated development of regional industries; Fifth, strengthen regional innovation linkages and give play to the positive externalities of collaborative innovation.

Keywords: High-quality Coordinated Development; Industrial Cluster; Industrial Corridor; Beijing-Tianjin-Hebei

Contents

I General Reports

B.1 Research on High-quality Coordinated Development
of Industries in Beijing-Tianjin-Hebei

Ye Tanglin, Wang Xueying / 001

Abstract: The high-quality coordinated development of industries is not only the key support for the in-depth promotion of the coordinated development of Beijing-Tianjin-Hebei, but also an important focus for Beijing-Tianjin-Hebei to build a pilot and demonstration area for Chinese path to modernization. On the basis of clarifying the connotation, basic characteristics, main goals, and key mechanisms of high-quality coordinated development of industries, this report explores the main tasks, important focus points, and the role of the three regions in promoting high-quality coordinated development of industries in Beijing-Tianjin-Hebei. It also analyzes the progress and effectiveness of high-quality coordinated development of industries in Beijing-Tianjin-Hebei, as well as the main problems that exist. Research has found that the positioning and division of labor of the three industries are becoming increasingly clear, and the foundation for high-quality development is constantly being consolidated; The radiative driving effect of Beijing is highlighted, and the "Beijing R&D, Tianjin Hebei Manufacturing" model is accelerating its formation; The development trend of industrial clusters is good, and industrial corridors have begun to take shape; The high-quality development of key industries is steadily advancing, and the construction of a modern industrial system is accelerating; The relocation of non capital functions and the construction of free trade pilot zones have significantly contributed to the high-quality synergy of industries. At the same time, there is still a significant gap in the development of industries among the three regions, and the industrial strength is relatively weak; Insufficient development of industrial clusters and corridors, making it difficult to support high-quality coordinated development of industries; The development of key industries in Hebei is relatively backward, and the problem of regional industrial imbalance is prominent; Insufficient integration of industrial and innovation chains hinders the optimization and upgrading of industries in Tianjin-Hebei region; The institutional innovation of the pilot free trade zone needs to be improved, and the problem of imperfect and disconnected policies urgently needs to be solved. Based on this, the following countermeasures and suggestions are proposed: promote the deep integration of innovation chain and industrial chain, and enhance the modernization level of industrial chain; Promote the construction of key industrial chains and the reconstruction of industrial foundations, and consolidate the foundation of high-quality industrial collaboration; Give full play to the traction role of key industries and industrial clusters, and enhance industrial cooperation capabilities; Deepen the coordinated development of the three pilot free trade zones and optimize the ecological development of regional industries.

Keywords: High-quality Coordinated Development; Industrial Cluster; Industrial Corridor; Beijing-Tianjin-Hebei

B.2 Research on High-quality Development of Industries in the Three Major Eastern Urban Clusters in China

Ye Tanglin, Liu Zhewei / 023

Abstract: Urban clusters concentrate regional resources, promoting industrially complementary systems between cities and collaboratively advancing high-quality development of industries. This report targets China's three major eastern urban clusters, utilizing industrial development data from 2010 to 2022. It broadly characterizes the current state of high-quality development of industries in these clusters from the perspectives of product development quality, industrial linkage networks, and the level of industrial co-agglomeration. The study finds significant disparities in the high-quality developmental paths of industries among these clusters. Beijing-Tianjin-Hebei urban cluster is gradually shifting market competition towards small and medium-sized enterprises as the core, the scale of enterprises in Beijing has significantly decreased, whereas the Yangtze River Delta urban cluster favors medium to large enterprises, and the Pearl River Delta urban cluster shows marked competitive differentiation. Industrial innovation capabilities in Beijing-Tianjin-Hebei urban cluster have significantly improved overall, whereas core cities in the Yangtze River Delta urban cluster and Pearl River Deltas urban cluster do not display relative advantages in boosting industrial innovation. The industrial development potential in Beijing-Tianjin-Hebei urban cluster and the Yangtze River Delta urban cluster is evidently diverging, while the potential of the Pearl River Delta urban cluster is generally increasing. Beijing-Tianjin-Hebei urban cluster has enhanced industrial linkage capabilities, forming a tightly coordinated industrial linkage pattern, while the Yangtze River Delta urban cluster is developing multiple local industrial linkage groups, with Dongguan surpassing Guangzhou as a new industrial hub in the Pearl River Delta urban cluster. The level of collaborative agglomeration within the three urban clusters has significantly improved, and inter-industrial collaboration is increasingly tight, alleviating issues of industrial development mismatch. However, problems of mismatch due to excessive concentration in single industrial sectors persist. Based on these findings, recommendations are proposed for constructing dual "production-innovation enclaves" in Beijing-Tianjin-Hebei urban cluster, extending industrial chains vertically, and leveraging the advantages of Beijing as an international science and technology innovation center to empower regional innovative development.

Keywords: Beijing-Tianjin-Hebei Urban Cluster; Yangtze River Delta Urban Cluster; Pearl River Delta Urban Cluster; High-quality Development of Industries

Contents

II Special Reports

B.3 Research on High-quality Development of Manufacturing
Industry in Beijing-Tianjin-Hebei   *Ye Tanglin, Liu Huazhen* / 059

Abstract: High-quality development of manufacturing industry is a key engine for building a modern industrial system and promoting high-quality economic. Exploring the situation of high-quality development of manufacturing industry in Beijing-Tianjin-Hebei is of great practical significance for accelerating the coordinated development of Beijing-Tianjin-Hebei and enhancing regional competitiveness. This report takes 31 manufacturing industries in 13 cities in the Beijing-Tianjin-Hebei city cluster as the research object, and adopts the coefficient of variation method and the standard deviation ellipse method to analyze the temporal evolution characteristics and spatial evolution characteristics of the high-quality development of the manufacturing industry in Beijing-Tianjin-Hebei and its subsectors (labour-intensive manufacturing industry, capital-intensive manufacturing industry, and technology-intensive manufacturing industry) at the levels of scale, innovation, and attracting capital, and to reveal the new trend of manufacturing development in the Beijing－Tianjin－Hebei since the implementation of the coordinated development strategy. The study found that: the transfer of manufacturing industry in Beijing-Tianjin-Hebei has been orderly, and the manufacturing industry division of labour pattern of "complementary advantages and staggered development" has been initially formed; the development of manufacturing industry is becoming more and more high-end, and it shows the characteristics of changing from labour-intensive and capital-intensive to technology-intensive. However, there are still problems such as increasing uneven development of manufacturing innovation, poor flow of key elements, and mismatch between innovation capacity and industrial scale. On this basis, this report puts forward countermeasures for the high-quality development of manufacturing industry in Beijing-Tianjin-Hebei: optimise the spatial layout of manufacturing industry, promote the orderly transfer of manufacturing industry and linkage and upgrading; accelerate the construction of a manufacturing innovation policy system for synergistic development, and optimise the soft environment for innovation; promote the sharing of innovation resources, and strengthen the cooperation of manufacturing industry in innovation; and build a demonstration model for high-quality development of the manufacturing industry, and set up an additional "Beijing, Tianjin and Xiongan manufacturing high-quality coordinated development leading demonstration zone".

Keywords: Manufacturing Industry; High-quality Development; Temporal Evolution; Spatial Evolution; Beijing-Tianjin-Hebei

B.4 Research on High-quality Development of Service Industry in Beijing-Tianjin-Hebei   *Ye Tanglin, Bai Yunfeng /* 085

Abstract: The high-quality development of the service industry is the key to optimizing regional industrial structure, promoting regional economic growth, and promoting regional balanced development. Beijing-Tianjin-Hebei, as one of the three important power sources leading the country's high-quality development, exploring the high-quality collaboration of its service industry is of great significance for improving regional development quality, accelerating regional urbanization and modernization process. This report starts from aspects such as industrial investment attraction capabilities, industrial development scale, industrial innovation capabilities, and industrial development potential to explore the new development trends and new progress in industry innovation in the Beijing-Tianjin-Hebei service industry. The study found that the supporting role of the Beijing-Tianjin-Hebei service industry in regional structural adjustment is gradually increasing, and the development scale of the service industry has steadily increased, but there is still an imbalance in the development of categories, especially in production such as leasing and business services, scientific research and technical services. The development of residential services, repair, and other service industries is slow, and the excessive agglomeration of factors leads to a large gap in the development of service industries among cities in the urban agglomeration. Most cities in Hebei Province do not have the foundation to empower local service industry development through innovation. It is necessary to leverage the innovative power of Beijing-Tianjin radiation to accelerate the high-quality coordinated development of the Beijing-Tianjin-Hebei service industry. For this reason, this report puts forward countermeasures and suggestions to improve the high-quality development level of the Beijing-Tianjin-Hebei service industry in terms of optimizing the business environment of service industry enterprises, giving full play to the advantages of international scientific and technological innovation centers, and complementing the weaknesses of the life service industry, to improve the high-quality collaboration efficiency of service industry in Beijing-Tianjin-Hebei, and lay the foundation for "striving to make Beijing-Tianjin-Hebei become the pilot and demonstration area of Chinese path to modernization".

Keywords: Service Industry; High-quality Development; Temporal Evolution; Spatial Evolution; Beijing-Tianjin-Hebei

B.5 Research on High-quality Development of Digital Economy Industry in Beijing-Tianjin-Hebei

Ye Tanglin, Zhang Yanshu / 110

Abstract: Digital economy has become a key force for driving productivity reform and reshaping competitive advantages in various countries, and it is also the core driving force for accelerating the formation of new quality productivity in China. Therefore, it is of great practical significance to explore the high-quality development of digital industry in Beijing-Tianjin-Hebei. Taking 13 cities in the Beijing-Tianjin-Hebei city cluster as the research object, this report starts with digital industrialization, the core industry of the digital economy, adopts the primacy index, Zipf rank-scale rule and standard deviation ellipse method, and analyzes the typical facts of the high-quality development of the digital economy industry in the Beijing-Tianjin-Hebei from the three aspects of scale, innovation and investment introduction based on two dimensions of time and space. The results show that the scale difference of digital industry in Beijing-Tianjin-Hebei city is still large, but the scale distribution is increasingly reasonable. The spatial distribution of scale shows a significant expansion trend, but its radial imbalance is more prominent. The innovation level of digital industry in the Beijing-Tianjin-Hebei city is constantly improving, but the gradient effect is still obvious. The innovation and development show the spatial distribution characteristics of "first expansion, then concentration, and then expansion", and the innovation activities are mainly concentrated in Beijing. The investment attracting capacity of the digital industry in the Beijing-Tianjin-Hebei is increasing year by year, and the difference between regions is decreasing. The overall trend is southeast and spatial decentralization, and its distribution is becoming more and more balanced in the radial direction. On this basis, this report puts forward countermeasures and suggestions for the high-quality development of the Beijing-Tianjin-Hebei digital industry: give full play to the leading role of Beijing's scientific and technological innovation, and promote the digitalization and intelligent transformation and upgrading of the Tianjin-Hebei industry; Give full play to their respective comparative advantages and jointly promote the coordinated development of regional digital industry; Accelerate industrial docking and collaboration to enhance the international competitiveness of the Beijing-Tianjin-Hebei digital industrial cluster.

Keywords: Digital Industry; High-quality Development; Standard Deviational Ellipse; Rank-size Rule; Beijing-Tianjin-Hebei

B.6 Research on High-quality Development of the Innovation Chain in Beijing-Tianjin-Hebei   *Zhang Gui, Sun Jianhua* / 133

Abstract: Based on the connotation of high-quality development of the innovation chain, an evaluation index system for high-quality development of the innovation chain is constructed based on knowledge innovation, technological innovation, and product innovation. The entropy weight method and convergence mechanism test model are used to analyze the level and convergence of high-quality development of innovation chain in Beijing-Tianjin-Hebei. Research has found that the high-quality development index of the innovation chain at the regional and urban levels in the Beijing-Tianjin-Hebei is fluctuating upwards; The high-quality development of the innovation chain in the Beijing-Tianjin-Hebei does not exist σ Convergence, but there is absolute β Convergence and conditions β Convergence. By summarizing the current situation and trends of high-quality development of the innovation chain in Beijing-Tianjin-Hebei, analyzing the main problems that constrain the high-quality development of the innovation chain, and based on this, proposing policy recommendations to promote the co construction and sharing of innovation resources in Beijing-Tianjin-Hebei, promote the rational and orderly flow of factors, strengthen regional innovation connections, leverage the positive externalities of collaborative innovation, establish a long-term cooperation mechanism, and promote the deep integration of the five chains.

Keywords: Innovation Chain; High-quality Development; Entropy Weight Method; Convergence Analysis; Beijing-Tianjin-Hebei

B.7 Research on High-quality Development of Pilot Free Trade Zone in Beijing-Tianjin-Hebei *Ye Tanglin, Yan Yawen* / 159

Abstract: The cooperation of the Pilot Free Trade Zone in Beijing-Tianjin-Hebei is a necessary initiative for Beijing-Tianjin-Hebei collaboration development to enter a stage of all-round and high-quality in-depth advancement. As a "highland" and "testing ground" for opening up to the outside world and free trade, the Pilot Free Trade Zone in Beijing-Tianjin-Hebei should adhere to system innovation and continue to explore practical experience, and realize "system first" to empower the coordinated development of Beijing-Tianjin-Hebei. This report analyzes the development status of the Pilot Free Trade Zone in Beijing-Tianjin-Hebei with 13 cities in the Beijing-Tianjin-Hebei city cluster as the research object, and evaluates the impact and effect of the Pilot Free Trade Zone in Beijing-Tianjin-Hebei on high-quality development by using the Propensity Score Matching and Differences-in-Differences Model (PSM－DID). The results show that: the institutional innovation capacity of the Pilot Free Trade Zone in Beijing-Tianjin-Hebei has been improving and new breakthroughs in synergistic development have been made, injecting new kinetic energy into the Beijing-Tianjin-Hebei synergy; and the establishment of the Pilot Free Trade Zone has helped to enhance the level of high-quality development of the city. On this basis, this report proposes countermeasures for the high-quality development of the Pilot Free Trade Zone in Beijing-Tianjin-Hebei: taking multiple measures to strengthen the construction of the linkage mechanism of the three Pilot Free Trade Zones, improving the mechanism for the linkage development of industries, improving the trade facilitation level of the Pilot Free Trade Zones of the three Pilot Free Trade Zones in a multi-pronged manner, as well as strengthening the judicial collaboration on intellectual property rights and promoting the financial innovation of intellectual property rights.

Keywords: Pilot Free Trade Zone; High-quality Development; PSM-DID; Beijing-Tianjin-Hebei

B.8 Research on High-quality Development of Industrial Clusters in Beijing-Tianjin-Hebei   *Ye Tanglin, Yu Xinping* / 180

Abstract: Industrial clusters are advanced forms of deepening industrial division of labor and agglomeration development. High-quality construction of industrial clusters is conducive to promoting the scale effect, agglomeration effect, and knowledge spillover effect, and plays a crucial role in improving industrial efficiency and promoting the development of new productive forces. This report focuses on the five major industrial clusters of integrated circuits, network security, biopharmaceuticals, power equipment, and safety emergency equipment in

Beijing-Tianjin-Hebei. Based on enterprise big data, an industrial cluster network is constructed to analyze the current development status of the industrial clusters and explore the development characteristics of industrial clusters in Beijing-Tianjin-Hebei. Research has found that the scale of the five major industrial clusters in Beijing-Tianjin-Hebei continues to expand, with numerous small-scale enterprises within the clusters; The innovation ability is constantly improving, with Beijing's innovation ability being outstanding, and the innovation output level in Tianjin and Hebei needs to be improved; Active investment, Beijing is the main city for investing outside the region, while Hebei has a large scale of absorbing capital from other regions; The industrial cluster network is gradually improving, and the central position of Beijing and Tianjin in various industrial clusters is becoming increasingly stable. The role of other city nodes in the industrial cluster network is not yet clear; The level of industrial cooperation is deepening day by day, and the connections between the cities in Beijing-Tianjin-Hebei are becoming increasingly close. On this basis, this report proposes countermeasures and suggestions from the perspectives of optimizing top-level design, enhancing investment attraction, creating a good innovation ecosystem, building a high-level talent team, and leveraging the leading role of leading enterprises.

Keywords: Industrial Clusters; High-quality Development; Gravity Model; Complex Network Analysis Method; Beijing-Tianjin-Hebei

B.9 Research on High-quality Development of the Industrial Corridor in Beijing-Tianjin-Hebei

Ye Tanglin, Liu Jia / 207

Abstract: As a spatial organization form of regional industrial network, industrial corridor has unique advantages in optimizing regional industrial layout and promoting integration of industrial chain and innovation chain. At present, the Beijing-Tianjin-Hebei cooperation has entered a new stage of deepening and

strengthening, and industrial cooperation needs new logic, new models and new mechanisms. In this context, the construction of industrial corridor in Beijing-Tianjin-Hebei is of great practical significance for the deepening of Beijing-Tianjin-Hebei industrial cooperation. This report takes the new generation of information technology industry, energy equipment industry, robot industry, green computing power and green energy industry, and aerospace information industry in the Beijing-Tianjin-Hebei city cluster as the research object, and analyzes the overall corridor structure, construction foundation, development status, and domestic and foreign experience. The research findings are as follows: the industrial corridor in Beijing-Tianjin-Hebei has a solid foundation, the transportation infrastructure network is continuously encrypted, the "three-axis leading" industrial pattern is basically formed, and the advantageous industrial chain and advanced manufacturing cluster are gradually formed; The five major industries in the Beijing-Tianjin-Hebei have steadily increased in scale, releasing strong driving forces for industrial development and accelerating the formation of industrial corridors. The imbalance in the development of the five major industries in the Beijing-Tianjin-Hebei has been alleviated, cities with lower development levels have shown a catch-up effect, and the "reinforcing weakness" of industrial corridors has achieved initial results. Industrial corridor node cities in Beijing-Tianjin-Hebei are increasingly connected with each other. Beijing and Tianjin rank first in the gravity value of the new generation of information technology industry, while Beijing and Zhangjiakou rank first in the gravity value of green computing and green energy industry. Innovative cross-domain governance systems and models, promoting talent agglomeration, building a sound innovation incubation ecological network, and cultivating specialized industrial clusters are successful experiences in the construction of science and innovation corridors at home and abroad. Based on this, this report puts forward countermeasures and suggestions for the high-quality development of industrial corridor in Beijing-Tianjin-Hebei: Innovate cross-domain benefit sharing mode, and build key core common technology platform; Explore the "two-way enclave" model of industrial cooperation; We should pay attention to the two-way development of technology research and development and producer services, and build a community of scientific and technological achievements transformation that integrates industrial, university-research and application. Build a demand-oriented talent reserve community.

Keywords: Industrial Corridor; High-quality Development; Strategic Emerging Industries; Future Industry; Beijing-Tianjin-Hebei

B.10 Research on the Integration and Development of Beijing-Tianjin-Hebei Industrial Chain and Innovation Chain　　　　　*Jiang Cheng, Nie Lijun* / 230

Abstract: The in-depth integration of industrial chain and innovation chain is the basic requirement to realize the modernization of industrial chain supply chain and an important support to promote high-quality economic development. This report utilizes the complex network analysis method to analyze the network system of manufacturing and innovation links in the Beijing-Tianjin-Hebei city cluster and identify key node cities. Based on the coupling coordination degree model, it constructs evaluation indicators for the integrated development of industrial chain and innovation chain from the perspectives of industrial scale, industrial linkage, growth rate and innovation power, measures the coupling coordination degree, and analyzes the development trend. The study finds that: the complex network of manufacturing and innovation links in the Beijing-Tianjin-Hebei city cluster has obvious center-periphery structural characteristics; the pattern of manufacturing links has been gradually optimized, and the supporting role of innovation links for the development of manufacturing links has been gradually strengthened; the effectiveness of integration of industrial chain and innovation chain has been slow, and there is still a large space for improvement in the intensity and depth of integration. On this basis, this report puts forward the following suggestions: strengthen the status of enterprises as the main body of scientific and technological innovation, and promote the in-depth integration of the industrial chain and innovation chain; strengthen the construction of sharing platforms in the region, and provide platforms to support the integration of innovation and industry; and optimize the environment of Tianjin and Hebei, so as to enhance the overall vitality and competitiveness of the region.

Keywords: Industrial Chain; Innovation Chain; Complex Network; Coupling Coordination Degree; Beijing-Tianjin-Hebei

Ⅲ Regional Reports

B.11 Research on the Role and Function of Beijing in the High-quality Coordinated Development of Industries in Beijing-Tianjin-Hebei

Sun Yukang, Huo Shaojie and Li Meng / 259

Abstract: Industrial synergy is the key support for the coordinated development of Beijing-Tianjin-Hebei. Since the implementation of the coordinated development strategy of Beijing-Tianjin-Hebei, Beijing has played a very important role in the coordinated development of industries in the three places. This part first expounds the background of Beijing's high-quality development of industries, and points out the position and role that Beijing should play from the perspective of high-quality coordinated development of industries in Beijing-Tianjin-Hebei. Secondly, it summarizes the present situation and achievements of Beijing's industrial development from the aspects of economic aggregate, industrial structure, frontier fields and its driving role to Tianjin and Hebei. At the same time, it also deeply analyzes a series of problems faced by Beijing, such as low proportion of manufacturing industry, weak ability of scientific and technological transformation, pending industrial cluster effect, unreasonable industrial spatial distribution and so on. In this regard, this part puts forward some corresponding policy suggestions to further promote the high-quality development of Beijing's industries and enhance Beijing's leading role in the high-quality coordinated development of industries in Beijing-Tianjin-Hebei.

Keywords: High-quality Coordinated Development; Industrial Cluster; Beijing-Tianjin-Hebei; Beijing

B.12 Research on the Role and Function of Tianjin in the High-quality Coordinated Development of Industries in Beijing-Tianjin-Hebei   *Wang Dexin, Sun Yuan* / 292

Abstract: In recent years, Tianjin has actively served and integrated into the coordinated industrial development of the Beijing-Tianjin-Hebei. It has improved the coordination and docking mechanisms, enhanced the quality and efficiency of existing platforms, promoted the continuous agglomeration of industrial chains, and continuously optimized the business environment. Tianjin has played a significant role in driving the coordinated development of industries in the region, which in turn has promoted the high-quality economic development of Tianjin. However, Tianjin is undergoing an economic transformation, and there are clear deficiencies in aspects such as the leading role of flagship enterprises in driving agglomeration and the transformation of innovative potential. The synergy with the industries of Beijing and Hebei still needs to be enhanced. It is necessary to accelerate the creation of new advantages through the "three new" initiatives, to develop clustered chains by enhancing the strength of the private economy, to strengthen the deep integration of two chains by leveraging the leading role of innovation. And of these measures can better stimulate the potential for coordinated development in industry and empower the high-quality development of industries in Beijing-Tianjin-Hebei.

Keywords: High-quality Coordinated Development; Industrial Chain; Beijing-Tianjin-Hebei; Tianjin

京津冀蓝皮书

B.13 Research on the Role and Function of Hebei in the High-quality Coordinated Development of Industries in Beijing-Tianjin-Hebei

Wu Yiqing, Lian Luyao, Ren Chengming and Li Tao / 314

Abstract: As an important task of the coordinated development strategy of the Beijing-Tianjin-Hebei, Hebei Province is fully committed to promoting the deepening of industrial synergy in the region and providing strong impetus for the coordinated development of the Beijing-Tianjin-Hebei. This report first analyzes the overall situation of high-quality coordinated development of industries in Hebei Province, focusing on five industrial corridors, five industrial clusters, and five sub sectors of key manufacturing, service, and digital economy industries for analysis; Secondly, the position of industrial development in Hebei Province in the Beijing-Tianjin-Hebei and the high-quality coordinated development status of industries in specific fields were pointed out. On this basis, the difficulties faced by Hebei Province in the high-quality coordinated development of industries in the Beijing-Tianjin-Hebei were explored; Finally, countermeasures and suggestions are proposed from four aspects: improving the mechanism and system for coordinated development of industries in the Beijing-Tianjin-Hebei, deepening the promotion of industrial chain innovation chain collaboration, actively promoting the transformation and upgrading of traditional industries, and continuously optimizing the integration of data and reality ecology. The aim is to enhance the position and role of Hebei Province in the region and promote high-quality coordinated development of industries in the Beijing-Tianjin-Hebei.

Keywords: High-quality Coordinated Development; Industrial Corridor; Industrial Cluster; Beijing-Tianjin-Hebei; Hebei

北京市哲学社会科学研究基地智库报告系列丛书

推动智库成果深度转化

打造首都新型智库拳头产品

为贯彻落实中共中央和北京市委关于繁荣发展哲学社会科学的指示精神，北京市社科规划办和北京市教委自2004年以来，依托首都高校、科研机构的优势学科和研究特色，建设了一批北京市哲学社会科学研究基地。研究基地在优化整合社科资源、资政育人、体制创新、服务首都改革发展等方面发挥了重要作用，为首都新型智库建设进行了积极探索，成为首都新型智库的重要力量。

围绕新时期首都改革发展的重点热点难点问题，北京市社科联、北京市社科规划办、北京市教委与社会科学文献出版社联合推出"北京市哲学社会科学研究基地智库报告系列丛书"。

北京市哲学社会科学研究基地智库报告系列丛书
（按照丛书名拼音排列）

· 北京产业蓝皮书：北京产业发展报告

· 北京人口蓝皮书：北京人口发展研究报告

· 城市管理蓝皮书：中国城市管理报告

· 法治政府蓝皮书：中国法治政府发展报告

· 健康城市蓝皮书：北京健康城市建设研究报告

· 京津冀蓝皮书：京津冀发展报告

· 平安中国蓝皮书：平安北京建设发展报告

· 企业海外发展蓝皮书：中国企业海外发展报告

· 首都文化贸易蓝皮书：首都文化贸易发展报告

· 中央商务区蓝皮书：中央商务区产业发展报告

社会科学文献出版社

皮 书
智库成果出版与传播平台

❖ 皮书定义 ❖

皮书是对中国与世界发展状况和热点问题进行年度监测,以专业的角度、专家的视野和实证研究方法,针对某一领域或区域现状与发展态势展开分析和预测,具备前沿性、原创性、实证性、连续性、时效性等特点的公开出版物,由一系列权威研究报告组成。

❖ 皮书作者 ❖

皮书系列报告作者以国内外一流研究机构、知名高校等重点智库的研究人员为主,多为相关领域一流专家学者,他们的观点代表了当下学界对中国与世界的现实和未来最高水平的解读与分析。

❖ 皮书荣誉 ❖

皮书作为中国社会科学院基础理论研究与应用对策研究融合发展的代表性成果,不仅是哲学社会科学工作者服务中国特色社会主义现代化建设的重要成果,更是助力中国特色新型智库建设、构建中国特色哲学社会科学"三大体系"的重要平台。皮书系列先后被列入"十二五""十三五""十四五"时期国家重点出版物出版专项规划项目;自2013年起,重点皮书被列入中国社会科学院国家哲学社会科学创新工程项目。

皮书网

（网址：www.pishu.cn）

发布皮书研创资讯，传播皮书精彩内容
引领皮书出版潮流，打造皮书服务平台

栏目设置

◆ **关于皮书**
何谓皮书、皮书分类、皮书大事记、
皮书荣誉、皮书出版第一人、皮书编辑部

◆ **最新资讯**
通知公告、新闻动态、媒体聚焦、
网站专题、视频直播、下载专区

◆ **皮书研创**
皮书规范、皮书出版、
皮书研究、研创团队

◆ **皮书评奖评价**
指标体系、皮书评价、皮书评奖

所获荣誉

◆ 2008年、2011年、2014年，皮书网均在全国新闻出版业网站荣誉评选中获得"最具商业价值网站"称号；

◆ 2012年，获得"出版业网站百强"称号。

网库合一

2014年，皮书网与皮书数据库端口合一，实现资源共享，搭建智库成果融合创新平台。

皮书网

"皮书说"
微信公众号

权威报告·连续出版·独家资源

皮书数据库
ANNUAL REPORT(YEARBOOK) DATABASE

分析解读当下中国发展变迁的高端智库平台

所获荣誉

- 2022年，入选技术赋能"新闻+"推荐案例
- 2020年，入选全国新闻出版深度融合发展创新案例
- 2019年，入选国家新闻出版署数字出版精品遴选推荐计划
- 2016年，入选"十三五"国家重点电子出版物出版规划骨干工程
- 2013年，荣获"中国出版政府奖·网络出版物奖"提名奖

皮书数据库　　"社科数托邦"微信公众号

成为用户

登录网址www.pishu.com.cn访问皮书数据库网站或下载皮书数据库APP，通过手机号码验证或邮箱验证即可成为皮书数据库用户。

用户福利

- 已注册用户购书后可免费获赠100元皮书数据库充值卡。刮开充值卡涂层获取充值密码，登录并进入"会员中心"—"在线充值"—"充值卡充值"，充值成功即可购买和查看数据库内容。
- 用户福利最终解释权归社会科学文献出版社所有。

数据库服务热线：010-59367265
数据库服务QQ：2475522410
数据库服务邮箱：database@ssap.cn
图书销售热线：010-59367070/7028
图书服务QQ：1265056568
图书服务邮箱：duzhe@ssap.cn

社会科学文献出版社 皮书系列
SOCIAL SCIENCES ACADEMIC PRESS (CHINA)
卡号：147164285894
密码：

S 基本子库
SUB DATABASE

中国社会发展数据库（下设12个专题子库）

紧扣人口、政治、外交、法律、教育、医疗卫生、资源环境等12个社会发展领域的前沿和热点，全面整合专业著作、智库报告、学术资讯、调研数据等类型资源，帮助用户追踪中国社会发展动态、研究社会发展战略与政策、了解社会热点问题、分析社会发展趋势。

中国经济发展数据库（下设12专题子库）

内容涵盖宏观经济、产业经济、工业经济、农业经济、财政金融、房地产经济、城市经济、商业贸易等12个重点经济领域，为把握经济运行态势、洞察经济发展规律、研判经济发展趋势、进行经济调控决策提供参考和依据。

中国行业发展数据库（下设17个专题子库）

以中国国民经济行业分类为依据，覆盖金融业、旅游业、交通运输业、能源矿产业、制造业等100多个行业，跟踪分析国民经济相关行业市场运行状况和政策导向，汇集行业发展前沿资讯，为投资、从业及各种经济决策提供理论支撑和实践指导。

中国区域发展数据库（下设4个专题子库）

对中国特定区域内的经济、社会、文化等领域现状与发展情况进行深度分析和预测，涉及省级行政区、城市群、城市、农村等不同维度，研究层级至县及县以下行政区，为学者研究地方经济社会宏观态势、经验模式、发展案例提供支撑，为地方政府决策提供参考。

中国文化传媒数据库（下设18个专题子库）

内容覆盖文化产业、新闻传播、电影娱乐、文学艺术、群众文化、图书情报等18个重点研究领域，聚焦文化传媒领域发展前沿、热点话题、行业实践，服务用户的教学科研、文化投资、企业规划等需要。

世界经济与国际关系数据库（下设6个专题子库）

整合世界经济、国际政治、世界文化与科技、全球性问题、国际组织与国际法、区域研究6大领域研究成果，对世界经济形势、国际形势进行连续性深度分析，对年度热点问题进行专题解读，为研判全球发展趋势提供事实和数据支持。

法律声明

"皮书系列"（含蓝皮书、绿皮书、黄皮书）之品牌由社会科学文献出版社最早使用并持续至今，现已被中国图书行业所熟知。"皮书系列"的相关商标已在国家商标管理部门商标局注册，包括但不限于LOGO（ ）、皮书、Pishu、经济蓝皮书、社会蓝皮书等。"皮书系列"图书的注册商标专用权及封面设计、版式设计的著作权均为社会科学文献出版社所有。未经社会科学文献出版社书面授权许可，任何使用与"皮书系列"图书注册商标、封面设计、版式设计相同或者近似的文字、图形或其组合的行为均系侵权行为。

经作者授权，本书的专有出版权及信息网络传播权等为社会科学文献出版社享有。未经社会科学文献出版社书面授权许可，任何就本书内容的复制、发行或以数字形式进行网络传播的行为均系侵权行为。

社会科学文献出版社将通过法律途径追究上述侵权行为的法律责任，维护自身合法权益。

欢迎社会各界人士对侵犯社会科学文献出版社上述权利的侵权行为进行举报。电话：010-59367121，电子邮箱：fawubu@ssap.cn。

社会科学文献出版社